ヴィジュアル版建築入門 5

建築の言語

ヴィジュアル版建築入門編集委員会編
担当編集委員　小嶋一浩

彰国社

ヴィジュアル版建築入門編集委員会

編集委員代表
布野修司（京都大学）

編集委員（巻数順）
藤森照信（東京大学）
中川 武（早稲田大学）
神田 順（東京大学）
小玉祐一郎（神戸芸術工科大学）
＊小嶋一浩（東京理科大学、C＋Aパートナー）
隈 研吾（隈研吾建築都市設計事務所）
古谷誠章（早稲田大学）
西村幸夫（東京大学）
小谷部育子（日本女子大学）
古阪秀三（京都大学）

（＊本巻担当編集委員）

著者（執筆順）
宮本佳明（大阪芸術大学、宮本佳明建築設計事務所）
桂 英昭（熊本大学）
木下庸子（設計組織ADH）
鈴木義弘（大分大学）
マーク・ダイサム（クライン・ダイサム・アーキテクツ）
今村雅樹（日本大学）
土居義岳（九州芸術工科大学）
寺内美紀子（アトリエ・ワン）
貝島桃代（筑波大学、アトリエ・ワン）
渡辺妃佐子（ジ・エアーデザインスタジオ）
マニュエル・タルディッツ（ICSカレッジ・オブ・アーツ、みかんぐみ）
今井公太郎（東京大学）
小川次郎（日本工業大学）
中鉢朋子（都市デザインシステム）
片木 篤（名古屋大学）
石田壽一（九州芸術工科大学）
富永 讓（法政大学、富永 讓＋フォルムシステム設計研究所）
岡河 貢（広島大学）
太田浩史（デザイン・ヌーブ）
小林克弘（東京都立大学）
六反田千恵（共栄学園短期大学）
吉村靖孝（SUPER-OS）
槻橋 修（東京大学）
小川晋一（近畿大学、小川晋一都市建築設計事務所）
坂 茂（慶應義塾大学、坂茂建築設計）
長田直之（I.C.U.）
中村研一（中部大学、中村研一建築研究所）
小野田泰明（東北大学）

遠藤剛生（遠藤剛生建築設計事務所）
阿部仁史（東北大学）
北山 恒（横浜国立大学）
大野秀敏（東京大学）
池田靖史（慶應義塾大学、池田靖史建築計画事務所）
吉松秀樹（東海大学、アーキプロ）

『ヴィジュアル版建築入門』
編集にあたって

編集委員代表
布野修司

　本シリーズが、全体として基礎とするのは、だれもが「建築家」である、あるいはだれもが「建築家」になりうる、ということである。すなわち、このシリーズ全体を読破し、理解すれば、その読者はすでに「建築家」としての基礎素養を得ていることになる、それが大きな目標である。すべての人を「建築」の世界に誘いたい、そうした意味での「建築入門」である。建築を最初に学ぶ人たちにとにかくわかりやすく説きたい、それが、第一の編集方針である。

　「建築」とは何か、という「哲学的」な問いそのものはひとまずおいていただきたい。身近な「建物」に関することはすべてが「建築家」にかかわっている、というのが前提である。たとえば、だれでもどこかに住んでいる、大邸宅であろうとアパートであろうと、場合によると地下のコンコースや公園のような場所でも、寝起きする場所がだれにも必要だ。どこに住むか、そしてどのような住宅に住むか、住むためにどのようなシェルター（覆い）が必要か、はだれにとっても、生きていくうえでの大問題である。どういう住宅を建てるかが「建築家」の仕事であるとすれば、だれもが「建築家」なのである。事実、昔はだれもが自分で自分の家を建てた。現在でも、世界を見渡せば、自分で自分の家を建てる人のほうが多いのである。

　住宅に限らない。工場だろうが事務所であろうが同じである。特に、美術館や図書館、学校や病院などのだれもが利用する公共建築は、だれもがかかわっている。それぞれ各人の無数の建設活動が集積することによって都市は成り立っている。都市は、だから、それぞれ「建築家」であるわれわれの作品である、それが本シリーズの前提である。

　もちろん、自分一人で「建物」を建てるのはたいへんである。今日、だれもが自分の手で「建物」をつくれるわけではない。だから、みんなに手伝ってもらう。また、大工さんなど「職人」さんに頼む。「建物」を建てるのにも、得手不得手があるのである。

　専門分化が進み、「建築」のことは「建築家」に依頼する、のが一般的である。本書のねらいの第一は、だれもが「建築家」であり得た原点に立ち返って、今日の「建築」の世界を可能なかぎりわかりやすく示すことである。

　一方で、本シリーズにおいて、現代日本における「建築学」の最先端の知見を可能な限りわかりやすく提示したい。すなわち、本シリーズは現代版「建築学大系」である。従来の数十巻に及ぶ知識の集積としての「大系」というスタイルは取らないが、内容的には「大系」の知識は含んでいたい。そうした意味での「建築入門」でもある。

　本シリーズは、したがって、単なる入門書や啓蒙書ではない。強いていえば、やがて古典になりうる教科書でありたい。いささかよくばっているかもしれない。今日の「建築学」のエッセンスを示すことが、本来的な意味で「建築入門」になる、というのが編集執筆にあたってのスローガンである。

目次

『ヴィジュアル版建築入門』編集にあたって		布野修司	3
序　建築における部分と全体		小嶋一浩	7

I　建築の基本要素

1	床——谷川さんの住宅	宮本佳明	10
2	柱——ジョンソン・ワックス本社	桂 英昭	16
3	壁——ブリンモア大学女子寮	木下庸子	22
4	屋根——シルバーハット	鈴木義弘	28
5	シェルター——ジェッダ国際空港ハッジ・ターミナルビル	マーク・ダイサム	34
6	窓——アラブ世界研究所	今村雅樹	40
7	スクリーン——ダルザス邸	土居義岳	46
8	色——ルイス・バラガンの建築	寺内美紀子	52
9	表層——ヘルツォーク＆ド・ムーロンの三つの信号所	貝島桃代	58
10	工業製品——イームズ・ハウス	渡辺妃佐子	62

II　空間言語

1	ピロティ——八代広域消防本部庁舎	マニュエル・タルディッツ	70
2	ロッジア——リゴルネットの住宅	今井公太郎	76
3	ヴォイド——ギャルリー・ラファイエット	小川次郎＋中鉢朋子	82
4	アトリウム——イリノイ州庁舎	片木 篤	88
5	ブリッジ——ファン・ネレ工場	石田壽一	92
6	空中庭園——ユニテ・ダビタシオン	富永 讓	100
7	フォリー——ラ・ヴィレット公園	岡河 貢	106
8	ランドスケープ——カルティエ財団ほか	太田浩史	112

III　建築の構成

1	軸線——サン・ファン・カピストラーノ図書館	小林克弘	120
2	ヴォリューム——モラー邸	六反田千恵	126
3	コンポジション——シュローダー邸	吉村靖孝	132
4	ユニヴァーサル・スペース——クラウン・ホール	槻橋 修	138
5	ワンルーム——ガラスの家	小川晋一	144
6	家具で場所をつくる——家具の家	坂 茂	150
7	立方体格子——群馬県立近代美術館	長田直之	154
8	単位の増殖——セントラル・ベヒーア	中村研一	160
9	ダイヤグラム——再春館製薬女子寮ほか	小野田泰明	166

Ⅳ　形態の生成手法

1	参加と複合——メメ・ファシスト	遠藤剛生	174
2	反復——二つの塔	阿部仁史	180
3	露出——ポンピドー・センター	北山 恒	186
4	断面——エデュカトリウム	大野秀敏	192
5	パラメータ——関西国際空港ターミナルビルディング	池田靖史	200
6	モデリング——ビルバオ・グッゲンハイム美術館	吉松秀樹	206

図版・写真出典　212

参考文献　215

索引　218

装丁・本文デザイン＝長谷川純雄

序
建築における部分と全体

小嶋一浩

　本巻では建築空間を成り立たせる要素・部分や、組み立て方を「言語」に見立て、テーマごとに具体的な対象となる作品を絞り込んだ。たとえば「床」では、「床」について始源的な問いを発しているように思われる、その結果として土の斜面がそのまま床となるというアナーキーな方法に到達した「谷川さんの住宅」(篠原一男)をトピックスとして取り上げる。そこには、土の斜面を通して「床」のもつ意味を遡行することができればという願いが込められている。「テーマ」(ここでは「床」)と「対象」(ここでは「谷川さんの住宅」)と「書き手」の組み合わせは、本巻を担当した私の責任で設計した。「書き手」のほとんどの方は一線で活躍中の建築家である(唯一の例外かもしれない小野田泰明さんも建築家と共同して実際の建築ができ上がる現場に立ち会われているから広義の建築家であるだろう)。通常なら自分自身の追いかけているテーマや自身の作品と、その背景といったこと以外を、こうしたかたちで記述されることはあまりない人たちである。自分自身で設計していることで、模範解答としての一般論を超えたその人の考え方が表出されることも期待している。

　なぜ、従来どおりの建築の部分と全体の体系を(そういったものが確立しているとして)そのまま扱わないのか、という疑問をもたれる読者もいることと思う。私は、設計の現場では、「パターン・ランゲージ」的に部分を集積させて全体へと向かう方法、あるいはそのような体系を疑ってかかることが、今一度求められていると考えている。まず「柱」「床」「壁」「屋根」があって、その組み合わせでできる「部屋」「アルコーブ」「中庭」などの単位があり、それらを構成して全体に至るといったヒエラルキカルな方法は、間違いが少なく良質な建築をつくるという点で安定感があるかもしれないが、同時にその思考方法そのものが建築を考える際の制約になってしまう危険と背中合わせなのではないか？　私たちは、設計をするときにそうした当然の前提のような事柄をいかに疑ってかかれるか、ということをいつも問われている。ともすればルーティンに陥りがちな「要素」や「構成」の意味をその根本にまで遡源して考えることで、新しい問題が設定できるだろう。建設に多大な費用を要し、いったん建てられると長い時間に耐えることが求められ、人々の活動にダイレクトにかかわるがゆえに建築にはいろいろな約束事が多い。しかし、それゆえに、たとえばいまや単身家族の割合が3分の1に迫ろうとしている日本で、相変わらず住宅のプラン＝nLDKという図式にしばられてしまっているような事態を避けるためには、「前提を疑ってかかること」を忘れないほうがいい。

　本巻では、まず「Ⅰ　建築の基本要素」で床や柱などの事物として切り分けられる部分にスポットをあてている。これらは物理的に建築を成立させるためのアイテムである。いつでも出てくる必修アイテムほど慣習化されやすいわけだが、事例で取り上げた建築では、建築家たちは手垢にまみれたものではなく、びっくりするようなかたちでそうしたアイテムの可能性を示して見せてくれている。

　次の章では、要素を組み合わせてできるピロティやアトリウムといった空間を「Ⅱ　空間言語」として取り上げる。空間言語とは、Ⅰの基本要素のいくつかを用いてつくられる空間の部分である。ピロティにせよロッジアにせよ、あるいはこの章で取り上げたほかのものも含めて、まあ頻繁に目にするものなのだが、世界にはやはり最高のピロティなりロッジアがある。それらはどのようにして「最高」の栄誉を手に入れたのかを探ってみたい。

　続いて、Ⅰ・Ⅱ章でふれた要素や言語で建築全体を組

み上げていく方法を「Ⅲ 建築の構成」として取り上げる。この章の事例が部分と全体の関係やその構成要素が比較的はっきりしているのに対して、Ⅳ章の「Ⅳ 形態の生成手法」では、そうした部分と全体のヒエラルキーから疑ってかかることになるような事例と方法を扱っている。たとえばⅢ章で取り上げる「軸線」は、近代建築以前のパリのボザールを中心とする様式建築では建築全体の秩序をつくり出すためにもっとも重視されたプランニング上の方法だった。オーソドックスではあるが現在でも、もちろん基本的な方法である。一方「ワンルーム」は一見構成を放棄しているように見えるかもしれないが、逆に「基本要素」や「空間言語」の理解がいい加減だとそのことが露呈してしまうだろう。「配列とダイアグラム」で取り上げる事例は、「基本要素」や「空間言語」にもまして空間の配列が決定的な働きをしているケースである。

Ⅳ章では、関係するファクターの処理の仕方によりはっきり焦点をあてていると思われる手法を「形態の生成手法」として取り上げている。「参加と複合」における多数の住民の意見の反映と、「モデリング」におけるゲーリーの造形は一見まったく異なる次元にあるように見えるだろう。しかし、ともに高度に意識された「方法」なしには成立しない点で共通している。

ヴィジュアルに表現された多くの事例と論考から、言語になぞらえた建築の空間の組み立てられ方を読み解いてもらいたい。

I
建築の基本要素

1 床
谷川さんの住宅

宮本佳明

1. 完全な建築を構成するエレメント

今、仮に、シェルターとしての〈完全な建築〉を構成する最低限のエレメントを、屋根と壁と床であるとしよう。この三つのエレメントがあれば、とりあえず空気的に外部と遮断された完結したシェルターは構成可能である。そのとき、もし仮に建築が形態を喪失していくとして、まず最初に消滅するエレメントは何であろうか？

シェルターから壁が消滅して、屋根と床だけが生き延びること（つまりドミノ・システム）は容易に想像がつく。しかし雨露をしのぐという、シェルターに求められる最低限の耐候性を考えると、屋根が先に消滅することは考えにくい。一方床は、竪穴式住居がそうであったように土間で代用できるのであれば、本当はなくてもシェルターの構成には支障がない。

ではそもそも、床とは何であろうか？

20世紀末以降、住宅であれオフィスであれ工場であれ、およそビルディングタイプを問わず、建築の本質とは相互に取り替え（あるいは乗り換え）可能な所詮は同じ床であり、

図1-1　エアバスA380

したがってその上で繰り広げられる行為を事前に特定することはナンセンスだとして「床は床だ」と開き直る風潮がある。そこではユニヴァーサル・スペースという概念をも軽々と飛び越えて、すべてが床に還元可能であることが前提とされており、したがって同時に、建築は床に事後的に壁や屋根が取り付いたものとして立ち現れると考えられている。

この立場からすると、建築だけではなく電車もバスも客船も飛行機も、やはり同じ床、つまりモビリティを伴った床であるというふうに解釈が可能となる。確かに、風防や雨よけ、あるいは空調の単位ともなるフォルムに先立って、まず人や荷物を支持する床がなければ、モビリティだけでは少なくとも公共輸送は成立しない。計画中の総2階建ての巨人旅客機エアバスA380（図1-1）に至っては、なおさらその印象が強くなる。セミモノコック構造の外皮を纏った空飛ぶドミノ・システムとでも呼べそうなクルーザーのプランニングは、かつての豪華客船のように限りなく建築に近づく。しかも、そのフォルムは必ずしも美しいものではない。〈床〉還元主義とでも呼びうる、こういった一連の流れの着地点は定かではないが、このように見てみると、床とはまず第一に人やものを支持する〈人工的〉なものである、ということだけはできそうである。

さて次に床の要件として確認しておかなければならないことは、少なくとも習慣的には床は〈水平〉である、ということである。西沢立衛の「ウィークエンドハウス」（図1-2）は、ガラス面に加えて、もともと床材であるプラスチックシートを貼った天井面の映り込みによって、外部の風景を拡大して室内に取り込もうとした試みであるが、それは同時に床、屋根エレメントの水平部材としての等価性を暴き、床、壁、屋根というエレメントによって構成された〈完全な建築〉という常識に揺さぶりをかけるものである。試しにインテリアの天地を反転させてみても、そこに何ら違和感を感じさせないことに驚かされる。

以上を整理すると、屋根、壁を有することと同時に、〈人工性〉と〈水平性〉という二つの要件を備えた床を有することが〈完全な建築〉の条件ということになる。ところが、この章のトピックとして取り上げる篠原一男の「谷川さんの住宅」（1974、図1-3）の床は、その〈人工性〉と〈水平性〉の両方ともが欠けている。したがってこの住宅は、「傾いた床をもつ住宅」ではなく、正しくは「床を欠いた住宅」なのである。つまり「欠陥住宅」である。

図1-2 ウィークエンドハウス／西沢立衛、1998年。天地反転可能なインテリア

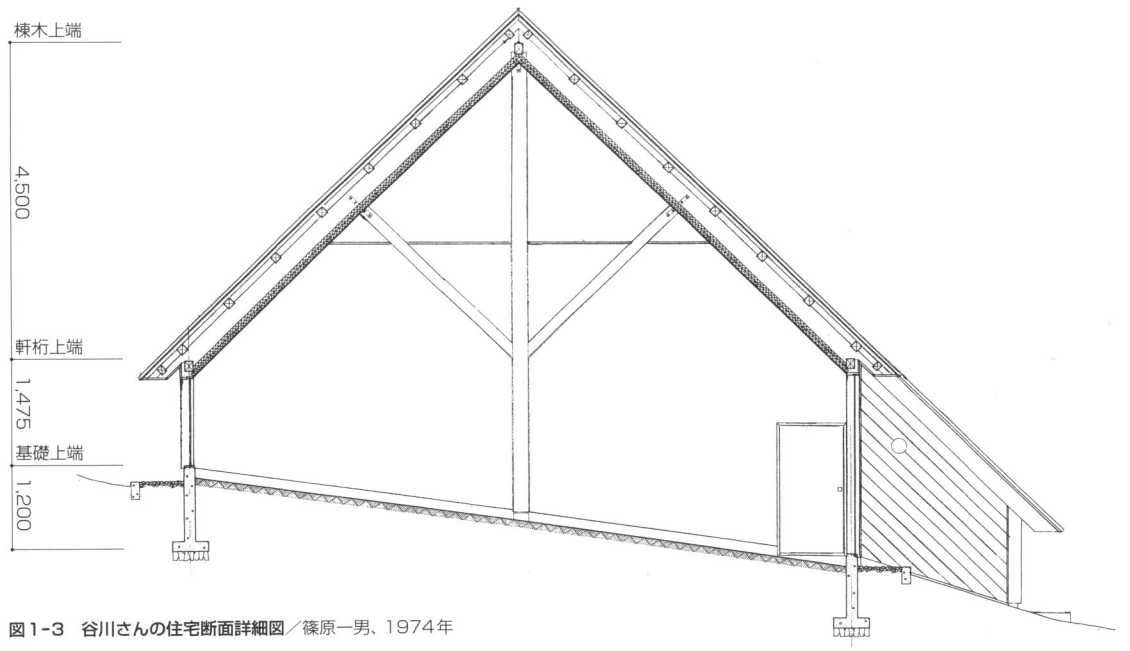

図1-3 谷川さんの住宅断面詳細図／篠原一男、1974年

2. 基壇がもつ意味

　床に似たエレメントに基壇がある。基壇もまた、床と同じく＜人工性＞と＜水平性＞が重要な要件である。しかし基壇と床では、有する意味構造が根本的に異なる。基壇とはあくまで延長された地面のことであり、唯一無二の土地を凸状に整形したものであるといえる。だから2階建ての基壇というものは存在しない。一方、床の特徴は積層が可能なことである。日本人にはいまだ違和感があるが、ヨーロッパの言語ではいずれも第1床とは2階床のことを指すことを想起してみればよい。

　ここで今一度、屋根だけで建築が可能か、という問題について考えてみよう。一般論としては、あずまやの屋根の下には明らかに空間が発生しているところからする

1 床　11

と、屋根だけで建築をつくることは十分可能なように思われる。しかし、ミース・ファン・デル・ローエという人はそうは考えなかったようだ。空間を浮かび上がらせるために、彼には屋根に加えて、どうしても建築のための舞台となる基壇が必要だった。いやむしろミースの場合、地面の強調形としての基壇がまず先にきっちりと構築されて、初めて屋根と基壇のあいだに空間を浮かび上がらせることを確信できたのではないか。どこか、大相撲の土俵と吊り屋根を思わせる関係である。

「バルセロナ・パヴィリオン」など、正面から十分な引きを取って眺めれば、実に視界の半分以上を基壇とその延長としてフレーミングを形づくる〈塀〉が占めていることに気づかされる。しかもその基壇は無垢ではない。本当はトラヴァーチン張りぼての空洞である。しかし一方で、近代建築はポシェを執拗なまでに排除してきたはずである。デッドスペースとしての基壇など毎度許されるものではない。とすると、基壇は積極的に内部空間として利用されねばならない。しかしここで困った問題が発生する。基壇はそれを内部空間として見ようとすると、これといって有効な機能を発見できないことが多い。それが「トゥーゲントハット邸」1階の機械室、乾燥室と称するがらんどうとして、あるいは後の「ナショナル・ギャラリー」では評判の悪い（無理に展示機能を押し込んだような）地下の展示室として現れてくる。こう考えると、「トゥーゲンハット邸」を特徴づけている床に引き込まれるガラス戸も、実は話は逆で、基壇をつくるための口実であり、要するに基壇への欲望が引き金となって事後的に発見された巨大戸袋ではないかとさえ思えてくる。実際、「トゥーゲンハット邸」の基壇は設計途中までは、斜面に張り出した高床のキャンティレバーであったことが知られている[1]。

基壇に対するやや偏執的とも思えるこのような処理の仕方は、何もミースに限ったことではない。実は、時代も表現も著しく異なるあの「ビルバオ・グッゲンハイム美術館」（図1-4）でさえ、跳ね上がる魚体は、よく見ると複雑な形状のライムストーンの皿に盛り付けられていることに気づく。言うまでもなく建築と基壇の関係は、彫刻と台座、絵画と額縁の関係に置き換えが可能である。フレームを限定してこそ、初めて作品化が成立する。西洋起源の芸術に普遍的に見られる特質である。そもそも古典的には、彫刻の台座のデザインは建築家の領分でもある。「バルセロナ・パヴィリオン」も「ビルバオ・グッゲンハイム美術館」も、古典的感性に素直に従った結果、自前で用意した台座の上に建築を展示してみせたということかもしれない。

3. 傾いた床と高床

傾いた床は挑発的である。斜路（ランプ）という動線としての傾きならまだしも、常時人が活動する面的な広がりをもった床においてまで、機能的には明らかに不便であることを知りながら、なぜわれわれはこうも傾いた床に魅せられるのだろうか？

たとえばレム・コールハースの「エデュカトリウム」やMVRDVの「ヴィラVPRO」は、床、壁、屋根エレメントの形式的な区分に対して平気で無効化を突き付けてくる。しかし、これら一連の傾いたスラブとは、同じくコールハースの「パームベイ・シーフロント・ホテル」（図1-5）と同様に、いずれも地面の延長形として感得されるスロープであり、むしろ地面と建築の親和性をこそ表明している。それは言い換えれば、遠回しな地面へのオマージュであり、したがって意外にも正統な基壇の系譜にのるものであるといえる。

一方それに対して高床は、比喩的に言えば、地面を批

図1-4　ビルバオ・グッゲンハイム美術館／F.O.ゲーリー、1997年。
ライムストーンの基壇の上にのる

図1-5 バームベイ・シーフロント・ホテル／R.コールハース、1990年

図1-6 三仏寺投入堂

判している。たとえば「清水寺本堂」の舞台は、小規模な私寺として出発した山岳寺院が次第に勢力を伸ばし、礼堂の付加など増築を繰り返すうちに崖に張り出してしまい、本来、神仏がつくったはずの地面を結果的に批判していた、という構図が興味深い。神仏の領域である内陣（正堂9間×4間）が石敷きのままで、増築された外陣（礼堂9間×3間）と舞台、すなわち人間の領域が板敷きという床仕上げの違いが、そのことを象徴的に物語っている。

それがさらには、同じく後補を繰り返し断崖に優美な根がらみで引っ掛かる「三仏寺投入堂」（図1-6）に至っては、批判を通り越して地面を攻撃（串刺しに）しているかのようにさえ見える。当初、投入堂に廂はなく、別棟の愛染堂と大小二つの切妻が立っていたと考えられている。その後、投入堂の身舎の正面と右側面に廂と縁が取り付く。さらに前面両端部に繩破風によって小廂と小縁が付くに従い、根がらみは無駄のない斜材によって固められ、当意即妙の浮遊感のある床ができ上がっていった。しかしそれは、容易には近づくこともできない。床でありながら、まるで本来の機能である何かを支持することを拒否しているかのようだ。むしろ、見上げることを強要する床である。

これら大がかりな高床の懸造の形成過程からは、世代を超えてリエゾンする、床をめぐる日本人の＜遺伝的な構築性＞とでもいうべき様相が見て取れる。それは神の怒りを買うに至ったバベルの塔に象徴される個人の意志の発現としての構築性とは対極に位置するものであろう。

4. 発見された斜面

さて、「谷川さんの住宅」である。

前節までに、地面へのオマージュとしての基壇やスロープ、逆に地面への批判、攻撃としての高床について見てきたが、実は「谷川さんの住宅」はそのどちらにも属さない（図1-7）。ただ、地面がそこにある、のである。土がむき出しの「広間夏」と名づけられた部屋は、地面を＜保全＞したようにも見える。それは、地形なりに傾斜しているというだけではなく、質感も含めて地表のままである（図1-8）。地面が＜標本化＞されているという言い方もできるかもしれない。つまりこの住宅は、素の環境を作品化するためのシェルターとしてそこにある。それは、1枚の紙の四隅にトンボを切ることが、紙の上に目に見えない空間を浮かび上がらせることを想い起こさせる。

これを篠原作品の系譜のなかで見るとき、何よりもま

1 床　13

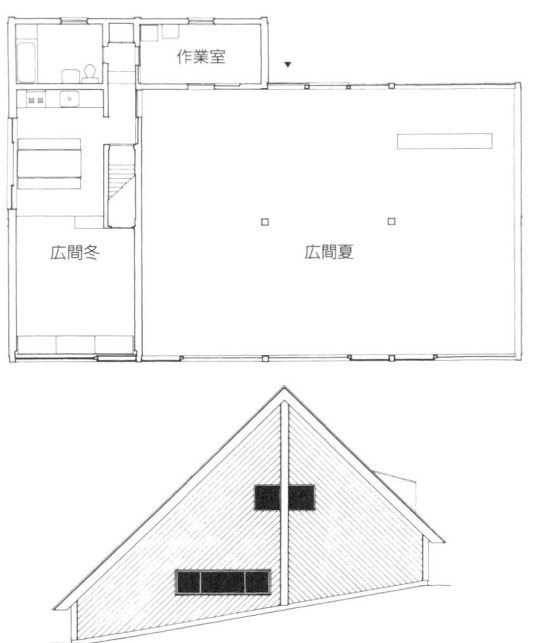

図1-7　谷川さんの住宅1階平面図と西立面図

図1-8　谷川さんの住宅「広間夏」のむき出しの地面

ず、「白の家」で見せたような丸太で屋根を支えて何かを象徴するというような手法が影をひそめていることが興味深い。それは、日本建築の伝統との対応のなかで続けられた「熱い意味の空間」から訣別して、篠原自身の言葉を借りれば「構造が中性化した」ということになる。あるいは「柱も壁も筋かいもただそれだけの機能を表現している」とも[2]。象徴主義を捨て去ることで「コンセプチュアル」が暗示的なものから具体的なものに深化している。

ところで、スキー、スノボという道具は斜面を遊ぶための〈器械(ギア)〉であるといって差し支えないだろう。もしこれらの道具が存在しなかったら、われわれは今ほど正確に斜面の意味を知ることはなかっただろう。だからスキー、スノボは、斜面のもつ潜在的可能性を正確に計測する遊び道具、つまり〈器械〉なのである。とするとこの住宅もまた、斜面を遊ぶための〈器械〉であると言えないだろうか。われわれにとって認識可能な斜面があらかじめそこに存在していたわけではない。この住宅の出現によって、ただイノセントにあった斜面が、突然「南北水平距離9mに1.2mの落差」として発見（異化）されたのだ。つまり建築によって、屋根を被せられることによって、初めて〈自然〉が立ち現れた。

ここでは、ひとつの住宅の出現によって、地形という環境の一要素が作品化されている。これこそが、篠原が「裸形の空間」と呼ぶものであり、「空間機械(スペースマシーン)」という概念によって切り取って見せた「裸形の事実」の正体である。あるいはまた、設計にあたってクライアントである谷川俊太郎が設計者に希望として伝えた「汎神論者の教会（住宅でなくていい）」という言葉の結果と見ることもできるだろう。

いずれにせよ、これまでずっと建築は、たとえば基壇というフレーミングを使って自らを作品化しようと努めてきた。ここではそれに代わって、建築が自らの外部を作品化しようとしている。つまり「欠陥住宅」が、基壇を、建築という枠組みを、したがってヨーロッパが理想としてきた完全性を批判している。

5. 身体の問題

家の中に存在する斜面は、当然のことながら身体の問題を引き寄せる。この「広間夏」はおそらく、じっととどまるべき空間ではないのだろう。建築によって発見された地形が、さらに登降という行為によって、身体を伴って正確に経験されることになる。篠原はその行為を「横断」と表現した。しかし、「横断が、裸形の事実を生産するひとつの手段である」という冷めた言葉からも明らかなように、その登降は体験されるものというよりも、むしろ第三人称的に観測されるべき対象物である、と篠原は考えていた。

群馬県吾妻郡という地名がすでに、火山性の「黒い土」を想像させるに余りある。おそらくは、その黒土のふわ

っとした質感が、不安な横断をアフォードする。「新建築」での発表写真には、思い思いに斜面を歩く人々をコマ送り状にとらえたものがある(図1-9)。詩人が歩き回り、動き、生きる地面。シェルターという枷がそれを強いる。篠原は自身の「コンセプチュアル」を「住めない家という意味」を込めて使うが、「谷川さんの住宅」においてはそれが「詩人を飼う家」というニュアンスを含んで感じられる。

斜面の上に水平に置かれた3mの長さの台と梯子は、斜面の不安感を著しく増幅している(図1-10)。あるいは、広間夏の脇に設けられた、水平な床をもつ辛うじて普通の生活を担保してくれそうな「広間冬」。これらはまたいずれもが、勾配を正確に計測する定規となり、補助線ともなる。一般的な戸建て住宅において、階段という単純な「落差(ヘッド)」が、近代家族の関係性をパブリックな1階とプライベートな2階と直截かつ身体的に構造化する力をもつことを考えれば、不安あるいは快楽の発生装置として無傷で室内に捕獲された＜地形＝連続的な落差(ヘッド)＞が住宅において発生させる意味は、ほかにもさまざまな水準で計測が可能であろう。

1)座談会「ミースと"不可視なもの"をめぐって」建築文化1998年2月号
2)磯崎新との対談「建築について」、篠原一男「裸形の空間を横断するとき」新建築1975年10月号

図1-9 谷川さんの住宅／「横断」される「落差(ヘッド)」

図1-10 谷川さんの住宅「広間夏」／勾配定規としての台と梯子が斜面の不安定感を増幅する

1 床　15

2
柱
ジョンソン・ワックス本社

桂 英昭

　柱は、設計者が意図する数多くの情報や思惑を自立して内包・発信し、周囲に特有の場を与えることが可能なエレメントである。がゆえに、古今東西を問わず「建築空間の象徴」と称されてきた歴史がある。一般に、柱とは屋根や上部床などの荷重を基礎部分に伝達する垂直部材であると解説される。しかし、必ずしも荷重を支えることを目的としない事例や、合理的とは考えにくい形状が与えられたり、予測しがたいランダムな配置がなされている場合があり、構造的な見地を超えたとらえ方が求められる。ここでは、計画、意匠の立場から、柱の形、配置および変体などの観点で、その魅力についてふれてみたい。

1. 柱の形

　柱の形は、建築の平面、構造、構法、さらに時代を反映する様式や地域文化などと無関係ではなく、むしろ深く結び付いていると考えたほうがよい。一方、それらの関係性から切り離し、柱を独立した一体の造形物として見た場合、美術品のような鑑賞用コレクションの対象となるものも少なくない。

a. 柱の断面形状

　建築形態は、木材、石材、鋼材、そしてコンクリートなどの主要な構造材料と、部材の構成によって分類される構造形式によって決定される。柱の断面形状も、材料特性や構造的合理性によって導かれるのが一般的である。

　柱の断面を思い浮かべるとき、上下に同じ太さの真円形や正方形をイメージしやすい。これは、経済性・施工性を考慮した木や鋼などの単純断面材の使用が多いことや、完結断面―壁から独立した存在であることのサインであるといってもよい。断面の縦横比が極端に異なる柱は、壁柱と呼ばれるが、意匠属性としては壁の範疇にあると考えられる。単純断面の対極にあるのが、日本の茶室に見られる自然木を用いた「床柱」やギリシア神殿の女像柱「カリアティード」（代表例：エレクテイオン、アテ

図2-1　エレクテイオン／紀元前421～405年。柱のロマンをかき立てる美しい女神像

図2-2　バルセロナ・パヴィリオン／ミース・ファン・デル・ローエ、1929年。自立するスラブ、壁、十字断面柱のシンプルな関係性

ネ、紀元前421〜405)などである(図2-1)。これらの断面は有機的であり、断面形状という視点の枠外にあるととらえたほうが妥当である。柱を樹木や人物などに見立てること自体の意味を指摘しておきたい。

単純断面形状と有機的断面形状の中間に位置づけられるものとして、柱身に膨らみをもつエンタシス柱や、上下のどちらかに先細りする、縦断面が三角形のテーパー柱などがある。エンタシス柱は、ギリシア神殿の石柱が有名であるが、日本の法隆寺伽藍建築(飛鳥様式)に見られる木柱なども同様の膨らみをもつものとして知られている。古代エジプトにおける、方形断面が上方にむかって先細りし、先端が四角錐をなす記念碑オベリスクを柱とするならば、テーパー柱(方尖柱)の代表例としてあげることができる。逆に、下部が細く上部になるほど大きな断面形状をもつものとしては、この章の最後に紹介するフランク・ロイド・ライトの「ジョンソン・ワックス本社」の柱群が美しい例である。

細かな装飾などによって生じる複雑な断面形状は別として、設計者が柱にどのような存在感を与えるかは基本的な断面形状の選択にあるといっても過言ではないであろう。この断面形状は、建築のスタイルを表明する重要な意思表示ファクターのひとつなのである。

b. 柱のオーダー

柱を学ぶとき、西洋の古典建築に見られるオーダーの意味について、一度はふれておきたいところである。なぜなら、設計するうえで、古典的な様式建築的手法との距離感を測るために必要と思われるからである。

古典建築においては、柱礎(ベース)、柱身、柱頭、エンタブラチュアの相互の順序、比例、そして装飾などが、時代や地域によって、法則に従い定式化されている。この法則がオーダーと呼ばれるものである。ギリシア時代のドリス式、イオニア式、コリント式、ローマ時代のトスカナ式、コンポジット式の五つのオーダーなどが、後世にまで影響を及ぼしたものとして有名である。詳細な説明については建築史の分野に委ねるが、エンタブラチュアを除いた柱部分を、柱礎、柱身、柱頭の3部で構成していることがポイントである。日本の伝統的木造建築においても、ベースとなる柱石、木の柱身、上部結合部の大斗などの枡組という3部構成が見てとれなくもない。この3部構成の呪縛は、柱に限らず建築形態全般に大きな影響を与えている。

モダニズム以降の建築では、様式建築からの訣別とRC造や鋼構造の台頭もあり、オーダー的柱構成を排除する傾向が強くなるのである。ミース・ファン・デル・ローエの「バルセロナ・パヴィリオン」(1929)の鋼柱や、ル・コ

図2-3　サヴォア邸/ル・コルビュジエ、1931年。モダニズム建築のバイブルとなったピロティ柱

図2-4　つくばセンタービル/磯崎新、1983年。ポストモダン建築におけるアドホックな擬様式柱

ル・ビュジエの「サヴォア邸」(1931)のピロティRC柱は、その顕著な事例といえる（図2-2、2-3）。

1970年代からのポストモダニズム期建築に、その反動として、アドホックな擬オーダー柱が世界中で流行したことは記憶に新しい。「つくばセンタービル」（磯崎新、1983）の擬様式柱を参照してほしい（図2-4）。

柱の比例—プロポーションや装飾というテーマを考えるうえでもオーダーは興味深い。たとえば、柱の直径と高さに一定のプロポーションが与えることや、柱身のフルート—縦溝装飾、柱頭の植物や渦巻き装飾などの操作は、柱を審美的にとらえることの原点ともいえる。紀元前1世紀ごろに記された建築家ウィトルウィウスの『建築書』に目を通しておくのもよいであろう。

c. 柱の自由形態

柱が柱としてのサインを残しながらも、既成形態やオーダー的な束縛から解放されて、自立して自由な形態をとるケースがまれにある。

フランスのデザイナー、フィリップ・スタルクのアサヒビール吾妻橋ホール(1989)の巨大な抽象形態の柱、高崎正治の「結晶のいろ」(1987)に見られる木の玉石を積み重ねたような造形をした柱などである（図2-5）。いずれも構造と表皮造形は分離されている。オベリスク的な観点からは、磯崎新の「水戸美術館」(1990)における特異な幾何学造形のシンボルタワーなどがあげられる。

2. 柱の配置

柱の形に重大な関心を寄せるか否かは別として、古代から現代に至るまで、柱の存在—配置が多くの設計者の関心事であることに疑う余地はない。

平面の中心に1本の柱を打ち込めばすべての空間が支配されることもあれば、多数の柱を配することで柔らかに空間が分けられることもある。柱を配することは、囲碁の定石のようなものであるという例えもある。

モダニズム以後、柱の配置について自由な発想をもつようになったきっかけとして、ル・コルビュジエが1926年に提唱し、その後の建築に多大な影響を与えた近代建築の5原則のなかにある「自由なプラン、自由なファサード」の発想を指摘しておきたい。これは、壁が耐力壁という概念から解き放たれ、壁が柱から分離して自由形態となることを意図していると一般的に解説されるが、裏を返せば柱配置にもさまざまな可能性があることを示唆していたと考えてもよいであろう。

コルビュジエが描いたドミノ・システムのアイデア図に見られる無表情な6本の柱は偉大なのである（図2-6）。

図2-5 アサヒビール吾妻橋ホール／F.スタルク、1989年。独特の有機的フォルムが場の空気を変える

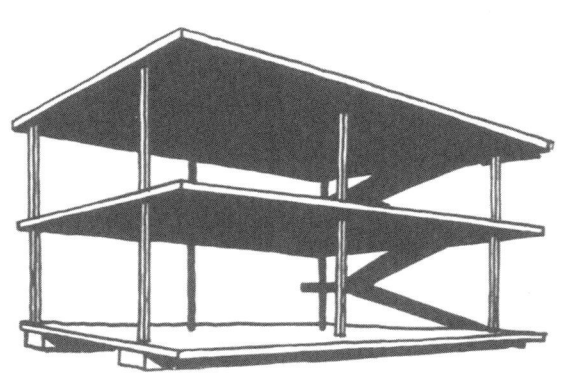

図2-6 ドミノ・システム／ル・コルビュジエ、1914年。20世紀建築に革命的示唆を与えた6本の無表情な柱

a. 高密度配置

古代エジプトのアンモン大神殿（紀元前1200年ごろ）の多柱室などは、空間のために柱があるのではなく、柱のために空間があるといってもよい。この場合の高密度とは、柱の太さと柱間が同等程度の感覚である。石の梁をもたせるために多数の柱が必要であったわけであるが、高密度で柱を配置させることによって生じる不思議な空間特性を後世に伝えてくれるものである。

b. 列配置

古代ギリシアやローマ時代の神殿外周や公共建築のアーケードに代表されるような回廊式に柱を連続して配する手法である。形式化された列柱の連続美は、柱のもつ魅力を十分に引き出すことができ、現代においても好んで用いられる普遍性をもっている。少し趣の異なった壁柱の列柱を紹介するならば、I.M.ペイの「クリスチャン・サイエンス・チャーチ・センター」(1973)のコロネード、アルド・ロッシの「ガララテーゼ地区の集合住宅」(1973)や「サン・カタルドの墓地」(1976)に見られるピロティ列柱などが、現代美を表現しているように思える（図2-7）。

c. グリッド配置

経済性と合理性を追求するRCラーメン構造の基本となるような縦横グリッドの交点に、柱をオートマチックに配置することである。通常の柱配置はほとんどこの分類に入ると考えてもよい。現在、特別な柱配置という場合には、このグリッド配置とどのような差異があるかということになる。

このグリッド配置を再認識させられることになったのが「豊の国情報ライブラリー」（磯崎新、1995）である。「百柱の間」と呼ばれる開架閲覧室には、外周の柱を含めると100本の柱が立ち並び、一辺7.5mの立体フレームが構成されている。RC打放し仕上げの柱と梁のフレームで浮き上がる空間は、クロスヴォールト天井の効果もあって、グリッド配置された柱がつくり出す「間」を新鮮に意識させてくれる。

d. ポイント配置

数少ない柱をピンポイントで効果的に配することで、空間を支配したり、反対に和らげたりする役割を担わせる手法である。

日本の伝統的木造建築である「法隆寺五重塔」などに見られる「心柱」は、その名のとおり中心に配された柱の象徴例といってもよい。他方、堀口捨己の茶室「礀居」における月見台に立つ柱などは、その感性的配置により、空間に安心感と緊張感を与えてくれる（図2-8）。前述のミースのバルセロナ・パヴィリオンの柱配置も日本的な感

図2-7　ガララテーゼ地区の集合住宅／A.ロッシ、1973年。壁柱の列柱が生み出すストイックな空間

図2-8　礀居に立つ月見台の柱／堀口捨己、1965年。日本特有の美意識を感じさせる柱の存在

性に近い柱の配置とみなせよう。

e. ランダム配置

ランダムな配置とは、無秩序を意味するものではない。a〜dの項で述べたような配置手法に束縛されないという意図が明確で、しかも感性的な美意識が要求される柱配置ととらえたほうがよい。柱と梁で構成される構造体ではなく、面剛性が高い板状スラブを適宜に柱で支えるケースに採用されることが多い。近年では、「八代市立博物館・未来の森ミュージアム」（伊東豊雄、1991）のRC造フラットスラブを支える不規則な柱、「古河総合公園─飲食施設」（妹島和世＋西沢立衛、1998）の薄い鋼スラブにランダム配置された極端に細い100本の柱群などが、軽やかな建築表現の要素として印象に残る（図2-9）。

3. 柱の変体

建築の構造や機能の変化に伴い、柱にも数多くの変体—ヴァリエーションが生まれている。ここでは、少し視点をずらして、ほかの変わった形態を補足しておく。

異論も多いと思われるが、大まかにとらえると、まず、1925年ごろのロシア・アヴァンギャルドのプロジェクト・ドローイング「雲の階梯」や丹下健三の「山梨文化会館」（1967）などのコア構造体を巨大な柱とみなすことができる（図2-10）。都市空間レベルで見ると、柱として認識可能なのは、コアとほかの構造物プロポーションが一般の空間構成、柱・梁、柱・スラブと近いからである。同じ視点の延長上で見れば、「せんだいメディアテーク」（伊東豊雄、2000）のランダムに配置された透明な構造体も水中に揺らめく柱のようなイメージを想起させるものである。

オーダー的3部構成の柱の変体として、アントニオ・ガウディの「コローニア・グエル教会」（1914）のデフォルメされた斜柱がある。今なお建設中である「サグラダ・ファミリア聖堂」（1883〜）の枝をもつ柱は、その集大成であり、最高傑作であるといわれる。ガウディが好んだ有機的でありながら伝統的な造形構成をもつ柱は、そのテクスチャーをも含めて、現代建築の柱に対してさまざまな問いかけをしている。

スチール構造でありながら、有機的でエレガントな柱といえば、橋など幅の広い造形デザインを手がけているサンティアゴ・カルトラバの一連の作品があげられる。代表作のひとつである「BCEプレイス」（1992）では、白い樹木のような列柱と屋根構造が一体化した空間が幻想的な雰囲気を醸し出している（図2-11）。

コンピュータの発達に伴い構造解析が進化するにつれて、柱とそれを取り巻く空間が新しい変体をつくり出す

図2-9　古河総合公園─飲食施設／妹島和世＋西沢立衛、1998年。100本の細柱がランダムに配置された軽快な多柱空間

図2-10　「雲の階梯」プロジェクト・ドローイング／エル・リシツキー＋M.スタム、1925年ごろ。天を支える柱をイメージさせる形態

であろうことは容易に想像し得ることである。

4. ジョンソン・ワックス本社

20世紀以降、もっとも美しく、存在感のある柱をもつ建築は何かと問われるならば、フランク・ロイド・ライト設計の「ジョンソン・ワックス本社」(1944)と答える人は少なくないであろう(図2-12)。

この建築に登場する柱の基本的なスタイルは、柱脚、柱身、柱頭の三部構成で、ゴルフ・ティーのようなテーパーの付いた樹形状、テンドリーフォルムである。すべての柱は、錆止め色の小さな柱脚を除き、鮮やかな白色に化粧されている。

柱の魅力を強く意識させる秘密は、総合的に見て二つに要約できる。その秘密のひとつは、ライト特有の設計手法「対比効果」にある。対比効果にもいくつかの仕掛けが用意されている。外観は、水平方向の視覚的流れを意識させるために、煉瓦壁、砂岩ボーダー、そしてチューブ状ガラスを上下に重積層させた塊である。壁のコーナーにアールを付けることを含め、外観から柱の存在を消し去る演出が対比のスタートである。内部に入るとき、初めて柱に出会うという感動がある。対比の第二は、アースカラーの外壁・内部構成材料が自然なテクスチャーを強調しているのに対して、白い柱は抽象性が強く、周囲から浮かび上がるような存在感が与えられていることである。第三の対比は、柱の多様性にある。基本的なスタイルは同じであるが、ここには壁柱、短柱、主役の細長柱の3タイプが用意されている。低く抑えられたエントランス空間、屋内駐車場と管理棟横のピロティには壁付き短柱タイプと短柱タイプの柱群がわれわれを出迎える。主役である美しいフォルムの柱群とは、研究棟の3層吹抜け事務室空間でやっと対面できるが、それらの姿と存在の清々しさは対比効果による演出で数倍に増幅されたものである。

他方の秘密は、「光効果」である。効果の目的は、チューブ状ガラスの積層壁が天井スラブと煉瓦壁面の縁を光で断ち切り、柱群が自立を強調すること。天井面の黄緑がかった色のチューブ状ガラス面の光が、グリッド上に配された柱の円盤を分離しているのも同じ効果を狙っている。樹形状円柱が光の錯視作用により、一段と華奢で魅惑的な存在として演出されていることも心憎い。柱は建築の住人であるという言葉が浮かぶ。

ジョンソン・ワックス本社の美しい円柱群に出会ったときに、なぜか古代エジプト神殿の多柱室での体感を思い出した。空間のために柱があるのか、柱のために空間があるのか、いずれにしても楽しい命題である。

図2-11 BCEプレイス／S.カルトラバ、1992年。光と戯れる有機的形態の列柱構造体

図2-12 ジョンソン・ワックス本社／F.L.ライト、1944年。20世紀を代表するもっとも美しい樹形状の柱群

3
壁
ブリンモア大学女子寮
●
木下庸子

1. 歴史に見る壁

　古代ローマの建築家であり、技術家であったウィトルウィウスが『建築十書』の第二書で建築の起源を説明するなかに、壁という言葉が使われている。ウィトルウィウスは建築とは「二股の木を立てて、その間に枝を配置し、泥で壁を塗った」ものだと定義した。ここでいわれる壁は、柱と柱の間の隙間を埋めて柱と一体化することで荷重を支える、インフィルとしての壁である。このインフィルとしての、いわゆるメーソンリー壁の考え方はローマの古代建築から中世の城塞に至るまで一貫している。

　ルネッサンス期には真の美とプロポーションを追求するなかで表層的な壁のデザインが模索された。なかでも『建築論(De re-aedificatoria, 1485)』(相川浩訳、1982)の著書として有名なレオン・バティスタ・アルベルティ(1404～72)は、後に建築史家であるルドルフ・ウィトコワの著書『ヒューマニズム建築の源流(Architectural Principles in the Age of Humanism, Rudolf Wittkower, 1949)』(中森義宗訳、1971)のなかで「壁の建築家」と呼ばれているが、アルベルティは彼の代表作として知られるフィレンツェのサンタ・マリア・ノヴェッラ聖堂のファサードの改修(1470ごろ)において、それまで円柱だった柱を角柱に置き換えることで、柱とそれに取り付く壁の意匠的一体化を図った(図3-1)。しかしこのことが逆に建築を、壁という平面の上での表面的なデザインとして処理する方向へと導く結果ともなるのである。その後のバロック、ロココ時代に至っては、壁にレリーフや装飾が施されることで表面処理としての壁のデザインが頂点に達し、表層として扱われる壁の性格はますます強まる運命となった。

　表層としての壁の扱いに一石を投じたのが18世紀の思想家、マルク・アントワーヌ・ロージエ司祭である。彼の『建築試論』の扉絵にのせられた「プリミティブ・ハット」(田野の小屋)のスケッチを通じてロージエ司祭は、建築の基本要素は柱と屋根であると主張し、壁を建築の純粋要素ではないとして否定した。このロージエ司祭の壁否定の理論が、いずれ20世紀になって近代建築運動のテーマのひとつとして展開されていく。

　このように「壁」の概念は、長い建築の歴史のなかで模索しつづけられてきた。しかし技術的な視点から見ると、建築の主要構造は産業革命以前まではやはりメーソンリーが主流であり、その結果生まれた建築空間は構造としての壁によって規定されたものであった。19世紀になって鉄鋼の時代が訪れてこそ初めて、空間を規定する壁を建物の構造から切り離して考えることが可能となったのである。

　ここでは近代建築において「壁」という概念と根本的に取り組んだ20世紀を代表する建築家のうち、コルビュジエとカーンの2人に焦点をしぼり、彼らの考え方と作品を通して、壁に対する理解を深めたい。この2人は「壁」という要素の根本を追求し、それを独自の設計において検証することで、20世紀の建築に大きな貢献を果たした建築家である。

2. コルビュジエとカーン

　ル・コルビュジエは1887年生まれ、ルイス・カーンは1901年生まれであるから、カーンが1924年にアメリカのペンシルヴァニア大学を卒業したとき、コルビュジエは37歳で、すでにパリで設計事務所を開設し、近代建築の先

図3-1　サンタ・マリア・ノヴェッラ聖堂／L.B.アルベルティ、1470年ごろ

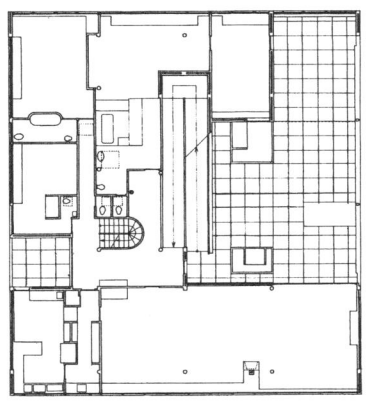

a. 2階平面

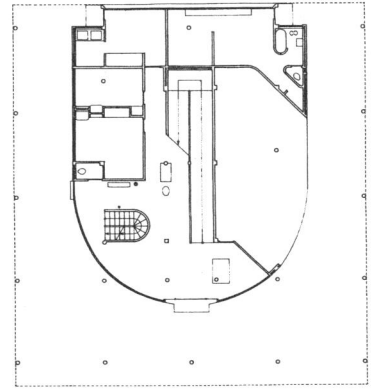

b. 1階平面

図3-2　サヴォア邸平面図

図3-3　サヴォア邸南側立面／ル・コルビュジエ、1930年。壁は構造体である柱から独立して存在する

図3-4　同・東側立面

駆者として活躍していた。

　当時のフランスの建築界は、建築の名門校として知られるエコール・デ・ボザールの推進する古典建築を教育方針とした建築教育が主流であった。しかし近代建築を支持するものにとっては、ボザールの教育はすでに時代遅れであり、古典建築から離脱しようとする動きが起こりはじめていた。コルビュジエもその新しい動きを指示する近代建築運動のリーダーのひとりであり、真の美しさを求める新しい建築はいっさいの装飾を必要としないと唱えた。そしていずれその追究が「建築の5原則」と名づけられた理論として世の中に発表されるのである。

　一方、カーンの卒業したペンシルヴァニア大学はアメリカの建築大学のなかでも、とりわけボザールの理念に基づいた教育方針を誇っており、カーンも当然ボザール教育の強い影響を受ける。この対照的な背景をもつ2人の建築家の出会いは、カーンのペンシルヴァニア大学時代の同級生で、卒業後コルビュジエに師事していたノーマン・ライスを1928年にカーンが訪問したときだと記録されている。

　ボザールの古典的教育とは正反対の近代建築運動に、このとき初めてふれたカーンはかなりの衝撃を受けたようだ。それと同時にカーンにとっては、それまでの教育の縛りから解放されるきっかけとなったことはまちがいない。しかしその後カーンは、近代建築運動を賞賛しながらもそれに影響されることなく、ひたすら独自の設計手法を模索しつづける。そして「サーバント・スペース／サーブド・スペース」という、重要な建築概念に到達するのである。

3. コルビュジエの壁：皮膚に見立てられた壁

　コルビュジエは、壁を主要な骨組みである構造体から独立させ、表皮として扱うことを試みた。ロージエ司祭の柱と屋根のスケッチのように、コルビュジエはコンクリートの柱と床版によって成立する構造体の骨組みを提示し、これを「ドミノ・システム」と呼んだ。コルビュジエは、建物の骨格となる構造体を取り巻く外壁は、内に存在するヴォリュームを包み込む薄い膜のようなものであると考えた。言い換えると、人間の体の皮膚に値するという見方である。

コルビュジエの壁は、コンクリートという20世紀を象徴する材料を用いて、建築の新しい表現として世に送り出された。そしてコルビュジエは、この新しい建築表現のための要点を五つの項目にまとめ、「近代建築の5原則」と名づけた。それらは①ピロティ、②独立骨組み、③自由な平面、④自由なファサード、⑤屋上庭園である。

「近代建築の5原則」によると、建築は、柱と床が構造の荷重をすべて負担するため、柱はほかの建築要素にとらわれることなく空間の中に自立する。柱によって床が持ち上げられ、その床の下に誕生した空間をコルビュジエは「ピロティ」と呼んだ。柱と壁が分離することで壁は構造上の制約からいっさい解放され、柱の位置にとらわれることなく存在し得るのである。こうしてできた壁は、それが設けられる位置のみならず、形態的にもカーブなどの自由な形の選択が可能となる。自由な形の実現はまた、コンクリートという、型枠にそっていかなる形も成型可能な材料がもたらした20世紀ならではの建築形態といえるだろう。

壁の開口についても構造とは無縁になるので、柱の位置にとらわれることなく、デザイン上もっとも求められる位置にとることができる。このようにして自由に構成される計画を、コルビュジエは「オープン・プランニング」と呼んだ。

このオープン・プランニングはまた、建築空間にそれまでにない特徴の、内と外のつながりをもたらした。プランニングにおいて、さまざまな制約から解放された建築は、コンクリートや鉄と並ぶ、もうひとつの近代技術のたまものである素材、ガラスによって内部空間と外部空間の境界の視覚的区分が取り去られ、内の延長としての外部空間の存在が可能となった。

a. サヴォア邸

コルビュジエの「近代建築の5原則」がもっとも明快なかたちでデザインに表現されたのが、パリの郊外、プワッシーに建てられたサヴォア邸（1928〜30）である。それまでもコルビュジエは住宅の設計において、内部空間の延長としての外部空間の実現を試みてきたが、都市型の住宅では十分な開放性を達成し得なかった。サヴォア邸の敷地はパリの市街地とは対照的に、自然に囲まれた土地であったためにコルビュジエの理論を実現するには最適の環境であった。

この住宅はひと言でいうと、宙に浮いた白い箱である。一層部分がピロティによって完全に持ち上げられている。エントランスは1階の北側にあるが、道路からアプローチするにはピロティのあいだを縫って、南からカーブしたガラス壁にそって回り込む。カーブの円弧の寸法は、回り込む車のことを念頭に決定されたが、車の回転半径が形と寸法を決定すること自体、近代文明がもたらしたデザインならではである（図3-2）。

この住宅の外観の特徴は、どの方向にも均等に設けられた細長い窓である。外周の柱よりさらに外側に壁が設けられているので、窓の大きさや形がまったく自由となる。コルビュジエはこの特徴的な横長窓を「リボン・ウィンドー」と呼び、細長い額縁のごとく周りの景色を自由自在にフレームした（図3-3、3-4）。

主要階である2階に設けられたリビングルームは、幅5m、長さ14mの広さをもち、テラスに向けて床から天井までのガラスの引き戸が設けられている。その大型開口

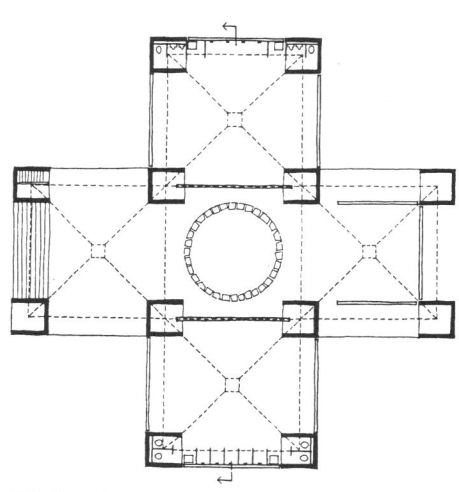

図3-5　トレントン・バス・ハウス平面図

図3-6　トレントン・バス・ハウス／L.カーン、1956年

が開放されることで、内部と外部は一体化する。この窓もまた、柱の外側に設けられているので、構造材の大きさの制約を受けずに、天井いっぱいに可能な限りの開放性が獲得できる。

内部空間の平面においても、柱と壁は独立しているので、壁の配置は自由である。上下階の壁の位置に関しても、斜路と階段の壁以外は同一の場所に存在する必要はない。すなわち、コルビュジエの唱えるオープン・プランニングなのである。

4. カーンの壁：循環器を内包する壁

コルビュジエの壁が表皮だとすると、それとは対照的にカーンの壁は人間の筋肉のような分厚い壁である。カーンは建築の設備を人間の身体機能にたとえて、動脈が血液や酸素を体の細部に送り込むのと同様に、建物にも換気や、給排水、電気などの配管のためにスペースがしっかりと設けられることが望ましいと考えた。古典的なボザール教育の影響を受けたこともあり、カーンの壁に対する考え方は、壁を薄い表皮として扱うコルビュジエとは基本的に異なっていた。カーンはむしろ、かつてはメーソンリーだったために重厚でなければならなかった壁を、近代において技術的に薄くすることが可能となったからには、分厚い壁の中をくり貫いて「中空の壁」にしようと試みた。そこでできた空洞をダクトや配管、配線のためのスペースとすることで設備専用のスペースが必然的に生まれ、建築を計画するなかで貴重な居住空間の一部を設備配管のために提供することなく、意匠を優先した設計が可能となると考えた。

カーンは壁内部の設備スペースを「サーバント・スペース（Servant space）」、またそれ以外の、サーバント（支給人）にサーブされる建築空間を「サーブド・スペース（Served space）」と呼んだ。これが、カーンの打ち出した「サーバント・スペース／サーブド・スペース」の発端である。

a. トレントン・バス・ハウス

カーンは自身の打ち出した「サーバント・スペース／サーブド・スペース」の概念が、トレントン・バス・ハウス（1955～56）の設計を通して把握できたと述べている。これは半戸外のバス・ハウスという比較的シンプルなプログラムの建築である。約10m×10mの正方形がひとつのユニットを形成し、そのユニットが四つ、中庭を取り囲むように配置されている。構造はブロック壁であるが、各々のユニットの四隅が正方形状に囲われたブロック壁で、それらは柱型を形成している。そして4本の柱型を覆うように方形の屋根が架けられている（図3-5、3-6）。

ここでのカーンの壁は「中空の壁」というよりは、「中空の柱」と呼んだほうが的確かもしれない。カーンは中空の柱の中に更衣室への入り口や配管スペース、さらには収納などを集約し、彼のいうサーバント・スペースとした。

ここで注目したいのは「中空柱」の中のサーバント・スペースが、すでに必ずしも設備のみのスペースにとどまっておらず、通路などの動線空間をも含んでいるという点である。自身のあみ出した「サーバント・スペース／サーブド・スペース」の考え方が、実際の建築計画ではすでに設備スペースの域を超えて実現されており、これはこの考え方のさらなる展開を暗示させている。

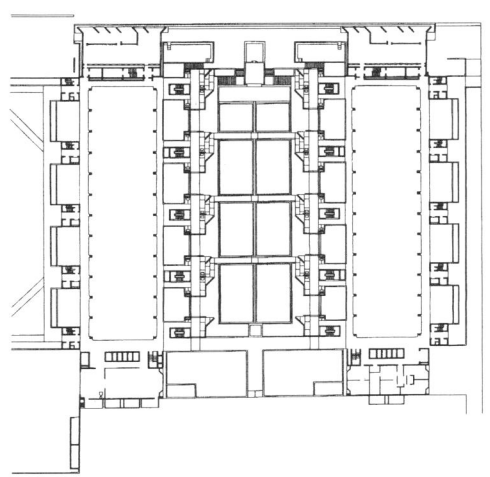

図3-7　ソーク生物学研究所平面図

図3-8　ソーク生物学研究所／L.カーン、1965年

b. ソーク生物学研究所

カリフォルニアの最南端、ラ・ホヤという町の太平洋を臨む敷地に、ソーク生物学研究所（1959～65）は立地している。コンクリート打放しの完璧な仕上がりと、その中にはめ込まれた木のパネルが建築の外観を特徴づけている。建物は2棟で構成され、太平洋を一望する中庭を挟むように配置されている（図3-7、3-8）。

ソーク生物学研究所の設計によりカーンは「サーバント・スペース／サーブド・スペース」の考え方の正統性をいっそう強化したという。この研究所の設計を通して、カーンとソーク博士のあいだには親しい友好関係が築き上げられる。そして博士と共同で設計を進めるなか、カーン自身が次第に「サーバント・スペース／サーブド・スペース」の考え方は、設備を主体としたスペース区分から空間の機能や性質をベースにしたスペースの区分へと発展しうる可能性があることに気づきはじめるのである。

研究所のあり方としてソーク博士は、研究という知的作業の場として建物が機能しなければならないのは当然であるが、それと同時に精神修養の場としても機能することの重要性を指摘した。それを受けてカーンは、実験室とオフィスをゾーニングにより明快に区分する。実験室は、建物の両脇の2棟に収められ、機能的で効率優先の計画となる。一方、オフィス部分は研究者個人の居心地よい空間としての快適性が追求され、最終的にそれらは中庭に面した、太平洋を一望できる位置に置かれることになる。眺めのよい窓と、暖かみのある白木の家具が内部空間を特徴づけている。

ここでのサーバント・スペースには純粋に設備のために設けられたスペースのほかに、廊下や収納など建築機能上、ほかをサポートする役割を担うスペースが含まれている。こうして、サーバント・スペースとしての廊下や収納などに対して、それらに補助されながら機能するほかの建築空間をサーブド・スペースとする図式がいっそう明快に表現され、カーンの建築プランニングに新しい秩序が達成される。

c. ブリンモア大学女子寮

1960年にカーンは、フィラデルフィアの郊外にある、ブリンモア大学女子寮（1960～64）の設計を依頼された。エルドマン・ホールと呼ばれるこの建物は、カーンの仕事のなかでも国際的評価を得た初期の作品である（図3-9）。

カーンは当初、学生寮は就寝のためのプライベートな空間から食堂などのパブリックな空間を切り離すべきだと考えていた。現に初期案では、個室ゾーンと共用空間ゾーンは明快に区分されている（図3-10）。

ところが計画が進むにつれ、カーンは個室と共用空間を一体化する可能性を追求しはじめる。個室と共用空

図3-9　ブリンモア大学女子寮全景／L.カーン、1964年。中心部の共用空間を個室群が取り巻く構成

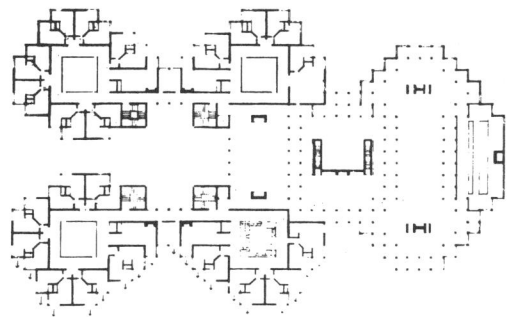

図3-10 ブリンモア大学女子寮初期案

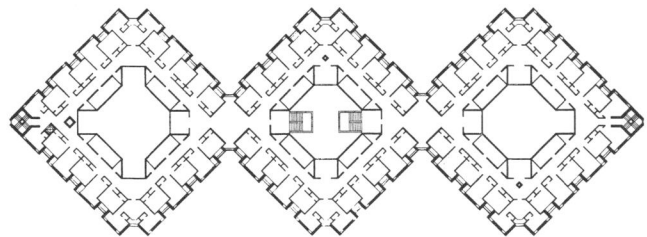

図3-11 同・女子寮平面図

図3-12 ブリンモア大学女子寮リビングルーム／トップサイドライトの光が効果的な共用空間

間が必然的に一体化したものが「住宅」であり、カーンは住宅のもつアット・ホームな雰囲気を学生寮の中でも実現できないかと考えるようになるのである（図3-11）。

ブリンモア大学女子寮は45度に振られたダイアモンド型の正方形が三つ、角で接しながら連なる構成の建物である。各々のダイアモンドは中心部にホールやダイニングルームなどの共用空間が置かれ、外周部を個室ゾーンが分厚い「壁」のように取り囲む。共用空間が平面的に外気にふれることのない中心部に置かれるプランニングを成立させたのは、断面方向に設けられた吹抜けと、さらにその上に突出した天井のトップサイドライトからふりそそぐ自然光によるものである（図3-12）。共用空間と外周部の個室ゾーンに挟まれた中間部分にキッチン、パントリー、バスルームなどがもうひとつの「壁」の層として配置されている。

カーンはこの計画において、もっとも重要な共用空間のまわりを「壁」で取り囲むことを若干躊躇していたようである。しかし、この設計に携わっている時期にスコットランドの城塞を訪れる機会があり、そこで外部に面していない内包された空間であっても、その居住性は十分に確保できることを確信したという（図3-13）。

この建築を「サーバント・スペース／サーブド・スペース」という空間構成の観点から見ると、まずもっとも内側に設けられたホールやダイニングルームの吹抜け空間はサーブド・スペースである。また外周部は、個室群として

の分厚い「壁」が、これもまたサーブド・スペースとして全体を取り囲む。二つのサーブド・スペースのあいだに両方をサポートするキッチン、パントリー、バスルームなどのもうひとつの厚い「壁」がサーバント・スペースとして存在しており、いたって明快なプランニングが実現された。

こうしてカーンの「循環器を内包する壁」は当初設備と意匠における空間区分から生まれながらも、それは自身のつくる建築を通して洗練されつづけ、設備と意匠の区分の域を超えた考え方へと発展した。「サーバント・スペース／サーブド・スペース」は、まさにカーンが20世紀の建築に残してくれた空間構成の画期的な概念なのである。

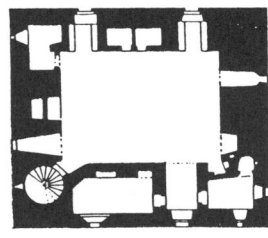
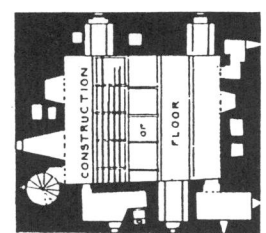
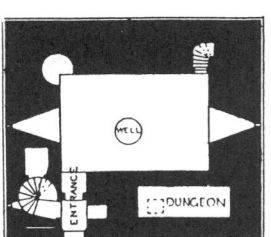
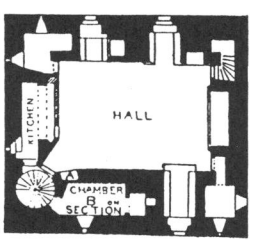

図3-13 スコットランドのコムロンガン城平面図

4 屋根
シルバーハット
鈴木義弘

屋根 (roof) は、「場」を規定する床 (floor)、周壁 (wall) とともに建築物を構成する基本的要素のひとつであるが、建築物を上部から「覆う」ための構成要素＝屋根に求められる要求は、単に雨風や外的条件から内部空間を守るという機能的要請以外にも、これまで多様な形で表現されてきている。

宗教建築にはじまり住居などの用途によって、また、それぞれの時代の社会的背景や気候風土などによって異なり、変化するものである。

これらの視点から「屋根」を解読する。

1. 屋根の原型と意味

a. 屋根の原型＝家型

人類が平地に建物を構築するようになると、その原型となったのが、三角形の切妻屋根をもつ家型であるといわれている。古代ミュケナイ文明にその祖形が見られ、その後ギリシア神殿の基本的構成要素として引き継がれるメガロンが、もっとも原初的な建築物の形態であり、これが家型を呈している。来世を祈願する石棺や霊廟・墓石においてもこの形態が頻繁に認められる事実も、これが洋の東西を問わない原初性をもつひとつの証左であろう（図4-1、4-2）。

18世紀の建築理論家マルク・アントワーヌ・ロージエ神父 (1713〜69) の著作『建築試論』(1753) の扉絵に描かれた「プリミティブ・ハット（田野の小屋）」は、近代化に向かう時代に、改めて建築物のルーツを示したものとして、数多くの文献に紹介される著名な指摘である（図4-3）。樹枝で形づくられた建築物の原型としての家型を幼児に指し示す女性は、神のようでもあり、また、様式建築と思われる模型に肘をかけた左手に抱える定規とコンパスからは、気鋭の建築家を表していると見ることができる。

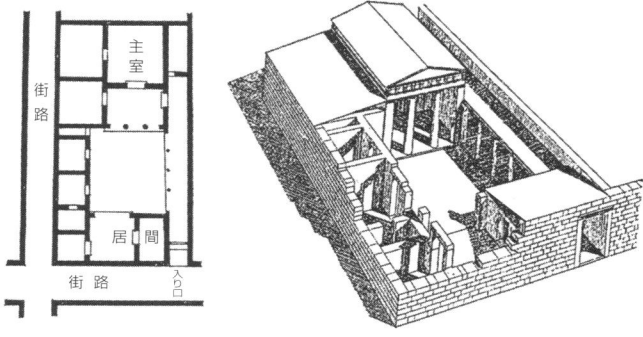

図4-1 神殿模型／アテネ西方に位置するアルゴス地方ヘライオンで出土したテラコッタ模型。紀元前8世紀末と推定されている

図4-2 プリエネの住家／アテネ、紀元前3世紀。「中庭に南面して前廊の付属する主室がある——ここにはミュケナイ建築にみられたあのメガロンのねばり強い伝統が息づいている」（森田慶一『西洋建築入門』東海大学出版会、1971年）

図4-3 プリミティブ・ハット／M.A.ロージエ神父の著書『建築試論』の扉絵、1753年。彼は、建築物の原型を家型に求めて、古典主義建築の原理を抽出した

図4-4 子どもの家／A.ヴァン・アイク、1960年。子どもたちの八つの生活グループの中心である10mで2層のユニットと、これを取り囲む3.3m正方形グリッドが、複合的かつ秩序をもって配置されている。「部分」としての個の自立性と、「全体」を構成する秩序性を関連づけた構造主義的建築として評価されている。1986年孤児院としての機能は解消され、現在は用途変更されている

b. 領域を形成する建築物の基本単位としての屋根

そもそも屋根誕生の起源はいかなるものか。

まず、その発生を考えると、雨風をしのぐ、あるいは、外敵からの防御（すなわちシェルター）という用途以前に、空間に境界を設け、聖なる領域を形成することが目的であったと考えられる。

祖形としての神殿建築、あるいは、わが国においても、神社の原型が「ひもろぎ」という領域化にあったという説などから指摘できるのは、この時点では、いずれも、聖域の形成、すなわち、人々の立ち入りのできない宗教的空間の規定が、まず成立したということである。

これに引きつづいて、人々の営みの領域化のための「場」の規定、さらに、屋根と周壁が形成されることになる。すなわち、人々にとっての内部空間の発生である。その後、逐次目的とする行為に応じた建築物（ビルディングタイプ）が成立し、発展していくが、そのいずれの時代においても、屋根は各建築物を構成する基本単位であった。

「ひとつ屋根の下」という慣用表現は、屋根が成員のユニット、すなわち領域形成の基本単位であることを端的に表しており、また構造主義の代表作「子どもの家」(1960)は、この概念をストレートに表した事例である（図4-4）。

c. 表象としての屋根

原型としての家型の三角形の破風は、構造的・機能的には合理性に乏しいものであったという指摘がある。これは、建造物を構築するという人類の意思の反映が、屋根に表象されているということである。

次の段階として、ほかの建築物との機能的な相違、あるいは、ヒエラリカルな関係性を表象するための屋根形状の多様化が生じる。

たとえば、仏教寺院の伽藍配置に見られる段階構成は屋根にも反映されており、また、大規模住宅においても、母屋と離れ、さらに、蔵・倉庫などの付属舎は、その配置とともに屋根材や形状によって、明快なヒエラルキーを示すことはよく知られている。

集落内の家屋相互の屋根においても、社会的関係性が表されていることによって、その構造が認知できることも、しばしば経験することである。

さらに、文様論的視点からは、瓦の曲線は波、家並みは海を表現しているという。人類に恵みをもたらす資源、および生物学的起源への敬意を表す点では、自然との共存に起因した意味ももっている。

このように屋根は、住まうことへの意思を幅広く表象するものでもある。

図4-5 党家村／中国陝西省韓城地区。明代からの豊かな伝統的集落が、四合院住居形式のまま残されている。黄河の龍門近くの現代の桃源郷ともいえるこの集落の形成する美しい家並みに加え、寨と呼ばれる外敵防御の集落を、本村とは別にもつというきわめて独自の特徴も有している

d. 集合体としての屋根

個々の建築物の性格を規定する屋根と、これらが集合し、相互の関係性が生じること、すなわち、「部分」と「全体」の関係が表出することによって、集合体としての景観、あるいはスカイラインが形成される。地形や気象条件、文化性などを包含した、いわゆる、風土性を反映した形での景観となって表れるのも、屋根の与える効果である。

たとえば、ひと目でそれとわかるアムステルダムやブルージュの家並みは、三角の破風をもち自立性を主張する個々の建築物の基本単位の集合が、結果的に都市の固有性を示すという代表的景観である。また、わが国のみならずアジア諸国でも、美しい家並みの集落が残されている（図4-5）。

「集落の風景が、集落の内的な秩序を表出露呈しているとすれば、それは風景に私たちが見えざるルーフを感知するからであろう」[1]

逆に、郊外に広がる建売住宅団地は、たとえデザインコードで形態や色彩が統一されていても、家庭という集団の単位を表象する屋根が群として集積しているにとどまり、風土性に依拠しない均等な区画割りによるひな壇型造成ゆえに、屋根の集合が良好な風景とはなり得ない点に留意すべきである。

2. 近代における屋根概念の変化

a. パサージュ

19世紀に入ると、パリやロンドンを皮切りに、パサージュ（あるいはアーケード、ガレリア）が、ヨーロッパの主要都市に出現する。

ことに、フランスの都パリにおいて、既成の商業建築物間の通路にガラス屋根を架けることにより形成される商店街が、商業活動の拡大と欲望の発露の場ともなり、華やかさを提供する都市の大きな魅力の要素であったことが、近年遺稿の発見されたヴァルター・ベンヤミンの『パサージュ論』によって、改めて見直されたのは記憶に新しい。

屋根がもたらす近代的空間＝パサージュが、都市生活者に対する営みの新たな演出をしたという点で、特筆すべき事象であろう。

その空間的な特徴は、通路（外部空間）の屋内化によって、内と外をつなぎ、相互の行為の流動性を促すこと、さらには、外部空間での（場合によっていかがわしい）商業主義的営みが主役に転化するという逆転まで発生させ、空間の主従を再編成する装置としての屋根の新たな側面が創出された（図4-6）。

b. フラットルーフ

　屋根がその形態を大きく変えるのが、フラットルーフ（陸屋根）の爆発的な普及である。しかし、そのルーツおよび評価については、近年においても諸説が見られる。広く知られるのは、ル・コルビュジエによる「ドミノ・システム」(1914、図4-7)、および、「近代建築の5原則（新しい建築のための五つの要点）」(1926)の提案と、これを具現化した「シュタイン邸」(1927)や「サヴォア邸」(1927～31)であり、これに先立つアドルフ・ロースの著作『装飾と罪悪』(1908)と一連の設計事例、あるいはユニヴァーサル・スペースと呼称されそのスタイルを確立させたミース・ファン・デル・ローエの名などがあげられよう。その後、機能分化と建物規模の拡大が進行するが、形態的には、フラットルーフの集積によって都市が形成される。

　古典建築の様式主義からの呪縛をようやく離れたかに見えた近代は、その志向する普遍性・合理主義の結果として場所性を否定し、風景から屋根と屋根のもつ意味（特に、建築物相互に見られる社会的関係性の表象）を剥奪し、経済合理性の記号としての建築物のヴォリュームのみが集積する結果となった。

c. ヴォールト屋根

　古典的要素を近代建築に取り込もうという意図に基づくひとつのタイプがヴォールト屋根である。アーチ状の曲面をもつ形態である。フラットルーフに帰着せず、また、家型の勾配屋根を踏襲するわけでもなく、ヴォールトを現代的解釈によって昇華させた秀作もあげることができる。

　その代表作は、ルイス・カーン設計の「キンベル美術館」(1966～72)といってよいであろう。壁面とのわずかな空隙をもったサイクロイド曲線のヴォールト屋根が、古典的秩序によって配列されつつ、装飾的建築言語は極力抑制され、美術品を鑑賞する場にふさわしい静謐な空間が示されている。

　多様な構成手法によって、現代建築の大きな可能性を示す磯崎新の比較的初期の作品にも、ヴォールト屋根が頻繁に用いられている（図4-8）。彼も、古代のメタファーとしての円柱、円筒（あるいは半円筒）のもつ力強さを表現するため、これを横臥させて空中に固形化すること、すなわち屋根として用いることにより、建築物の構成単位にとどまらず、内部空間で発生する営み（動き）の視覚化および実体化を図ったのである。

図4-6　ハノーヴァー万博2000で賑わう現代のパサージュ

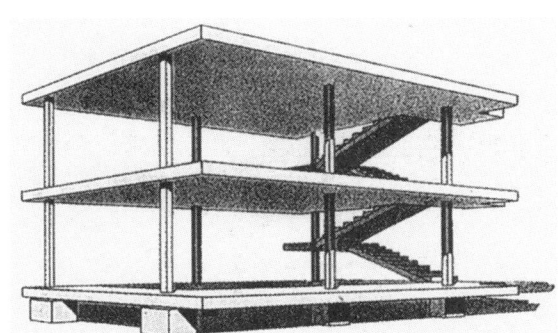

図4-7　ドミノ・システム／ル・コルビュジエ、1914年

図4-8　富士見カントリークラブハウス／磯崎新、1975年。「＜円筒＞は、私の仕事の中で、もっとも初期に出現していた。その＜円筒＞は、まず何よりも、古代の円柱のメタフォアだった。同時に、＜円筒＞を水平方向に寝かせるイメージもあらわれている。……チューブ状の架構体。そのなかを一定のスピードをもった液体や物体が 流れてゆく。移動が起こるとき、その痕跡をそのまま空中に固形化しようというとりとめもない作業にとらわれていたような気がする」（磯崎新「円筒および半円筒にかかわる個人的な記録」1975年）

d. 浮遊する屋根

　場所性を抹消させた張本人とされるコルビュジエは、後期に作風を大きく変貌させる。造形性豊かな「ロンシャンの教会堂」(1951〜53)は、屋根を上空に浮遊させるという意図が強く、さらに約10年後の晩年の作「チューリッヒのパヴィリオン」(1964〜65)とそのスケッチで、屋根は軽やかさを加え、2本の傘で主要室を覆うという展開を見せる。ここには、クリストのインスタレーション「アンブレラ・プロジェクト」(1991)をも想起させるアイデアが、すでに感じられる。

　このコンセプトは、寸法の細い木造軸組構造をもつ和風建築において、相対的に重厚な屋根の形状が、強く存在感を示す特徴と通底するが、「場」の多様性に秩序づけを行うという、屋根のもつもっとも本質的な特性を実体化したものといえる。

　フランスの建築家クリスチャン・ド・ポルザンパルク設計の「音楽都市」(1991)や、ラファエル・ヴィニオリ「東京国際フォーラム」(1996)のアトリウム屋根など、1990年代にもこの傾向は読み取れる。

　しかし、これらの浮遊する屋根は、依然重厚で、宙に浮くヴォリューム感への危うさゆえに、屋根の存在感をむしろ強調しているという点において、コルビュジエの延長線上にあるととらえてよいであろう。

3. 風になった屋根‥‥「シルバーハット」

a. シルバーハットの屋根の特徴

　さて、伊東豊雄設計の自邸シルバーハット(1984)は、これまで述べた屋根のもつ特徴が再構成されながら、新たなアーキタイプを示したものである。従来の住居のもつ不可避の典型的要素が、両義的に消去されている。

　まず、形態は古典的なヴォールトではあるが、重厚性は姿を消し、軽さのみならず透明性を獲得している点である。この浮遊性は、存在感を消失させていると同時に、無限定で拡張可能な領域性をも示しているという魅力を感じさせる。

　また、小規模な住居に架けられた大小七つの屋根は、家族成員自体の自立化(孤化)とともに、集落のイメージとも重なる。建築物の構成単位の分解は、内部空間相互のみならず外部との関係性においても、新たな流動性を与えている。さらに仮設性が、遊牧民的な現代都市生活者の住まいを象徴しつつ、一方では、建築物の根源性をも問いかけている。

　すなわちシルバーハットは、それまで建築家が逃れることのできなかった屋根という要素のもつ基本的概念を払拭し、大きくパラダイムシフトさせたわけである(図4-9)。

図4-9　シルバーハット外観／伊東豊雄、1984年

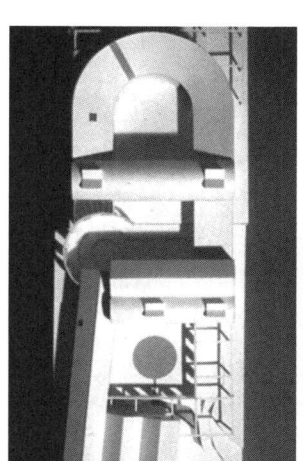

図4-10 シルバーハットのデザインプロセス（初期のエスキス模型）／左から、建築会議（P3コンファレンス）のための計画案、2階案、平屋案。いずれも当初は、切妻屋根（家型）であったことがわかる

b. デザインプロセス

同じく伊東の設計による「中野本町の家」(1976、現存せず)に隣接した敷地に、シルバーハットは建設されている。エスキス案とスタディ模型によるデザインプロセスは、実に興味深い（図4-10）。

当初は、RC打放しで外周に開口部をもたない隣接建物に対し、家型の構成をどのように関連づけるかが関心事であったことがわかる。次に、屋根それ自体の透過性を図るという変質を志向しながら、2階建てや平屋の複数の計画案がスタディされ、最終的には家型からも脱却して現案に到達したプロセスが見てとれる。

ヴォールトが、自らの重量を解消し、また、住居のプロトタイプからも解放されていった。

c. 工法・材料

ヴォールト屋根の架構は、L形鋼によるひし形のスペースフレームをボルト接合することによって構成され、長尺アルミ平葺きの屋根材とこれに開閉式を交えた三角形のトップライトがあり、中庭（コート）には、天蓋が設けられている（図4-11）。断熱性を保ちつつ、可能な限り薄さと軽さが追求された結果、「現代のプリミティブハット」が完成したわけである。

d. シルバーハットの持つ意義とその展開

シルバーハットの名称が、ロージエの論考にも由来することが推察されるように、彼は、古典建築への深い考察に基づき、家型による領域設定という原点をさらに遡りつつ、もう一方では、現代の社会的背景に対する洞察への回答としても、建築物に仮設性を求め、二重の意味で「風」へと変容させたといえるのではないか。そのもっとも主要なエレメントが屋根であった。

伊東は後に、「東京遊牧少女の包」(1985)、「レストランNOMAD」(1986)と続く作品によって、そのコンセプトをさらに展開するが、屋根についていえば、「八代市立博物館・未来の森ミュージアム」(1991)において、フラットバーの溶接による、さらにシンプルな架構を採用し、展示室が埋設された小高い丘の上に、軽やかに浮かぶランドスケープとしての仮設性を実現することになる。

しかし、彼の影響を少なからず受けたであろう設計者が、十分な必然性をもたぬまま浮遊する屋根を形づくり、あるいは、装飾化させていると映るのは、停滞か、退行か、あるいは新しい兆しか。評価は次代に委ねたい。

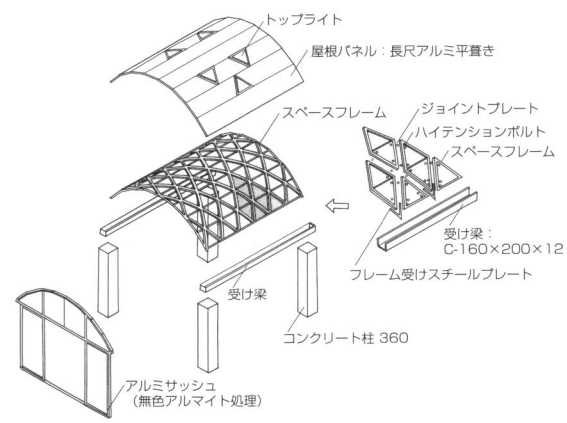

図4-11 シルバーハット屋根の構成システム／L形鋼によるひし形部材の組み合わせによって形づくられる浮遊し、透過するヴォールト屋根

5
シェルター
ジェッダ国際空港 ハッジ・ターミナルビル
マーク・ダイサム

1. ロンドン到着

　私はこのエッセイの初稿を香港からイギリスに向かう飛行機の中で書きながら、シェルターの概念について考えをめぐらせていた。

　シェルターの定義とは何か？　建築とはどこが違うのか。そもそも建築とは異なるものなのか。シェルターとは屋根の一種にすぎないのか。シェルターには壁はあるのか。シェルターは一時的なものか、それとも恒久的なものか。シェルター内の活動は一時的なものか、それとも恒久的なものか。シェルターは本来は軽量の素材でできているのか。

　飛行機がロンドン上空で機体を傾けながら方向を変え、テムズ川に沿ってヒースロー空港へと向かうにつれて、雲間を透かして下のロンドンの姿がはっきりと見えてきた。

　すると、わがシェルター概念も自ずと明確になってゆくのだった。まず最初に、ロンドン最大のシェルターであるミレニアム・ドームが目に飛び込んでくる（図5-1）。ついでセイント・パンクラス駅、キングズ・クロス駅の威厳あるヴィクトリア朝時代の駅舎の屋根が、ニコラス・グリムショウ設計のウォータールー駅の胃袋の形をした面白いガラス屋根とともに見えてくる。こうした鉄道駅の屋根は、ロンドン市内のその他の代わりばえしない建物群と著しい対照をなしている。ヒースロー空港に近づくにつれ、今度はセイント・マリルボンおよびパディントン両駅の屋根、さらには巨大なオリンピア・エキジビション・センターも見えてくる。やがてヒースロー空港にさしかかると、滑走路脇に並ぶたくさんの倉庫や巨大な格納庫がはっきりと見てとれる。

　タクシーに乗ってゲートへ向かうと、ヒースローと呼ばれる混沌としたビル群の中を自分が進んでいることがわかる。この折衷的な建物の集まりは、何年ものあいだにゆっくりとでき上がってきたもので、どこを取ってもシェルターとは似つかぬものである。むしろ、これといって特徴のない建物の集まりからなる街と言ったほうがよい。ここは、ノーマン・フォスターの究極のシェルター、チェク・ラプ・コク香港国際空港からはるか100万マイルもの彼方——実際には6,000マイルだが——にある。私は12時間14分前にそこを飛び立ってきたのである。

2. 最初期のシェルター

　もっとも古い形のシェルターは洞窟であり、そこで原始人は自然の脅威から身を守った。やがて彼らが洞窟を出て遠くに足をのばすようになると、夜を過ごすための一時的シェルターをつくった。そして徐々に遊牧民の部族が一時的なシェルターをつくりながら大地をさすらいはじめ、最後には恒久的な集落を形成していった。

　入江や天然の港もシェルターと見なしてよい。船やボートが悪天候から身を守る場所だからである。谷や山腹もシェルターとして使われた。原初の都市は、優勢な自然の威力から身を守るシェルター機能をもつ場所に成立した。

　取るに足らぬ傘、これこそはもっとも単純にして便利な形のシェルターのひとつに違いない。実際、レインコートもどこにでもあるもっともありふれたシェルターのひとつ

図5-1　ミレニアム・ドーム／R.ロジャース、1999年

と見なすこともできよう。津村耕佑は衣類店舗「ファイナルホーム」でこの考え方を極端にまで押し進めている。レインコートは一時的住居に見立てられ、ナイロン製コートのポケットに新聞紙やティッシュペーパーを詰めれば、長い寒い冬にも耐えられる断熱材となる!

言うまでもなくシェルターとは、自然のさまざまな脅威に対処するものである。

シェルターによっては、ミレニアム・ドームのように雨風を防ぐためのものもあれば、温室のように太陽光を入れるためのもの、あるいは少なくともその調節を行うためのものもある。イヌイットの住居イグルーのように中の熱を逃がさないようにするためのものもある。場合によっては天候対策装置以外の何物でもないシェルターは、それだけにその土地独特の強烈な風土感ともいうものを表現することができる。モロッコの有名な市場は、布製の薄っぺらな板のような日除けにその特徴がある。

3. 一時的または恒久的シェルター

シェルターは一時的なものと見なされるだろうか。シェルターという言葉は確かにテントや遊牧民のパオのような一時的構造物を思い起こさせる。それはサーカスやキャンプのようなイベント用に設営されるものでもよいし、あるいは坂茂が神戸につくった地震用緊急避難施設や同じく彼がルワンダにつくったボール紙製円筒形避難施設「紙の難民用緊急シェルター」のように自然災害発生後に人々を守るために即席に設営されるものでもかまわない（図5-2、5-3）。

今述べたような場合ではシェルターは一時的であるように見えるが、それはいったいなぜなのか。この場合は、屋根で覆われる催事・出来事は一時的なものであり、そのためにシェルターも一時的なものになるというわけである。

シェルターは恒久的なものでもありうるか。催事または出来事が一時的または一過的に起こる構造物でも、シェルターとしての感覚というものは持続する。たとえば、シェルターという概念は、空港では、飛行機の発着のプロセスが、旅客の絶え間ない通過と同様に一時的現象であるにもかかわらず、大変に根強く存在する。

シェルターは最初は一時的なものとしてはじまり、やがて恒久的なものになってゆくということもありうる。イギリスでは第2次世界大戦後、たくさんの一時的な居住用シ

図5-2 紙のログハウス／坂 茂、1995年

図5-3 紙の難民用緊急シェルター／坂 茂、1994年〜

ェルターが建てられ、当初は2年の使用を見込んでいただけだったのが、なんと今もりっぱに残っている。坂茂の神戸の教会は、恒久的シェルターのもうひとつの好個の例である。

シェルターとはまさに何かのためにあるものなのである。それが証拠に、イギリスには文字どおり「シェルター」と呼ばれる非常に大きな民間援助組織が存在し、ホームレスの人々に救いの手をさしのべ、最低限の住居と食事を提供している。

4. 旅行・移動のためのシェルター

すでに述べたように、天候的条件の管理というものが鍵となる。たとえば、雨の降る寒いイギリスの朝にスクールバスの到着を待っていた日々は今でも私の脳裏に焼き付いている。あのバス・シェルターの思い出である。屋根に1枚の壁が付いたきりのバス・シェルターは吹き付ける雨をしのぐ足しにはほとんどなってくれなかった。イギリスではこれより大きなバス停留所もやはり見事に壁なしのキャノピー同然のしろものなのである。おかげで

図5-4　セイント・パンクラス駅／J.G.スコット、1869年。73mのスパンを持つ鉄とガラスの屋根

バスの出入りはスムーズである。

　私が上空から目にした、あの偉大なヴィクトリア朝時代の鉄道駅は、通常の建物とは対立する古典的なシェルターである。その巨大な屋根は、明らかに機能にフォルムが従った結果生まれたものである。広大なプラットフォームを構造上きわめて効率的な手段で覆おうとしたところから生まれた産物である。

　ロンドンのセイント・パンクラス駅(図5-4)の巨大な鋳鉄とガラスによる丸天井屋根は、隣接するステーション・ホテル——まさに普通の建物であり、普通の建築——と真っ向から対立している。ジョージ・ギルバート・スコットという同じひとりの建築家によって設計されていながら、セイント・パンクラス駅は、はっきりと異なる二つの要素、すなわち建物部分——ホテルとシェルター——と広大なプラットフォームの屋根からなっている。二つの部分はともに互いをまったく無視するかたちででき上がっている。

　飛行船全盛時代には、悪天候時に飛行船を格納する巨大な格納庫がつくられた。それは船舶を停泊させる海の港に近いものである。駅の屋根と同様に、飛行船用のシェルターは総体的に機能優先にでき上がっていて、必要最小限の機能を過不足なく満たしている。昨今の飛行船復活の風潮に伴って、再び新たな飛行船格納庫が建てられようとしている。今やドイツのブラントにあるカーゴリフター格納庫は世界一広い格納スペースとなっている。それはシェルターであって、建物ではない(図5-5、5-6)。

　今や、近代的空港設備は今日における究極のシェルターと見なしてよいだろう。ヴィクトリア朝の鉄道駅と同様に、空港は旅行に大きな花を添えるもの、旅人の心を高揚して止まぬものである。ノーマン・フォスターが手がけた、イギリスのスタンステッドの空港やチェク・ラプ・コクの香港新国際空港はまさに巨大な屋根に覆われ、その下にはあらゆる機能が自然の脅威から完全に守られながら収められている(図5-7、5-8)。天候、旅客、飛行機、貨物が完璧に管理されているのである。

5. ジェッダ国際空港ハッジ・ターミナルビル

　現在でもシェルターとしての空港の最良の例のひとつはSOM(スキッドモア、オーウィングズ・アンド・メリル)による、ジェッダ国際空港ハッジ・ターミナルビルである(図5-9)。これがシェルターであることはテント式屋根に表れており、このテントが砂漠の猛暑から旅客を守るのである。というのも、このターミナルは、メッカへの巡礼客

が集中する期間にのみ使用されるからである。

　ジェッダ国際空港ハッジ・ターミナルビルは、聖地メッカの西方およそ43.5マイル（69.6km）に位置している。ジェッダが唯一メッカにもっとも近い大商業都市であるところから、メッカをめざす航空便のすべてはジェッダに集結し、そこからメッカまでは陸路の旅というかたちになる。ジェッダ国際空港の通常施設はこうした旅客をほぼ1年の大半を通じて受け入れているが、ほぼ年1回、世界中のイスラム教徒が巡礼（ハッジ）に参加しようと大挙してメッカへと押し寄せる時期がある。ハッジ（巡礼用）・ターミナルは、桁外れに旅客数が膨れ上がるおよそ6週間というかなりの短期間だけ旅客取り扱い業務を肩代わりする施設なのである。ジェッダ国際空港のメイン・ターミナルビルは国内線および国際線の通常人数の旅客フローのみを扱うように設計されていたため、巡礼者用に独立したターミナル設備が必要とされたのである。

　ハッジ・ターミナルビルの設計プログラムが要求したものは、短期間に集中的に訪れる、きわめて多様な要求をもつ巨大な人数の旅客集団を受け容れるターミナル設備の設計であった。予想によれば、1985年までにはこのターミナルは巡礼期間中およそ95万人の巡礼客を受け容れるようになるという数字が出ていた。その場合、ターミナル・コンプレックスは、巡礼到着期間には一時に5万人の巡礼客を最大18時間まで収容し、出発期間には8万人の巡礼客を最大36時間まで収容可能にしておく必要があるとされた。この収容時間は、いずれも空路と陸路の乗り換えに要する時間である。こうして、巡礼客のさまざまな要求に柔軟に対応できて、しかも十分な広さをもつ空間として、およそ540万平方フィートに及ぶ空間をつくり出すことが必要になったのである。

図5-5　カーゴリフター格納庫外観／SIAT Architektur＋Technik、2000年

図5-6　カーゴリフター格納庫内部

　こうした要求事項を受けて、設計が行われた結果、メイン・ターミナルビルに隣接して直線状のターミナルビルを付属させることが提案された。この案では、飛行機から降りたのち、入国等にかかわるすべての形式的手続きや荷物の取り扱い手続きをすませる空調完備のターミナルへの巡礼客の歩行距離は最短になる。次に巡礼客は

図5-7　スタンステッド空港ターミナルビル／N.フォスター、1991年。屋根はラチスシェルのドーム

図5-8　チェク・ラプ・コク香港国際空港ターミナルビル／N.フォスター、1997年

5　シェルター　　37

図5-9 ジェッダ国際空港ハッジ・ターミナル／SOM、1985年。吊り構造のテントは、巡礼者のテントに着想を得ている

自然通気の施されたサポートエリアへと進み、そこでメッカへの陸路の旅行の備えるのである。ジェッダの気候はかなり苛酷なものであるため、このサポートエリアの部分は屋根で覆って太陽光を遮る必要がある。

巡礼に向かうために必要な準備を完了するまでに18時間もの時間を要する。そのために、サポートエリアのデザインには非常に注意が払われ、なるべく楽しい巡礼の時間をこのエリアで過ごしてもらうための配慮がなされている。それぞれのモジュールには、巡礼客が休息や睡眠をとったり、食事をしたりつくったりできる設備が整えられている。加えて、モジュールごとにたくさんの洗濯設備とトイレ設備が用意されているほか、銀行業務、郵便業務、飛行機予約、バスおよびタクシーの手配、そして一般的なインフォメーション等にかかわるサービスを行うオフィスも用意されている。

全体で10個からなるモジュールには、計210個のテフロンコートされたグラスファイバー製準円錐形屋根ユニットがのっている（図5-10）。中央を走るアクセス道路の両側に5個ずつモジュールが並び、それが全体としておよそ105エーカーに及ぶ空間を占めている。モジュール1個に対して21個のグラスファイバー製準円錐形屋根ユニットがのり、この屋根は放射状に張られた32本のケーブルによって吊られている。モジュールは高さ45mのスチール製支柱によって支えられる1辺45mのグリッドである。支柱にはテーパーが付けられ基部は直径2.5mに対し頂部は1mとなっている。各モジュールでは、スチール・ケーブルが支柱頂部から放射状に直径3.96mの中央スチール・テンションリングへと伸びて、それに接続している。スチール・ケーブル構造とした場合、桁長を長く取れるために、支柱間の距離を十分に広くして、広大なサポートエリアに開放感を与えるだけでなく、サポートエリア内に設けられる多様なサポート用建物の設計に最大限の柔軟性が確保されるようにもしている。

グラスファイバー製屋根ユニットの形状と高さによって、空気はサポートエリアの開いた側面から入り込むと上昇して屋根ユニットの頂部にあるスチール・テンションリングの穴から抜けるようになっている。支柱と支柱のあいだのところどころには、扇風機を搭載するファンタワーが設置されている。何千人、何万人もの巡礼客をグラスファイバー製の屋根の下に収容することで起こる音響上の問題も、屋根の高さと素材のおかげで改善される。グラスファイバー製屋根は砂漠の猛暑を防ぐシェルターとな

る。グラスファイバーは熱伝導率が低いため、太陽光は弱められ暖かな光となってサポートエリアに降り注ぐ。夜間にはこの屋根はきわめて反射性の高い表面となるので、支柱にマウントされたライトアップ用照明の光はこの屋根に当たって下の地面へと落ちる。起伏の付いた中央モールの下に設置された各モジュール用大型排気ファンは、バスの排気ガスを吸引するようになっている。

6. シェルターの未来

　建築材や構造の進歩とともにシェルターはますます大きく、そして透明になってゆく。スチールとガラスは、ヴィクトリア朝時代の鉄道駅の建設を可能にした。テフロンコートされたファイバーグラスやその他の繊維素材はハッジ・ターミナルビルやミレニアム・ドームを出現させた。コンピュータ技術の進歩はチェク・ラプ・コク香港国際空港の技術的に複雑な構造をもつ屋根を可能にしている。そして今や、金属箔や超強力透明薄膜素材の出現により、まったく新しいシェルター世代が到来しようとしている。ニコラス・グリムショウがイギリスにつくったエデン・プロジェクトは、そうしたどこまでも軽く、そして巨大になろうとするすべてのシェルターに共通する欲望を追求した新しい世代のシェルターの好例である（図5-11）。この欲望は、シェルターの本質を解く鍵である。それは、もっとも

図5-10　ハッジ・ターミナルの内部／ターミナルのテントはテフロンコートされたグラスファイバーの幕

軽量、透明、コスト節約的で、しかもコンテクストを侵すことのもっとも少ないやり方で保護を提供しながら、なおかつ覆いの下では生き生きと生が営まれることを可能にしようという欲望なのである。

（翻訳：鈴木圭介）

図5-11　エデン・プロジェクト／N.グリムショウ、2001年。6角形のスチールにより形成されたミレニアム・プロジェクトの室内型巨大植物園

6
窓
アラブ世界研究所

今村雅樹

　一般的に、窓の存在は壁や屋根とともに成立している。彰国社の『建築大辞典』によると「窓」とは、「建築の開口部のうちで人間の出入りの用途に供しないもの。一般に室内の採光、日照、通風、換気、展望などの目的によって壁面または屋根に設けられる。元来『間戸』の意という。（中略）例外としてフランス窓や茶室の大円窓のように出入り口の機能を兼ねているものもある」とある。この開口を窓と呼ぼうと戸と呼ぼうとして重要ではないが、壁や屋根と呼ばれる部位との関係性や、内部と外部とのつながりにおける空間構成上の重要な要素として存在していることは事実である。ここでは、これからの建築を予兆させるものとして、1987年にパリに出現したジャン・ヌーヴェル設計の「アラブ世界研究所」を通して、窓の現在と空間の中での未来形を考えてみたいと思う。

1. 光、風、音、香等の五感に関係するエレメント

　西洋では、近代に至るまでの長いあいだ、組積造建築の歴史であったが、そのなかでの窓の役割はたいへん重要であった。厚く重たい壁に打ち抜かれた「窓」は、一条の光と重苦しい空気を入れ換えるための重要な機能を担っていた。また、特に教会建築のようにフライングバットレスやヴォールト天井を駆使し、天高く崇高な光を求めた空間にとって、ステンドグラスを透した色付きの光や、ヨーロッパの深い森の中や天空の雲の切れ間から差し込むゴシックの光のレトリックとしての高窓の創造は、万民を荘厳に導くすばらしい空間演出のエレメントでもあった。

　一方日本においても、古より四季折々の気候変化に対応する建築の部位としてさまざまな開口部が存在した。機能的な装置としての蔀戸などのほかにも、一種のピクチャー・ウインドーとしてもとらえられる鎌倉時代後期から禅宗建築に見えはじめる火灯（華頭）窓や、数寄屋建築に見られる趣味性のある窓たちのなかには光の遊びのなかから生まれてきたものも多かったに違いない。これらのシーンをつくってくれる窓は、光や風景を切り取り、障子に映る木漏れ日から風や音、さらには季節の香りまでも感じ取れるような皮膚感覚にも似たきめ細やかさをもっている。このように日本を代表する桂離宮を初めとして日本建築においての窓（開口部）は、自然との戯れ（融合）のなかから空間を成立させているものが多く内部と外部との関係性を窓という部位が担っていたことはいうまでもない（図6-1）。

a. 人間の欲求と知恵

　アプリオリなものとして、建築の出発を自然環境の中で人間が生きていくために考えついたものだとすると、ヴァナキュラーな建築に見られるように、まず雨風を防ぎ、シェルターとしての機能が最優先であった。次なる機能として開口部の出入り口や、光を取り入れたり換気口としての窓が、さまざまな地域で独自のエコロジカルなアイデアのもとに建築の形態と構成を成立させていったのである。

　その後時間を経て近代化の20世紀に入ってからは、ペーター・ベーレンスやワルター・グロピウスらの設計した工場建築群が評価されたように、人工照明や機械設備

図6-1　如庵の有楽窓／織田有楽、1615〜24年

図6-2 ファグス靴工場のカーテンウォール／W.グロピウス、1913年。鉄とガラスにより構成された壁＋窓の表現

図6-3 ガルシェの家のリボンウインドー／ル・コルビュジエ、1927年。グラフィカルなファサードの出現

図6-4 ウィーン郵便貯金局／O.ヴァーグナー、1906年。ガラス天井とガラス床

図6-5 ファンズワース邸／ミース・ファン・デル・ローエ、1950年。ロケーションに開放される

の発明・発達と鉄・ガラス・コンクリートによる新しい材料と架構方法により、それまで積み上げていくしかなかった建築が壁から解放される方向へと向かうことができたのである（図6-2）。

また、コルビュジエの近代建築の5原則に代表されるように、「もっと明るく・清潔で・開放的な空間を」という時代的思考のもとに、壁は構造体から遊離し、リボン・ウインドーが出現し、さらにその先には窓は壁と同化し、建築の空間は均質化へと向かっていった（図6-3）。

b. モダニストたちの時代

窓が部位として顕著に消去され出したのは、20世紀前半ヨーロッパのミースやコルビュジエらの建築のほかにも、1950年代のアメリカにおけるチャールズ・イームズやP.ケーニッヒら設計の「ケース・スタディ・ハウス」と呼ばれる住宅群からも多く見ることができる。

それは、広がる外部空間と、シンプルにそしてシステマティックにつくられた内部空間とのつながりはガラス1枚を境とし、まるで日本における桂離宮の空間のつながりのように、ランドスケープデザインとしてインテリアとエクステリアを均質に、だがダイナミックにとらえることに成功したのである。

大きな開口から入る光は、すべての家具の重力をなくし、建築さえも質量感をなくし軽く見せようとしている。またロケーションも、ある建築は崖の上に、またあるものは自然の大地の上に軽く置かれ、ジャック・タチの映画「僕の叔父さん」などに見られるように工業化、機械化が進むのと同じように、ライフスタイルの軽さがスピード感をもって表現されはじめられた時代であった。

2. カーテンウォールの出現とガラススキン

住宅における変化と同じように、1910年代から徐々にはじまる工場やオフィス、学校、駅、そして公共建築、商業建築などといったあらゆるビルディングタイプに出現したのが、ガラスと金属サッシの構成によるカーテンウォールである。そして、この出現は、外壁と窓の概念をいとも簡単に変えていったのである。

質のよいガラスとスチール、ステンレス、そしてアルミニウムは技術の進歩とともに重厚であった石の壁を、ミリ単位の薄い皮膜とし、ミースのガラスのスカイスクレーパー案のように建築を透明感のあるものへと変えていった。また、防水技術の発達により勾配屋根とドーマー・ウインドーで構成されていた「家型」から解放され、フラットル

ーフが可能となり、よりいっそうハイサイドライトやトップライトなどの自由な光の入れ方が可能になり、光の取り入れ方のヴォキャブラリーが増えていった。

オットー・ヴァーグナーの郵便局のガラス天井にはじまり、ミースやコルビュジエやアールトらの自由な光の取り入れ方は、機能面ばかりでなく造形美を伴った透明感のある、新しい生活感を提案するものとなり、ガラススキンの時代を十分予感させるものであった（図6-4、6-5）。

a. 時代の技術と部位の再解釈

もはや、現代の快適な居住空間は、人工環境とガラススキンなしには考えられなくなっている。そのなかで、窓は次第に本来の居住性の確保のための重要な機能的な部位としての位置づけから離れ出し、外部とのジャンクションとしてのシンボル的メタファーとして存在している。

それまで、窓が負っていた採光、換気、排煙という機能は、今なお法的な必要開口部として残ってはいるものの、現実の空間創造のなかで眺望や採光はガラススキンとしての「窓的壁」に取って代わり、プライバシーの確保さえもサンドブラストガラスやフィルム、プリント、偏光ガラスなどの材料の出現により容易なこととなり、セキュリティーさえも合わせガラスや強化ガラス、耐熱ガラスなどのガラスの開発により取って代わっている。加えて、FIXガラスの空間を可能にした、人工環境をつくり出す機械設備の発達も窓の今日的な再考を促しているものといえよう。

この「窓」のように建築の構成エレメントとしてさえも初期の定義づけからは揺らいだものとなりはじめ、空間構成の要素がこれらの部分や部位の集合で建築が語り尽くせる時代ではなくなっていることを記しておきたい。

3. アラブ世界研究所 (Institut du Monde Arabe)

フランス人建築家ジャン・ヌーヴェルは、コンペ獲得後6年を経て1987年にパリのセーヌ河沿いにガラススキンに包まれた「アラブ世界研究所」（以下IMA、図6-6、6-7）を出現させた。当時のミッテラン大統領によるグラン・プロジェのスタートとなるこのプロジェクトは、同じパリに存在する、1977年竣工の機能をすべて外に追い出して有効な内部空間を成立させた、レンゾ・ピアノ＋リチャード・ロジャース（スイス人＋イギリス人）の「ポンピドー・センター」と好対照をなしている。

ポンピドー・センターがモダニズムの延長上の機能的デザインを追求した結果のひとつの解答だとすれば、このIMAは（ヌーヴェルいわく）「モダニティ」の建築であるとされるだろう。この建築はアラブというひとつの切り口のなかに、コンセプトから建築の「窓」のディテールに至るまで、すべての解釈をインタラクティヴにつなぐことができた優れた作品となっている。

a. コンセプト／コンテクスト／デザイン

建築は、図書館、資料センター、博物館、展示場、ホール、レストラン、ワークショップスペースなどで構成され、広くアラブ文化の研究と広報に使用される内容となっている。

図6-6　アラブ世界研究所のプラザ面ファサード／J.ヌーヴェル、1987年。文化や技術などの多義性が新しい窓として表現された

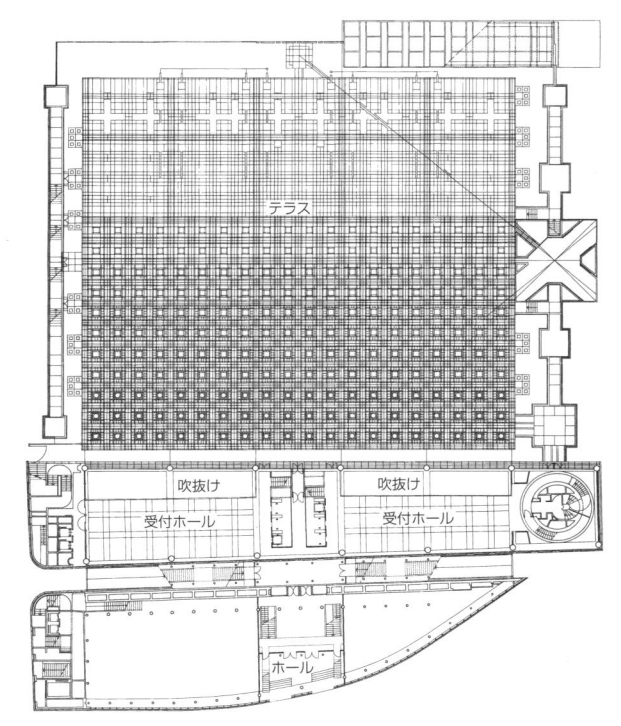

図6-7　アラブ世界研究所のプラザ平面パターン

図6-8　アラブ世界研究所の窓／窓の絞りパターンをインテリアより見る

　ヌーヴェルは、都市的なパリ・セーヌ河フロントの景観と立地性を、交通問題から街区の問題に至るまで現代社会のモダニティをコンテクストとしてとらえ直し、コンペ案として提案した。その後、いくつかの変更を経て現在の建築に至ってはいるが、それでもヌーヴェルは随所でアラブと西洋の関係を中心にメタファーとして空間に匂わせることに成功している。

　たとえば、ムシャラビアーと呼ばれる幾何学的アラベスク紋様に似た「窓／壁」に覆われた南面ファサードは、一番わかりやすいものであろう。この2万7,000個の紋様はカメラの絞りを応用したテクノロジーで、コンピュータ制御のもとに採光を調節する仕組みになっており、ガラスのカーテンウォールの中に埋め込まれた新しい解釈の「窓」となっている（図6-8）。

　また、この建築の関心事は、テクノロジーの隠蔽にある。ことにこの南面に関してはすべての技術的機構がほんの数センチのなかで処理され、窓・壁・ブラインドといういくつもの機能さえもこの薄さの中に隠蔽されていることである。ここにおいては「窓」に付き物のカーテンやブラインドは必要なく、自動調光可能な、完全空調された内部においては、人の手による開口部の開閉は必要とされない（実際は開閉可能な機構となっているが）。

b. 再び光について

　このIMAでは、反対面のセーヌ側ファサードのガラス面にはパリの歴史的街並みがプリント転写されたり、南側プラザの床面模様がアラベスクのような、テキサスインストゥルメントのコンピュータチップス模様のようであったり、グラフィカルなデザインが多く見られる（図6-9〜6-11）。

　また、列柱に囲まれた空間やガラスファサードの中に透けて見える螺旋状の書庫塔にも、現代と歴史、西洋とアラブなどのメタファーがちりばめられ質の高いコンセプチュアルな空間がつくられている。ヌーヴェルはさまざまな手法を用いて建築を構成させているが、この建築を貫いているテーマは「光」の建築といえよう。

　かつて、光を担う部所が壁に抜かれた穴としての「窓」であったとすれば、このIMAにおいて、その穴は動物の瞼のように開閉し、瞳孔のように調光する、より有機的な存在として一面に増殖し、壁全体が窓の進化形として大きく変化したと言わざるを得ない。

　建築全体が光のスキンに包まれるこの空間では、内部で光の交錯や逆光のシーンが時々刻々と展開し、外部では外光を取り入れるためだった窓から、都市に向けて光を反射させ、同時にガラスに刷り込まれたアラブとパリの情報を放つ電光情報板となっている。

図6-9　アラブ世界研究所／西側の筒状螺旋をガラスを透して見る

図6-10　アラブ世界研究所／実際の風景と転写された街並みのオーバーレイ

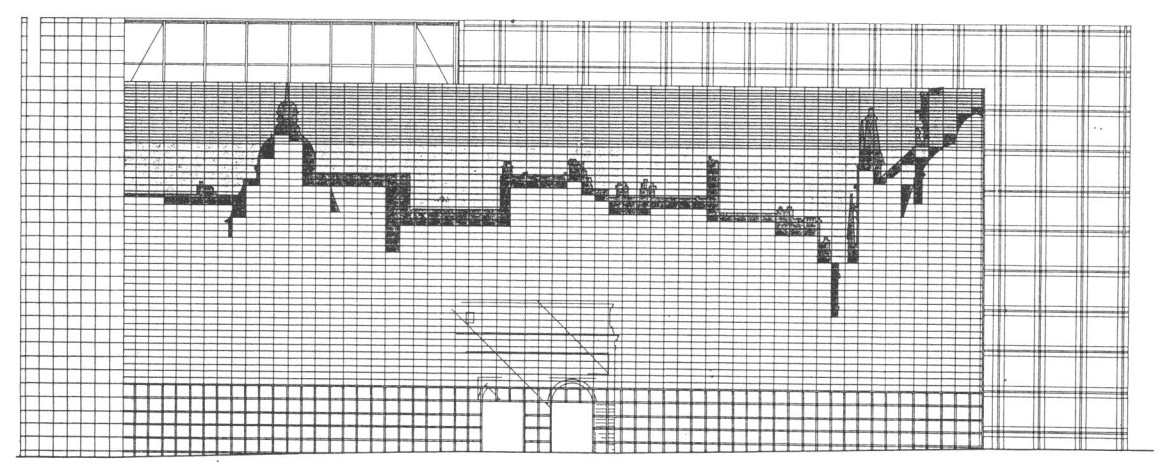

図6-11　北側ファサードのカーテンウォールに転写されたパリの歴史的街並み

　IMAは、建築が「情報」のひとつとなっている例で、このように機能としての窓さえもアーティフィシャルな表現で大きく意味が変わり、ここでは、窓と呼ばれた部位は、ガラスの可能性とコンピュータメカニックの導入により、役割さえも大きくメタモルフォーズし、建築の外皮であった壁と一体となって新しい光をつくり出したのである。

4. 窓の現在形と進行形

　今までの、そしてこれからの「窓」とガラスとのインタラクティヴな関係を見てみよう。

a. 壁と同化する窓たち
　アメリカが育てたカーテンウォールは外部からの透明感を、ヨーロッパが生んだDPG構法は内部からの透明感を生んだ（図6-12）。

b. 呼吸をする窓たち
　コンピュータメカニックを窓と絡ませることにより、オートマティックに有機的に開口部が変化した（図6-13）。

c. いろんな表情をもつ窓たち
　グラフィカルな処理により、切り取られる風景がアーティスティックに変わってくる（図6-14、6-15）。

図6-12 レイクショア・ドライブ860/880／ミース・ファン・デル・ローエ、1951年

図6-13 新潟市民芸術文化会館／長谷川逸子、1999年。ダブルスキンのガラスのあいだに仕込まれた自動制御のルーバー

図6-14 STATIC／今村雅樹、1998年。アルミとガラスで構成される外皮（左）。切り取られサンドブラストのフィルターがかけられる風景（右）

図6-15 飯田市小笠原資料館／妹島和世、1999年。プリントされたガラス窓で虚と実が重なり合う風景

6 窓 45

7
スクリーン
ダルザス邸
土居義岳

1. ダルザス邸

　パリ7区の由緒ある住宅街にこのダルザス邸はある。これは医院とその医者の住宅である。竣工は1928年。古い住宅を改装したこの住宅の特色は、外壁がすべて「ガラスブロック」という透明な材料でできていることである。通常の石や煉瓦でできた壁体はまったくない、大胆なデザインである(図8-1)。

　というと話は簡単なようだが、実際はそうでもない。まず「ガラスブロック」は当然のことながら通常の板ガラスではなく、完全に透明ではないからである。この材料を建築デザインの観点から理解するにはその歴史と特性を知っておかなければならない。

　次に、この建物は既存のものの改築である(図8-2)。余裕のある敷地に新築するのであれば、建築家は自由に自分の考えどおりにできるが、建物が密集した既存街区のなかの改築なので、その既存の環境にうまく対応していかなければならない。この「ガラスブロック」という材料が選ばれたのもそんな理由からでもあるのだが、まずこれら2点から分析してみよう。

2. 透明な煉瓦

　外壁に使われたこれら「ガラスブロック」は、その名のとおりガラスの塊である。縦横20cmの正方形で、厚みは4cm。

　この材料は、それまでは工場や倉庫、あるいは博覧会場といった、より実用を重視した建物に使われていた。あるいは地下道や地下室の採光のために、道路や地面レベルにこのガラスブロックを使うこともあった。すなわち、建築といってもかなりハードな目的のためのものに使われていたのであり、人間が快適に居住するためには使

図8-1　ダルザス邸の中庭に面した主屋／P.シャロー、1928年。ガラスブロックによる外壁。外壁が透明になっただけではなく、基壇も消えている

われてはいなかったのである。

　だが、このダルザス邸の建築家ピエール・シャローはそれを住宅に使った。当時としては、かなり大胆なことであっただろう。

　シャローは、1883年にボルドーで生まれた。1900年ごろから第1次世界大戦まで、パリにあるイギリス系の家具デザイン会社ウォーリング・アンド・ギロウに勤務。戦後、建築家としてひとり立ちした。CIAM（近代建築家国際会議）や近代芸術家連合にも設立当初から参加するなど、近代建築運動や芸術運動の核心に位置していた。ガラス、鉄など新しい素材を大胆に住宅に導入し、また可動の家具や間仕切りや開口を多用するなど、アイデアのレベルでは20世紀後半をすでに予見していた。すなわち、木、石、煉瓦といったそれまでの伝統的な建材ではなく、新しい工業化の時代にふさわしい材料を住宅に使うということに挑戦したのである。

　ところで、建設中の写真がある（図8-3）。3階の住人が引きつづき同じ部屋を使いたかったため、1階と2階のみの改築となった。3階の壁や床や天井はまったく手をつけず、下の2層部分の壁を完全に撤去して、鉄の柱と梁に交換された。つまり、既存の下部が完全に透明になった。

図8-3　工事中のダルザス邸／鉄骨により既存の3階を支えている

この状態で、床を建設して、石壁の代わりに板ガラスだけで囲ってしまえば、この写真に近い姿の建築が完成したであろう。現在の技術ではそれも可能だし、そんなことを設計してみたくもなる建築家もいるかもしれない。こうした場合、この板ガラスはなんと呼べるだろうか。おそらく「凝固した空気」とでも呼べるかもしれない。光も、光景も通過させる完全な透明性である。本当は何もない吹き放しの、庭園の四阿（あずまや）のようなものがつくれるのなら面白いが……。とはいえ現実に人が住むし、冷たい外気が入るのはいやだし、泥棒が来るのもいやだから、必要悪的に板ガ

図8-2　改築前のダルザス邸／石造による外壁。縦長の窓、基壇という古典的な構成

7　スクリーン　　47

図8-4　ダルザス邸の奥にある庭園に面したファサード／ガラスブロックと板ガラスの組み合わせ

ラスを使う。そんな壁は、建築家にとってはせいぜい固まった空気であってほしいようなものである。

しかし「ガラスブロック」の背後には、ヨーロッパにおける組積造の伝統がある。日本語でそう呼ぶ場合、まさにガラスの塊であること以上を意味しない。しかし、フランス語では「ガラスの煉瓦」という呼び方をする。煉瓦をモルタルでつなぎながら積んでゆき、壁をつくる。その煉瓦を透明にしたものと受け止められた。

「ガラスブロック」は光を透すとはいえ、その向こうにあるものの姿をはっきりと伝えるのではない。つまり光景は遮断する。そうした意味では選択的な透明性である。

ガラスブロックでできた壁にも窓は付けられた。そこに使われているのは通常の「板ガラス」である。窓は中庭側には少なく、庭園側に多いが、そこでは部屋の中から庭園の緑を見ることができる(図8-4)。つまりこの板ガラスは、光も、そして光景も透すのである。ここではガラスブロックと板ガラスは、それぞれの特性をはっきり区別して使われている。ガラスブロック／板ガラスという対比は、煉瓦／板ガラスという対比を踏襲している。この対比からやはり、ガラスブロックが煉瓦を透明にしたものであるという意識のもとに使われているのがわかる。

3. スクリーン

ガラスブロックでできた外壁が「スクリーン」であるとされるのは、それが選択的な透過性をもっているからだ。

ここで言葉の意味を考えてみよう。映画館のいわゆる銀幕、すなわち映画が映し出される白い壁もまたスクリーンと呼ばれる。しかし、この言葉の使い方はむしろ例外的である。

建築辞典を見ると、たとえば屏風のような、折り畳みの間仕切りの意味もあることがわかる。軽くて、わざと不完全にしてあるような仕切りである。

この意味では、日本家屋の襖や障子、蕎麦屋の入り口にかかっている暖簾、簾、和風住宅の玄関を飾る屏風、そのほか、とばりや幕といったものは、スクリーンである。暖簾は、人は通すが店の中は隠す。つまり人間は通過させるが、視線は遮断する。同じように、屏風は視線を遮断するが、音や気配は通す。障子は、光は通すが、視線は通さない。このようにスクリーンは光、視線、音、気配などを、あるものは通過させ、あるものは遮断する。これが上

で述べた「選択的に遮断する」ということの意味である。

より狭義には、「スクリーン」はキリスト教会堂の、いわゆる「内陣仕切り」を意味する。教会堂は信者が集まる外陣と、聖職者のみが入れる内陣があるが、この両者は時に障壁によって区切られる。これは透かし彫りのようになっていることが多い。つまり、通常の信者は内陣には入れないが、その中で聖職者たちがどんな儀式をしているかは見える。ここでも選択的な透過性が実現されている。あるいは、その内陣と聖歌隊席とが区切られることもある。

これとはやや異なるが、16世紀イタリアの建築家アンドレア・パラーディオが設計したイル・レデントーレ教会では、それらが列柱で仕切られている。柱と柱の間隔は人が通れる。だから、実際は何も仕切ってはいないのだが、空間を区別しているという意識を強く与える。そして、聖職者たちはこの列柱の手前にいるが、コーラスはその向こうから聞こえてくる。

こうした「スクリーン」の概念は、「壁」と比較するとわかりやすい。壁は人が行き来できないようにするための障害物である。また、隙間風が入ってはいけないし、重厚で、少しぐらいの衝撃には耐えなければならないし、雨が漏ってはならないし、音も完全に遮断するべきである。つまり、人間、水、力、雨、音などすべてを完全に遮断するのをめざすのが壁であり、その遮断する性能が劣るほど不完全な壁とみなされる。「壁」の遮断性は選択的ではないのである。

だから選択的な遮断である「スクリーン」は、選択的な透過であるといってもよいかもしれない。また選択的であるから、設計する建築家は、何を遮断し何を透過するかをはっきりさせ、そのために材料を選択し、列柱の形式にするのか、簾のようなものにするのか、ブラインドのようなものにするのか、熟慮しなければならない。逆に設計の醍醐味はそこにある。

この「スクリーン」概念が注目されるのは、これが以上のように歴史的に顕著な手法であるのみならず、現代建築においてもここ10年ほどのあいだ、よく建築作品のなかに登場するからである。たとえば堅固な壁とするのではなく、板状の金属板や木製の板を、一定の間隔で並べる。そうすると建物全体が、造り付けのブラインドか簾のようなもので覆われることになる。

さまざまなメリットがある。視線は遮らないが直射日光は遮断するので、空調費用が少なくてすむ。建物の内部と外部がより一体として感じられる。建物が威圧的でなくなる、などである。

これはデザイン上の単なる流行ではなく、もっと根本的なメンタリティの変化を現している。すなわち伝統的に建築は、周囲を圧倒するような威圧的なものがよいとされていた。その極端な例がピラミッドであり、この巨大な岩の塊は、自然さえも圧倒する。いわゆるモニュメントである。宗教建築もそうであるし、各国の国会議事堂などもこの範疇にある。こうした建築のあり方に異を唱えたのが、20世紀初頭の近代建築運動である。彼らのなかには、建物を完全にガラスで覆った「ガラスのスカイスクレーパー」計画を提案したミース・ファン・デル・ローエのような極端な人もいた。巨匠ル・コルビュジエもまた建築の中の空間に注目することで、実体の部分の力を相対化しようとした。あるいはオランダの建築運動デ・ステイルでは、建物を構成している床や壁は、単純な平面に還元され、それらが空中に浮遊している、それが建築だと考えられた。こうした前衛的な建築家の考えのなかでは、伝統的な建築の、威風堂々とした、自己顕示欲に満ちたあり方は徹底的に否定された。

図8-5　ダルザス邸内にある診断室

そののち20世紀の建築家たちは、軽快で透明な建築を追求するようになるが、それでも重要な公共建築にはモニュメンタリティが求められることは多かったし、特に80年代の、いわゆるポストモダンの時代には、再び古典主義的な重厚な造形が求められた。

だから近年における「スクリーン」性の探求は、こうした「強い建築」への反論なのである。「スクリーン」を使った建築では、そうした強さはきらわれ、やさしさや透明さが求められる。だからといって幼児化するのでもない。つまり知的で、ウィットに富んでいて、シャープで、ちゃんと自己主張はあるが押し付けがましくない、そんな建築が求められている。こうした建築は、その存在をはっきり示したり、その全体がどういう格好をしているかを強く主張する必要はない。建築は輪郭のぼんやりした、半透明であったり時に透明であったり、空気のような存在であってもよい。こうした感性を、20世紀末の建築家たちはもつようになったし、21世紀になってもしばらくはそうであろう。

4. 医院＋住宅として

シャローが改築したこの住宅は、採光の条件がとても悪かった。しかも施主ダルザス氏は医師であった。1階が医院、2階と3階が彼の住宅である。医院は、採光のためにはもっとも条件の悪い場所にある。待合室、診察室、処置室などと小部屋に区切らねばならないから、ただでさえ間仕切りが多くなり、それだけ暗くなる。当然のことながら、薄暗い病院は不衛生的な印象を与えるし、患者にも精神的に悪い影響を与えるかもしれない。その上にある住宅も、それと比べて格段に好条件というわけでもない。

そこでシャローは、外壁をすべて「ガラスブロック」で建設した。こうして室内空間を光で満たした。明るいが、しかし温室のような強い太陽光がさんさんと降り注ぐような明るさではない。控え目だが、人をやさしく包み込むような、穏やかな光が住宅の中に満ちている（図8-5）。

特に2階の居間が印象的である。2階分の高さの壁は、すべてガラスでできている。1階からこの居間にアプローチする階段は、このガラスの壁に向かって上昇するので、訪問者は光に導かれるように、2階に上る。そして、そこは天井の高い、広々とした、ギャラリーのような空間である。外部から遮断された小宇宙でありながら、開放感を与える不思議な空間でもある（図8-6）。

図8-6　ダルザス邸内の吹抜けの居間／2階分の高さをもつガラスの壁は開放感を演出する

5.「オテル」建築の中庭空間

ところで、この建物が立っている敷地そのものもまた、重要である。パリの中心部の17〜18世紀に都市化した地域の中にある。道幅はそれほど広くなく、密度の高い町である。当の敷地は、間口が狭く奥行きの深い、いわゆる短冊形である。

こうした敷地は当時としては典型的なものであり、建物もまたそうである。それはフランス語で「オテル」と呼ばれる、邸宅建築の形式である。判で押したように、同じ形式である。

まず道に面して、前庭も何もなくいきなり最初の棟がある。そこは使用人や間借り人の住居である場合が多い。そこに通路があり、それをくぐると「中庭」に出る。ここは昔なら馬車が入っていたかもしれないが、今は車のアプローチ空間である。ダルザス邸の場合はそれほど広くはなく、井戸の底にいるようである。

次に、それに面して「主屋」がある。ここが主人とその家族の住居である。この主屋の向こうは「庭園」である。この庭園は、規模が大きい館の場合は、幾何学的な花壇がつくられたりするが、ダルザス邸の場合はむしろ、背の高い樹木もあり、手つかずの林の一部が残されたかのようである。

つまり、「街路→最初の棟→中庭→主屋→庭園」というオテル建築は複雑なようではあるが、実は「外部（街路）→建物→外部（中庭）→建物→外部（庭園）」なのであって、要するに建物と隙間を交互に並べた、わかりやすい構成なのである（図8-7）。

シャローが改築したのは、18世紀に建設されたこうしたオテル建築の「主屋」なのである。前に中庭があり、うしろは庭園である。こうした建物全体を、彼はひとつのフィルターとして再建したのである。

ダルザス邸の「スクリーン」は、ガラスブロックという素材だけに寄りかかっているのではない。奥行きのある短冊形の敷地に、道路側の棟、中庭、主屋、庭園と、空間そのものが奥へ奥へとスクリーンをくぐり抜けながら進むようにできている。その骨格の中で、用事で訪れた訪問者は中庭まで、患者は主屋まで、住人は庭園までというように階層化されている。空間そのものがスクリーンと化している。ガラスブロックの壁はそれを補強するものであるといえる。

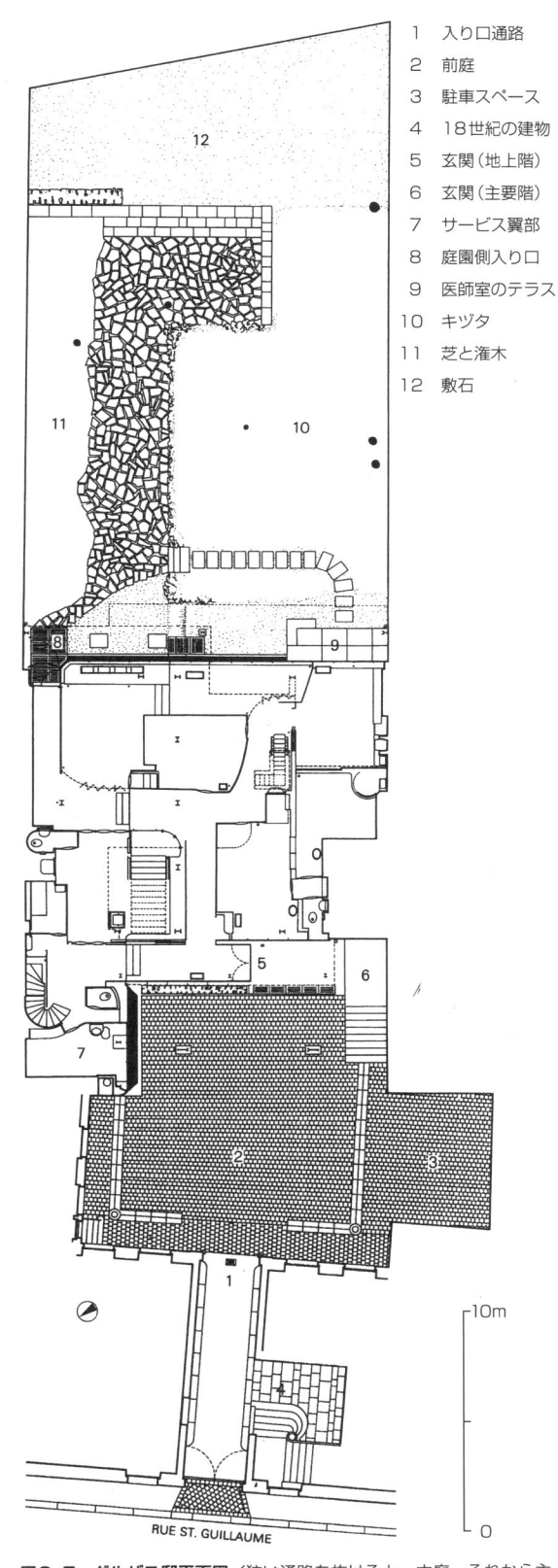

1 入り口通路
2 前庭
3 駐車スペース
4 18世紀の建物
5 玄関（地上階）
6 玄関（主要階）
7 サービス翼部
8 庭園側入り口
9 医師室のテラス
10 キヅタ
11 芝と潅木
12 敷石

**図8-7　ダルザス邸平面図／狭い通路を抜けると、中庭。それから主屋、庭園と続く

8

色
ルイス・バラガンの建築

寺内美紀子

ここで考えることは、建物や構築物に色を与えることによって得られる建築の表現や空間性といったものである。とりわけ、ルイス・バラガンの建築には色が溢れており、エモーショナル・アーキテクチャーと表される所以であるが、「色」というバラガンの特異性を、時代的に前後するいくつかの建築と比較したり、色の使い方、すなわち色の周辺に起こっている事柄に注目することで解読したいと思う。

そして、現代建築につながるルイス・バラガンの面白さを発見したいと思う。

1. 色とテクスチャー

建物を着色するということは建物を構成する材を着色することであり、色はその材料の物的な性質と絡む。当たり前の前提として、建物の壁面や床面、家具などに着色するわけだから、色だけが抽象的に現象するのではなくて、形態やテクスチャーなどを伴って「そこにある」のだ。それゆえに建築家は形態やテクスチャーと色を意識的に操作することでさまざまな建築の表現を発見し、そこに思想や主張を投影してきた。

a. シュレーダー邸

デ・ステイル（新造形主義）の数少ない建築における具現化として、シュレーダー邸（1924、図8-1）の歴史的価値が奪われたことは一度もないだろう。設計したヘリット・トーマス・リートフェルトはもともと家具職人であり、施主のシュレーダー夫人からインテリアの改装を気に入られたことが、この大実験のはじまりであったことは、偶然以上のものを感じさせる。なぜなら、家具的な緻密さとイデオロギーの純粋表現との完璧な補完関係こそがシュレーダー邸だからである。

シュレーダー邸は外観内観とも無彩色と三原色（赤青黄）のコンポジションである。また、構造は床スラブを除いて煉瓦による壁構造（一部木造）である。したがって、平滑な外装面を見る限り、煉瓦の目地をモルタルでつぶしてから着色したことがわかり、その結果あたかも白とグレーの面が水平垂直に組み合わさったかのように見える。当時の施工方法としてさして特異ではないし、煉瓦のテクスチャーを表出しないことをリートフェルトが意図したかどうかは不明であるが、結果としてこのことは、事物の普遍的な秩序や調和のために具体を離れ抽象に向かうという新造形主義の定義とうまくシンクロしている。たとえば、同じ煉瓦造の住宅でもアルヴァ・アールトのアトリエ（1954）や夏の家（1953）における白く塗り込められつつテクスチャーが残る煉瓦と比較するとその差は歴然としている。つまり、同じ材料であっても「白い煉瓦の建物」にも「白い面の構成」にもなるわけで、色とテクスチャーの表出／消去によって、具体／抽象という表現の位相を定めることができるのである。

b. ラ・トゥーレットの修道院

ラ・トゥーレットの修道院（1959、図8-2）にはロンシャンの教会と同様、それまでのインターナショナルスタイル

図8-1　シュレーダー邸／G.T.リートフェルト、1924年

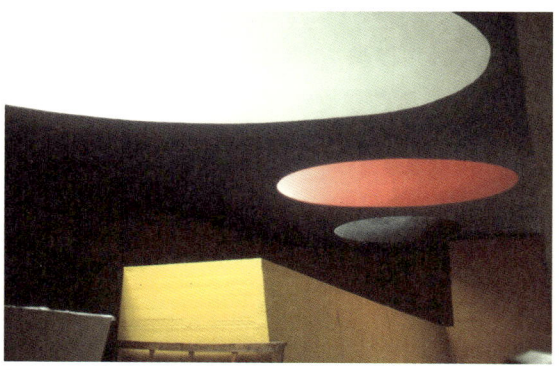

図8-2　ラ・トゥーレットの修道院大聖堂／ル・コルビュジエ、1959年

図8-3 クァドラ・サン・クリストバル／L.バラガン、1968年。プールを囲むピンクの壁と樹木。朱赤の壁からはプールに水を落とす

とは決別した自然や有機的といったテーマが認められる。施主であるドミニコ派は禁欲主義を標榜しつつ、もっとも純粋かつ芸術的に優れた建築をル・コルビュジエに求めた。大幅な造成を避け急斜面に建物を配置するのも、コンクリート打放しを多用し着色する部分をスリットや光井戸のわずかな範囲にするのも、資金難をカバーするためであるが、これらが建築にもたらした意味は大きい。

大聖堂は長大な立方体であり、天井のスリットは自然光による見切り材のようであるのに対し、低い位置のスリットには赤青黄のペンキが塗られることでそれらの光が座席に届く。薄暗いコンクリート打放しの大空間と小さなスリットがつくる色の空間は、修道士たちの生活の静と動を映すかのようである。特に小聖堂には、毎朝のミサのために六つの祭壇が置かれ、カノン・ド・リュミエール(光を束ねた筒)からそれぞれ赤、白、黒の光が差し込むことで、聖なる場所に矛盾なく躍動感が備わっている。ここでの赤や青の壁はベトン・ブリュット(荒っぽいコンクリートの素肌)による具体的な要素である。ル・コルビュジエはラ・トゥーレットの後、ベトン・ブリュットの建築をさらに展開してゆく。

現代のコンクリート打放しは型枠材の向上によって平滑な面が可能となり、セパレーターの穴が規則的に入る均質な仕上げ方法である。それに比べ型枠材の不陸を拾いジャンカが表れるベトン・ブリュットは、もともと均質ではあり得ない自然の材料を壁に変えるというつくり方が露出するのだが、このつくり方がコンクリートという意味そのものではないのか。ベトン・ブリュットには、どんな材料にももっとも自然な状態があり、光のもとにそのことだけを表象させるというコルビュジエの理想が示されている。コンクリートの意味を最大限に引き出す触媒として色が存在する。

c. クァドラ・サン・クリストバル

ルイス・バラガンは、1902年メキシコ、ハリスコ州の州都グアダラハラで生まれ、いまだヨーロッパ的な近代に刺激されない19世紀文化のなかで地主階級として育った。二度のヨーロッパ訪問でモダニズム建築を吸収し、1930年代はその影響をストレートに表したが、戦後本格的に独自の世界を展開するようになる。バラガンは建築史から見れば、モダニズムの主流から外れ(ケネス・フランプトンは「メキシコの他者」と呼んだ)、メキシコの風土と強く結び付いた建築家とみなされている。その理由のひとつがピンクや赤、藤色などの色の使用である。バラガンの作品はビルディングタイプ的には豊富ではなく、パブリックなものよりも個人の庭と住宅がほとんどであった。

クァドラ・サン・クリストバル(1968、図8-3)は広大な敷地の住宅に併設された厩舎を含む中庭の計画である。ブーゲンビリアと同じピンクの壁、錆びた鉄のような朱赤の水路、濃いピンクの門扉、白い母屋といったメキシコの色でザラザラのテクスチャーをもつこれらがプールと

図8-4　アントニオ・ガルベス邸／L.バラガン、1955年。庭よりリビングルームを望む

図8-5　アントニオ・ガルベス邸／応接室よりプールを望む

図8-6　アントニオ・ガルベス邸／応接室とダイニングルーム

1本の大木を囲むように立っている。バラガンは、豆砂利モルタルを塗り、完全に乾く前に掻き落としてそのザラザラな表面を塗装する方法と、モルタルの上にペンキという2種類の仕上げ方法を壁と天井で使い分けていたといわれる。したがってサン・クリストバルの色は、モダニストたちがイデオロギーを語るために理論化した色ではないし、自然な凹凸によって季節や太陽高度の変化を写す装置なのであろう。

結果的にバラガンは色を使ってメキシコを発見し定義したといえるだろうが、果たしてそれだけだろうか。バラガンの空間は静謐さとともに突き抜けるような伸びやかさももっている。この力強さはいったいどこからくるのだろうか、彼の色についてさらに分析することでさらに読み解いていきたい。

2. ルイス・バラガンの色

a. バラガンの色の魅力

おそらく日本で出版された最初のバラガン作品集の監

修・著者であり建築家の齋藤裕氏は、バラガンの色がいかに身近に咲いている花や空や土と一致しているかを指摘している[1]。メキシコを表すといっても、土着の文化や、概念化されたり記号化された色（世界観、宗教観などを反映する色。たとえば国旗）を使ったのであれば、その地域の人には喜ばれるかもしれないが、珍しさや史実以外で評価されることはないだろう。色などの人間にとって始原的な現象は、それぞれの人間が属す環境から抽出され、イメージがつくられ、さまざまな抽象へと導かれるものだからである。また、バラガンにおいてはありとあらゆる色が使われたというのでもなく、限られた色がある法則のもとで扱われ、空間的な効果を生み出している。

b. バラガン・ピンク／ガルベス邸

バラガン・ピンクというのはここでの造語であるが、作品集においてもっとも多く登場し、当然主要な作品にも使用されている、バラガンのピンクについて考えてみよう。たとえば、面積的にもっとも大きく使われているのは前述のクァドラ・サン・クリストバルであろうが、建物の中でもっとも多くの場所に使われているのはアントニオ・ガルベス邸（1955、図8-4〜8-6）であろう。

玄関ポーチの天井と壁、エントランス脇の応接室の壁と、そこに面した小さなプールの壁面、ダイニングルームの壁面、東側の庭に面したリビングルームの壁面と、それに連なる外周塀というように建物を訪れる人にとっては、次々とピンクの空間が建物の内外を横断して現象するのではないだろうか。それぞれの場所についてもう少し詳しくふれると、たとえば、応接室に面した小さなプールのためのピンクの壁は玄関ポーチに面する側は白く着色されているので、まさにエントランス脇に入った途端、ピンクの空間が現前に広がる（図8-5）。十字枠の大開口を挟んでピンクの壁が前後に置かれ、それに直交する壁もピンクである。ここでは、使用用途をもたない小さな水の空間とひとつながりの場がピンクをまとうことで成立しているのである。室内と水面が同一レベルであることももちろんこの場を力強くしている要因に加えられるだろう。

また、ダイニングの壁はそこに取り付けられた棚も含めてピンクであるが、木肌のはっきりした扉を開けると、今通りすぎた小さなプールのピンクの壁とダイニングのそれとが、ひとつのパースペクティブをつくるのである（図8-6）。色を与えるだけでなく、室の空間的なプロポーションや扉や開口の大きさ・ディテールの調整といった当たり前の操作によって、それぞれの場に濃密さと同時に連鎖可能な流動性をつくり出している。そして、このような場の連鎖はリビングルームで完結することなく、再び空へ放たれる（図8-4）。

このようにバラガンの建築は、リビングやダイニングと

図8-7　クァドラ・サン・クリストバル／ピンクの壁と軒が低く延びた厩舎に囲まれた中庭。馬の水飲み場に樹木が影を落とす

図8-8　ルイス・バラガン邸／L.バガラン、1947年。サロンより庭を望む。朝日によって樹木が輝く

いった室による明確な構成がありながら、色がつくる場によって濃度と流動性が併存している。このような見方からもう一度バラガンの作品を振り返ってみよう。

3. 色がつくる場の力

　バラガンを解読する手がかりは色がつくる場であると仮定できたとして、場の力の根拠を建物の色だけに見い出す自明性はない。そこには当然、バラガンも意識したであろうさまざまな環境が要素として存在するからである。

a. 環境をつくる場

　サン・クリストバルのような外部空間では、中央の水（プール）や樹木もピンクの壁や朱赤の水路と同等に重要な要素であろうし、空と黄色い土も天井と床のようにこの場を規定する環境要素といえるだろう。そして馬（バラガンの馬への愛情は深く、馬愛好家のための住宅分譲地をつくった）のためにピンクの壁の開口が決定されたことからもうかがえるように、馬の艶やかな黒とピンクとの対比は鮮やかである（図8-7）。

　こうした環境要素とバラガンのつくった色によるひとつの場は、調和に満ち、ひとつの濃密な世界の投象といえるが、この調和には要素間のヒエラルキーがない。どれが主で従かといった序列がない。色彩的にいうなら、建物の要素と環境要素が同じ彩度なのである。いわゆる遠近法による絵画の手法では、手前にあるものほど彩度の差が大きく、遠くにいくほど彩度の差がない。人間の視覚傾向を色彩の付置方法に置き換えることによって、3次元的な奥行き感が表現される。こうしたスタティックな世界とは対極に、サン・クリストバルにおけるすべてのものが同じ鮮やかさで並列的に存在する＝奥行きのない世界に、私たちは開放感や自由を感じ取っているのではないか。

　バラガン自邸（1947、図8-8）は初期の作品に属し、バラガン・ピンクは建物中央の階段室の壁に見られるだけで、必ずしも色は強調されていない。生活に密着した室をすべて東の庭（朝日への執着）に面させたことからも、庭というよりもむしろ樹木の緑と内部の白による場が印象深い。樹木は背景ではなく、白いザラザラとした壁のほうが影を引き受けている。また、すべての家具は床に近く、絵画（「正方形へのオマージュ」）も低い位置にかけられている。つまり、ここでは樹木以上に大きく鮮やかな要素はないのである。したがって、建築を中心とする秩序と調和の世界が樹木という身近な存在によって転倒させられているのであり、環境要素の力によって場に軽やかさが誕生している。

　最後に、晩年期の作品であるフランシスコ・ギラルディ邸（1978）について述べることにしよう。バラガンの作品のなかでももっとも小規模なコートハウスであり、ガレージも含めると、住宅の中に四つの庭がつくられている。なかでも特筆すべきは、もっとも奥に位置するプールであり、この抽象性をなんと表現すればよいのだろうか。ジェームズ・タレルのヘヴィー・ウォーター（図8-9）を想起させるが、住宅の中にアートを設置したと判断するのは必ずしも適切ではない。「バラガンの建築には、生活機能と密接につながらない空間が必ず存在する」と齋藤氏の論にあるように、確かにプールに近寄るほど視界はザラザ

図8-9　ヘヴィー・ウォーター／ジェームズ・タレル、1991年

図8-10 フランシスコ・ギラルディ邸／L.バラガン、1978年。プールとダイニングルームを望む。プールの奥に差し込む太陽光によって、さまざまな表情をもつ空間となる

ラの赤、青、白の垂直面と白い平滑な水平面と水面（どちらにも壁の色が時間によって微妙に反射される）だけになり、スケール感も奥行き感も怪しくなり、これが建物なのかどうかさえ判断不能になりそうである（図8-10）。しかし、逆に引いて見るとどうだろう。プールはその骨格を現し、青い壁の部分だけ吹抜けになったパティオという、建築のヴォキャブラリーに落ち着きそうである。そして手前にトラバーチンとダイニングセットが見え、ここがプールとセットになったダイニングなのだと理解される。トラバーチンや木製の家具のように色を使わないところと色だけのところが無造作に対比していることがこの場を特殊なものとしている。具体と抽象、日常と非日常は遠く離れた極点ではなく、このように隣り合い、どちらにふれるのも自由である。建築の抽象的な空間表現から見れば、ダイニングといった日常こそが外部かもしれない。しかし、ここでも場に外部環境が深くかかわり、そのありようが場に力を与えているのである。

b. 色がつくる場

　バラガンの色がつくる場とは、建築と同時に環境要素をピックアップする力そのものといえ、建築を中心とする遠近的世界は前提とされていない。かといって、さまざまな要素を駆使して並列、転倒、対比といった修辞空間をつくることに固執するのでもない。バラガンは特別な眼差しを一度もむけることなく、目の前の要素を直接的に利用しつづけた。色を溢れさせることも、逆に色を使わないこともまったく厭わなかったであろう。世界は隣接性に保証されたメトニミー空間として記述され、ピンクや藤色の花かもしれないし、大地を押しつぶしそうな空かもしれないし、疾走する栗毛の馬なのかもしれない。究極の無根拠性に裏づけられた、最大限の選択可能性に、バラガンの建築の強さを感じるし、現代建築の問題に通じるところでもあるだろう。

　死後12年め20世紀の最後の年に、おそらく初めての大規模な回顧展がフランク・O.ゲーリーのヴィトラ社美術館で開催された。展覧会のタイトルは「静かなる革命」とあり、もっとも純粋なモダニズムでありメキシコであると、そしてルイス・バラガンはもはやアウトサイダーではないと述べられている。バラガンの色はようやく解読されはじめたようだ。

1) 齋藤裕『ルイス・バラガンの建築』TOTO出版、1996年

9
表層
ヘルツォーク&ド・ムーロンの三つの信号所
●
貝島桃代

1. 環境の観察から定着へ

建築の表層は、建物でもっとも外側にある、周辺環境と隣接する要素である。それは建築の内側と外側を分節する物的な境界面であり、都市空間や風景を構成する要素でもある。

旅行先などで見かける伝統的な集落における建物の多くは、地域の風土や文化の様子を伝える豊かな表層のデザインをもっている。これらは土地の素材を用いることで、それぞれの場所の気候や風土のなかに快適な内部空間を実現することでつくられる。このような技術的な問題から生まれた特有の表層の形式は、土の中から石を選り分け、その石を積むことによって用水路や石垣をつくる、荒れ地を畑に開墾するときの作業にも近い。石／木、人の住むところ／家畜の住むところ、平地／斜面など、建築の外側にある「環境」を問題として観察し、定着させる作業のうえに成立する。そうした意味で、表層は建築になだれ込んだ環境の情報が視覚化する媒体である(図9-1)。

現代建築の表現においても表層は、重要なものだ。特にさまざまな社会性が重層化する現代都市の空間においては、歴史や文化、物流、環境問題など、ますます広範囲にわたり建築の環境を観察した結果として、建築の現れ方も多重的であることが求められている。逆の言い方をすれば、そうした観察の目によって発見される社会こそ、現代建築の立ち位置を問いかけるものであり、社会での建築のあり方を示しているのではないだろうか。

2. 信号所の表層

スイスの建築家ヘルツォーク&ド・ムーロンは、こうした建築の表層表現に注目する建築家である。彼らの背景となる1980年代後半以降のスイス・ドイツ語圏の建築の流れにおいては、建築の内部空間では従来の平面計画の規範を重んじると同時に、都市空間での建築の現れ方における社会的な意味を問題にしており、表層はその建

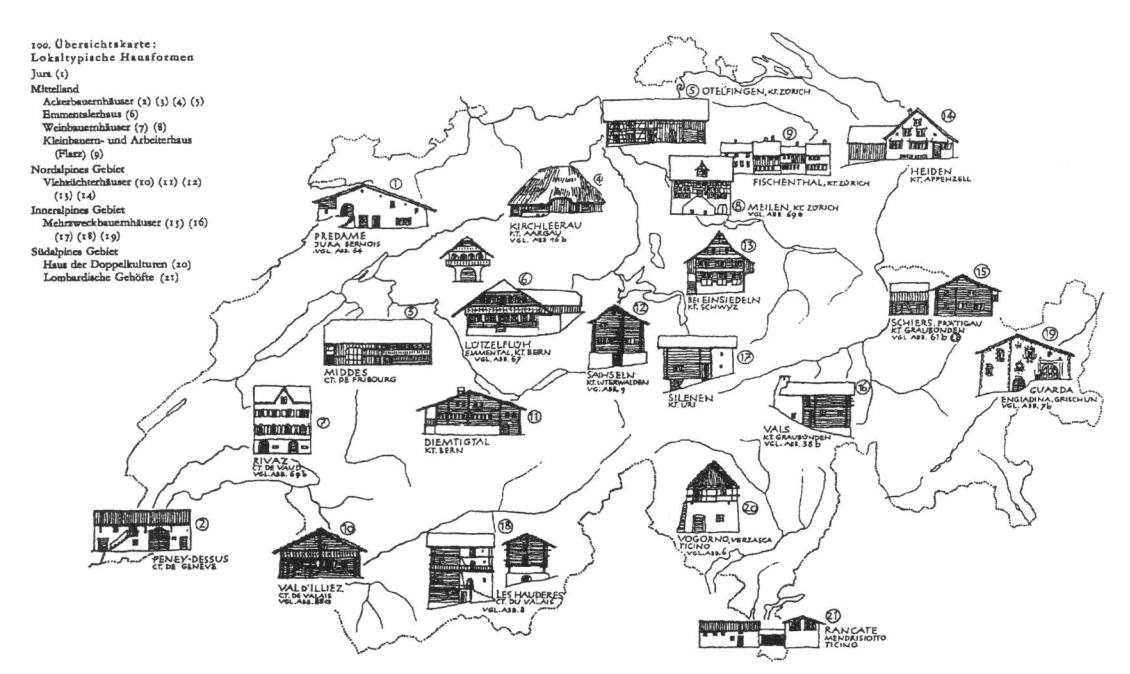

図9-1 スイスにおける民家の分布／民家の形式を通して、土地にある材料、風土、地形などが観察できる

図9-2 アウフ・デン・ウォルフの信号所／ヘルツォーク＆ド・ムーロン、1994年

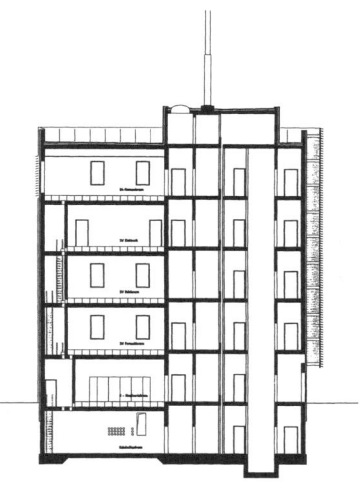

図9-3 同・信号所断面図／外断熱層コンクリート躯体と銅板ルーバーの2重の層からなる

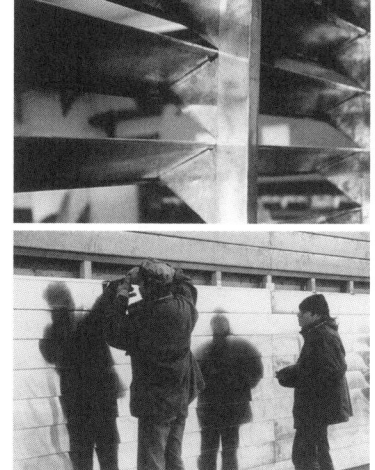

図9-4 銅板ルーバーの詳細／ルーバーとルーバーを支える支持材

築の中心的な表現対象としてとらえられている。

こうしたなか、彼らはバーゼル駅周辺に三つの信号所を設計した。信号所は、スイスの鉄道のネットワークを管理する施設であり、スイス全土に点在する建物だが、これまで建築デザインの対象とはならなかったビルディングタイプである。信号所とはどういう建築か、その建築の意味と都市空間における可能性は何か。そうした問題を問いかけた彼らの作品を通して、表層表現におけるデザイン特性の水準を紹介しよう。

3. 単層／多層

彼らが最初にデザインしたアウフ・デン・ウォルフの信号所は1994年につくられている（図9-2、9-3）。バーゼル駅に新設された車庫と、18世紀から19世紀の墓地であるヴォルフ・コッテスアッカーの古い壁に隣接して立つ。地下1階地上5階のコンクリート造で、車庫内ならびに関連の線路へ向かう途中に設けられた信号やポイントの操作を行うための電子機器、ワークステーション、補助スペースなどが設けられている。

この建物の表層のもっとも大きな特徴は、コンクリートの絶縁体や外断熱を施した壁の外側に、10cmの幅の銅板のバンドが巻かれた2層の壁からなる構成だろう。内部のコンクリートのヴォリュームにはオフィス部分もあることから四角い窓が各層に穿たれているが、銅のバンドに巻かれることによって、建物の外観には、6層からなる内部空間の構成やそれによるスケールといったものが見えなくなる。ひと続きの帯という秩序がつくり出す、

モノリスティックな表層がヴォリュームのスケールを失わせ、アルカイックな現れ方と同時に、内部とは独立した視覚的な情報がモニターとして一面に映し出されるテレビモニターなどの機械のパッケージのような、自律的な建物としての存在感をつくり出している。

壁が単層である場合、その現れ方はひとつであるが、複層の壁の場合はそれぞれの壁をどのように関係づけるかによって、端的にいえば、多重な表情を壁というひとつの構成要素にもたらすことができる。こうした複層の構成に見い出される二重性は、その後展開されるヘルツォーク＆ド・ムーロンの「SUVA」などの既存の建物の改装計画で、古いものに新しいものを付加するといった新旧対比を表現するものとして展開した。

4. 透明性、反射性

次に表層の視覚的な効果として透明性に注目しよう（図9-4）。アウフ・デン・ウォルフの信号所の二つの壁を見ると、内側のコンクリートの壁は不透明だが、その外側の銅板葺きの壁は、銅板がルーバー状に斜めに取り付けられることで、内側と外側が視覚的に部分的に連続し、半透明と呼べるような効果が生まれている。またその透明度は、銅の帯の巻き付けられ方によって変化する。内側のコンクリートの壁の、窓のある部分とそうでない部分には、銅板を支える下地材の切り込みの角度の変化によって、隙間の大きさの差異が生まれ、ひと続きのつくられ方のなかに、開口率のグラデーションができる。建物を見る角度によって、透明度も変化し、視線や立ち位

図9-5 アウフ・デン・ウォルフの信号所の近景／平葺き、ルーバー、持ち出しなど、銅板の帯の表層がさまざまな形式に変化することによって、壁、ガラリ、庇などの既存の建築部位の働きを担う

置など、表層を見る人と表層面の空間的な関係も取り込んだデザインである。

また、ここでは光を反射する働きをもつ銅板という金属の材料を用いている。こうした視覚的な特徴としての反射性は、周囲の環境も建物の表層として映し込む効果を生む。建物に近づくと空を、遠ざかると周囲の建物や鉄道の車両の光を映す。反射という問題にも、見る人と表層面との空間的な関係が含まれている。

5. 凸凹性／平滑性、吸収性／気密性

木造の外壁に代表されるように、伝統的な建築の多くは凸凹し、多孔質の素材が湿気などを吸収して変化する。それに対して現代建築の表層は、ガラスのカーテンウォールの建築のように、平滑で、気密性の高い材料でつく

られていることが多い。これを表層の触感的な問題としてとらえると、この信号所の表層は、銅板の板金を曲げ加工し、手で取り付けるという構法から凸凹しており、立体的な表層になっている。また、その壁自体には、壁面がルーバー化されることで、気密性ではなく、風や雨を通す、吸収性とも呼べる性格が備わっている。こうした凸凹性、吸収性ともいえる表現は、均質化して技術が抽象化される現代建築の表層において、ごつごつとした触感をもつ表層のデザインとなっている（図9-5）。

6. 時間性

銅という素材は、雨風にさらされることで、その表面がはじめは黒、次第に酸化し、緑青をふくといった化学的な変化が起こる。それによって竣工当初は強かった反射性も次第に弱くなり、湿度、雨量といった物理的な環境情報をはかるリトマス試験紙のように、吸収する。それにより、表層そのものの性格も変化するために、時間が定着される。

また、昼は表が明るいため、外から内側の様子があまり見えないが、夜は、内側が明るくなり、ルーバーの外にその光が漏れるといったように、光の入り方が反転する。2重の壁の構成が昼／夜という1日という時間のなかでも変化する表層である（図9-6）。

7. 参照性／物語性、社会性

こうしたコイル状に巻かれたひと続きの銅の帯という表層の形式は、建物の内部空間にあるコンピュータなどの精密機械を、電車や線路などの電磁波から守るための

図9-6 同・信号所の夜景／昼間はあまり見えない内側の表層、コンクリート壁の開口部が銅板のルーバーを透かして見える

図9-7 同・信号所の計画当初の模型／銅のコイルを機械室のタワーからつり下げるような表層の構造形式が考えられていた

図9-8 中央信号所／ヘルツォーク＆ド・ムーロン、1999年。建物が敷地から、線路側に向かって張り出してゆく様子がわかる

シールドとして、物理の「ファラデーの法則」から導かれた働きによるものである（図9-7）。ここでは、そうした目に見えない磁場空間も環境ととらえられる。それらが視覚化されることによって、信号所というビルディングタイプの表層を定義することが試みられている。

8. 場所性／ネットワーク性

アウフ・デン・ウォルフの信号所の後、1999年ヘルツォーク＆ド・ムーロンによってバーゼルの駅の前の線路をまたぐ橋のたもとにある中央信号所がつくられた（図9-8）。アウフ・デン・ウォルフの信号所と同じ地下1階地上6階だが、延べ面積は1,000m²ほど大きい。

表層のコンセプトはほぼ同じだが、敷地形状が線路によって切り取られ台形であり、要求面積との関係で、建物の形は上部では矩形になっている。そのため、建物の断面が上部に行くほどせり出す北側の斜めのファサードをどのようにデザインするかがテーマとなっている。

形は違うが、信号所のプログラムをもつ二つの建物が銅の板金を巻くという同じ表層の形式であることは、結果的には、表層が、それぞれの建物の機能や場所の差異を浮かび上がらせる。信号所がスイス全土各都市のなかに点在するスイスの風景のなかで、同じ表層をもつことは信号所をネットワーク化する。信号所というビルディングタイプ自身が、道しるべ、あるいは都市のエンブレムといったようなものになる。その中で信号所の表層は、信号所を取り巻く環境を計測する、あるいは観察して視覚的に定着する都市のポートレートの役割を担うのである。

9. レポート

同じく1999年、彼らによって三つめにつくられた衛星信号所は、当初8、9階建てのレンタルオフィスビルとして計画されていた（図9-9）。が、その計画が変更になり、結果的には、機械室だけの1層のコンクリート造の建物となった。ドアしかない外観は、軍事施設を彷彿とさせるが、その表層は、木の横板の型枠によって分節され、銅色の塗料が塗られ、建物の角が丸められている。それによって、この建物も前出の二つの信号所のネットワークを意識させる。しかし、その一方で、建物の計画が変更となった設計のプロセスと、その建物になだれ込んできた社会的な背景を映し出し、それをレポートするものとなっている。

図9-9　衛星信号所／ヘルツォーク＆ド・ムーロン、1999年。コンクリートに銅の塗料が塗られ、鈍く光る外観

10. 表層から現代都市の風景へ

これまでヘルツォーク＆ド・ムーロンの信号所を例に、表層におけるさまざまな表現を見てきたが、最後に表層デザインが建築のどういった問題を引き寄せるかをまとめる。

まずは視覚的な空間という問題である[1]。

次に、フラットという問題である。表層はこのフラットなものであるという条件から、身体からファッション、建築、都市のファサードまで、さまざまなものやスケールを横断的にとらえられる空間概念だ。情報ということとも連続するが、そこにかかわるさまざまなものを同時に操作表現できる。

最後に風景の問題である。建築のもっとも外側に現れる表層は、それらが連なることによって都市の風景へもつながっている[2]。

1) 建物の表層デザインは、単に内部と外部を分節する境界面というだけでなく、それぞれの建築をめぐる環境に対する情報の帯を都市空間の中に定着させる媒体といえる。
2) それぞれの場所の素材を用いることで生まれた集落の風景、新建材でつくられた表層の住宅地、ガラスのカーテンウォールでつくられたオフィス街など、建築の表層デザインから風景を考えることもできる。ゼロ・エミッションや緑化、サスティナブル・デザインなどの建築の新たな規範や技術をとらえると、表層の新たなデザインが新たな風景もつくるのである。

10 工業製品
イームズ・ハウス

渡辺妃佐子

　インダストリアル・バナキュラーと呼ばれる工業製品、工業規格品によって、建設される都市に住む現代人にとって、アンディ・ウォーホルの「100個のキャンベル・スープ缶」はすでに芸術作品ではなく、限りなく増殖するありふれたモノへのエクスタシーの証明書である。コンピュータグラフィックスで描かれる図面には親しみやすさを感じるが、いかなる巨匠の手描きの図面を見ても、手の痕跡を見苦しく感じて避けてしまい、ここ10年単位で様がわりする都市の風景になじんだ人間は、いとも簡単にリセットすることができるコンピュータゲームに本来の人生を重ね合わせ、ドロップアウトを負の刻印と想い悩む必要性を感じることもない。テクノロジーの進化は日常品から内部空間、建築、そして都市へと驀進し、20世紀の歴史を30分の映像で語るに十分である。ここではテクノロジーと相反してきた工業製品に多様な意味を見い出すことによって、人間の存在理由を考察することにしよう。

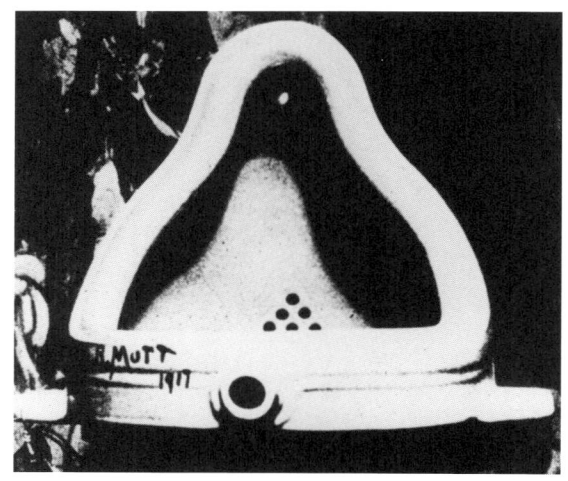

図11-1 「泉」／M.デュシャン、1917年。芸術家が工業既製品に"R.MUTT.1917"のサインを書きなぐることによって、ただの工業製品であるか、芸術品であるかのIQテスト的存在に激震を走らせた

1. レディメイド

　レディメイドの概念とは、第1次世界大戦後、工業既製品を新しい芸術素材として用い、非芸術という名の＜芸術＞を構築するマルセル・デュシャンを中核としたダダイストによって確立された。神の不在によって、芸術家すらも創造者としての自己決定権をもてず、人間のつくるモノと機械のつくるモノに決定的な差はないと考えられ、芸術家は作品を生む母胎ではなく、作品はただ単なる作者の＜選択＞にすぎないといった論理から、瓶立て、帽子掛け、雪かきシャベルなど、レディメイドのオブジェを続出させた。

　大ガラスに人間の器官の機械図をアッサンブラージュした「彼女の独身者たちに裸にされた花嫁、さえも」、とりわけ男性用便器をそのまま作品化した「泉」（図11-1）で、当時の画壇においてきわめてスキャンダラスな反響を呼び起こしたデュシャンは、「非常にはっきりさせたいのは、レディメイドの選択が美的快楽に指示されていないという点である。選択は視覚的無差別さという反応に基づいていて、好みの善し悪しはまったく不在であり、完全な無感覚である」と冷静に答えた。

　それらの背景となるのは、産業革命の象徴であったガラスと鉄の大量生産力を鼓舞した1851年のロンドン万国博覧会のクリスタル・パレスや、それに続く1891年のパリ万博のエッフェル塔の建設が、19世紀都市から20世紀都市への衝撃的なターニングポイントとなり、機関車、自動車、汽船、光学機器など、工業製品が織りなす機械的な都市、言い換えれば、加速するテクノロジーへのヴィジョンと旧態依然とした芸術家の仮死状態のジレンマを提示するものであった。

2. イームズ・ハウス

　19世紀末の人々にとって、ファンタジーであったガラスや鉄の巨大建造物が、20世紀となると、ル・コルビュジエの「住むための機械」、ミース・ファン・デル・ローエの「レス・イズ・モア」という2人の巨人に代表される時代精神に育まれて、より生活へのリアリティを感じさせることになる。20世紀人になりたての若い層は、新しい材料、工法、工場組み立て、大量生産など、日常生活品も建築も同じ生産体制によって機械生産されるテクノロジーに、階級闘争を打破する「革命的なるもの」を体感した。

図11-2 Eames Storage Unit／Ch.イームズ、1949年。家具と建築の構成は同義であることの先駆け。家具はプティ・アーキテクトであることを証明している

図11-3 イームズ・ハウス／Ch.イームズ＋E.サーリネン、1949年。ボックス住宅をブリッジでつなぐことにより、より可塑性の高いキネティックな建築が生じる。イームズ・ハウスは、ESU（Eames Storage Unit）のモジュールによるカラフルな構成と既製品の応用と共通している

しかし、実際において、巨万の富を費やしたスカイスクレーパー、ブルジョア階級のためのガラス張りの詩的な住居も国家のイデオロギー都市に組み込まれ、抜本的な意味作用を喪失する。モダニズムのキャッチコピーであった「新しい機械技術と機能美」は、約20年後、不思議な赤い糸が、家具デザイナーであったチャールズ＆レイ・イームズ夫妻によって結ばれることになる（図11-2）。カリフォルニアのまぶしい日射しを浴びたイームズ・ハウスは（図11-3）、エーロ・サリーネンとの共作によるケース・スタディ・ハウスであり、特注部材を排したスチール、コンクリート、ガラス、インシュレーション、プライウッド、ボード、ファイバーグラス、アスベストなどの工業部材による組み合わせで構築された、スタジオを兼ねたボックス住居である。外観から見ると、ミースやコルビュジエの建築の神業もたないが、むしろファサードとインテリアデザインの同語反復に注目する必要がある。ファサードと同じ形状をもつ戸棚やイームズ自作によるオーガニックな家具が配置され、ポップテイストなモダンリビングの先駆けであり、ファブリケーション化の洗練された前例でもある。

イームズ夫妻の一生はコストの低減、すなわち家具であろうが、建築であろうが、すべてのデザインの商品化と大量生産を可能にするための製造・流通の方法を考察するためにあった。イームズは、「天井の波形・プレート・むき出しのスチール、数種類のサッシの繰り返し、透明、半透明のガラスの使い分けすべての扱いをより豊かなものにするための工夫なのだ」と発言しているところから、イームズ・ハウスはハイテック建築のプロトタイプであることはよく知られている。

3. バナール・デザイン

1978年、チャールズ・ジェンクスの「ポストモダニズム宣言」に先んじて、76年、イタリアで『アルキミア』と名づけられたグループが結成される。このグループを指揮するアレッサンドロ・メンディーニは、60年代の後半にヨーロッパに勃発した68年運動の波にのったイタリアのラディカル建築運動（たとえばスーパースタジオ、アーキズームなど）を支援する『カサベラ』誌の敏腕編集長で、80年代に入ると『ドムス』誌、『モード』誌の編集長を兼任し、バナール・デザインを展開する。79年には、「ここ10年新し

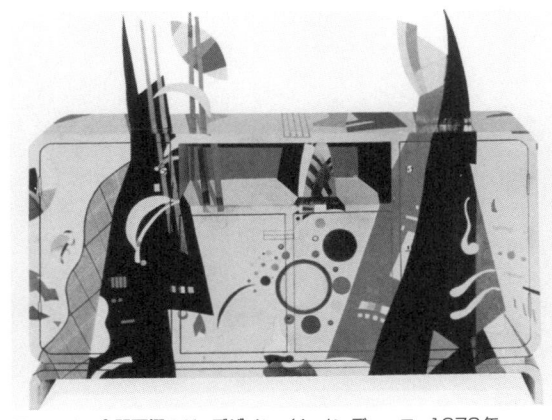

図11-4 食器戸棚のリ・デザイン／A.メンディーニ、1978年

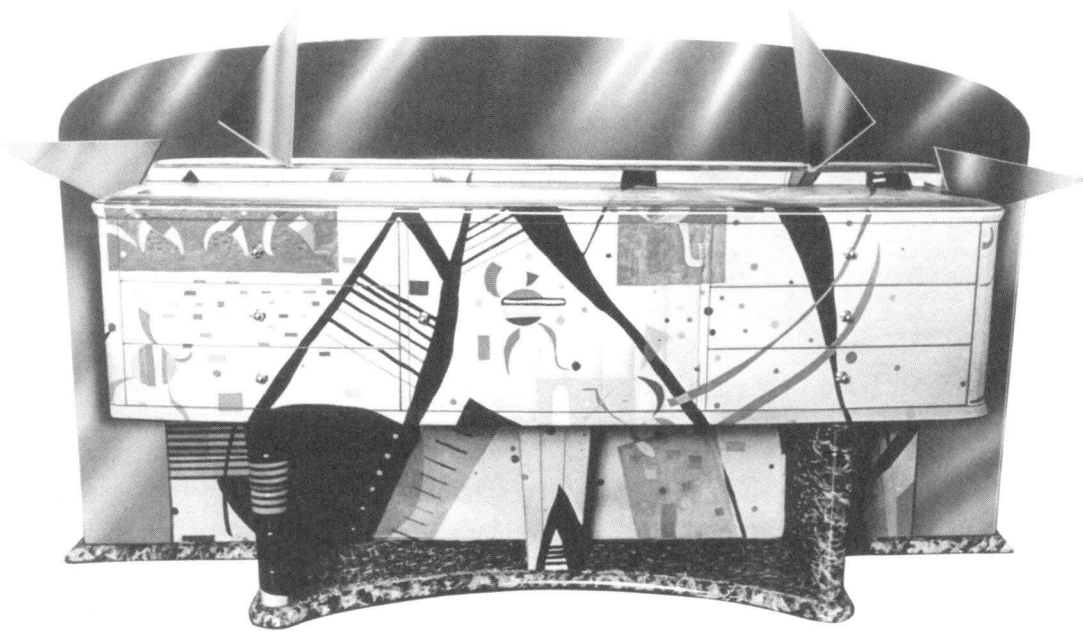

図11-5 食器戸棚のリ・デザイン／A.メンディーニ、1978年。ありふれた戸棚にペインティングやオブジェクトを用いることにより、意味の重層化を図り、意味作用や意味内容より、それらを反故にし、イメージのみを強調させる

いデザインは生まれない」という呪詛めいたコメントとともに、1950年代の食器戸棚にヴァシリー・カンディンスキー風の激しいタッチのペイントが描かれた「食器戸棚のリ・デザイン」（図11-4、11-5）と題したオブジェ家具を発表し、デザイン界を震撼させた。

すでに工業デザイン化された家具や日用品にクラフト的効果を加えることにより、陳腐なモノ（バナール）の記号性の基準を再生させ、「平凡を説明するためのデザインの爆発を」試行し、デザインの意味論を探求するものであった。かつてのラディカリストを招聘し、スーパーマーケットで売られている霧吹き、エスプレッソマシン、掃除機などのありふれた日用備品に蛍光塗料を塗ったり、刺々しいデザインの断片を付帯させたりする一方で（図11-6）、コルビュジエ、ポンティ、マッキントッシュの名椅子に装飾を施すことによって文化的・社会学的な見地が孕む記号性を表層から突き崩した。それらのなかでもっとも顕著な椅子「プルーストの安楽椅子」（図11-7）は、18世紀のネオ・バロック様式の椅子に印象派のポール・

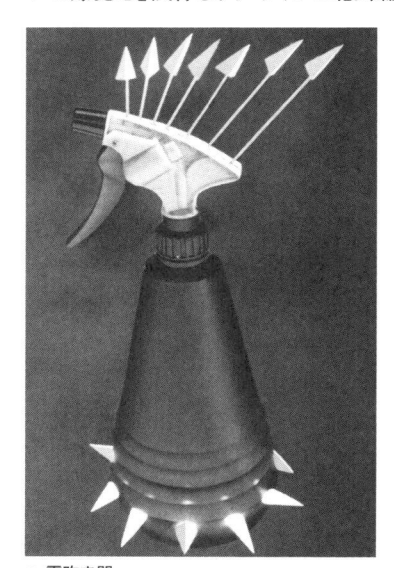

a. 霧吹き器　　　b. エスプレッソマシン　　　c. 掃除機

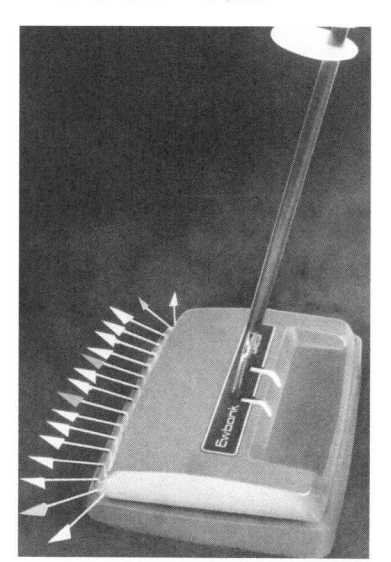

図11-6 バナール・オブジェクト／1980年。モノがつくられたときからもつ記号性を変容させる冒険心と実験性

シニャックの点描主義の絵画を拡大し、塗りつぶされている。バロックの椅子、印象派の絵画がありふれたモノとしてエディットされ、プルーストがリテラルな意味として重なっている。

メンディーニの記述によると、「レオナルドのモナリザはキッチュではないが、絵葉書店の無数の複製はキッチュである。グロピウスの大量生産の住宅や量産家具についても同じことがいえる。量ということには、どうしても陳腐なモノがつきまとうのである」という指摘がある。つまり、工業生産化されたモノはいかに洗練されたデザインであれ、ありふれたモノになるのが宿命であるという原理である。メンディーニの理論の軌跡は、工業製品＝デザインの呪縛を解放したが、その後、自ら文化的挑発者と名のり、地方分権主義者として職人の手工芸の復活に意義を見い出すようになる。

4. メンフィス・シンドローム

『アルキミア』と伴走していたエットーレ・ソットサスの離脱により、1980年に『メンフィス』というスーパー・グループが生まれた。メンフィスはソットサスを中心にミラノを拠点として国際的な有名デザイナーの参加による家具制作・販売を行うと同時に、ポストモダン家具のデモンストレーションを行っている。ソットサスは第2次世界大戦で瓦礫と化したミラノの街並みに佇み、社会的オブジェクトの必要性を体感し、その後、69年にオリベッティ社から

図11-7　プルーストの安楽椅子／A.メンディーニ、1978年

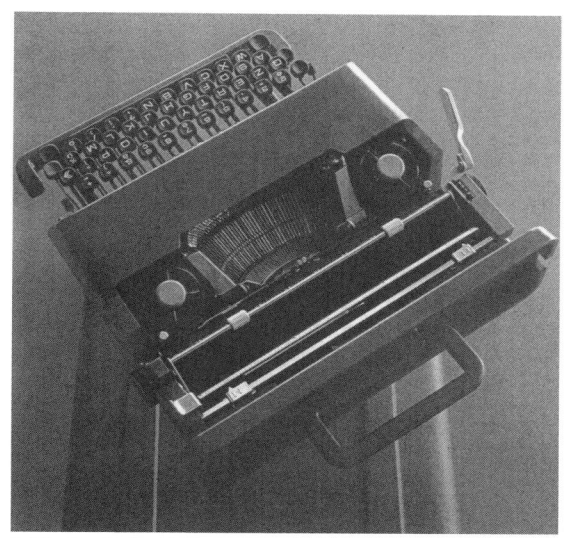

図11-8　ヴァレンタイン／E.ソットサス、1969年

真っ赤なタイプライター「ヴァレンタイン」（図11-8）をヴァレンタインデーに発売させ、黒や紺の作業服を着ていた女子事務員を解放することのみならず、インダストリアルデザイナーとして、中性的なオブジェ家具のデザインを手がけたり、前述のラディカル建築運動の影のフィクサーとして左翼の巨匠となっている。

ポストインダストリアルの名のもとで、『アルキミア』の地方演習的な活動を国際舞台に称揚するために、マイケル・グレイヴス、アルド・ロッシ、ハンス・ホライン、磯崎新などのアイドル建築家、またイタリアの著名ラディカリスト、日本国内からは倉俣史朗、梅田正徳、そしてイタリアの若い層のデザイナーたちのポストモダン家具による運命の戦略は、メンフィス・シンドロームと呼称されるように、速いスピードで世界を席巻した。

『メンフィス』の偉業はポストモダニズムの華やかなオプティミステックなパフォーマンスに終わらず、新しい素材の開発にある。下品・貧困と一蹴されていたラミネート・プラスチック板にグラフィカルなパターンや洗練された模様をプリントした工業製品を成功させた。スポンジ模様、バクテリア模様、蛇模様、パスタ模様など、ファッション性の高い表面装飾は、トイレやキッチンで一過性に貼られていた実用機能素材にすぎなかったラミネート・プラスチック板を家具や室内装飾の重要な素材に引き上げたのである（図11-9）。＜表面＞という軽薄性を帯びた言語と貧困素材という野卑なイメージを最先端なモードに逆転させたことは、『メンフィス』ならではのミラクルな仕事といえるだろう。

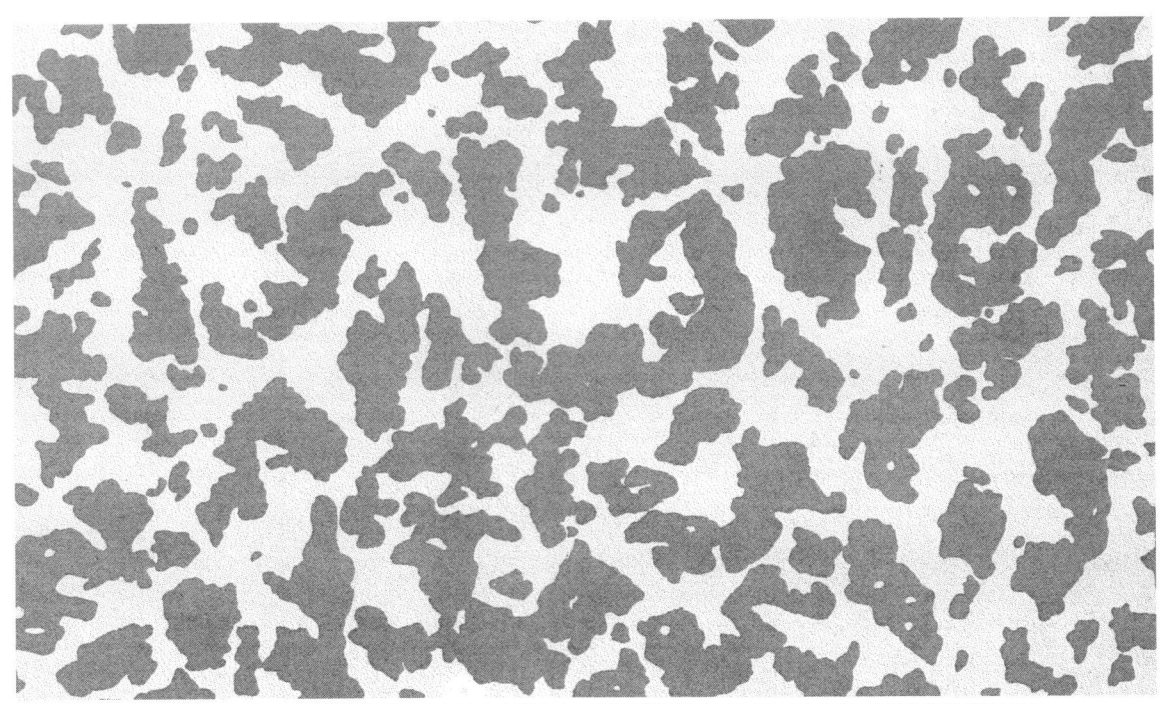

図11-9　ラミネートプリント「**スポンジ模様**」／E.ソットサス、1979年。素材の発見はメンフィス・シンドロームにおける成果である

5. ドローグ・デザイン

　1990年代の初頭にバブル経済が弾けると、80年代のハイ・デザインからロー・デザインに移行する最中の93年に、オランダから、デザイン評論家であるレニー・ラマーカーズとデザイナーであるハイス・バッカーによって「ドローグ（ドライ）・デザイン」と名づけられたプロダクト・デザインが試みられ、新たなメンタリティでデザイン界に登場する。ハイ・デザインをすることに食傷気味であったデザイナーたちに一撃を加えたそれらのドライなデザインは、雑貨店にある工業製品や日用品を応用し、クールでもなく、ホットでもないデザインの新境地を開拓した。そのデザイン方法は、すべてが工業製品に準じたモノとは限らないが、ハイス・バッカーによるコーヒーポットは白い陶磁器に釉薬を染み込ませたエメラルド色のコットンを焼き、編み目状になったポットで保温をもつといった機能性を高めている（図11-10）。また、テヨ・レミによる12本の磨り硝子の牛乳瓶の中に電球が灯るシャンデリアなど、リサイクル・デザインの多様性の極みとなっている（図11-11）。ドライ・デザインに参加したメンバーは70年代生まれが多い。台所ブラシのエッグスタンド化、既製ハンガーの片面にブラシを付けたブラシ兼用ハンガー、廃棄された引き出しを束ねた筆筒など、ドライ・デザインの方法論として、一見『アルキミア』のバナールやリ・デザインに似ているが、『アルキミア』の意味論的な哲学に裏づけられたテキストとは異なり、微風に乾いたシャツのようにさわやかなデザイン論を展開し、90年代を駆け抜けていった。デザインと雑貨のミクスチャーやクロスオーバーという賛否両論を問われたが、ユーモアとアイデアにおいて、デザインの原初的な祖型と考えられる。

　ドライ・デザインは、デュシャンへのオマージュとして、カスティリオーニ兄弟の転用の概念でつくられた、紅い金属製のトラクターの座具を用いて自転車用ナットで弾力性のある帯状の鋼材に取り付けた「メッツァードロ」という椅子に潮流を見ることができる。

6. スーパー・フラット

　「表面性」が広義なデザインの必須アイテムとして提起されたポストモダニズムが捩じれると、スケルトンと呼ばれる半透明な工業製品でつくられたモノが氾濫し、それらを急進的に解釈した意味で、超表面（スーパー・フラット）と呼ばれる奥行きのない、中心性も定かでない、フラジャイルな世界が、アーティスト村上隆によって命名された。それは、コンピュータの浸透と平質性の原理によって都市化がもたらした人間の＜自己決定権の剥脱＞＝＜幼児化＞が起因したとも考えられる。大画面テレビモニ

ターの出現による＜薄さ＞の実現、ガラスやガラスサッシュの＜強さ＞などの超平面性を具現化させる工業製品の新たなる進化が建築の境界線を揺るがした。いわば、20世紀初頭に意図された都市空間が簡単に構築されるまでに工業製品が追い付いたのである。80年代に流行したコンクリート打放しの重圧的な建築群を批判するかのように、レム・コールハースや伊東豊雄の美意識にあるアンフラマンスが想像の賜物ではなく、実際の空間として実在したのである。そして、大画面テレビモニターに映るガジェットな情報や稀薄な建築の境界線は、虚虚実実な＜私＞の身体感覚をも仮想現実があがなった。

60年代のアーキズムのメンバーであり、ドムス・アカデミーの副校長であるアンドレア・ブラツィは、「ここしばらくのあいだ、現代の都市は場所ではなく、状態であったといえる。消費材の存在によって社会が一様に流通している状態なのである。都市に住むということは特定の場所や道に住むことでなく、一定の動作を身につけることであり、言語、ファッション、印刷や電子メディアを折衷することであった。都市とはこのメディアが届く範囲だった」と言及している。この消費材こそ、工業製品であり、深い森林に逃げたとしても、都市からの輸出可能性が＜私＞の自己決定権を剥脱させる。

以下、工業生産と広義の社会の成立、経済、政治との流通機構は不可避であることを前提に、工業製品と対峙し、より豊かな感性を創出した動きを六つのジャンルに分類することによって、意味を浮上させてみた。
（A）デュシャンに代表されるダダイストたちのレディメイドにおける芸術家は、作品に介入できるのは機械がつくるものを選択するという「無感覚な意味」を掲げた。
（B）イームズの家具の大量生産性の方法論はモダンハウジングのファブリケーション化を推進させた。
（C）アルキミアのバナール・デザイン、リ・デザインはデザインという現在的な価値の軸を超えて、概念作業による新しい意味論の展開があった。
（D）メンフィスによる活動は貧困素材に新しいパターンをもたらすことによってモード化への可能性を拡大させた。
（E）ドローグ・デザインにおける工業製品を用いたリ・ユース手法によるデザインの社会化現象が見られる。
（F）超平面素材・硝子によるヴァーチャルな空間への実験が見られる。

1978年以降、ポストインダストリアルの名において、大量生産から少量生産、大衆派から少数派へと、大衆に向けた質の高い工業製品への趨勢が見られ、近未来の都市をめざして、地方都市における工業製品とマニファクチャーとのコラボレーションが行われるようになった。あらゆる地域で、その地元しか持ち得ない歴史的な職人芸や地元製造業者とデザイナーとのコンタクトによる新しい技術、素材の開発が希求されるようになった。21世紀の展望を科学者たちのアンケートをもとにデータさせたところによると、都市はいくつかのドームに覆われ、地域文化が発達し、マスメディアに向けた大量の工業生産という概念が崩れ、製品と環境の特性の新しい概念に変容するだろうと言及されている。工業製品と対峙する人々はより微分化し、テクノロジーの加速度とともに疾走しなければならないだろう。

図11-10　陶磁器＋釉薬＋コットン／ハイス・バッカー、1997年。リ・ユースデザインのなかでも美しい装飾性に満ちたものである

図11-11　磨り硝子の牛乳瓶＋電球＋ステンレス／テヨ・レミ、1991年。シャンデリアがドライに、現代的に表現されている

II
空間言語

1 ピロティ
八代広域消防本部庁舎
マニュエル・タルディッツ

1. 建築の要素

建築科の基礎科目を学ぶ学生を教えはじめるときしばしばぶつかる難題というものがある。今生徒が何をしているのかということを生徒自身にはっきり理解させるという課題がそれである。その際、理解ということには同時に二つの事柄がかかわってくる。一つは学生たちが使うさまざまな建築概念であり、もう一つは彼らが生み出そうとする構想や形態とその概念とのあいだに形成される関係である。この種のことを教えるというのは、部分的には、形態が幾何学の諸原理や建築要素によって明確に取り扱うことができるということを理解させることでもある。その種のいわゆる要素のひとつであるピロティはまた、もっとも複雑な建築要素のひとつでもある。

しかし、ピロティを建築要素と呼ぶ前に、まずはその分析的かつ道具的な概念の内容を説明しておく必要がある。その第一の目的は、学生たちの頭に知的な混乱を生じさせないようにすることと、もともとの建築理念や延いてはその起源や含意を本当に理解することなく雑誌で見て覚えたイメージなり観念を彼らがうのみにしてしまうのを防ぐことにある。これは同時に、学生たちに、建築というものが純粋に知的で形而上学的ですらある実践というわけでもなく、さりとて技術上工法上の問題点のみを訓練する学問でもないことを理解させるうえでも役に立つ。明らかに建築はそうしたすべての側面からの影響を受けながらも、独自の語彙をもち、使いこなしもする。その語彙が、すなわち建築構成要素あるいは建築要素なのである。これらの要素は、さまざまな人間的必要性や信念、技術や材料の進歩と発展に対応するかたちで生み出されてきた。また具体的な歴史的文化的事柄によって、さらには純粋に空間的美学的な要請によってももたらされた。具体例をいくつかあげれば、壁、ヴォールト、螺旋階段、弓形張出し窓(ボウ・ウィンドー)、庇、柱廊などが思い浮かぶ。

2. ピロティとは

まず最初に手近に見ることのできるピロティの実例は、さまざまな地方に存在する地方特有の家屋や村の倉庫に見い出される(図1-1)。こうした建物は、平坦な地面もしくは急な斜面、湖や河や場合によっては海岸などの浅瀬の上に、地面や水面と接することなく立っている。このような建物の形態は機能的必要性に端を発している。つまり、危険な動物が上がってきたり、水が上がってきたりすることのない安全な場所がほしいという要求から生まれているのである。またそれには、人間と大地との関係に対する何らかの宗教的な含意が込められていることもある。多くの農村社会では大地は神聖な性格をもつからである。気候的な理由もある。高温多湿の地域では、このピロティ・スペースは風の通り道をつくり、家屋の高床部分を乾燥させ、快適な状態にしてくれる。

そこで、以上のような例で判断する限り、ピロティというものはさまざまな建物を支える比較的細い柱のことを指すように最初は見える。ところが、すぐに厄介な問題に逢着する。柱廊や回廊やポーティコなどといった同種のスペースはなぜ同じ名称で呼ばれないのか、ということである。ピロティは、ギリシアやローマの神殿の柱廊に見られる類の柱によって定義されるスペースとは異なる。また、それよりもさらに何世紀も時代の下るルネッサンスおよび古典期の建築に見られるような、細長く突き出た広間や接続ギャラリーといったものとも異なっている。さらには、回帰的な力強い構造が木の列柱に集約的な形

図1-1 エクアドルの民家

図1-2　サヴォア邸のピロティ／ル・コルビュジエ、1931年。近代建築の五つの要素を一堂にそろえる

で実現されているためにやはりピロティを想起させないでもない、日本の神道の神社や仏教の寺のような、貴族的ないし宗教的な広壮な建物とも違っている。

　その理由は、意味からしてまずピロティとはそれが建物の下方につくり出すスペースを指しているからである。このことは、すでに述べた地方特有の建物で、このスペースがさまざまに異なる活動を庇護する場として利用されていることを考えれば自ずと明らかになろう。しかしながら、現代の建築家たちにとってもっとも興味深い定義となったのは、ル・コルビュジエが与えた歴史的な定義である。彼によれば、ピロティとは近代建築を定義づける五つの要素のうちの一つである。この空間的かつ意味論的定義は、地方特有の建物に見い出せる機能的定義を超えているという点で重要であるとともに、前近代と近代という二つの時代の違いをも決定づけるものとなっている。

　では簡単明瞭に、ル・コルビュジエの言わんとする意味とは何か。それを理解する最良の方法は、彼の主要作品をいくつか見るにかぎる。サヴォア邸（1931）のグランドフロア、もしくはユニテ・ダビタシオンであればどれでもかまわないが、その二つは、彼のコンセプトを表現する洗練された具体例である（図1-2）。すでに述べた地方特有の建物における同等部分の機能については、ル・コルビュジエのピロティはそのうちのいくつかの機能を共有してはいるものの、目的は異なっている。ル・コルビュジエのほうには、まず第一に、多くのヨーロッパ建築の特徴となってきた、施工上構造上の軽さを求めようとする昔からの希求が体現されている。しかし一方では、建物の下にヴォイド（空虚な空間）をつくり出すとともに天辺に屋上庭園（五つの要素のうちのやはり一つ）をつくることにより、加えて二つのファサードが生まれることになる。実際これにより、伝統的もしくは前近代建築の四つのファサードは六つのファサードに代わる。こうして建物は地面に鎮座するものではもはやなくなり、どこからでも眺めることのできる、ファサード間の階層関係の希薄な、一個のオブジェとなったのである。それは、カンバス面にさまざまな角度から見た同一の顔の絵を同時に描くキュビスムの肖像画と同様に、複数の異なる観点からほとんど同時に見ることができるのである。これは、通常の人間の知覚のあり方に挑戦するものであり、西欧文化が生んだ透視図法を破壊し、ギーディオンの解説するように、時間と空間（もしくは運動）の結び付きのあり方に再考を迫るものであるだろう。

　さらにそれはより伝統的なかたちで、ちょうど柱廊と同じく、二つの空間を分割する敷居ともなりうる要素である。二つの空間とは公共的な領域とプライベートな領域ということである。その際のピロティの機能はむしろ一種のポーチに近い。

1　ピロティ　　71

図1-3 八代広域消防本部庁舎外観／並列された部屋が外に現れる

それはまた、部分的にはサヴォア邸で実現されているような、奥行き感と流動感を際立たせることができる。それはまた、何らかの庇護を必要としながら、なおかつある程度の広さがなければならないような複数の機能を自ずと調整し共存させるような空間でもある。その実例がまさにユニテ・ダビタシオンであり、ピロティは一種の遊び場もしくは駐車スペースとなっている。

最後にピロティはまた、それ自体一個の判断基準となりうる。つまり、モダニズムの目印のようなものなのである。ただ、この最後の側面はかなり両義的である。これが単に様式を示すだけの要素と受け取られればいささか軽薄な感じを与えるかもしれないが、逆に最良の場合には近代精神と建築家の結び付きを表明するマニフェストにもなりうるのである。

3. 八代広域消防本部庁舎

言うまでもなく、このように要素の側面から建物を分析するという方法は、具体的にこの「八代広域消防本部庁舎」の分析にも応用することができる。ただ、この方法で建築家の意図というものが理解できるとしても、だからと言って当の建物そのものが要素の純粋な寄せ集め、ないし組み合わせとして構想されているということにはならない。「八代広域消防本部庁舎」(1995)の場合、ピロティは明らかに重要な要素のひとつである（図1-3、1-4）。言い換えれば、建築物中のエレガントな要素という以上に、それは、具体的なプログラムや立地という条件を受けて、それに応えるべくピロティとしてのさまざまな意味や目的を具現化しているのである。といってもそこは伊東豊雄らしく、典型的なまでに単純かつ自然なやり方で解決が図られている。あえて映画にたとえれば、これはまさにフランソワ・トリュフォーの映画のようだと言ってもよいだろう。軽くて、含蓄に溢れ、それでいて断定的にならず、でき上がってみればどこにも努力をしたような跡がない。

a. プログラム

建物そのものを詳しく見ずとも、それが、一定の都市計画構想や立地やプログラムといった条件を前にしての、きわめて率直な解答であることは明らかである。建物には、広域消防活動の本部と同時に地域の消防署の二つが収められている。それは実際に、公共事業を構成する重要な要素を表現する建物であり、だからこそまた、市中心部に通ずる大通り、すなわち将来の八代市の中心のひとつともなるべき地域に建てられたのである。それは、開かれた都市内公園を創造しようという大きな計画の一部をなしている。グランドフロアは、街路側と建物の裏手に設けられた訓練場の両方に向かって開かれており、緊急時の車両の出動がスムーズに行えるようになっている一方で、2階はさまざまな機能に充てられた部屋がびっしりと並んでいる。

b. 空間

　建物は大雑把に述べれば、水平に展開する薄く、平たい、剥き出しのヴォリュームが、細長い支柱で上へと持ち上げられている構造になっている。まず最初に強い印象を受けるのは、オープンな部分、すなわちピロティ部分のヴォリュームの高さと上方のソリッドな部分とのあいだのアンバランスさである。その理由は、広い訓練場とグランドフロアに待機する消防自動車のために空間を大きくとる必要があるということで説明できるにしても、それでもピロティはかなり高く見え、実際、上のヴォリュームの厚みをはるかに凌ぐ高さである。通常のピロティの場合とは反対に、上は大きく下の隙間は狭くというバランスがここでは部分的に逆転してしまっている。その結果、上のソリッドなヴォリュームのほうが冠然とのっかり、空洞のヴォリュームをその対比によって際立たせている。上の部分は水平の屋根もしくは柱頭といったものに近づいているのに対し、ピロティは敷居であると同時にそれ自体ひとつの大きな部屋でもある。こうした印象はさらに、2階部分が高いというよりも平たく、しかも内側に湾曲しているために、ピロティの奥行きが変化し伸び縮みすることによっても強められているのである。すなわち、ピロティの高さがおよそ6mであるのに対し、奥行きはもっとも薄い箇所でおよそ15m、両端および中央部分ではその倍に達している。それでいて、このプロジェクトのピロティ・スペースには、ル・コルビュジエが提唱した祖型的な特徴のいくつかがしっかりと備わっているのである。

図1-4　八代広域消防本部庁舎のピロティ／採光と通風のための吹抜けが用意されている

図1-5　神奈川県青少年センター・ホール／前川國男、1962年

4. 新しい型の公共建造物のための入り口

　たとえば、前川國男による神奈川県青少年センター・ホール（1962, 図1-5）や、丹下健三による旧東京都庁舎（1957, 図1-6）のようないくつかの代表的作品において、戦後の日本のモダン建築の大家たちがしばしばデザインしたような、建物の公共的性格を協調する入り口＝敷居としての建物を創造しなければならないという意気込みは、伊東の構想の中にもやはり感じ取れる。逆に彼の作品に不在なのは、今あげた例に打ち出されているようなモニュメンタルな性格である。これらの建築家たちが、西欧で生まれ日本には19世紀末に輸入された新古典主義的な公共建築に拮抗しうるような、ある種の雄大なスケールというものを追求していたのに対して、伊東の建物ではそうした目的が追求されていないように見える。伊東にとって、この消防署は、非常にオープンな構造をもつひとつの公共施設にすぎない。ピロティは、建物にそうした機能を担わせる役割を果たすとともに、そうした機能を誰の目にもわかりやすく示している。人々はピロティを通して敷地を見たり中に入ったりすることができ、しかもそのオープンな構造のおかげで、ピロティは周囲とも視覚的に結ばれることになる。とはいえ、お役人的な公共機関の権力というものが印象づけられるようになってはならない。この意味でピロティの使用は、モニュメンタルな性格と袂を分かち、支柱が高いにもかかわらず建物のスケールはむしろ常識的な範囲にとどまっている。もう一つの相違点は、敷居の原理が曲げられ働いていないことである。建物が2本の大きな通りの交わる交差点に位置していることと、上のヴォリューム全体が支柱で浮いていることによって、人々の視界は遮られることなく、自由に見渡すことができる。通行や視界を一方向に限定することがないために、外と内とを峻別する強力なフィルターのようなものが感じられないのである。角度によっては裏手の訓練場さえ見えないが、隣家の敷地は見えてしまう。このような空間構成は両義的である。なぜなら、人々はゆるいフィルターのようなものを感じつつも、一方では一種の自由な平面（ちなみにこれもル・コルビュジエが掲げるモダン建築を定義する五つの要素の一つ）を同時に体験しているからである。

図1-6　旧東京都庁舎のピロティ／丹下健三、1957年。軽量鉄骨によるスケルトンと細い柱による2層分のピロティ

図1-7　八代広域消防本部庁舎の整例スペースとファサード

5. 時間と空間

　初期モダニズムの建築家たちが見い出したピロティというもののもう一つの重要性とは、それが古典主義建築の焦点を生む手段ではなく、空間連続体（自由な平面）をつくり出す手段であるという点である。古典主義建築の静的な空間構成に代わって、そこには内部を観察者が自由に移動する、とらえどころのないダイナミックな構成が出現している。すでに述べたように、近代建築に至って、建物は二つの新しいファサードと、よりオブジェ的な性格とを獲得した。「八代広域消防本部庁舎」のピロティもそうした性格をもっているが、屋上庭園はない。しかし、その空間構成は、上のヴォリュームを貫通する三つの穴によっていっそう強調される。三つの穴はヴォリュームを垂直に貫くと同時に、支柱のあいだを水平に並んでおり、その穴から空を見上げることができる。実際、この垂直方向の接続は、実用上、建築上、理論上のそれぞれの目的を兼ね備えているだけにたいへん重要である。それは消防車と消防隊員の部屋を迅速かつ直接に結ぶアクセス手段である。しかしそれ以上に重要なのは、これが簡単かつオープンな構造ゆえにスロープの役割を果たしてフロア間の力動的で滑らかな動きをも助長している点である。スロープはコルビュジエの五つの原則の一つであるが、彼は重なり合うフロア間の相互浸透を容易ならしめるものとして傾斜路を要求したのである。

　ピロティのもつ意味と機能の複雑さは、本論で説明を試みたように、「八代広域消防本部庁舎」にはっきりと例証されている（図1-7）。とはいえ、ピロティの問題は、全体としての建物のもつ意味との関連のなかで考察しなければならない。そこでひとつの疑問が浮かぶ。ピロティは、具体的な立地条件やプログラムに対する建築的解決策以上のものなのか。すなわち、定まった様式に叛旗を翻した初期モダニズムの時代の祖型を指し示す数多ある目印のうちの一つではないのかということである。コルビュジエの五要素が回帰的に使われているのを見ると、まずはそのとおりと答えたくなってしまう。ピロティ、自由な平面、スロープ……。残る二つの要素は、水平窓と屋上庭園である。ファサード面を走る長い透明なストライプは水平窓のモチーフを解釈し直したものである。屋上庭園は、自然的要素を楽しむための空間を提供する機能をもつほかに、それ自体が六番めのファサードでもあるが、そうしたものはここには不在である。ところが、上のヴォリュームをくり抜く穴を通して見える空は、一種の自然なファサードとも見ることができるかもしれない。

　しかし、そこでもう一度考え直してみると、そうした目印は確かにはっきりとあるとはいえ、重要なのは伊東がそうしたモダニズムの祖型に対してどのような変形もしくはひねりを加えているかという点なのである。ピロティと上部のヴォリュームのあいだの「アンバランス」な比率、敷居としてのピロティ部分の解放性と、むしろ常識的といってよいスケール、箱型の形状を文字どおり切り裂く曲線の荒々しさ、複数の水平な帯の形に系統的に組織された内部構成という正反対のもので構成された自由な平面、といった特徴は、建物に働きかけ独自性と両義性をそれにもたらす干渉作用として数えられてよいだろう。

（翻訳：鈴木圭介）

2
ロッジア
リゴルネットの住宅

今井公太郎

1. ロッジアの意味

　ロッジア(loggia)とは、建物に設けられた柱廊やアーケード(アーチ状の柱の連なりをもつ廊下)のことである。『建築大辞典』によれば「少なくとも一方が吹き放しになっている廊下」や「列柱によって囲まれた独立した建物」と定義づけられている。「吹き放し」とは、建物の柱間に壁などの障害物がなく、外部に開放されている状態をいう。ロッジアは、ルネッサンスやバロックの建築の開口部に広く見られる形式である。そしてロッジアは、オーダーや様式を形成して古典主義やマニエリスム(操作主義)の表層的な建築的記号となってきた経緯があり、歴史的な文脈が強い。

　現代の建築設計という観点からすれば、ロッジアという古典的・歴史的方法を直接的に設計の方法に持ち込むのは、ポストモダンの歴史引用主義の建築を除けば、現在ではほとんど行われなくなった。ただ抽象化したり、何らかの操作・変形を加えて間接的には、設計の手法として選択される。ロッジアが選択される目的は、大半が環境的な理由か公共性の獲得のためである。その際、権威主義を感じさせないように、歴史的な文脈は脱色される。あるいは、そのことから注意深く距離をおくのである。

2. 空間をつなぐコネクター

　本来あるはずの壁がそこにないと、ものを置いたり、居住したり十全な使用ができなくなるから、ある意味で、ロッジアのような空間をつくるのは無駄ではないかと思われる。しかし、このような不完全な空間は、単に無駄というわけではない。たとえばアーケードや庇のような適切な半外部空間は、太陽高度に応じてうまく日差しを遮り、熱負荷を低減し、雨をしのぐ効果があり、環境的に意味がある。そして、アーケードには、都市と建物がお互いに活性化し合うような効果が期待されており、建物の周りに人を寄せ付ける公共性が獲得されている。これらのロッジアの性質は歴史的な建築にすでに見い出すことができる。

　フィレンツェに立つフィリッポ・ブルネレスキ作のオスペダーレ・デッリ・インノチェンティ(捨子保育院、1445)のロッジアは、ルネッサンス最初期のものだが、異様なまでに柱が細くて美しく、規模は壮大である(図2-1)。建物名称の暗いイメージとは対照的に軽快で明るく、水平性とシンメトリーを強調し、構造的にタイ・バー(鉄の下弦材)を利用したアーチでできている。コリント式の柱と半円のアーチの奥には半球のヴォールト天井があり、これがリズミカルに繰り返される。この事例からは、理想的なロッジアの公共性や半外部空間の快適な空間のイメージを読み取ることができるが、それだけでなく、ロッジアのように不安定な構造体をつくることが構造上の工夫を強いるのだということもわかる。

　シニョリア広場に立つロッジア・ディ・ランツィ(1382)は、ベンチ・ディ・チオーネとシモーネ・ディ・フランチェスコにより、裁判や演説など公式の儀式を行うために建てられた。16世紀には、ジャンボローニャ作の「サビニ女の略奪」(1583)などの彫像が並べられ屋外美術館のようになったが、現在ではそこで露店が営まれ、市民が気楽に集まって会話をする場所としても使われている。架構は威厳のあるゴシックの交差ヴォールトである。このようにイタリアにおけるロッジアは、広場(ピアッツァやカンポ)に面して立つ集会所や、都市型の中庭式豪邸(パラッツォ)の中庭回廊などでも見られる形式である。ロッジアは公共のものとして誰でも寄り付けるように開放されていて、広場と建築を連続させる空間的な装置となっている。

図2-1　オスペダーレ・デッリ・インノチェンティ／F.ブルネレスキ、1445年

図2-2 リゴルネットの住宅／M.ボッタ、1975年。ロッジアによって建物が単一の彫刻のようになる

　ヴェネツィアの運河沿いには、船から直接寄り付くことができる商館が並ぶが、そのピアノ・ノビレ（2階の主室）の開放的な廊下の部分にも繊細な表情と変化を見せる多くのロッジアがある。水に対して開いた1階の開放的な入り口部分は、ロッジアと同様の柱廊空間でありながら、ポルティコ（ポーチ＝入り口）と呼ばれ、人がくつろいだり、滞留したりするロッジアと区別されることがある。これらの空間は個々の建築に属しながらも、水辺の周辺環境に開きながら、これを建築に引き寄せる働きがある。

　以上の事例から読み取れるのは、建物の表面を凹ませることにより、外部に開け放たれたロッジアは、建築が自然や都市といった外部へ接続していくための、空間のコネクター（接続子）として位置づけられるということである。そしてロッジアは、豊かで快適な空間あるいは余裕の空間であり、権威や力の象徴でもある。ロッジアには、このように機能的にも象徴的にも広い意味での外部（環境）への意識が表れている。

　そのような意識が継続される限り、現代の建築においても、ロッジアはその質と形式を変えながら、依然としてつくられつづけているのである。

3. 半外部的な空間のしくみ

　マリオ・ボッタ作の「リゴルネットの住宅」(1975)は、外壁がストライプ模様に塗装されたコンクリートブロック造の端正な直方体で、中央には量塊が大きく搔き取られたようなロッジアがある（図2-2）。搔き取られた場所には、2階の居間や3階の寝室から出ることができる。大きなガラスの開口は、外壁の凹んだ面（ロッジアに出る部分）に集約してあり、1階の駐車場を除いて、ロッジア以外の外壁には極力小さな開口しか開けないように工夫されている。そのため、3階建てであることが一見判別できない。外壁の凹みのみが表現となるように意図されていて、建物をマッス（量塊）とロッジアによってできたヴォイド（空隙）という幾何学的修辞として見せている。この非住居的なスケールのロッジアは建物全体を支配的に統合している。ロッジアに落ちる影は、生活のプライバシーを守るだけでなく、開口部の不純なディテールを隠し、建物のソリッドな表現を壊すガラスの反射を抑えている。

　ラファエロ・モネオ作のムルシアのタウンホール(1998)には、壁柱で構成された、積層されたロッジアがある（ガレリアと呼ばれている）が、微妙に各階の柱の位置がずれることで、オーダー（秩序）は変形されている（図2-3）。非対称のゆらぎを与えられたかのような柱は、古典的な厳格さを壊しつつも都市のもつ歴史的な文脈に対して新しい雰囲気を醸し出している。スラブの水平剛性により、構造の制約から自由になったロッジアの柱と孔の拮抗する割合によって、ファサード（正面性）の表現とマッスの表現が同じくらいの強さとなり、抜き差しならない関係のなかを揺れ動いて見える。凹みは面的に拡張され、外部に対してのフィルターやインターフェース（境界面）としての

図2-3 ムルシアのタウンホール／L.モネオ、1998年。ゆらぎが導入されたことにより重さと軽さが同居する

図2-4 ユニテ・ダビタシオンのロッジア／ル・コルビュジエ、1952年。ブリーズ・ソレイユのほかに、コンクリートのデスクが設けられ、快適さを演出する

ロッジアが現れている。

　これらのように、現代のロッジアは、柱廊やアーケードという定義からは逸脱するものである。形式上、歴史的なロッジアは、柱とアーチの規則的な繰り返しという構成でできており、ゴシックやルネッサンス、バロックなどの安定した様式のうえで成立していた。ところが、近代および現代建築における建築構造技術の進歩がもたらした自由は、リジッドな柱とアーチの構造という形式からロッジアを解き放ってしまった。半外部的な空間であるロッジアの、柱の様式やアーチやヴォールト天井は、もはやロッジアの空間を成立させる必須条件ではなく、もっと自由にロッジアの半外部空間を実現することが可能となった。

　このように形式的な定義を逸脱してしまったロッジアという言葉がもつ意味の把握は、ピロティやアトリウムなどほかの建築言語と同様に難しい。設計者やメディアがそこをロッジアと呼べば、何でもロッジアとなってしまうという風潮すらある。ロッジアに「吹き放しになった廊下」という定義を与えても、現代の建築計画においては、廊下と部屋の区別すら不明瞭である。だから、物理的な構成要素による定義や機能的な定義ではなく、もう少し大ざっぱに、建物の表面を幾何学的に凹ませるという立体的な操作を与えることによってできる、半外部的な空間のしくみ全般のことをロッジアと考えたほうが都合がよい。

4. ロッジアという装置

　ここで、われわれにとっては古典である、近代の建築や1970年代以前の建築のロッジアを見ることとしよう。その中核であるル・コルビュジエの建築のなかに、現代のロッジアのオリジナルのアイデアを見つけることができる。コルビュジエは太陽の運行に対応した快適さを表現するという名目で、多くのロッジアをつくった。その代表

図2-5 ソーク生物学研究所のロッジア／L.カーン、1959年

作のひとつ、マルセイユのユニテ・ダビタシオン（1952）には建物の表層にブリーズ・ソレイユと呼ばれる日よけのロッジアがある（図2-4）。

近代建築の5原則に直接、ロッジアが含まれていないせいか、つい忘れがちであるが、「奔放な立面」の道具立てのひとつであるブリーズ・ソレイユはコルビュジエを語るうえでははずせない。気密性があって温度と湿度がコントロールされた部屋が完全な空間であるとすれば、オープンエアーなロッジアの空間は非常に不完全な空間である。しかしながら、オープンカーや船の甲板と同様、風が吹き、雨は多少入ってくるだろうが、それと引き換えに自然や外部の刺激が伝わってくることによる、コルビュジエ的な身体へ直接働きかける快適さが獲得されている。このロッジアもリゴルネットの住宅と同じように内側のガラス開口部は非常に大きくとられ、その代わりにブリーズ・ソレイユが建物への熱の入力を緩和する。ここでは、建物の熱負荷対策という機能と建物表面にできた凸凹によってなされる光と影の美が一体となっている。なお、凹みはボッタの事例のようにマッスに孔を開けてつくられるのではなく、ブリーズ・ソレイユと呼ばれる板状のフレームが、壁に取り付けられることによって形成されている。方法は若干異なるが、外部と内部のあいだに凸凹の境界面をつくるという点では同じである。

ルイス・カーン作の南カリフォルニアのソーク生物学研究所（1959）は、トラバーチンが敷き詰められたその象徴的中庭で知られている。中庭の中心に引かれた水を挟んで、対称に2棟の個室研究棟が向き合う形式をとっているが、中庭の反対側には、それぞれ共同研究棟があり、個室棟とのあいだには階段を伴ったロッジア空間が貫いている（図2-5）。ロッジア（ポルティコ）は、施主のソーク博士による進言によって、アッシジの聖フランチェスコ修道院の、回廊のある中庭をモチーフにしてつくられた。それは研究所＝修道院というアナロジーに基づいている。修道院のように静かな閉じた世界を表現するものとして、共同研究棟から個室へのアプローチの途中には光と影のストライプで彩られたチューブのようなロッジア（ポルティコ）がつくられた。共同研究室からやってきた研究者が個室に入って研究に集中するのに、この半外部空間は、精神的にも重要なものと位置づけられている。中庭を取り囲むアーケードを形成するコンクリート打ち放しの壁柱は45度傾き、中庭に方向性を発生させることで交通を誘導していて新しい流動的な空間のようであるが、カーンの方法である厳密な幾何学的な規則性はロッジアの普遍性をさらに強化している。公共性の獲得という記号的な意味や、神秘性や詩的な部分を拡張した建築であるが、これは古典的であり、時代の流行とは無縁である。あるいは普遍的であるために、ロッジアという形式を選んだといえるかもしれない。

図2-6　ガララテーゼ地区の集合住宅／A.ロッシ、1973年

図2-7　Melancoly and Mystery of a Street／G.de キリコ、1914年

図2-8 カレ・ダール／N.フォスター、1993年。構築的なロッジアから環境的なロッジアへ。大勢の人々と呼応する建築

　アルド・ロッシ作のガララテーゼ地区の集合住宅(1973)では、1階と2階に連続した、建物の全長に渡る規模の、板状の柱の連なる大ロッジア空間がある(図2-6)。廟のような風情をもつ象徴的な空間は、パースペクティヴの効いた構図と一面純白のペンキで塗装することによって場面は抽象化される。そこには静寂な空間と、緊張感を併せて獲得したロッシ独自の世界が展開している。シュルレアリスムの画家、ジョルジョ・デ・キリコの「Melancoly and Mystery of a Street」(1914、図2-7)の連想を呼び起こす力は、この空間がもつ強力な単純さと空虚さがもたらすノスタルジックな部分と呼応しており、ロッシのドローイングに表れる、列柱楼や切妻屋根、ネオラショナリズムの建築の徹底したミニマリズムの表現は、浮世離れしたロッジアのためのロッジアというべき風景を導き出している。そこではもはや、凹みというレトリックでは説明不能な正体不明のコンクリートの板がオーバードライブされ、延々と続く空間と、それを前にして思考停止するわれわれがあるだけである。

5. ロッジアのヴァリエーション

　近代以降の典型的なロッジアをあげたが、最新の現代建築におけるロッジアは、先端の技術によってソフィスティケートされて、さらに変形され、もはやロッジアと呼べないかもしれないレベルに達しており、われわれはそれをどうとらえればよいか試される状況にある。そのような事例をあげよう。

　ロッジアの基本イメージは、柱とその繰り返しが庇状に飛び出したスラブと組み合わさったものであるから、庇の出と高さ、柱の間隔、柱の太さなどの媒介変数をコントロールすることで、古典的なロッジアの開放の度合いは決まっていたが、現代の建築では開放の度合いを決める媒介変数は増している。構造的には柱は自由になったと言ってよく、キャンティレバーによって庇だけで成立することが可能だ。そして、庇そのものを、ルーバー状に微分したり、プラスチック系の半透明の材料を用いれば、開放の度合いをさらに微妙にコントロールできる。

　ノーマン・フォスター作のカレ・ダール(1993、ニーム)のロッジアでは、柱に鋼管が使用されているが、それが背後の建築のメインフレームと別に用意されることによって、ロッジアの空間のフレームを最低限示す程度まで徹底的に細くされ、さらに鋼管が支える屋根がルーバー状になることで、ロッジアの空間は非常に弱く限定されている。しかし、十分にガラス張りの外周の熱負荷を低減

図2-9 リコラ社の倉庫／ヘルツォーク＆ド・ムーロン、1993年

図2-10 ナントの裁判所／J.ヌーヴェル、2000年。手前のゆるやかなスロープがロッジアの厳格さと崇高さをより引き立てる

している（図2-8）。熱負荷対策はもちろんであるが、それにも増して、このロッジアからはニームの古典的なメゾン・カレの力強さに対して、あえて弱いものを衝突させるという繊細な配慮がうかがわれる。

ヘルツォーク&ド・ムーロン作のリコラ社の倉庫（1993）は説明によれば、この庇は、「ボンボンキャンデーの箱のフタが開いた状態を連想させる」らしいが、そのフタである庇は、いわば柱のないロッジアそのものであり、機能的にフォークリフトや輸送車が寄り付くうえで柱がないことが好都合となっている（図2-9）。面白いのは、柱がないうえに、庇の上げ裏と壁がともに半透明の連続的な仕上げとなることで、従来のロッジアとはまったく別の様式を獲得するに至っていることであろう。ポリカーボネイト製の半透明のフィルターであることが、シルクスクリーンによるリコラ社の宣伝と上げ裏に仕込まれた照明と壁面からの採光、そして庇による熱負荷の低減を同時に実現している。さらに、視覚的にも判別可能なその水勾配は、直交する壁への集水機能ともなっているのである。ヘルツォークのこの形式は、レミーツォークのスタジオやファンフェンフォルツのスポーツセンター、リコラのマーケティングビルで継続的に実践されているが、この空間に特に名前は与えられていないし、その必要もない。

ジャン・ヌーヴェル作のナントの裁判所（2000）は、権威を表現するものとして、ロッジアが積極的に導入された事例であるが、特に、ロッジア上部に部屋がのせられているという点が従来のロッジアとは異なる（図2-10）。部屋はロッジアの高さに対して非常に薄く、部屋がのることでようやく古典的なロッジアのプロポーションとして見ることができる。柱廊の上部に建物がのると一般的にはピロティと呼ばれるが、この場合はそのプロポーションがロッジアに見せかけている。

6. 変質するロッジア

このようにロッジアが、中間的な半外部的な空間であるという意味において、もともとロッジアの近傍には、ピロティ、コロネード（サン・ピエトロ大聖堂の柱廊など）、ガレリア、広縁、庇付きのベランダ、バルコニーなど、建築デザインの方法が多数存在している。今日では、ロッジアの「吹き放し」という開放の程度が操作対象になることで、壁やスラブによって光と影に明確に文節する方法から、ルーバーやハーフミラーガラスによって連続的に光をコントロールしていこうとする方法へと移行し、それがロッジアという基本的な構成を変質させる契機となっている。このことはロッジアだけでなく、ピロティやコロネードなどの近傍の建築デザイン手法についても言えて、ロッジアという建築言語はそれらと渾然一体となって融解してしまいそうである。ただ、言えるのは、ロッジアは大きくその質を変形させながら、個々の住宅のスケールから公共建築や大建築のスケールに至るまで、今でも世界中の建築でつくられつづけているということであり、そのデザインは、今後もエコロジーや環境対策の話に、巻き込まれながら建築の中心的課題でありつづけるだろう。

3
ヴォイド
ギャルリー・ラファイエット
小川次郎＋中鉢朋子

「ヴォイド」という言葉は、建築設計や意匠の専門用語としてだけでなく、一般的な建築用語としても定着しつつあるように思われる。その空間的なイメージは、大きな気積をもつ空間、もう少していねいにいえば3次元的、立体的大きな広がりをもつ空間、といったところだろうか。ちなみに建築大辞典によると、ヴォイドとは「①空隙のこと。②空隙率のこと。ある物体において、その見掛けの全容積に対する空隙容積の割合」となっている[1]。この定義から、ヴォイドが必然的にもつ空間構成上の性格を読み取ることができる。それは、ヴォイドとは一義的に定義することができず、ほかの空間と比較されることで相対的に浮上する「隙間の空間」であるということである。つまり、ソリッド(solid=中空でない、密で堅い、しっかりした等)―ヴォイド(void=欠けた、…がない、空虚な等)[2]という対概念からわかるように、ヴォイドな空間が成立し認識されるためには、そこには必然的にソリッドな空間が隣接しなければならないし、視点を変えれば、この両者はつねにペアとして相互依存的に存在するといえる。また建築大辞典の定義からわかるように、ヴォイドという言葉には、どこか余った空間、全体の中で必要な部分を獲得した後の残余としての空間といった、どちらかというと否定的なニュアンスが含まれなくもない。

しかし近年、こうした事後的に生じる空間という否定的なニュアンスを超えるどころか、むしろ設計の初期段階から積極的にヴォイドのあり方自体を構想し、それを成立させるために周囲の空間を調整するという方法論を掲げる建築家も登場している。この稿では、空間構成という視点を中心に据え、現代建築・都市におけるヴォイド空間のあり方とその展開について考えてみたい。

1. ギャルリー・ラファイエットにおける経験

フランスの建築家ジャン・ヌーヴェルによる「ギャルリー・ラファイエット」(1996、図3-1)は、近年建設された著名なヴォイド建築のひとつである。この建物は、大きな空間と小さな空間、階高の大きな空間と階高の小さな空間といった、ヴォイドにとって基本的といえる空間の大きさに関する性質と、これとは別に主として人間の視覚に訴えかける、物質の表面性に関する性質を兼ね備えた例といえる。

建物の全体構成はいたって単純である。床スラブが積層してできたヴォリュームに、大空間＝ヴォイドが数カ所

図3-1 ギャルリー・ラファイエット模型／J. ヌーヴェル、1996年。床スラブの積層によるヴォリュームにヴォイドが挿入される

図3-2 ギャルリー・ラファイエット吹抜け／ヴォイドを通して見上げる

図3-3 ギャルリー・ラファイエット外観

図3-4 ギャルリー・ラファイエット内部／視覚的情報に満ちた空間

挿入されることで建物全体は構成されている。このことに関しては、通常の吹抜けをもつ建物と何ら異なる点はない。ヴォイドが円錐形、円筒形などのさまざまな大きさや形状となっていること、またこれらヴォイドをはじめとして、建物全体に各種のフィルム処理されたガラスやポリカーボネイトなどのさまざまな透過性をもつ素材が多用されている点が特殊なのである。円錐形のヴォイドの形状は、一般的なヴォイドとは異なり、下層部から上層部へと、あるいは上層部から下層部へと、空間の大きさがシームレスに変化するという空間的な性質を備えている(図3-2)。このことに加え、透過性が高く、かつ周囲の景観が映り込みやすい素材で円錐面ができているために、通常では考えられないほど視界にパースがつくとか、空間的にはつながっているのに素材どうしが反射し合って見通しが利かないといった、視覚に関する特殊な状況がヴォイド周辺に発生しているのである。こうした内部空間における特徴に加え、外観に関しては、交差点に面した部分が滑らかに面取りされることでコーナーが消失しており、視覚的な意味での建物の物質性は全体に著しく希薄になっている(図3-3)。同時に、これらの空間的な操作や処理が重なることで、建物の内部空間、外部空間を

問わず、多様な透過性や反射性をもつ抽象化したヴォリュームという建築的イメージが充満する。さらに、ファサードや内部空間の円錐（ヴォイド）の表面に張り付けられた大型プロジェクターの画像や広告文字、また夜間における照明などの効果と相まって、過剰ともいえるほどの視覚的情報に満ちた空間が出現することが、設計時から構想されていた[3]（図3-4）。

このように「ギャルリー・ラファイエット」では、円錐や円筒など空間の形状に関する性質、透過性や反射性といった素材に関する性質、また色彩、照明や電気的信号など、建築を構成するうえでの多種多様な操作が自由奔放に利用されることで、建物全体が構成されている。とはいえ、これらの建築表現による複合的な効果を生むうえでのもっとも素朴、かつ基本的な条件となっているのは、いうまでもなく「ヴォイド」という空間構成の概念である。ヴォイドを中心に上記の操作が重ねられることで、複雑な視覚的効果に満ちた全体が成立しているのである。言い換えれば、大きな空間と小さな空間、あるいは階高の大きな空間と階高の小さな空間の組み合わせによるひとまとまりの環境といった、ヴォイド周りの大きさの違いによる空間の性質が、ほかの建築的操作により最大限に引

き出された建築といってもよい。では、こうした「空間の大小関係をもつ」というヴォイドの基本的な性質とは、人間の視覚や知覚といった感覚的・経験的な次元から離れて、建築の構成としてどのように説明できるのだろうか。

2. ヴォイドによる構成：空間の気積による対比

　建築の構成におけるヴォイドの空間的な性質を、もう少していねいに見てみることにしよう。そこにはどれくらいの手法的な広がりがあるのだろうか。

　ここでは冒頭で述べたように、ヴォイドを単独の空間構成要素として取り出すのではなく、つねにその周囲にあるはずの、規模の小さな空間との関係から考えてみる。こうしたひとまとまりの空間の状態を、いま仮に「ヴォイド空間」と呼ぼう。現代建築には吹抜けや中庭をもつ建物や、大きな空間の中に小さな空間が包含された、いわゆる入れ子状のヴォリュームの関係をもつ建物が多く見られる。これらの構成は、床スラブの積層した部分と吹抜け（ヴォイド）の部分、あるいは入れ子の内側の小さな空間の部分と外側の大きな空間（ヴォイド）の部分といった、性格の異なる二つの空間を生じる。そしてこの二つの空間は、明るい空間と暗い空間であるとか、透明性の高い空間と低い空間といったように対照的に扱われることで、構成におけるコントラスト＝対比の表現をつくり出すことが多い。つまり、吹抜けや中庭をもつ構成や、入れ子状のヴォリュームをもつ構成は、こうした空間的対比関係を成り立たせるための2種類の基本的な形式であることがわかる。「ギャラリー・ラファイエット」や「住吉の長屋」（図3-5a）などは「床欠き型」のヴォイド空間といえ、複層の建物の一部を吹抜けや中庭とするもので、スラブの積層した空間にスラブの欠如した部分を設けることで生じる対比関係である。また「入れ子型」のヴォイド空間は、「葛西臨海公園展望広場・レストハウス」（図3-5b）のように建物の内部に入れ子状のヴォリュームをもつ構成や、壁や大屋根によって領域を囲い取り、その中にヴォリュームを内包する構成である。これらの構成は、入れ子の内側と外側の空間における対比関係を生む。床欠き型と入れ子型は、ともに一方が他方を空間的に含み込む、つまり包含関係を伴った対比の形式である。こうした包含関係が組み合わされることで、全体として複雑な対比が生じている建物もある。たとえば、「ネクサス・ワールド　レム・コールハース棟」（図3-6）では、建物の全体構成は入れ子型、入れ子の内側に収められた住戸内部の構

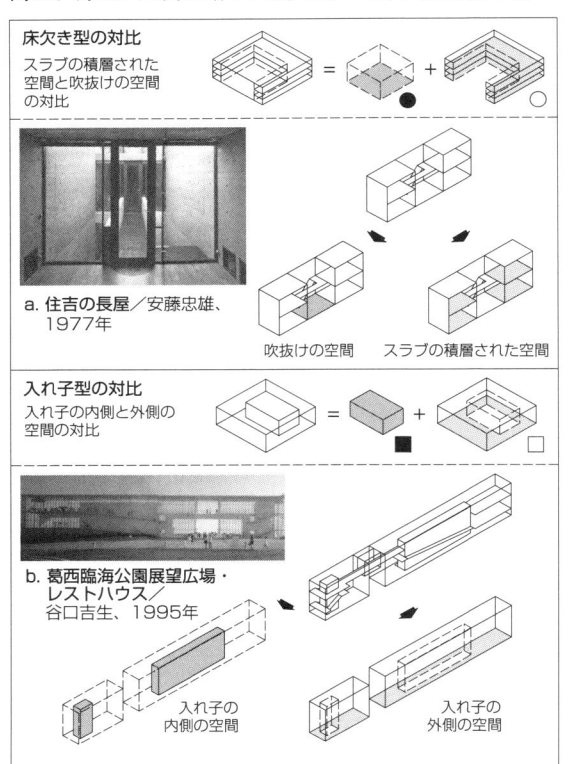

図3-5　床欠き型と入れ子型

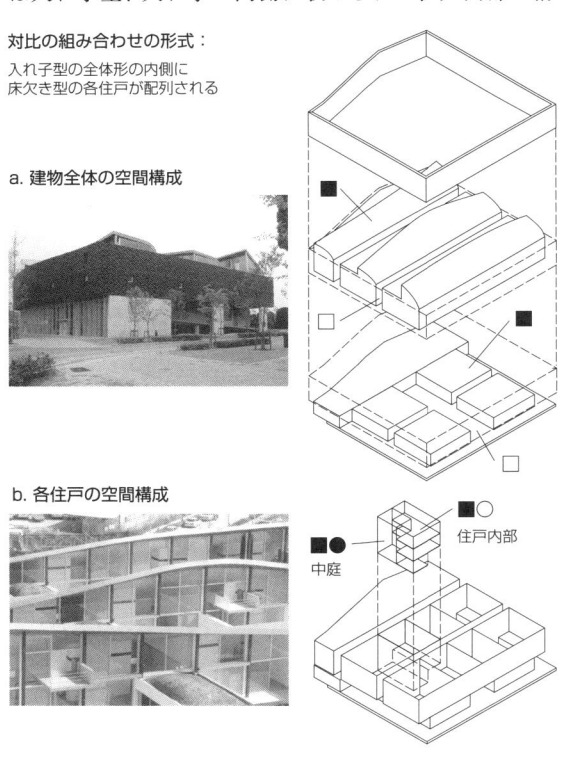

図3-6　ネクサス・ワールド　レム・コールハース棟／R.コールハース＋OMA、1991年

成は床欠き型となっている。つまりこの例は、入れ子の内側の部分に床欠き型が重ねられた構成である。このような対比の組み合わせには、単独の対比によるもの、対比が隣り合って並べられるもの、対比の一部に別の対比が重ねられるものなど、さまざまな構成がある。

このように、空間の大小による対比を包含関係を例に観察すると、建物全体におけるそれぞれの空間は位置づけやすくなる。少なくともこの考え方により、ヴォイドを用いた表現が単独の空間としてではなく、その周囲の空間との関係によって成立していることがわかる。しかし、われわれが現実の建物あるいは都市において、大きな吹抜けや数層分の階高をもつ中庭に出合ったときに抱く複合的な感覚は、果たしてこうした空間の大小関係に関する図式だけで説明できるのだろうか。

3. レトリック発生の場としてのヴォイド

現実の建物において、入り口からその建物の主な用途（主機能）のあてがわれた空間に至る動線は、建物を円滑に機能させるという役割を担っている。しかし、そうした施設計画上の役割とは別に、動線は、分節されたいくつかの空間を統合する、あるいはそこにそって並べられた空間どうしに階高やヴォリュームの違いによるリズムを与え秩序づけるといった、空間構成上の働きももっている。つまり建築意匠的には、動線は複数の空間に特定の配列を与える統合軸となっているのである。たとえば、建物の中を歩いていて、通常の階高の空間と吹抜けが交互に現れるといった経験をすることがある。こうした空間は、構成上の統合軸としての動線にそって、階高の低い空間と吹抜けが交互に配列されているのである。そして、まさにこうした動線にそった空間の配列に、ヴォイドを空間の大小関係を前提とした構成の修辞（レトリック）へと導く鍵が潜んでいる。

建築の構成は、たとえばヴォイドのような空間的な単位を機械的に組み合わせればでき上がるというものではない。それは複数の構成的な特徴が輻輳することにより生じる相乗的な効果や、構成上生じる対比的な性格を強める／弱めるといった、何らかの空間的な性質が重なり合うことで成立している。こうした操作や効果を含む広い意味での形式の概念は、建築の構成における修辞と呼ばれるものである。

ここでは、建物のエントランスから主機能をもつ場所に至る動線が、対比関係を伴った空間の中を通る順序

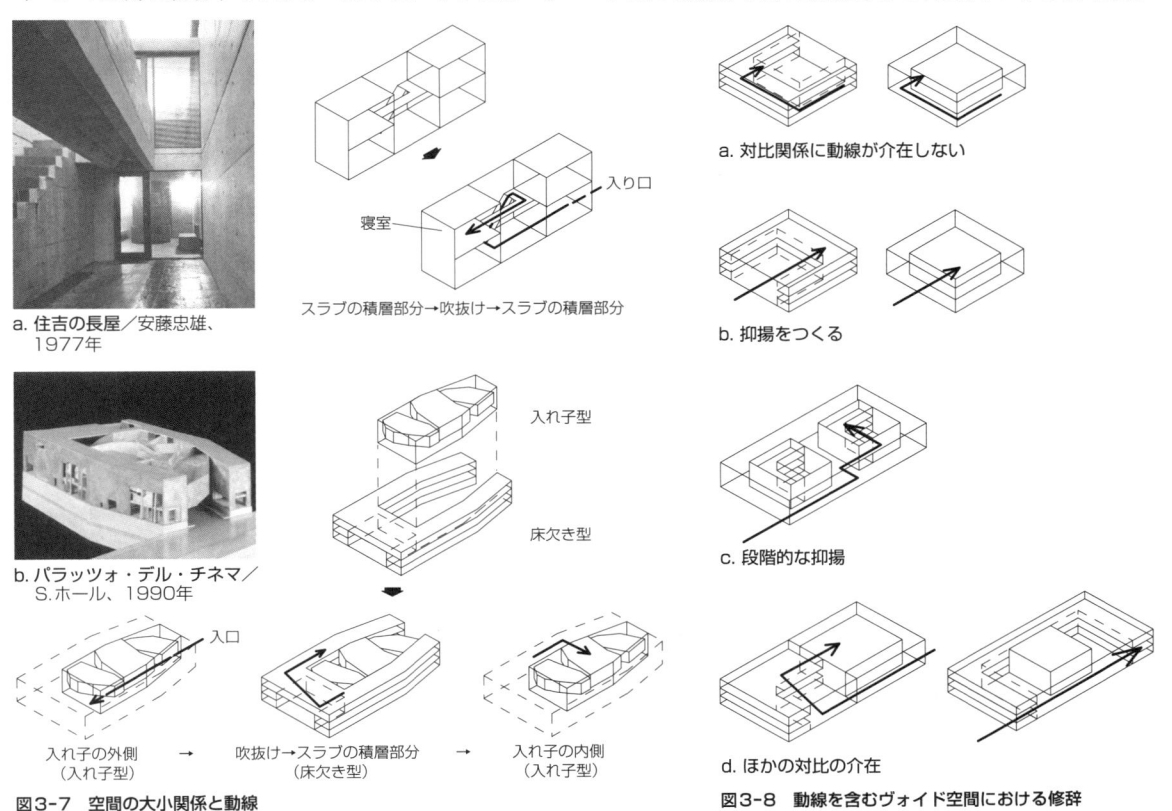

a. 住吉の長屋／安藤忠雄、1977年

スラブの積層部分→吹抜け→スラブの積層部分

寝室／入り口

b. パラッツォ・デル・チネマ／S.ホール、1990年

入れ子型／床欠き型

入口

入れ子の外側（入れ子型）→吹抜け→スラブの積層部分（床欠き型）→入れ子の内側（入れ子型）

図3-7 空間の大小関係と動線

a. 対比関係に動線が介在しない

b. 抑揚をつくる

c. 段階的な抑揚

d. ほかの対比の介在

図3-8 動線を含むヴォイド空間における修辞

を考えてみよう。たとえば「住吉の長屋」(図3-7a)は、建物の中央部に外部吹抜けをもつ構成で、エントランスから寝室に至る動線が対比関係の中を通る順序は、スラブの積層部分→吹抜け→スラブの積層部分、となっている。また、「パラッツォ・デル・チネマ」(図3-7b)では、床欠き型の対比を途中で経由して入れ子型の対比を2回通るように動線が設定されている。このように、動線上の空間の配列において、吹抜けや入れ子の内側を通らないもの、吹抜けや入れ子の内側を1回通るもの、吹抜けや入れ子の内側を繰り返し通るものなど、通り方の違いによりさまざまなタイプがある。

図3-8aの例は、動線がスラブの積層部分や入れ子の外側の部分のみを、つまり吹抜けや入れ子状のヴォリュームのそばを通過したり、その周囲をめぐるタイプである。そこには空間の大小についてのみ対比関係が成立しており、動線は介在していない。これに対して図3-8bの例は、スラブの積層部分と吹抜けの部分、あるいは入れ子の外側と内側といった、性格の異なる二つの空間の中を通るタイプで、動線によって空間的な対比関係が強調され、[抑揚]と呼べる修辞が生じている。図3-8cの例は、入れ子の外側から入れ子の内側に入り、さらに入れ子の内側でスラブの積層した空間を経て吹抜けの空間へと至るタイプである。つまり、包含関係の中を順に通っていく構成で、もっとも内側にある空間をクライマックスとして、そこに至るまでに徐々に空間的な盛り上がりをつくる[段階的な抑揚]の修辞が生じている。また「パラッツォ・デル・チネマ」(図3-7b、図3-8d)は、入れ子の外側から吹抜けとスラブの積層する部分を通って入れ子の内側に入るタイプで、別の対比を途中で経由して同一の対比を2回通る[ほかの対比の介在]と呼べる修辞が見られる。つまり、この[ほかの対比の介在]では、最初に通った空間を再び経験させたり、最後に到達する空間をあらかじめ暗示するといった構成上の「伏線」が、修辞的につくり出されているのである。このように、われわれが現実の空間において経験する立体的な視線や既視感などの感覚は、こうした修辞による空間構造として建物の構成に組み込まれているのである。逆に、ヴォイド周りの空間とは、こうした構成による表現の自由度の高い場であるということもできる。

4. 拡張するヴォイドの概念：都市空間への展開

建築空間の構成から都市空間の構成へと、ここで少々目を転じてみよう。「パリ近郊ムラン・セナールの新都市のプロジェクト」[5] (図3-9)は、本来建築の構成における部分として発生し、発展してきたヴォイドという空間的な形式が、個別の建築作品のレベルを超え都市計画的な規模にまで展開した例といえる。

このプロジェクトでは、建物(solid)の計画に先立って空地(void)の計画が構想されている。まず、建物の建設が禁止された地帯として、線状のヴォイドが想定される。次に、これらが平面上に重なり合って配置されることで、それらに切り取られた隙間の部分が発生する(図3-10)。

図3-9 ムラン・セナール新都市プロジェクト配置図／R.コールハース＋OMA、1987年。さまざまな機能をもつ「バンド」

「群島」と呼ばれるそれらの部分は、さまざまな規模、形状、配置、プログラムをもつとともに、隣接するヴォイドと多様な関係をとることができる。建物はこれらの群島の上に建設される。その結果、群島どうしは互いにほぼ完全に独立して発展することが可能となり、こうした一定のルールに基づいた都市計画上の「自由度」が、かえって地域全体の密着度を高めることになるとされている（図3-11）。つまり、ヴォイドのもつ大きな気積という空間的性質を利用することで、そこに隣接する複数の空間どうしに距離を与え、分離された空間どうしの自由度を確保するというシナリオが、ここでは想定されているのである。

ヴォイドの空間的な概念に関して、これまで暗に「密な（solid）全体から空白な（void）部分を削り取る」という、操作に関する時間的な前後関係が前提とされ、そのことから生じる序列的、階層的な構成関係によって、私たちの空間的な発想は限定されてきたとはいえないだろうか。この計画には、対象が都市であれ建築であれ、既存の密な環境に対して空地を確保するという姿勢を前提とせずに、ヴォイドを積極的に構築すること自体を目的化するという発想が見られる。このように、「ムラン・セナールのプロジェクト」の構想を、空間構成に内在する時間的な前後関係という、われわれが無意識のうちに委ねているかもしれない思考の枠組みに対する、ひとひねりした戦略と見ることもできる。

5. 隙間の空間から主役の空間へ

ここまで、ヴォイドの形状やその視覚的効果、ヴォイドを含む大小の空間により生じる対比関係とその修辞、そして都市計画的規模にまで拡張されたヴォイドの概念などを見てきた。

ヴォイドをめぐる建築論はどこへむかっていくのか。本稿の冒頭で述べたとおり、全体の中で必要な部分を構成した後の残余としての空間といった否定的な位置づけから、建築空間における構成的修辞を生み出す主要な表現の場という考え方、さらにそのあり方を設計の初期段階から構想し、実現にむけて周囲の空間を整備すべき空間という積極的な考え方まで、ヴォイドに関する認識や構想は多様化しつつある。ムラン・セナールの例に見られるように「建築（build）しないという建設的な（constructive）行為」という、一見矛盾する概念さえ登場してきた。ヴォイドの概念の現代的な意味を要約することは

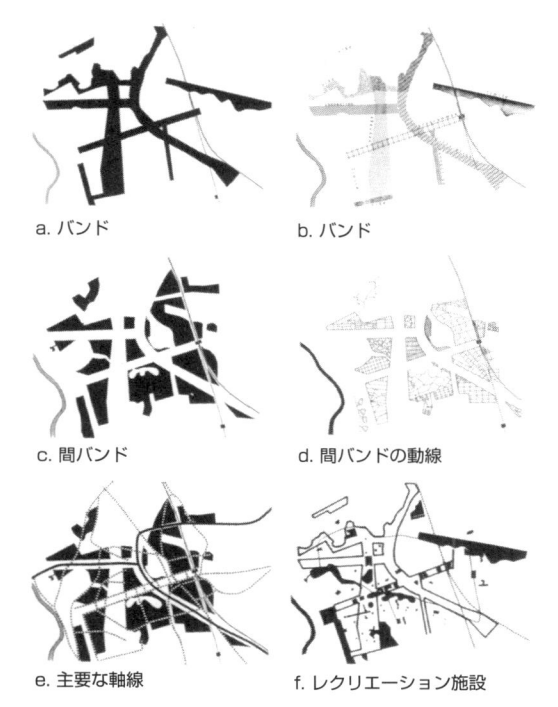

a. バンド　　　　b. バンド
c. 間バンド　　　d. 間バンドの動線
e. 主要な軸線　　f. レクリエーション施設

図3-10　ムラン・セナール新都市プロジェクトのダイアグラム

図3-11　ムラン・セナール新都市プロジェクト模型

危険だろう。しかし、ここまで見てきた例は、対象が建築であるか都市であるかを問わず、ヴォイド自体に、あるいはヴォイドを介して成立する一連の構成環境のうちに、建築表現やそこで行われる人々の活動の「自由度」を求めるという方向に、この空間の可能性があることを示しているのではないだろうか。

1)『建築大辞典　第2版』彰国社、1993年
2)『小学館ランダムハウス英和大辞典』小学館、1973年
3) EL QROQUIS65/66 JEAN NOUVEL 1987—1994
4) 中鉢朋子、小川次郎ほか「空間の包含による対比からみた建築の構成形式に関する研究(1)(2)」日本建築学会大会学術講演梗概集（関東）、1997年
5) Jacques Lucan "REM KOOLHAAS OMA" Princeton Architectural Press Inc, 1991

4 アトリウム
イリノイ州庁舎

片木 篤

　アトリウム（Atrium）とは、本来古代ローマ住宅における中庭を指す語であるが、現在では、建物に付属した巨大な吹抜け空間を総称する語として用いられている。より厳密にいうと、アトリウムとは、主機能を有する建物あるいは建物群に、中庭・街路・広場などの外部空間が取り込まれて内部空間化された、容積＝ヴォリューム（volume）の大きい空隙＝ヴォイド（void）を指し、建物の主機能として大きいヴォイドを擁するような駅のトレイン・シェッド（train shed）、空港のハンガー（hangar）、工場、スポーツ施設などは、アトリウムに含めないのが普通である。ただし、両者は出自が同じで、構法上、デザイン上も共通点が多いことから、混同される場合も多い。

1. イリノイ州庁舎のアトリウム

　アトリウムをもつ現代建築の代表例として、「イリノイ州庁舎」を取り上げよう。そこでは、街区にそった矩形平面の南東隅が円弧で切り取られ、その円弧から斜め上方に鉄骨トラスとガラス面が立ち上がって、擬円錐形の外観が形づくられている。さらに、円弧の外側では既存の市・郡庁舎とのあいだの広場が、内側では円形平面のアトリウムがとられて、両者がコロネードを介して結ばれている。

　このアトリウムは直径約49m、地上17階分吹き抜けた円筒形のヴォイドであって、1階中央の床が円形に切り抜かれたところから地階の広場と通路を見下ろすことができ、逆に見上げてみれば、斜めに切り落とされた頂部では鉄骨トラスの上にガラスが張られ、そこから差し込む光がアトリウムとそれに接するオフィス・スペースを照らし出している。シースルーのケージが上下するエレベータ・バンクがロケット発射台のように立ち上がり、その左右では階段が円弧にそってなだらかに上ってゆき、各階を結び付けている（図4-1）。鉄骨トラスや階段に塗られた赤、壁面に塗られた青が、エレベータ・バンクに張られた反射ガラスに折り重なって映り込み、万華鏡のようなイリュージョンを生み出しているのである。

図4-1　イリノイ州庁舎のアトリウム／H.ヤーン、1985年、シカゴ

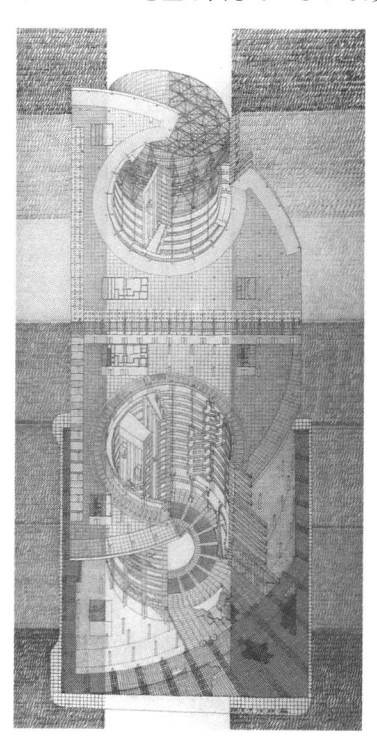

図4-2　イリノイ州庁舎アクソメ／アトリウムの垂直に伸びるヴォイドは、見上げたり見下ろしたりする視線が交錯する一種の「劇場」である

建物の頭部をトップライト、脚部をコロネードとしたうえで、胴部を5階ごとに水平に分節した立面は、明らかに古典建築の立面構成を倣ったものだし、アトリウムが「ロトンダ」(Rotonda)と称されることからも、それがマニエリスムの建築家、アンドレア・パラーディオやジャコモ・バロッツィ・ダ・ヴィニョーラ設計の別荘＝ヴィラ(villa)やミケランジェロ設計のカンピドリオ広場を参照していることがうかがえる。反対に、露出された鉄骨トラスやシースルーのエレベータ・ケージは未来派やロシア構成主義を彷彿とさせよう。

ここでヤーンが展開した折衷は、ヨーロッパで培った新古典主義と前衛主義をシカゴ派のテクノロジーで統合したミース・ファン・デル・ローエの跡を襲うものであろうか。はたまたポストモダニズム(Post Modernism)における古典への回帰とハイテックへの志向とを強引に結び付ける力業であろうか（図4-2）。

いずれにせよ、この機能上、形態上のヴォイドであるアトリウムでは、人が水平、垂直方向に移動し、集まっては分かれていく多種多様な動きを、さまざまな高さと方向から眺めることができる。巨大なスケールと光・色のイリュージョンによってめくるめくスペクタクルを生み出すという点において、このアトリウムは18世紀にピラネージが描いた幻想画、19世紀に流行したパノラマ館の現代版であるといってよかろう。

2. アトリウムの起源

最初に述べたように、アトリウムの起源が古代ローマ住宅にあるということは、忘れてはならない。ポンペイの住宅（図4-3）では、アトリウムとペリストリウムという二つの中庭がとられ、前者の周りには公的な儀式用の部屋が、後者の周りには私的な生活用の部屋が配されていた。エトルリア起源の中庭—アトリウムとヘレニズム起源の中庭—ペリストリウムとが、接ぎ木されたものといわれている。アトリウムにせよ、ペリストリウムにせよ、中庭は、人の動線・視線ばかりでなく、通風・採光・雨水をもコントロールするヴォイドであった。換言すれば、人・風・光・水の循環＝サーキュレーション(circulation)の結節点であったのである。

そのうちアトリウムが、都市空間に面した公的なヴォイドであったことは、アトリウムという語が現在広義に使われるようになったゆえんであろう。中庭型平面は、ルネッサンスで復興されたが、時代が下って19世紀イギリスに建てられたリフォーム・クラブ（チャールズ・バリー、1841）では、ルネッサンスの中庭型平面が採用されるとともに、その中庭に屋根が架けられて、サロンという内部の部屋がつくられたのであった。

図4-3 メナンドロスの家／紀元前3世紀後半、ポンペイ

図4-4 水晶宮／J.パクストン、1851年。ロンドン万国博覧会

4 アトリウム　89

3. 鉄とガラスによる外部の内部化

　産業革命以降、鉄とガラスが大量生産されるにつれ、技師によって鉄骨造ガラス張りの大架構が試みられていった。造園家ジョセフ・パクストンは、チャッツワースの大温室 (1840) での実績を買われ、1851年のロンドン万博の会場設計者に指名され、長さ563m、幅124m、高さ33mの会場を、鉄とガラスだけでつくり上げた。

　この「水晶宮」(図4-4) と名づけられた博覧会場は、敷地のハイド・パークに立つ楡の巨木を収めるように設計されたことから、公園の一部を内部化したものであることがうかがえる。温室は、植民地から集められた植物を分類・展示するための内部化された庭園であったが、「水晶宮」はそれを世界中の文物の分類・展示用へと拡張したものにほかならなかった。

　以後、「水晶宮」のモデルは、あらゆる文物を分類・展示する恒久施設へと応用されていき、オックスフォード大学博物館 (ディーン&ウッドワード、1860) やフランス国立図書館閲覧室 (アンリ・ラブルースト、1867) などでは、伝統的な建築様式に依拠しながらも、樹木として表現された鉄柱の合間からガラスを通して燦々と光が差し込む大空間、外部なのか内部なのかにわかには判別しがたい文字どおりの「人工の自然」がつくり出された。

　ヴァルター・ベンヤミンは「万国博覧会は商品という物神の巡礼場である」ことを喝破したが、それを商品の消費に直接結び付けたのが、パサージュ、百貨店、取引所であった。そこでは、かつての商取引の場、街路や広場といった都市の外部空間が内部化され、商品がめくるめく光学的イリュージョンで照らし出されるばかりか、それを見歩きながら買い求めるという人の行為さえもスペクタクルとして消費されるようになった。

　そうした光の「チューブ」としての幻想空間 (ファンタスマゴリー) を、水平に置いたのがガレリア・ヴィットリオ・エマヌエルⅡ世 (ジュゼッペ・メンゴーニ、1876、図4-5) に代表されるパサージュであり、逆に垂直に伸ばしたのが百貨店内部につくられた巨大な吹抜けであった。ボン・マルシェ百貨店 (L.C.ボワロー、ギュスターヴ・エッフェル、1876) のクリスタル・ホールでは、鉄のアーチや階段手すりに繊細な植物の透かし彫りが施され、「人工の自然」が暗示されていたが、後のアムステルダム株式取引所 (ヘンドリック・ペトルス・ベルラーへ、1903、図4-6) やウィーン郵便貯金局 (オットー・ヴァーグナー、1904、図4-7) では、そうした植物装飾が一掃され、より純粋な光の「チューブ」がつくられた。

　特に後者では、鉄骨造の屋根からガラス天井を吊るとともに、床にガラス・ブロックを敷くことで、ガラスで全面

図4-5　ガレリア・ヴィットリオ・エマヌエルⅡ世／G.メンゴーニ、1876年、ミラノ。大聖堂とスカラ座とを結ぶ壮麗なパサージュ

図4-6　株式取引所／H.P.ベルラーへ、1903年、アムステルダム

図4-7　郵便貯金局／O.ヴァーグナー、1904年、ウィーン

覆われたホールがつくられた。

4.モダニズムの広場に対する反動

第1次世界大戦前までは、公園、広場、街路といった都市空間を内部化することにより、建物内に「人工的な自然」がつくられてきた。それに対して第1次大戦後に登場したモダニストたちは、建物を「地」とし、それによって広場や街路を「図」として限定するような従来の都市計画を排し、建物を「図」とし、建物以外の街区に公園や広場を配するという都市計画を提唱した。

ル・コルビュジエの「太陽・空間・緑」というスローガンは、都市の実質的な田園化を謳ったものであった。しかしながら、ル・コルビュジエによるチャンディガール(1952〜65)でさえ、建物間の外部空間はヒューマンスケールを超えた空地にすぎず、ミースによるシーグラム・ビル(1958)の前面広場も、都市における人々の活動を誘発、助長し得なかった。

アメリカには、ザ・ルーカリー(バーナム&ルート、1886)のようにアトリウムをもつシカゴ派スカイスクレーパーがあり、フランク・ロイド・ライトもラーキン・ビル(1904)以降、アトリウムとしてのオフィス・スペースを追求していた。その伝統にモダニズムに対する反動が加わり、60年代以降のアメリカでは、スカイスクレーパーの足元回りにアトリウムが復活されることになった。

この先鞭をつけたフォード財団ビル(ケヴィン・ローチ、1963)では、L字形のオフィス・スペースが段状の公園を取り囲み、その全体をガラス面で覆っている。IDSセンター(ジョンソン&バージー、1973、図4-8)では、高層のオフィス、中層のホテルなどのあいだにアトリウムを挿入し、その2階レベルをスカイブリッジとして、ほかの街区へとつなげており、これが以後の都心部再開発のモデルになった。

さらに、ホテルやショッピングセンターといった商業施設にもアトリウムが持ち込まれた。サンフランシスコのハイアット・ホテル(ジョン・ポートマン、1972、図4-9)では、ピラミッド状のアトリウム内にシースルー・エレベータを導入することで、動線・視線のめまぐるしい変化を際立たせている。これは、かつてのグランド・ホテルにつくられた「パーム・コート」の現代版である。またトロントのイートン・センター(H.E.ジードラー、1979)は、さまざまな床レベルをエスカレータで結んだパサージュの現代版である。

バックミンスター・フラーが夢想したマンハッタンを覆うジオデシック・ドーム(1968)は、今や、テーマパークを丸ごと飲み込んだラスベガスのホテルで実現されている。おそらくアトリウムの行く手に、都市と建物との関係を再考する糸口が隠されているに違いない。

図4-8 IDSセンター／ジョンソン&バージー、1973年、ミネアポリス

図4-9 ハイアット・ホテル／J.ポートマン、1972年、サンフランシスコ

5
ブリッジ
ファン・ネレ工場

石田壽一

1. 空間インターフェースとしてのブリッジ

　建築言語としてのブリッジを、水流や道路などによって隔てられている物理的領域を架設の通路で結び付け、支点間相互に新たな交通を発生させる構造体としてとらえるにせよ、あるいは船舶等の艦橋として、架空にあって周辺環境を一望する見通しのよい望楼空間ととらえるにせよ、対象の物理的性質の差異とは独立に、ブリッジが不連続な空間相互を隣接させるインターフェース的機能を有する点は、改めて指摘されてよいだろう。通路空間の場合は異なった場所への人の移動を、望楼空間の場合は人の視線の到達を、それぞれ宙空で「結び付ける」のがブリッジ、すなわち「橋」である（図5-1）。これに加えて、橋梁にしても艦橋にしても、ブリッジ自体を対象として視覚的に認知することが、しばしば、空間的な軽さの感覚を見る者に呼び起こす点も特筆すべきである。ブリッジの「浮かんでいる」感じ、つまり一種の視覚的な反重力的浮遊感を想起させる点こそが、建築という被重力拘束性の高い空間表現領域において、ブリッジの知覚形態を弁別する特性であると言い換えられよう。

　他方、空間インターフェースとしてのブリッジの特性は、プログラム的拡張子としての側面も併せ持っている点も指摘されてよい。これは不連続領域の媒介性と基本的に同位の特質ではあるが、ブリッジは「橋」という通過展望機能に付帯して、さまざまなプログラム的拡張を可能にしてきた。古代ローマの水道橋では、基本単位を無限に反復することで、ブリッジが本来の空中水道から拡張して、隣接環境の地勢を顕在化するランドスケープ的機能を担っていることがわかる（図5-2）。ルネサンス期にヴァザーリが設計したフィレンツェのアルノ川に架かるポンテヴェッキオ橋では、橋の上部に住居や店舗などの多機能空間を併設したリビングブリッジの好例を見ることができる。また、20世紀を象徴するビルディングタイプであるスカイスクレーパーの宝庫、ニューヨークには、塔頂部に付設されるパノラマブリッジが無数に存在する。あるいはバーナード・ルドフスキーが注目し一躍注目を集めた世界各地に存在するヴァナキュラーな集落の吊り橋にも、多くのユニークな複合化事例を発見することができよう（図5-3）。このように、ブリッジの空間インターフェース性は、不連続な物的環境どうしのみならず、さまざまな行為環境を結び付け、複合化を行う点に顕著に認められる。

　急峻な山岳地勢と海洋に囲まれたわが国においても、優れたブリッジの事例は歴史的に多く存在する。産業革命以前に100万人の人口を抱え、その大半が海浜部の高密な埋め立て地に居住していた江戸の場合は、社会空間

図5-1　異領域を連繋する空間インターフェース

図5-2　古代ローマの水道橋／地勢を顕在化する空間インターフェイス

の管理システムとして、水路とブリッジによる居住区ゾーニングが徹底化されていたことはよく知られている。無数の運河に架かる「橋のたもと」は、江戸市民にとって生活環境のアクティビティスポットを形成していたことがわかる。歴史的にブリッジと生活環境の結び付きの深いわが国の風土にもかかわらず、明治以降の近代国家建設の過程で、おおむね土木分野に計画分類されたブリッジは、建築言語としての適応が少なかったことも事実である。しかし、近年、橋梁の設計分野にも建築家が参加する機会が増えており、単なる横断専用通路から、ランドスケープブリッジやリビングブリッジ的な性格を帯びた作品も増えてきている。イタリア人建築家レンゾ・ピアノが手がけた牛深ハイヤ橋は、ブリッジのランドスケープ的特性を見事に要約するメガスケールの作品である（図5-4）。小品ながら通過と展望の二重の機能性に加え、軽快な浮遊感を一つの構築体に簡潔に表現した作品として、同じく熊本アートポリスの青木淳による蘇陽町馬見原橋をあげることができよう（図5-5）。

　いずれの時代のどの場所のブリッジについても共通するのは、「架設」や「架空」という地面を離れ宙に浮遊した地勢として複数支点を結び付けている点であるが、これはまた軽量で大スパンを可能にする構造体を創出するための技術的限界に挑戦する先端工法開発の歴史にも重なっている。こうした歴史のなかでも、ブリッジの物体性の軽量化を極限まで推し進め、重力磁場の視覚的了解事項を転倒させるような浮遊感を伴うメガストラクチャー構築と独自の形態表現の可能性を開示したのは、やはりガラスと鉄骨の新時代に表される20世紀初頭の工学／美学

図5-3　ヴァナキュラーな吊り橋

的貢献に委ねられている点については異論はなかろう。

2. 近代建築におけるブリッジの登場

　20世紀初頭を彩る巨大かつ軽量なブリッジの特化した一例として、航空機の大量輸送時代の前にトランスオーシャンライナーとして活躍した飛行船の操縦ブリッジをあげることができる。もちろん飛行船それ自体は直接、建築の言語ではない。が、第一機械時代の建築形態のユートピアを顕在化するうえで、大きなインスピレーションとなったことは当時の建築家の記述にも明らかである（図5-6）。ドイツ軍人で発明家のツェッペリン設計による飛行船は、19世紀末から試行を重ね、20世紀初頭に実際の運行が開始されている。飛行船史上もっとも有名な1937年のヒンデンブルグ号の悲劇的な墜落によって、オーシャンストリームの幕が閉じられたことはあまりにも有

図5-4　アートポリス牛深ハイヤ橋／R.ピアノ、1997年

図5-5　アートポリス馬見原橋／青木淳、1995年。通過展望機能の同時性

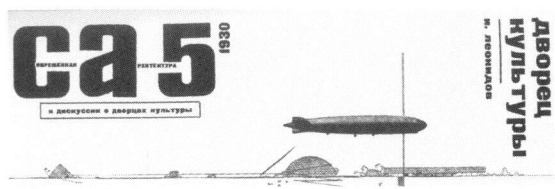

図5-6　文化宮計画1930／I.I.レオニドフ、1930年

図5-7　ヒンデンブルグ号操舵ブリッジ

め、同時代の工学、合理な機械美のヴィジョンによって多分に楽観的に描かれたトランスポーテーション空間の未来像に対する信望に委ねられていたことは否めない。近代建築史にアヴァンギャルドとして登場したロシア構成主義グループのイワン・レオニドフが1927年に設計したレーニン研究所計画も、こうした予見を建築的なプロジェクトとして見事に解題した傑作であるといえよう（図5-8）。

レオニドフの計画には、しばしば飛行船の繋留場所が直接的なアイデアとしても表れるが、この計画では、飛行船を隠喩の源泉としつつも、建築言語としてのブリッジ空間の適応可能性が見事に示されている。垂直、水平方向に延伸するスレンダーな直方体と、交差部分に隣接して地上から浮遊する球体のライブラリーを配置するという幾何学的な構成は、テンションワイヤーによる構造によっていっそう軽快な空間表現を獲得している。しかし、よりコンベンショナルな建築言語としてのブリッジの近代建築への登場は、レオニドフの計画案に先行して1926年に完成したデッサウのバウハウス校舎に読み取ることができよう（図5-9）。

レイナー・バンハムが指摘するように、国際様式のまごう方なき先触れとなったこの作品は、航空写真によって真の意図が伝わると言われるとおり、コンストラクティヴィズムとエレメンタリズムが主張した非対称性と要素主義的傾向を顕著に示すヴォリューム構成によってでき上がっている。デッサウのバウハウス校舎のブリッジは、敷地内道路を架空で横断する2層の階に見られる計画の3次元的性格において、同時期にハリコフの巨大な重工業省に採用された単なる通路橋を凌駕する空間プログラム的着想が認められるということになる。この作品の建築言語としてのブリッジに関するいっそう興味深い点は、ブリッジ構成の背後に介在するワルター・グロピウスの恣意的意図である。バンハムの説明によれば、あらかじめ道路配置を十分考慮して計画されたかのごとく航空写真に写る建物をくぐり抜ける貫入道路は、デッサウのバウハウス校舎の敷地取得時には存在しなかったのである（図5-10）。バウハウスとデッサウ市の職業専門学校プログラムを併設しつつ明確にゾーニングを行うという外在的な条件が前提にあったにせよ、グロピウスはきわめて明確な意図によってこの敷地を分断する道路の線引きを行い、またその架空を横断するブリッジを提案したのである。逆にいえば、この道路とブリッジの構成が存在しなければ、デッサウバウハウスの

名であるが、この飛行船のブリッジの写真を眺めれば瞭然とするように、軽量、可搬、透明性といった20世紀の建築空間美学は、すでにこのスナップに集約的に表明されていることがわかる（図5-7）。本体ではなく操縦ブリッジに限っても、アルミ部材の軽量な骨組みによる単位空間、パノラミックビューを可能にする全面ガラスの透明性、機械空調による室内気候調節、そして複雑なバラストシステムによる浮遊と移動といった、同時代の建築的文脈における理想形態を遥かに凌駕する居住空間の現実が、すでに達成されていたわけである。この巨大で軽量なテンションフレーム構造が宙に浮遊する光景が、空中動線としてのブリッジ形態のユートピアを同時代の建築家の脳裏に焼き付けたことは疑う余地がない。

ル・コルビュジエを含めた近代建築の巨匠に共通するように、形態と機能の弁証法的レトリックや、地域を超えた国際様式の提唱の根拠が、オーシャンストリームをはじ

校舎が近代建築史上において果たした役割も異なったものになったかもしれないのである。

いずれにせよ、1925年を前後に創出されるエポックメーキングな近代建築作品の大半において、船舶や飛行船のブリッジ空間のもつ透明性や軽快な浮遊感が、少なからず計画のインスピレーションとなったことを指摘するのは困難ではない。こうした視点に立てば、1925年のエル・リシツキーとマルト・スタムによる「雲の階梯」計画は、ネーミングからしても、また前衛的な形態構成からしても、架空での空間のリンク、パノラミックビューの獲得、反重力的浮遊感というブリッジの空間形態特性を来るべき建築の未来像として拡張的に読み替えた先駆けのプロジェクトということになろう。

3. ロッテルダムのファン・ネレ工場

リシツキーとスタムによる「雲の階梯」計画は、モダンアヴァンギャルドの黎明期にあって、近代建築の近未来像を予見させるプロジェクトとしてヴィジョナリーな役割を最大限に発揮したのだが、引きつづく実際的な与件のなかで建設された近代建築作品におけるブリッジ空間の翻案例

図5-8 レーニン研究所計画／I.I.レオニドフ、1927年

図5-9 バウハウス鳥瞰／W.グロピウス、1925年

図5-10 バウハウスのファサード／架空ブリッジの意図を強調するために線引きされた下部の計画道路

図5-11　ファン・ネレ工場外観／ブリンクマン&ファン・デル・フルフト、1931年。1920年代の美意識を代弁する工場建築

図5-12　ファン・ネレ工場の通行ブリッジ／軽量・可搬・透明な空間リンクチューブとしてのブリッジ

のなかで、とりわけ傑出したスケールの実作品として知られるのが、オランダ、ロッテルダム市のファン・ネレ工場である(図5-11)。上述のスタムも1926年から29年にかけてプロジェクトアーキテクトとして設計参加している。

　通史的には、国際様式の形成期にあって、軽量、可搬、透明な第一機械時代の美意識を代弁する工場建築とみなされているこの作品は、実際、マッシュルーム柱を用いた無梁板構造や壁面全体を被うガラスカーテンウォールの採用など、当時、革新的であった技術を先進的に取り入れ、かつそれを最大級のスケールで実現している。計画の実施にあたっては、工場群の複合した製造、加工、搬出、管理プロセスとその相互関係を機能的ゾーニングとして地上レベルと架空レベルに分けて立体的に再構成し、またそれぞれを独立した部門として配置しつつ、同時に、3次元的接続を可能にするブリッジによって相互を結び付けることにより、きわめて巨大なスケールの工場でありながら、すべての部門が有機的なネットワークによって関係づけられ、機能する革新的作品へと結実させている。

　デッサウのバウハウス校舎同様、この作品においてもブリッジの存在は、単なる視覚的軽快感を与える装飾ではなく、計画の機能的核心にかかわる建築言語であったことは指摘するまでもない。この工場建築を特徴づける複数のブリッジは、冒頭で述べた建築的ブリッジの不連続な空間を「結び付ける」機能に加え、「浮かんでいる」と「眺める」機能をそれぞれ特化させた部位に分類可能である。第一は管理棟と加工製造工場をつなぐ歩行用ブリッジ、第二は運河に隣接する原材料と加工製品の搬出入を行う部門と加工部門を結び付けるベルトコンベア式の斜行ブリッジ、第三は工場の頭頂部に設けられたティーラウンジとして使用されるパノラマブリッジである。

　第一の管理棟と加工製造工場をつなぐ歩行用ブリッジは、管理、製造部門の双方の垂直動線をつなぐように配置されており、ガラスとアルミサッシュで被覆された軽量で透明な空間リンクチューブの特性が最大限に生かされたブリッジである(図5-12)。

　第二のライン川の支流に通じるスヒー運河に面した地上階の物流センターと透明な平滑ガラス面に被われた水平積層する加工部門を結び付けるベルトコンベア式の斜行ブリッジは、基本的に立体的な機械搬送動線である(図5-13)。このブリッジの革新性は、機能もさることながら、それ以上に特筆すべきは、何よりもまずこのブリッ

図5-13　ファン・ネレ工場の斜行ブリッジ

ジのもつ視覚的効果の衝撃性である。きわめて厳密な効率的プログラム追求という現実的な与件のなかで、宙空を浮遊する斜行ブリッジという革新的着想を取り入れる先進性が、同時代の隣接大国の対立の構図とはまったく異なったダッチモダニズムの可能性の中心を要約する局面といわれる所以である。巨大なガラス平滑面に写り込み、ダッチライトと称されるオランダ固有の光環境と溶け合って絶妙な物質感を浮かび上がらせるこのダイナミックなガラスチューブの工学／美学的マニフェストは、単にその後のオランダ機能主義のスタイルを決定したにとどまらず、近年のレム・コールハースの計画案にも引用を見るように、低地オランダの空間美学を貫通する構造的な形態特性を顕在化しているように思われる。

　第三のブリッジは、加工部門の頭頂部に設置されたロッテルダム港の景観を一望する典型的な船舶艦橋を彷彿とさせる展望ブリッジである(図5-14)。このブリッジの設計にあたっては、近代建築史でもしばしば取り上げられる興味深いエピソードがある。バンハムの指摘をそのまま引用すれば、ブリンクマン死後、事務所の代表となったファン・デル・フルーフトとプロジェクトアーキテクトとして計画に参加したマルト・スタムとのあいだにこのテ

5　ブリッジ　97

図5-14　ファン・ネレ工場展示ブリッジ

図5-15　ファン・ネレ工場初期案

図5-16　ファン・ネレ工場夜景

図5-17　エラスムス橋／水運と開閉ブリッジの構成は低地オランダの水域隣接定住環境の主要な物的表象である

ィーラウンジの設置をめぐって確執が起こり、スタムは設計をおりたという。確かに初期計画案のアクソメや透視図を見ると、事務部門の曲面や斜行ブリッジ、頭頂部のティーラウンジの表現は皆無であり、全体にハードエッジでザハリッヒな構成になっていることは明らかである（図5-15）。

バンハムがスタムの手がけたケーニヒスベルグ計画との類似から、初期案の計画におけるスタムの貢献をファン・ネレのプロジェクトアーキテクトとして認める所以である。ただし、実際に建設された工場の遠近写真を眺めると、事務部門の曲面的導入、頭頂部のパノラマラウンジ、加工部門の斜行ブリッジは、ガラスの巨大カーテンウォール面に映り込み、それぞれピクトリアルな構図の「つぼ」に見事にはまっている（図5-16）。いずれの要素も欠落させたり、置き換えたりすることが不可能なごとき印象を与える。ハンネス・マイヤーとともにその後ロシアに渡る左翼的建築家、スタムは、そうしたアントロポモルフィカルな審美的効果をあらかじめ十分予見したがゆえに計画を容認することができず、設計をおりたのであろう。

しかし、今日現存する結果だけを眺めれば、現実的枠組みに忠実に従いブリッジの工学／美学的配置を導いたフルーフトの建築家としての判断は、スタムの機能主義者としての批評性をさしおいても正しかったように思われる。これはこれで同時代のブリッジ美学の極北を実現しているということになろうか。

4. ダッチ・ブリッジ／空間拡張帯

話はやや本題を外れるが、西ヨーロッパ諸国のなかで、国土の単位面積当たりの橋の数がもっとも多い地域はいうまでもなく低地オランダである（図5-17）。これは国中に張り巡らされた運河のネットワークを思い起こせば至極当然な結果といえようが、中世以来、運河に架かるブリッジを延々とつくりつづけてきたオランダ人にとって、架空を介して不連続な領域を結び付けるブリッジは、人為的な定住環境の獲得において必須の装置であった。のみならず、冒頭に述べた空間インターフェースとしてのブリッジという解釈を用いるならば、低地オランダは、国土自体が物理的にも社会空間的にも特化したブリッジ的属性を有する人為的構築物の集積として成立しているとも言い換えられよう。12、3世紀以来、排水と物流の用に

図5-18 クンスタル／R.コールハース＋OMA、1992年。低地オランダの堤防型都市における斜路動線の空間化は、中世以来の環境インフラ構築との相関的主題に重なる

図5-19 在ベルリンオランダ大使館／R.コールハース＋OMA、1997年

図5-20 ソウル超高層計画／R.コールハース＋OMA、2000年

供した運河のネットワーク自体が定住環境の上方にあって、レベルの異なった不連続水域を結び付ける環境インフラを形成している。低地オランダにおいては、通常の重力磁場における隣接事項が容易に反転される。国土全体が揚水ポンプと排水ブリッジ状態と化して「水を下から上にあげる」ことを日常的に継続することで、かろうじて人々の居住の文化が成立する風土において、エッシャーのエッチングに見られるパラドキシカルなブリッジはそれほど不自然な着想ではないといえるだろう。

一見すると革新的なファン・ネレのブリッジも、オランダの文脈においては、20世紀の到来以前に社会的に受容される文化インフラが潜在的に存在していたともいえる。クンスタル以降のベルリンオランダ大使館や近作のシアトル公立図書館に顕著なように、コールハースの作品群に特徴的な空間ヴォリュームとは独立したチューブ状動線の絶妙な取り扱いも、こうした低地オランダの空間インフラとしてのダッチ・カナル／ブリッジの風土を思い起こすとき、両義的な意味合いをコノテーションとして孕んでいるように思われるが、いずれにせよ、建築言語における物理／空間拡張帯としてのブリッジの特性を最大限に引き出している作品事例であることだけは指摘されてよいだろう（図5-18〜5-20）。

6 空中庭園
ユニテ・ダビタシオン
富永 讓

1. 自然との交流の場

　地上から解放された屋外の床面を、空中庭園と呼ぼう。建物の屋根面、屋上がすべて庭園として使われているユニテ・ダビタシオンのような例は特殊な一例である。地上とは別に、建築の上部に吹き放たれた床面があって、そこに人の動きが感じられるとき、外部から眺めて、垂直方向に空間のつながりが生じる。吹抜けを通して室内で上下の空間のつながりが生じる構成は、積層された部屋を一体のものとして感じさせる一般的な室内の工夫であるが、空中庭園はそうした室外の工夫であるといえる。

　大地から離れて、空中に、自然や大気と交わる場所が設定される。1926年のガルシュの住宅のプロジェクトのスケッチには、そうした場所のもつ快適さ、魅力が、余すところなく、記述されている[1]（図6-1）。

　空中に場所を占めること、光や風を浴びて、大気中に浸されながら、しかも壁に保護されながら、穿たれた開口を通して、自然の景観を額縁の中に取り入れ、上空の雲の移り具合や光の変化を楽しむこと、そこにテーブルや椅子を出し、人間の場所を繰り広げること。それは近代の技術が可能にした空間であり、ひとつの身体の生が歌い上げる魅力に満ちた空間言語である。

　自然の変化や多様性を味わいながら、しかも人間的な場が確保されているという、建築の根源的な役割、魅力が集約した場所である。伝統的な日本の建築の庇下や縁側の空間がそうした場所であったが、現代の技術が生み出すのは、大地の延長としてではなく「空中に浮かぶ床面」をめぐっての建築言語の運用法である。

2. 空中庭園に関する三つの側面

　空中庭園を求める近代以降の身体の生を、考えてみるとき、ル・コルビュジエが1925年に計画した、ヴィラ型集合住宅＜IMMEUBLES－VILLAS＞(1925)が示唆に富む（図6-2〜6-4）。これは近代建築を構成する有力な空間言語が[2]、整理されたかたちで提出された最初のものであるし、このアイデアは現在も、集合住宅の設計の到達すべき目標として大きな影響を与えつづけているからである。それは一住戸が空中に庭園をもつということにとどまらず、空中庭園をもつ住宅の集合、街や都市のイメージが提出されているからである。ここでル・コルビュジエの説明に少しく耳を傾けよう。

　「私が一つの住戸を考えるとき、その断面図は次のようなものであると思うのです。床が2枚ある2層分の高さの住戸。1枚めの裏側に一本の道路を挾り通します。この道路は『空中街路』であり地上面の道路とは別のものです。この『空中街路』は6mごとに重層してつくられます。したがって地上面から6m、12m、18m、24mに『空中

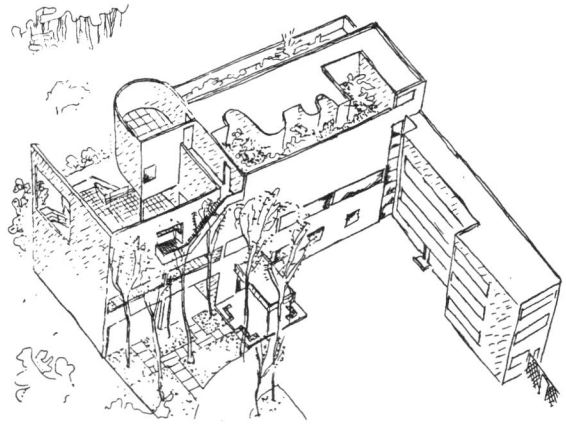

図6-1　ガルシュの住宅のスケッチ／ル・コルビュジエ、1926年。左は屋外の部屋。右は外の部屋と内の部屋の混じり合い

図6-2 ヴィラ型集合住宅の外観イメージ／ル・コルビュジエ、1925年。大気と呼吸する海綿状のファサード

街路』があることになります。私は廊下という語よりは『街路』という語を使いたいのです。これらの『空中街路』は適当な間隔ごとに、都市の地面と連結しているエレベーター、斜路、あるいは階段と結ばれているのです。また、空中庭園との連結もあり、そこにはソラリウム、プール、体育室、そして空中庭園の緑樹に囲まれた遊歩道などがあるのです。一つの扉を開けてヴィラ住戸に入ってみます。住戸の一番の特色は庭に開口している扉です。三方は壁になっています。1925年にエスプリ・ヌーヴォー館を実際に建造した折に、この庭のすばらしさが実証されました。つまり、こういう形式の空中庭園は生活の場に効率的に大気を導入する現代的形式であり、素足で歩き回ることもでき、リューマチを防ぐし、直射日光や雨も防いでくれるのです。同様のものをガルシュの住宅やサヴォア邸にも設計しましたが、これらは実例としてつくったのです。効率のよい庭であり、手入れもいりません。この大気導入庭園は建物の全体にわたって広がり、大気を含む海綿の役割を果たすのです。

庭は住戸と隣の住戸を隔絶させます。この規格住戸をどんどん殖やしてみましょう。立面ではガラス壁面が垂直方向に積み重なっています。その横には蜂の巣状の窪みが建築的強靱さをもってガラス壁面を区切っています。このような建造物であると、新しいモジュールがファサードをつくり上げるということです。ガラス壁面の庭園の窪み部分（6m）が生気を与え、新しい建築的ヴィジョンをもたらすのです。都市の外観は変化するでしょう。都市計画の大規模計画案は現在の3mの単位に替わり、6mの単位を使うようになるのです」[2)]

ここで、空中庭園について、三つの側面から説明されている。第一に立体的な「空中街路」が、空中庭園に接続されていること。また、街路には都市の共同の施設があること。第二に一住戸にとっては大気と接する壁の表

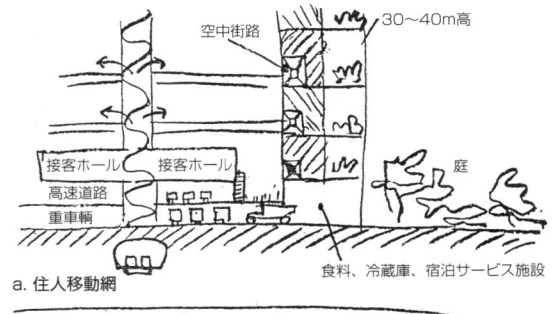

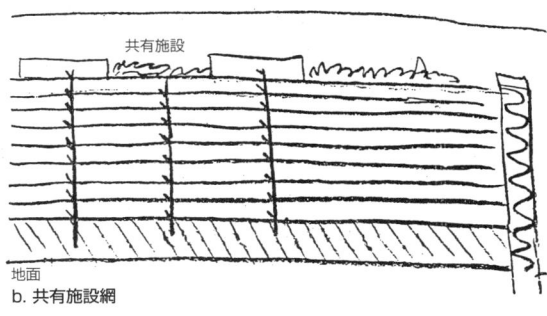

a. 住人移動網

b. 共有施設網

図6-3 ヴィラ型集合住宅の断面

6 空中庭園

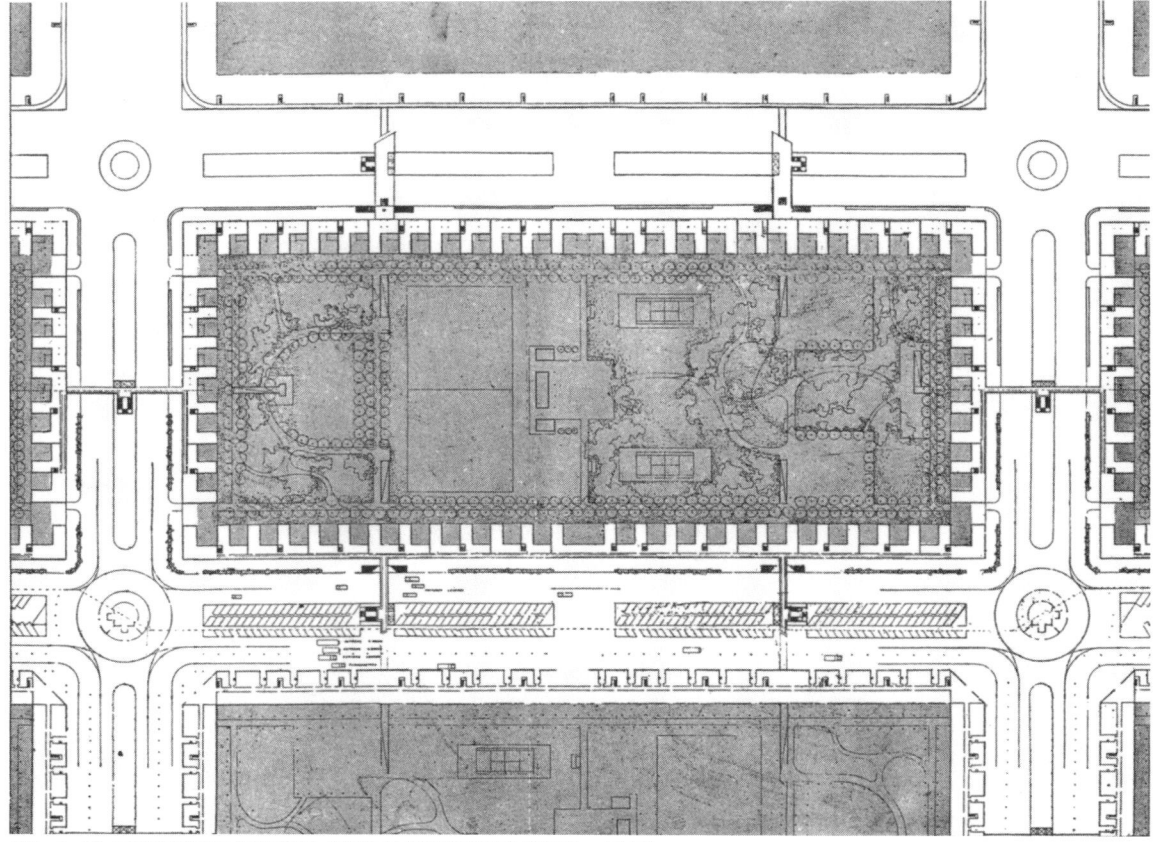

図6-4　ヴィラ型集合住宅の全体平面図／各住戸は公園側に2層分の庭をもっている

面積を増やし、海綿の役割を果たすような中空体を通じて室内が通風や採光の面で快適になること。また、自然に親しむ屋外の生活を保証すること。最後に都市のファサードに新しいスケールを与え、陰影に富む外観を与えうること、である。

3. 他文化における空中庭園

空中庭園が生活に結び付いた魅力的な場所として利用されている都市にヴェネツィアがある。ぎっしりと立て込んだヴェネツィアの街では、日本の露台、物干し台のような「アルターナ」と呼ばれる空中庭園がある（図6-5）。水路に囲まれ、土地が狭く、庭にするような地面をもたない市民の長年の住まいの工夫から生じたものであるが、最上階に住む人々にとってはかけがえのない魅力に富んだ場所である。

この街に浮いた庭は、むし暑い夏の涼み台であり、また洗濯物を乾かす場所であるが、夕食前の一時、刻々と表情を変える水上都市の風景を楽しみながら、海風に吹かれて食前酒を飲みながら語らう生活の舞台となる。通りからの目も意識して、手すりや壁に緑を茂らせ、目隠しにしたり、日差しを遮る。この空中庭園は他人にじゃまされない個人の自由な空間であり、しかも街を見晴らし、気候や水面の輝きといった自然の移ろいに浸ることのできる場所である。完全にプライバシーを保証されながら、本を読んだり、一定の時間をそこで過ごすことが生活にリズムを与える。また、街全体の景観にとっても「アルターナ」は、狭い街路を歩きながら上方に開かれた生活世界があることを示すことによって、街の立体的な構造を意識させ、上

図6-5　ヴェネツィアの街のアルターナ

昇するイメージを生み出す道具立てとなる。

ル・コルビュジエは、そうした既存のいろいろな街の文化のなかに根づいた空中庭園の魅力を知っていたのだが、20世紀の初頭、来たるべき工業化時代の建築の備えるべき特性のひとつとして「空中庭園」をあげ、次のようにまったく新しいものであるかのように定式化して説明している。

「空中庭園——ろく屋根は、なによりもまず、住まいの目的のために徹底的に利用されなければならない。鉄筋コンクリートは、外部の気温の変化に対する保護を必要とする。屋上のコンクリートの湿度を一定に維持するようにすることによって熱膨張・収縮を押さえ防水層を保護することができる。コンクリート平板は雨に湿った砂の層を覆い、その継ぎ目には芝草が植えられる。花壇の土は砂の層にじかに接する。このようにして、雨水はきわめてゆっくり流れ落ちる。排水管は家の内部に設けられる。屋上の表皮の部分にはつねにある湿度が潜在することとなる。そして、屋上庭園は、草木の繁った場となる。灌木や3〜4mの小さな木さえも、ただちに植えることができる。このようにして空中庭園は、住宅の中でもっとも魅力ある場となるが、一般的にいえば、それは、都市にとって、いたるところ建物でふさがれてしまった土地を取り戻すことを意味する」(近代建築の五つの要点)[3]

もっぱら建築技術的な側面から説明しようとしているが、もっとも重要な点は、ヴェネツィアの「アルターナ」が都市生活のなかで果たしているような役割を、建築の空間言語として近代建築の構成のなかに導入しようとしたことである。

つまり、積層する建築の中に自然を取り入れる言語であり、しかも地上や敷地から解放された宙に浮かぶ床面であり、地上とは離れた小さなひとつの世界をつくり出すものであり、その小さな生活世界が上空に存在することによって、外部から建築の内部へと興味を吸引するスポットとなり、立体的な、上昇するイメージを喚起する道具立てとなる。

ヴィラ型集合住宅のモデルは、彼が1907年に訪れた、フィレンツェ近郊のカルトジオ会の「エマの修道院」にあるというが、プライベートな空中庭園、共用施設、公園という人間の生活にとって重要な空間の関係は、見事に近代建築の技術のなかに置き換えられている。建築の空中に屋外が侵入することによって「アルターナ」への空間の欲求はひきとられ、新しい生活のイメージを生み出す(図6-6)。

4. ユニテで実現した垂直庭園都市

積層する建築の中に自然を取り入れる言語として、空中庭園が建築の中に大々的に取り入れられ屋根面全体が庭園となったものに、マルセイユのユニテ・ダビタシオン(1952)がある。ユニテは工業社会にふさわしく「垂直庭園都市」として構想され、高密度の住居形式として、大

図6-6 ヴィラ型集合住宅各住戸の空中庭園＜新精神館＞

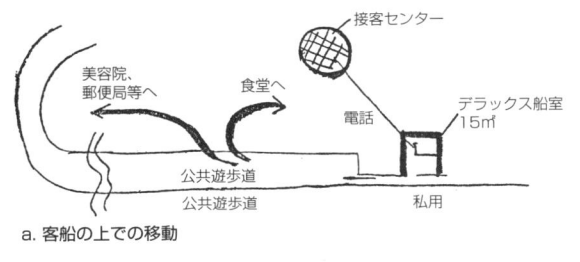

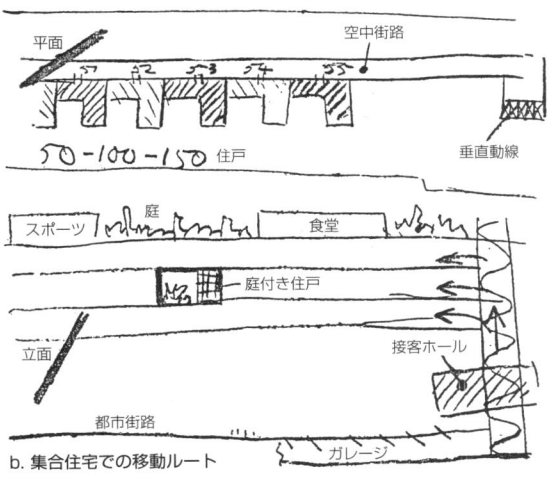

図6-7 客船の断面およびヴィラ型集合住宅の断面
a. 客船の上での移動
b. 集合住宅での移動ルート

地を自然のままに残しながら、住まい手が、光・空間・緑という、自然がもたらす根源的な喜びを生活のなかで等しく享受する、それ自身ひとつの都市に相当するようなスケールをもつ建築である。建物は17階建てで、単身者から6人家族までが暮らすことができるように23のタイプをもった337戸の住宅で、一住居は2層の吹抜けの居間があり、1層の寝室とキッチンを結び付けている。居間や寝室はそれぞれ屋外に空中庭園をもっている。中間階に「空中街路」であるショッピングストリートが走り、そして最上階の地上56mのところに文字どおり公共施設が集まって、大気に開放された屋上庭園がある。先に述べたヴィラ型集合住宅の計画が25年して実現したものであり、集合住宅に対するル・コルビュジエの長年の構想を反映している（図6-7〜6-9）。

　165mの長さ、24mの幅、56mの高さの「垂直庭園都市」は南北軸に配置され、屋上庭園に出ると、東は遠く離れた山容のシルエット、西は海の水平線といった、さえぎるもののない景観へと一挙に開かれる。大空の下でまさに身体が自然の中にすっぽりと包み込まれる場所である。屋上には地中海の太陽を浴びるプールがあり、300mのトラックが一周し、体育室、更衣室、日光浴室などがあり、アスレティッククラブの機能が備わっている。また、託児所と幼稚園を中心に保健室、子どもの遊び場、遊具、小さな屋外劇場などがある。そして換気塔、エレベータ機械室、斜路などは大空をバックにそれぞれ彫刻的な形の要素が与えられ、空中に浮かぶ床面に壮大な光と影の戯れを繰り広げている。

　ル・コルビュジエは、「垂直庭園都市」の上空に、生活

図6-8　マルセイユのユニテ・ダビタシオンの屋上庭園／ル・コルビュジエ、1952年

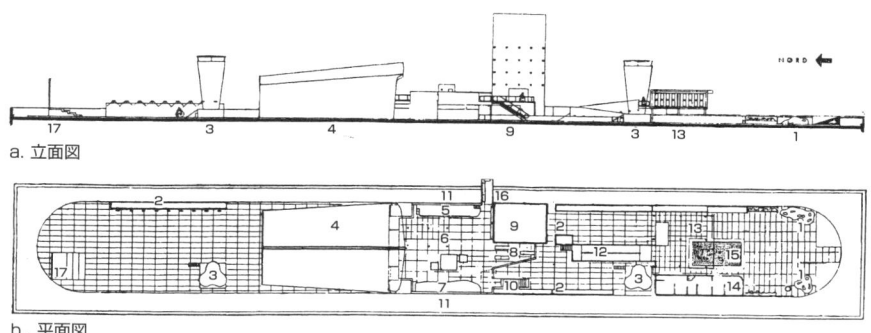

a. 立面図

b. 平面図

図6-9　ユニテ・ダビタシオン屋上庭園の平立面図

1　人工の山
2　花壇
3　換気塔
4　体育室
5　東側日光浴場
6　テラスと更衣室
7　西側日光浴場
8　コンクリートの机
9　エレベータ塔と
　　テラス入り口とバー
10　外階段
11　300mの走行コース
12　保健室と託児室をつなぐ斜路
13　託児所
14　子どもの庭
15　プール
16　バルコニー
17　ブリーズ・ヴァン壁

図6-10　ユニテ・ダビタシオン屋上庭園の模型／風景と呼応するかたちの交響楽

に抑揚を与えるものとして一住戸の室内とは別のスケールで「言語に絶する空間」("L' Espace Indicible")を体現しようとしたに違いない。「言語に絶する空間」についてはモデュロールIのなかで自ら次のように述べている。

「花、草、木、山などは一つの環境の中に立って生きている。もし、それがある日、まことに落ち着いた貴い姿をしていると見えるならば、それは要素だけが独立しているようで、しかも周囲に共鳴を惹き起しているからだ。私が眺めている要素は光を放っているとわかるのである」

「環境との反応は、部屋の壁、その寸法、重さの異なる壁面に囲まれた広場、景色の広がりやその傾き、そして野っ原の地平線や山のぎざぎざの稜線、それらすべてが人間の意図を働かせるもの——芸術作品に覆い被さってくる。その深さ、高揚、ニュアンス、激しさ、優しさがそこに表出する。その呼応する現象が、数学のごとく正確に、まさに造形的音響の響きとして現象する」

またマルセイユのユニテの屋上庭園を訪れたウィリアム・カーティスの美しい記述も併せてここに引用しよう。

「まだ気温も高く短パンと薄手の綿シャツで十分過ごせる、秋の日の夕方5時から6時のあいだにユニテを訪れるとよい。車を樹木の下に置き捨てて、人々が仕事場や学校から戻ってくる。彼らは糸杉の下で何となくぶらぶら過ごしたり、テニスをしたり、下の階でショッピングをしたりしている。屋上庭園では老人たちがおしゃべりに興じ、孫がプールで水遊びしている横で午後の最後の光を楽しんでいる。実際には何マイルも離れている険しい岩山は、パラペットの縁からまるで模型のように浮かび上が

り、その影はセザンヌ・ブルーから深い藍色へと変化していく。ル・コルビュジエのアルジェでのスケッチのように、かすかに光る海面を背景にして船が出航していく」[1]

ル・コルビュジエは、海の水平線や山脈や雲と呼び交わすような空間を上空に設定しようとしたのだった。それは機能や実用に満たされた住戸の室内の空間から解放された空白の場所であり、それが生活に不可欠だというのである。徹頭徹尾コンクリートという単一素材によって、しかも幾何学という人間の言語で上空に人間の生存の場所が、大地からきっぱりと切り離され、しかも自然の多様性を味わう場所として設定される心のときめき。また外部からは、荒々しいテクスチャーの巨大な直方体のマスの上部に打ち上げられた数々のオブジェクトが提示する上空の人間の公共の場所。翔け上ろうとする気持ちを喚起する場所。それは技術が可能にし、近代的な身体が希求した新しい空間言語である（図6-10）。

ル・コルビュジエが航海客船の組織と集合住宅の組織との類似性を何度も取り上げたように、客室—通路—甲板—煙突といった客船のイメージが色濃くユニテには漂っている。客室から解放され、甲板で風に吹かれ、波のきらめきに心を解放する場所が空中庭園のエスプリなのである。

1) ウィリアム・J.R.カーティス、中村研一訳『ル・コルビュジエ——理念と形態』鹿島出版会、1992年
2) ル・コルビュジエ、井田安弘・芝優子訳『プレシジョン 上——新世紀を拓く建築と都市計画』鹿島出版会、1984年
3) ウルリヒ・コンラーツ編、阿部公正訳『世界建築宣言文集』彰国社、1970年

7
フォリー
ラ・ヴィレット公園

岡河 貢

1. フォリーの歴史的背景

　フォリーは庭園の中に配された建築物で、機能をもたず純粋に建築の楽しみとして建てられた。18世紀の風景式庭園においては多くのフォリーが庭園内に建てられた。ストウの庭園には当時のゴシック様式に対する評価を反映してテンプル・オブ・リバティなどのいくつかの寺院が添景として庭園内に配されている。キュー・ガーデンにもエロスや平和、勝利などを主題とした寺院やエキゾティックな東方趣味のチェンバースによる中国風のパゴダなどが配されている。

　またフランスのピクチャレスク庭園では、小さな庭園それ自体がフォリーと呼ばれる状況がある。たとえば、ヴァンセンヌのフォリー・パジョーは区画された小庭園がレベル差をもって小苑路と階段によって配されている。モンソー公園近くのフォリー・ポジョンでは、農場、養禽所、オランジェリーなどが設けられ、田園的な雰囲気の閉鎖環境がフォリーとしてつくられている（図7-1、7-2）。

　フォリー（folie）という言葉には狂気（fou）という語源がある。狂気とは理性の外側、つまり理性によって理解できない人間の精神の状態ということであるが、ミシェル・フーコーが『狂気の歴史』において指摘しているように狂気には理性が排除した人間にとって重要な本質が潜んでおり、逆に狂気を排除する狂気としての理性の問題があることを考えれば、理性に対して批判する理性という意味がこの語源に秘められていると解釈することができる。フォリーが建築としては幾何学庭園ではなく風景式庭園として建てられたことは、理性が幾何学による秩序という形式を通して世界としての庭園の構造を規定している幾何学庭園と、それに対する風景庭園との本質的な世界の認識の差異が示されているといえるであろう。つまり、風景庭園においては単に幾何学、つまり直線や円弧が使われなかったという庭園言語の差というだけでなく、人間の精神を世界像として表現する庭園というものの本質的な成り立ちを支えている根本についての問題がここに横たわっていると考えることができる。

　庭園は思考された世界の再編成の空間的現れとしてのミクロコスモス（小宇宙）であるから、その世界の構造を秩序づける形式の指し示すものはその庭園を成立させる思考の本質である。

　幾何学庭園においては、世界は理性の秩序が実現され

図7-1　ベルサイユ宮殿プチトリアノン庭園内のフォリー

図7-2　モンソー公園内のピラミッドのフォリー

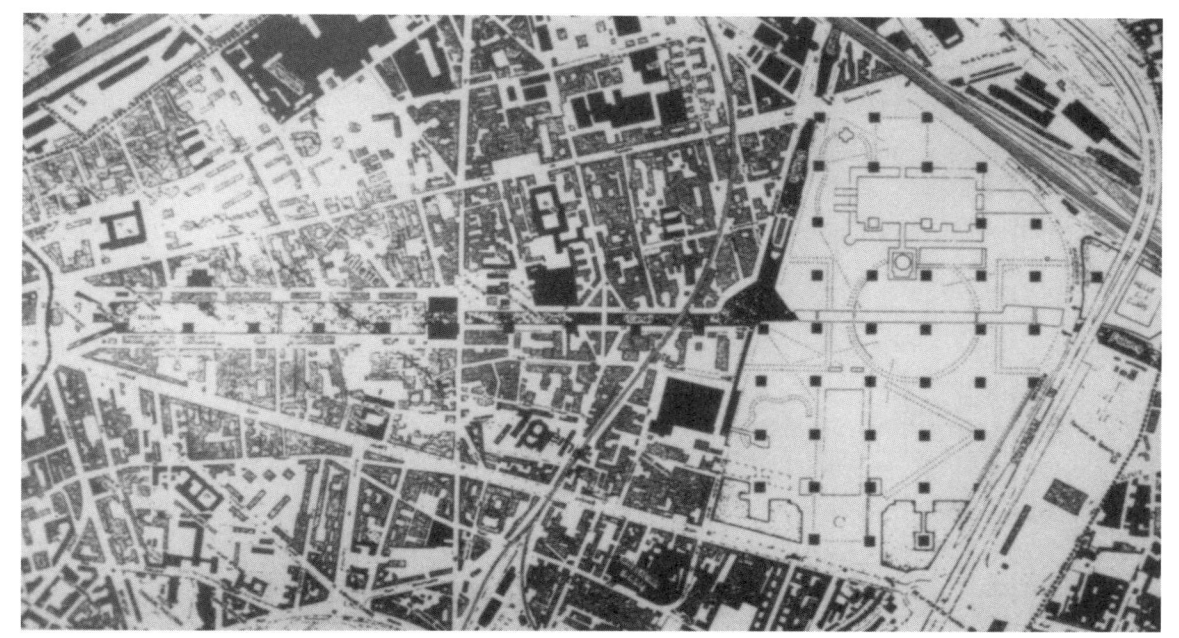

図7-3 ラ・ヴィレット公園配置図／B.チュミ、1983年。パリの境界の城壁をトレースした高速道路の内側に接した約55haの旧食肉市場が21世紀の都市公園となった

ている。たとえば、バロックの幾何学庭園であるベルサイユに展開される軸線と幾何学は、理性が視線と幾何学を通じて世界を秩序づけようという意思が貫かれ、それがここでは空間化していると考えることができる。そこでは、あらゆる部分は全体の秩序形式の一部であり、理性という絶対的な意思が世界を支配するのである。そしてこの秩序は、絶対的な王の視線が中心軸を貫いている。

風景庭園が理性の絶対的支配の形式化である幾何学性に対立する形式であることは理性の絶対性に対立するという意味で、そこに多く建てられたフォリーは、つまり狂気（folie）を無意識のうちに肯定することになる。

2. ラ・ヴィレットのコンペ

ラ・ヴィレット公園の設計競技はフランソワ・ミッテランによるパリの都市改造のひとつとして計画されたが、公園であるとともに21世紀の都市の実験場としての計画案が求められた（図7-3）。

パリの都市改造は、19世紀に完成したパリを21世紀にむけて改造するというオスマン以来の都市改造である。それはパリのいくつかの場所に先鋭的な建築をちりばめ、それらの刺激によってパリを活性化させようというものである。ルーブル美術館の地下の増築やオルセー駅の美術館への改造、デファンスのグラン・アルシュ、アラブ・イスラム会館の建設、新大蔵省庁舎建設などがパリ改造グラン・プロジェには含まれている。ラ・ヴィレット公園の設計競技が行われた1982年当時は、1960年代の後半からはじまった、モダニズム建築に対する批判としての様式である歴史主義の建築形態言語の操作を方法としたポストモダニズム建築が全盛の時期であった。このとき、しかしラ・ヴィレット公園のフォリーは歴史的な意味をまとった公園内の建築あるいは歴史的建築形態言語の操作、つまり狭義のポストモダニズム（歴史的建築言語の操作）として提出されたのではない。フォリーは理性による理性の批判という本来の意味で建築の脱構築（ディコンストラクション）の実験として思考されたと考えてよいであろう。

しかしフォリーは、空間の意味の生産についての新たな探究であり哲学概念である脱構築の建築への翻訳として理解することは、脱構築そのものの意味を誤解してしまうことになる。なぜなら哲学的概念が建築によって説明することができるという意味と建築形態の一元的関係を問い直し、出来事を生産することがここでは試みられているからである。

ポストモダニズムは、近代主義が到達した世界の限界が明らかになった1960年代の後半に建築だけでなく、政治、経済、文化を含めたさまざまな領域で問われた新たな価値観に対する試行の総体であると考えてよい。その意味では20世紀の後半はポストモダンの時代であり、そ

れは引きつづき21世紀への課題として、いまだにその試行は続いているのであるが、ポストモダニズム建築として狭義に様式化されるのは1980年代に特に顕著に見られる、歴史建築の言語の操作による建築のつくり方といえるであろう。しかし、ポストモダニズム建築のみがポストモダンの時代の建築ではない。この時期、建築の脱構築（ディコンストラクション）がさまざまな建築家によって試みられた。

　ラ・ヴィレット公園のコンペにおいて1等となったレム・コールハースの案とバーナード・チュミの案は歴史的言語の操作に基づく庭園の再構成がほとんどすべてであった当時の造園家たちの案と決定的に異なっていた。それは歴史ではなく20世紀の空間あるいは都市を現代建築の創造のための批判的分析の対象とした点であろう。レム・コールハースには、『デリリアス・ニューヨーク』、チュミには『マンハッタン・トランスクリプツ』というそれぞれ20世紀の都市と空間を分析した理論的な著書がある。デリリアス・ニューヨークにおいてコールハースは、不合理な夢の合理的な孵化器としてのニューヨークの都市性を分析し、夢の実現としてのコニーアイランド（ルナパーク）とスカイスクレイパーの積層するスラブのストライプのパターンをパルク・デ・ラ・ヴィレットの敷地にシミュレートし、ストライプのあいだに公園の断片を挿入した。バーナード・チュミは『マンハッタン・トランスクリプツ』において、20世紀の空間をエイゼンシュタインの映画理論であるモンタージュの構造のなかに見い出す。『マンハッタン・トランスクリプツ』は殺人事件にまつわる犯人とマンハッタンの都市空間の物語であるが、映画空間においては主人公の行為、背景、動きのモンタージュが画面のシークエンスとして連続する映像の空間を20世紀の空間の生産の問題として提示している。モンタージュが空間であるから、公園での殺人とカテドラルでの殺人は空間として違うのである。

3. 形態としての意味

　バーナード・チュミによるラ・ヴィレット公園は、『マンハッタン・トランスクリプツ』において分析された空間の生産メカニズムが敷地上に出来事としての空間の生産のプログラムとして実現されている。そのために公園要素の分析的再構築という方法によってそのプログラミングは構築される。チュミは公園の要素を三つに分析している。点的要素として公園内に建てられる建築的要素、線的要素として公園内の遊歩道などの園路、面的要素として芝生の広がりや広場、水面。これら点、線、面として分析された公園の要素はそれぞれ自律したシステムとして相互には関係なく計画される。点的要素、線的要素、面的要素

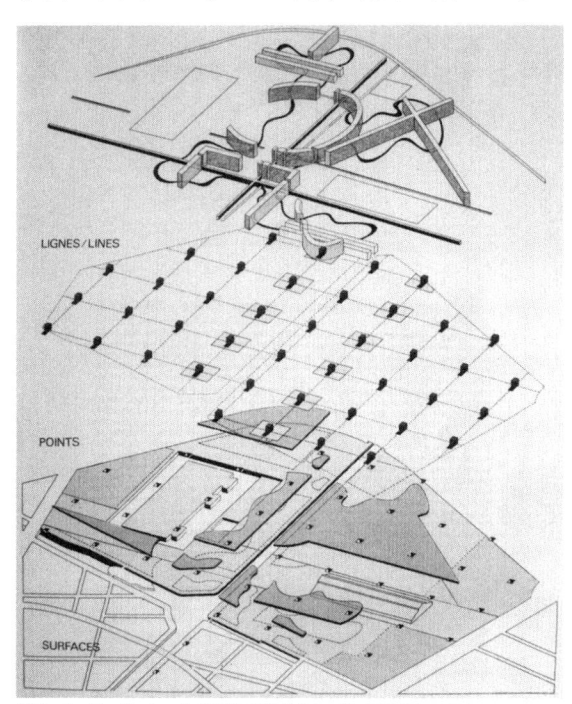

図7-4　ラ・ヴィレット公園における"点・線・面"のシステム

図7-5　初期フォリー案

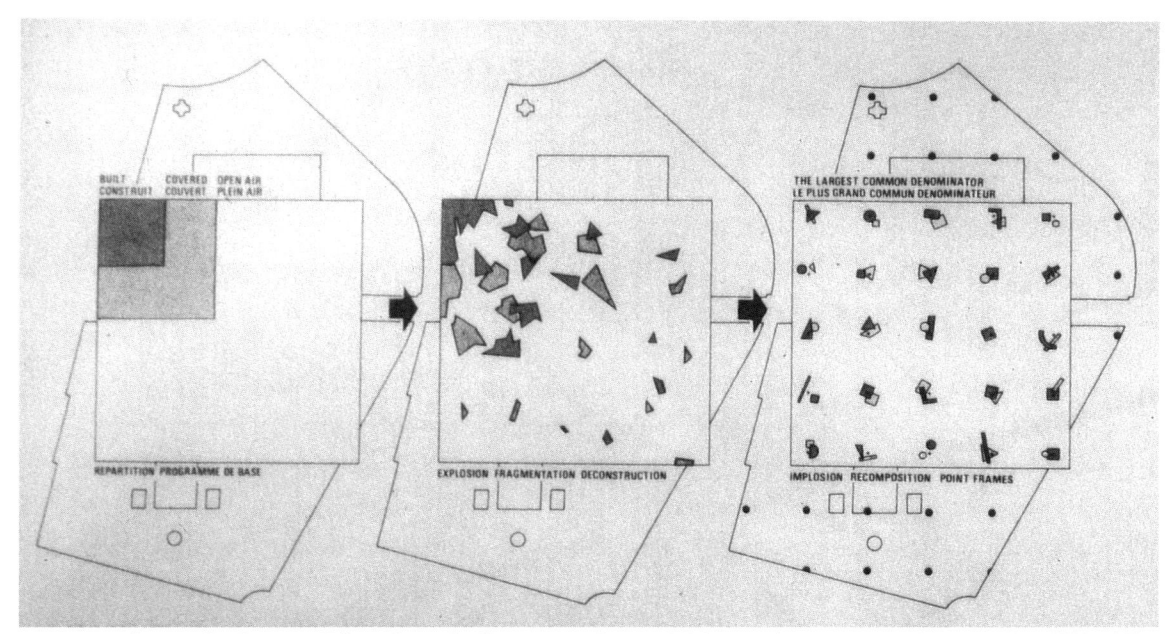

図7-6 ラ・ヴィレット公園内フォリー配分図／公園のプログラムとして要求された建築空間、カバードスペース、空地の面積配分量が敷地に分散配分される

はそれぞれ独自のシステムで計画された。

フォリーは点的要素としてグリッド状にラ・ヴィレット公園の敷地に配された。このグリッド状にフォリーを配することは、風景庭園における点景としてのフォリーの配し方や遊歩道の脇に配するというような歴史的方法とは無関係の近代のシステムである。ここではフォリーは抽象的な均質な空間の節点にオートマティックに配置される。フォリーのグリッドシステムは近代の空間のシステムでありながら近代空間を批判的に乗り越えてそのなかに出来事としての空間を発生させる結節点としての役割を与えられている（図7-4〜7-6）。

パルク・デ・ラ・ヴィレットでは、フォリーの点のシステムと遊歩道の線のシステムと面の広場や水面のシステムはそれぞれの自律したシステムのまま相互に調停されることなく敷地の上で重ね合わされる。重ね合わされた三つのシステムは公園の至るところで調停不能の衝突を起こすことになる。たとえば、フォリーがプールの中に立ち、その中をジョギングコースが通り抜けるといった状態や、サイクリングロードと遊歩道がフォリーの中で交差するといった状態がさまざまな場所でつくり上げられる。

シュールレアリスムの作家であるロートレアモンがシュールレアリスムの方法を「手術台の上のこうもり傘とミシンの出合いのように美しい」と表現しているように、20世紀の芸術の方法であるシュールレアリスムは意識下の世界を異種の言葉の出合いのなかに発見する。

シュールレアリスムが20世紀初頭パリで生まれた芸術運動であり、エロティシズム、つまり芸術の本質的意味を自動的に生産するシステムの発明であったとすると、ラ・ヴィレット公園における異質な点と線と面のシステムの出合いはシュールレアリスムの方法を進化させてイベントとしての空間を自動的に生産しつづけるプログラムと考えることができる。つまり、これはコンピュータエイジの空間の生産システムとしての空間生産のプログラミングと読むことができるであろう。

さらに、このことはパリという都市の文化のコンテクスト、つまりシュールレアリスムという意味生産システムを生み出した都市のための21世紀の都市の実験場における試みであるということは、都市のコンテクストをそのまま引き継ぐのではなく、批判的に引き継ぐという意味で都市のコンテクストの脱構築と考えることもできる。ラ・ヴィレット公園では、シュールレアリスムの方法としての異質な言語の出合いによる意味生産を、言語がもつフロイト的、性的メタファーに負うことからより自由な出来事としての空間を生産する方向へと進展させている。

フォリーはラ・ヴィレット公園の敷地に、約120mの間隔のグリッド上に配置されている（図7-7、7-8）。フォリーは機能をもつものももたないものもあるが、機能をもつものとしては子供の家、レストランカフェなどやレストランの

入り口や子どもの遊び場のゲート、ヴェルヴェデーレ（物見台）などがある（図7-9）。これらのフォリーは基本的には約10mの立方体を3分割した3次元グリッドに異種の形態が調停されずに接合されることによってつくられている。カフェのフォリーでは4分の1円に矢印状の構造が取り付いた風向板がのせられたり、ヴェルヴェデーレでは円形のスロープが取り付けられたりしている。グリッドは抽象的で特定の意味を負わされていない純粋なフレームであるから、これらのフォリーの個別性はその立方体に取り付けられた異種の形態によって形態の差異はつくり上げられている。これらの異種の形態の結合は、20世紀初頭の建築言語の発明のひとつであったロシアの構成主義とどこか通底するものがあるようにも読み取れるが、ロシア構成主義の建築言語の引用あるいはその引用に基づく形態操作ではないことで、モダニズム言語のポストモダニズム的操作という範疇からも逸脱する。

また、それぞれのフォリーが形態としての意味を形態要素の意味の連想の混成による生成としてよりも、差異そのもの、つまり言語の本質的性質としての役割を担っていることもポストモダニズム建築の方法との違いとして認識されるべきであろう。

バーナード・チュミにはラ・ヴィレット公園の数年前に「ジョイスの庭」というプロジェクトがある。これは20世紀を代表する文学を構築したジェイムズ・ジョイスの小説を庭の計画に翻訳、彼の言葉を借りれば文学テキストを建築に輸入するという、機能主義の建築を成立させるプログラムとはまったく異なったプログラムによる建築の計画である。

機能主義は機能という抽象概念を建築に翻訳するために、計画学を基礎とした量をヴォリュームに置き換えてそのヴォリュームを構成することで建築をつくり上げた。「形態は機能に従う」という言葉はそのことを差し示している。"Form follows function" が「形態は機能に従う」ということであれば、「文学テキストを建築の計画に使用する」ということは "Form follows fiction" ということになるのであろうが、この当時、いかに近代主義建築の形態と機能の一元的関係というドグマに対して異議を唱えるのかということが建築のさまざまな思考として試みられた。

ラ・ヴィレット公園のフォリーはさらに、そのことを押し進めて、意味から自由になった形態の衝突によって一つ一つのフォリーは形づくられている。したがって、これらの形態の結合は、さらに意味から自由なさまざまな意味の可能性を生むテクストとして、意味生産のメカニズムが機能することが可能となる。たとえば、フォリーはロシア

図7-7　ラ・ヴィレット公園の鳥瞰透視図／産業科学博物館、球形劇場、旧食肉市場上屋がグリッド上のフォリー、曲がるプロムナードと重ね合わされる

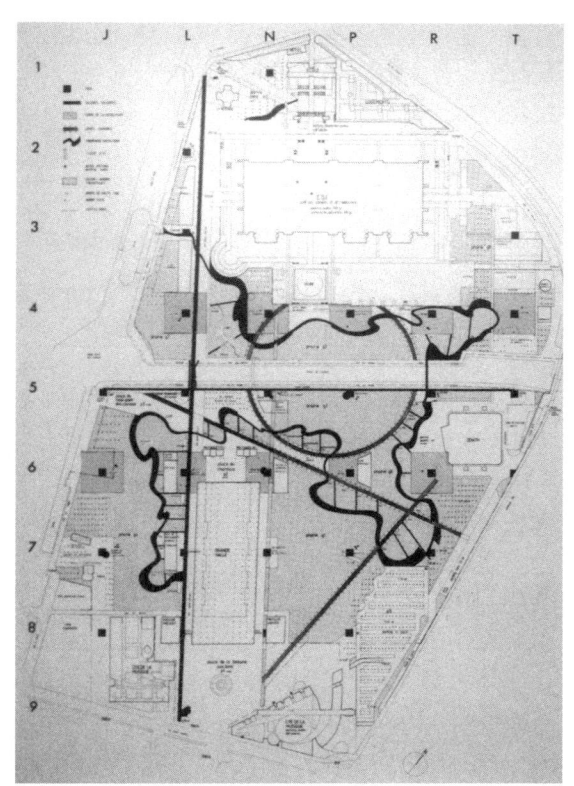

図7-8 ラ・ヴィレット公園平面図

構成主義のアンビルドの建築家ヤコブ・チェルニコフの建築的ファンタジーと題するドローイングに通底する形態の構成を連想させると同時に、まったくそのような連想とは無関係の形態の衝突と読むこともできるといった意味決定の不能状態にわれわれを導く。

4. フォリーに隠された主題

フォリーの赤についてなぜその色を使ったのか、バーナード・チュミはまったく言及していない。つまり理由を明らかにすることを拒絶している。そのことによってこの色の意味は構成主義が生まれたロシアの社会主義を連想することもできるし、単純に赤という色はパリの市街地では景観の規制によって使用を禁止されている色だから、あえてラ・ヴィレット公園で使われたというふうに解釈もできるし、またグラン・プロジェを推進するフランソワ・ミッテランが社会主義政権であるからという解釈も成り立つといったふうに、フォリーの意味はさまざまな可能性として複雑なテクストとしての読み取りを可能にする。

哲学者ジャック・デリダはチュミのラ・ヴィレット公園に関する「フォリーの点」(maintenant l'architecture) という論考を「競合したほかの多くの可能性のうちから、一つ

図7-9 ラ・ヴィレット公園内のフォリー

の経路、むしろ一つの走路、つまりベルナール・チュミの『フォリー』を通っていく一連の走り書きの表記、点から点へと、しかも危険で、不連続で、偶然に満ちた危うい表記の順路へと足を踏み入れようとしている」[1]という文章ではじめている。つまりこの文章は、フォリーの説明でなくデリダの読み取りという前置きをしているのであるが、ここでデリダはフォリーについて「出来事の建築、そのようなものが可能だろうか」という問いに対して、フォリーはカントがいうさまざまな体系の技術という「建築」の形態による接近を指示するものでなく、完全にまたは単純に意味に属することなく、それゆえに何か狂気（フォリー）のようなものと関連した部分をもつようなある出来事を通してそれ（筆者注：建築）に訪れるものであると述べている。そしてフォリーは、このプログラミングによるデコンストラクションの公分母であると同時にほかのフォリーだけでなくそれ自体の諸部分へとそれを関係づける置換や交換のコンビネーションに組み入れられた構造において与えられた点であると述べている。

1) "LA CASE VIDE LA VILLETTE" Architectural Association publishing, 1985

8
ランドスケープ
カルティエ財団ほか
●
太田浩史

　建築の世界においてランドスケープという言葉が重要視され、設計の推進力として大きな期待を集めるようになったのは比較的近年のことである。ランドスケープ、日本語では「造園」とも「庭園設計」とも翻訳されるこのデザイン分野は、ヨーロッパの庭園の伝統、そして20世紀半ばにアメリカで発祥したモダン・ランドスケープ運動などを源流として発展してきたが、1982年のラ・ヴィレット公園のコンペを境に本来の意味を超え、建築デザインや都市デザイン、ランドアートといった分野を結び付ける横断的なキーワードとして使われるようになってきた。そしてその場合、ランドスケープという言葉には、自然や屋外空間といった文字どおりの「外部」だけではなく、歴史性や風土といった敷地の文脈、周囲の都市の状況、プロジェクトに変化をもたらす時間といった広い意味での「外部」にも関係しようとする意識が込められて、それは確かに建築の姿を変容させてきたのである。たとえばOMAの「パームベイ・シーフロント・ホテル」(1990、図8-1)に見られた、地形によって都市的賑わいを獲得しようとする手法。たとえばヘルツォーク&ド・ムーロンの「ドミナス・ワイナリー」(1998、図8-2)に見られた、網と岩石という風景要素を導入し、蓄熱した岩石に日の名残りをとどめようとする手法。ランドスケープは習慣化した建築の理論を内側から開き、都市や自然の風を呼び込む窓のように作用してきたのである。

　建築を外部に開くランドスケープ。その導入はいかなる建築の言語によってなされているのだろうか。その実践の例を、建築家ジャン・ヌーヴェルとローター・バウムガルテンによる「カルティエ財団」、同じくヌーヴェルとイブ・ブリュニエによる「トゥールの会議場」に見ていくこととしよう。

1. カルティエ財団／閉じた領域を開く

　ジャン・ヌーヴェルは彫刻的で、閉じた強い形態をもつ建築を多く生み出す建築家である。東京の第二国立劇場のコンペ案(1986)に顕著に現れているように、その建築は空間や要素の集合体というよりも、明瞭な輪郭で縁取られたひとつのオブジェのような完結性をもっている。その完結性ゆえに外部からは内部が謎めいて見え、内部からは外部が異世界のように明るく感じられる。そのコントラストは「アラブ世界研究所」(1987)のように劇的で美しい。

　しかし、そうしたヌーヴェルの建築のなかで、パリの街中に立てられた「カルティエ財団」(1994、図8-3)は徹底的な透明感と、曖昧な輪郭といった特徴をもっており、どこまでが外部空間で、どこからが内部空間なのか判然

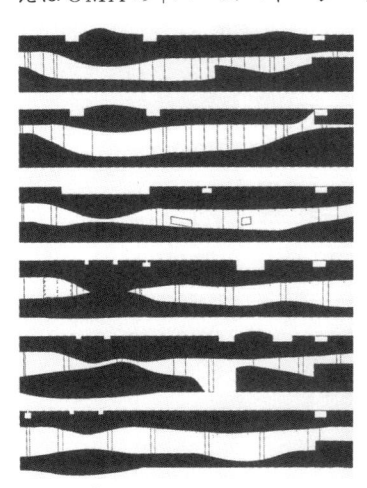

図8-1　パームベイ・シーフロント・ホテル
断面図／R.コールハース＋OMA、1990年

図8-2　ドミナス・ワイナリー／ヘルツォーク&ド・ムーロン、1998年

図8-3 カルティエ財団／J.ヌーヴェル、1994年。ラスパイユ通りにそって巨大なガラススクリーンが立ち並ぶ

としない。こうした特徴はヌーヴェルの建築のなかでは明らかに異質といえるのであるが、ここで導入されているのが樹木や花々の植栽、オープンスペース、街路との連続性などといったランドスケープ的手法である。導入による作風の変化は明らかで、ヌーヴェルの建築を開く、ひとつの転換点となった作品である。

a. 建築化されたランドスケープ

カルティエ財団の敷地は、パリ14区のラスパイユ通りに面する、緑豊かな敷地である。面積は小さいものの、隣地には広い庭園があり、それらが一体となって大きな緑地帯を形成している。敷地には19世紀の作家、シャトーブリアンが植樹したレバノン杉をはじめとする10数本の木立があって、その保存が付近の住民によって要望されていた。ラスパイユ通りにそっては建物が揃って並び、強い壁面線を形成している。都市景観の保全もプロジェクトの課題となっていた。

それに対してヌーヴェル、そしてランドスケープを担当したローター・バウムガルテンが出した解答は、いわば「建築化されたランドスケープ」というものである。それは敷地の中央に建築を配置し、周囲の残余をランドスケープで充填するのでもなく、ランドスケープ・デザインを先行させて、建築を点景のように馴染ませていくのでもない。彼らはあるひとつの建築的要素を用いて、建築もランドスケープも同じように、主従関係なしに空間の単位として扱ったのである。

b. 視覚的透明性

カルティエ財団におけるもっとも重要な建築的要素。それは街路沿いの2枚のガラススクリーンと、その背後のオフィスをサンドウィッチのように挟む2枚のガラススクリーンである。前者はラスパイユ通りの建物に合わせて18mほどの高さが与えられ、木立を囲むオープンスペースをつくっている。シャトーブリアンが植樹したレバノン杉は木立のなかでひときわ大きいので、その部分だけはスクリーンは立てられていない。街路から見れば、ガラススクリーンの向こう側の樹木、そのあいだに覗く杉の巨木、そしてまたガラススクリーンと、見え方はリズミカルに変わっていく。

後者のガラススクリーンは高さ32m、幅50mのカーテンウォールで、建物本体よりもかなり大きい。建物のヴォリュームだけでなく、細い柱、薄い床といった構造体もスクリーンの方立てによって隠されるため、建物は実体感を失って、オフィスのアクティビティだけが浮き立って見えてくる。両端の屋外階段、敷地の奥の樹木のシルエットもその不思議な見えを強調し、スクリーンの向こうにあるのが外部なのか、内部なのか、一見判断できない。スクリーンに映り込む空、透けて見える空。見え隠れする樹木、そしてその影。ヌーヴェルが「ここには虚像と実像のあいだの曖昧性が広がっている」[1]と述べるように、4枚のガラススクリーンは、建築を視覚的に攪乱させる要素なのである（図8-4）。

8 ランドスケープ 113

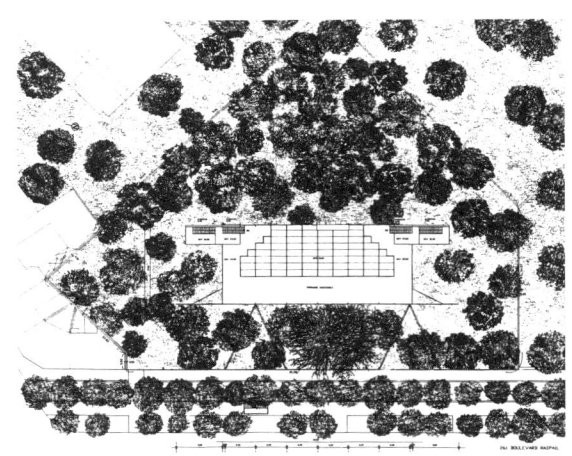

図8-4　カルティエ財団配置図／4枚のガラススクリーンが敷地を層状に分節する

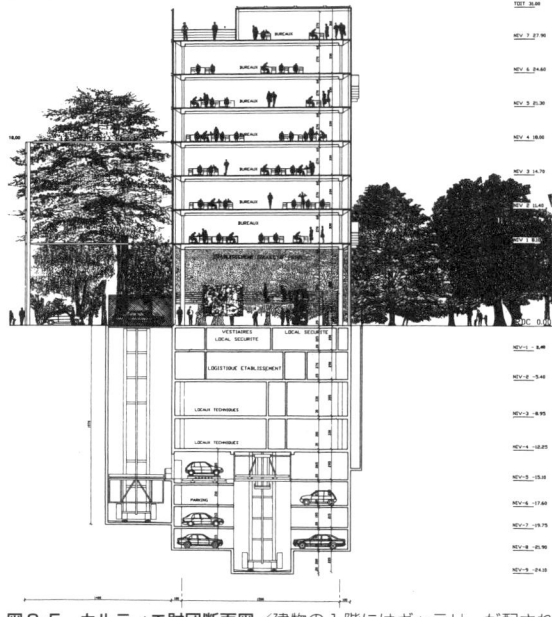

図8-5　カルティエ財団断面図／建物の1階にはギャラリーが配されている

b. 空間の連続性

このガラススクリーンは、視覚的曖昧さをもたらすだけではない。それは敷地を三つの層に分節し、しかし同時に連続もさせて、敷地全体をひとつの空間のように統合する要素でもある。それぞれの層の境界で、スクリーンはいかなる役割を与えられているのだろうか。

まず、街路、そして植樹帯のあるオープンスペースとの境界である。先にも述べたように、この部分のガラススクリーンはレバノン杉で分断されて、街路を行き交う人々が、そこから敷地内に誘い込まれるようになっている。スクリーン本体には細長く開口が設けられて、木立の樹幹が顔を出している。仕切りながらも、不完全につくられた境界面。その適切な配置によって、スクリーンの背後の木立の層は、都市の人々に解放された公共空間にも、既存の樹木が残る秘やかな庭園にも、アートを飾る巨大な展示空間にもなっている。

そしてもう一つ、この木立の層と背後のギャラリーの境界の、カーテンウォール部のガラススクリーンには大きな仕掛けが用意されている（図8-5、8-6）。それは1階を占める現代美術のためのギャラリーの、巨大なガラスの引き戸である。高さ8m、幅18mの扉が開け放たれると、ギャラリーは巨大なピロティのように変貌し、外部と内部が一体化した、広大な展示スペースが出現する。引き戸は建物の裏側のガラススクリーン、つまり敷地の奥へと続く境界面にも設けられているから、街路から敷地の奥までは、完全にひとつの空間のようになる。透明性、そして空間の物理的な連続性。4枚のガラススクリーンは、人々に層状の空間を横断させて、やがて敷地の奥まで誘い込むためのものである。まるで建築が消え去ってしまうような劇的な効果。それを演出する巨大な引き戸は、ヌーヴェルの建築のみならず、現代建築のイメージを、軽く、自由なものへと変えるアイデアといえるだろう。

c.「植物の劇場」

本来はコンセプト・アートを手がけるアーティストであるローター・バウムガルテン。彼の手によるカルティエ財団のランドスケープには、ひとつの名前が与えられている。「Theatrum Botanicum」、つまり「植物の劇場」。17世紀のイギリスの植物誌の名を冠したこの作品は、35種類の樹木、約200種類の花、泉、そして円形劇場などで構成された庭園である（図8-7）。なかでも半円状の円形劇場は直径80mと大きく、5角形の敷地に内接し、敷地全体を統御している。層状の空間を横断し、敷地の奥へと弧を描き、またゆるやかに領域を閉じようとする大きな半円。そのジオメトリーは建築を取り囲み、ギャラリーの空間に視線を投げ返すように機能して、奥の空地と建築を関連させている。

空間体験として、この「植物の劇場」を記述してみよう。晴れた夏の日、街路から木立とガラスの層を抜け、開け放たれた引き戸の下の広いギャラリーに進むと、その向こうに涼しげな円形劇場の段が見える。ギャラリーをくぐり抜け、本を読んだり、話を弾ませたりと、思い思いに過ごす人々のあいだに腰を下ろすと、くぐり抜けてき

た建物のガラス面、そして静かに上下するエレベータに、透ける空と映り込む木々の光彩を仰ぐことができる。円形劇場は空間を適度に囲んでおり、つくり込まれすぎてはおらず、むしろひっそりとした雰囲気を敷地に与え、裏庭のような静けさが感じられる。花々もさりげなく植えられて、ガラスとスチールによる建物の未来性が、ふと日常的な風景のように、当たり前に、中和されて感じられる。公園のような立ち寄りやすさ、そして親密さ。それこそがバウムガルテンによる「植物の劇場」の特徴である。

d. 都市の建築、都市のランドスケープ

都市に開いたガラスの層、そしてランドスケープ。カルティエ財団はこれらの要素が一体となって、透明性や空間の連続性、高いアクセシビリティを表現した作品である。建築とランドスケープとの関係には、公園とフォリー、邸宅と庭、集落と自然環境などさまざまなヴァリエーションがあるが、ギャラリーの活動、そして空間そのものによって外部にかかわろうとするカルティエ財団は、都市が無尽蔵にもっている人々のアクティビティを、内部に引き込み、敷地全体の論理として活用しようとした例である。いかに外部に接続するのか。その目標のもと、建築を内側から開いたカルティエ財団。しかし、ヌーヴェルの作品の中にはさらに積極的に外部を希求して、

図8-6 ギャラリー内部／引き戸によって外部と内部が一体化されている

都市の中に自らを投げ込もうとした例がある。最後にもう一つ、それを見てみよう。

2. トゥールの会議場／都市へのストラテジー

カルティエ財団と同時期に計画されたトゥールの会議場（1993、図8-8）は、どちらかといえば第二国立劇場以来のヌーヴェルの作風を受け継いで、閉じた空間が劇的な効果を見せる建築である。シンメトリーの軸線にそって並べられた三つの黒い劇場。それに覆い被さるように巨大な屋根。ひとつのヴォリュームのように構成された会議場からは、屋根が巨大な庇のように突き出し、道路に覆い被さっている。建物が敷地一杯に建てられている

図8-7 円形劇場／街路からの人の流れを大きく受け止める

ために、カルティエ財団のようにランドスケープを取り込んで、建築と都市を連続させていく余裕はない。しかし、そうした与条件においても、ヌーヴェルは道の反対側にある広場をデザインしたランドスケープ・アーキテクトのイブ・ブリュニエと協働することで都市空間に積極的に関与しようと考える。ランドスケープは、ここでも建築を開く経路である。

a. 二つのオブジェ

イブ・ブリュニエ、そしてパートナーのイザベル・オリコストがデザインした、「ルクレール将軍広場」(図8-9)と名づけられた広場は、ヌーヴェルが実施を勝ち取ったコンペティションの際に、会議場と同時にデザインするよう要請されたものである。ヌーヴェルと協働したブリュニエは、広場の隣にあり、会議場の軸線とは斜めになっている歴史的な駅舎への幾何学的関係、そしてそのあいだを行き交う訪問者の動線など、複雑な与件を巧みに整理しつつ、達成目標を絞り込んだ。

それが、広場の中央にシンボリックに配された「アイス・キューブ」と呼ばれるオブジェである(図8-10)。このオブジェは貝殻のような形をしており、ガラス製で、表面に水が吹き付けられているため、会議場と対応した滑らかさをもっている。公園全体の座標系は駅舎に合わせて設定されているのだが、アイス・キューブだけは会議場の軸線に対応しているので、周囲から浮き立っている。また、機能的にはアイス・キューブは地下の駐車場へのトップライトでもあって、訪問客が駐車場から天井のアイス・キューブを見上げつつ大階段を登っていくと、突如大きな会議場のヴォリュームが目に飛び込んでくるようシークエンスが検討されている。会議場、そしてアイス・キューブという二つのオブジェによる、磁場のような関係性。カルティエ財団においては敷地内で行われていた建築とランドスケープの応答は、ここでは敷地を飛び越え、都市の中に投げ出されて成立している。

b. 都市をとらえ、接続するために

トゥールの会議場の計画において、建物と関連づけられているのは実はアイス・キューブだけではない。会議場そばのバス停は、ヌーヴェル自身の手によって会議場と同様のデザイン・コードを使って設計されている。街路に覆い被さる巨大な庇は、誇張されたデザインによって、会議場のランドマークとしての存在を誇っている(図8-11)。外部と接続するという観点に立つならば、会議場は公園が軸線を合わせた駅舎を望めるように配置されているし、敷地の脇に広がる公園も、内部のホワイエから広く見下ろすことができる。自らをコンテクスチュアリストと呼ぶヌーヴェルは、既存の都市空間と最大限の関係を取り結ぶために、会議場をデザインしているのであ

図8-8　トゥールの会議場／J.ヌーヴェル、1993年。完結した閉じた形態に外部への意志が隠されている

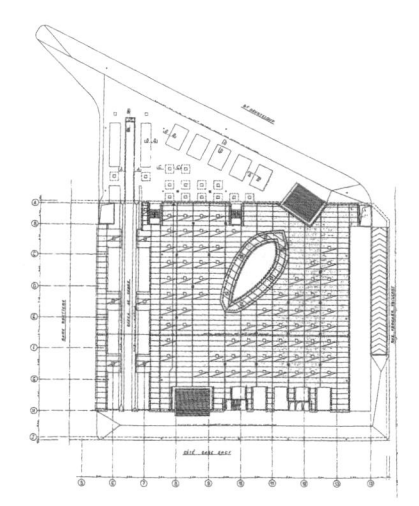

図8-9　ルクレール将軍広場平面図 　　　　図8-10　ルクレール将軍広場／アイスキューブが会議場に相対して配される

る。

　都市がもつ複雑性、歴史、空間的豊かさ。ヌーヴェルの建築群は、そうした都市の文脈への経路をつねに備えているが、ランドスケープはここでもその重要な経路となっている。二つのオブジェによって建築と外部の境界を攪拌し、行き交う人々を刺激して、そのアクティビティを建築に呼び込む。カルティエ財団の敷地内でなされていた操作が、トゥールでは敷地を超えて、大きなスケールで繰り返される。それは都市の根底にある公共性を、空間の問題として引き受けようとするヌーヴェルの意識の表れでもあって、ランドスケープはその具体的な実践法なのである。

　建築を外部に開くランドスケープ。それは広がりつつある建築のデザイン対象をとらえるための窓である。ヌーヴェルが都市をとらえようとしたように、われわれも建築の外部をとらえ、豊かな関係性を結ぶ必要があると思われる。そのための実践論は、すでに豊かに用意されているのだから。

1) "GA DOCUMENT EXTRA 07：JEAN NOUVEL" A.D.A. EDITA Tokyo, 1996

図8-11　トゥールの会議場の巨大な庇／ランドマークとして既存の都市空間と豊かな関係を取り結ぶ

8　ランドスケープ

III
建築の構成

1
軸線
サン・ファン・カピストラーノ図書館
小林克弘

「軸線は人間自身のあるいは最初の表明かも知れない。……軸は建築を秩序立てるものである。秩序立てるとは、仕事をはじめることである。建築はいくつかの軸の上に設定される。軸とは一つの目的に向かっての行動の指針である。建築においては、軸は目的を持たねばならぬ。学校（エコール・デ・ボザール:筆者注）ではそのことを忘れ、いくつもの軸を無限、無定、虚無に向かわせ、目的がない星型に交わらせる。……秩序立てるということは、軸線の秩序を定めること、すなわち目的群の序列、意図の序列を定めることだ」[1]（ル・コルビュジエ）

1. サン・ファン・カピストラーノ図書館の軸線

建築の構成において、軸線およびそれによって生じる左右対称性は、構成を秩序づける重要な役割を果たしてきた。冒頭のル・コルビュジエの言葉は、この役割を強く強調するものである。しかし、ル・コルビュジエは、軸線がすべての場合において、構成を秩序立てる役割を果たしているのではないということに警告を発してもいる。19世紀の建築構成において、支配的かつ主導的な役割を果たしたパリのエコール・デ・ボザールにおいては、軸線および左右対称に基づく構成が最高潮に達するが、ル・コルビュジエは、配慮なくやみくもにそうした構成を用いることを悪しき形式主義として批判しているのである。とはいうものの、実際のところ、秩序立てる軸線と無秩序な軸線との違いを明確に指摘することは、ル・コルビュジエが述べるほどには、決して容易ではない。

ここではまず、軸線に基づく構成を行った現代建築の代表例として、マイケル・グレイヴス設計のサン・ファン・カピストラーノ図書館（1984）を詳しく分析し、その後に軸線構成について、より広い視点から考えてみることにしよう。

a. 図書館の設計意図

サン・ファン・カピストラーノ図書館（図1-1、1-2）は、カリフォルニア州南部の街に建てられた中規模の図書館である。まず、この図書館に見られる設計意図を簡潔に要約すると、以下の3点に整理することができる。

①この図書館で要求された施設内容——大人用図書館、子ども用図書館、講堂、庭園内ガゼボ（戸外読書室）——を、西洋の修道院を思わせるような中庭型の平面計画にまとめつつ、軸線や左右対称を用いて構成を秩序立てることである（図1-3）。この点については、後ほど、より詳細に分析していくことにしよう。

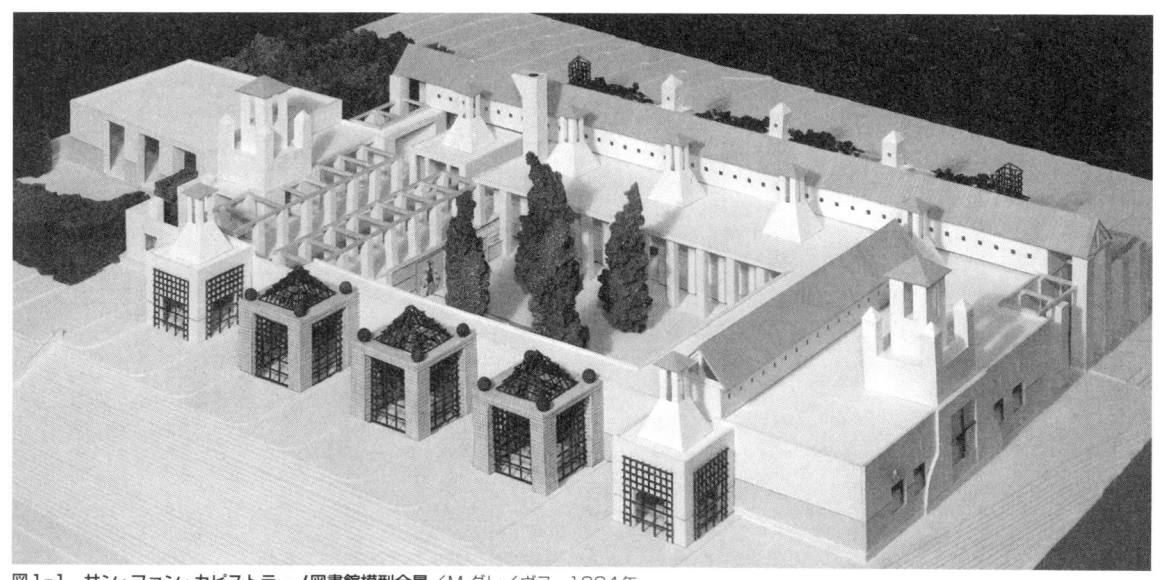

図1-1　サン・ファン・カピストラーノ図書館模型全景／M.グレイヴス、1984年

図1-2 サン・ファン・カピストラーノ図書館外観／塔やエントランス（右）などの目立つ要素が軸線を強調する

図1-3 同図書館平面図
1 ホワイエ、2 料金所、3 作業室、4 便所、5 案内所、6 参考図書、7 キャレル、8 青年成人、9 スペイン語書物、10 成人用ラウンジ、11 ギャラリー、12 書庫、13 庭、14 読書用アルコーヴ、15 司書室、16 簡易台所、17 ラウンジ、18 児童書室、19 予備室、20 物語室、21 会議室、22 児童小説、23 戸外読書室、24 後援者室、25 講堂ホワイエ、26 講堂、27 倉庫、28 小台所、29 池、30 泉、31 果樹園

②カリフォルニア州南部からテキサス州に至るアメリカ南部の地域には、スパニッシュ・ミッション様式と呼ばれる伝統的な様式が根強く残っている。この様式は、18世紀後半から19世紀にかけてスペイン人伝道師がキリスト教を布教するために建設した教会で用いられた建築様式であり、ひと言で述べるならば、スペイン建築特有の白い壁と瓦葺きの赤屋根を用いつつ、建築全体をより単純な形にまとめたものである。サン・ファン・カピストラーノの条例では、こうした伝統文化を尊重して、市の建築にはこのスパニッシュ・ミッション様式を用いることが推奨されていた。したがって、この伝統的な建築様式を用いつつ、いかにして優れた現代建築を創造するかが、大きな主題であった。

③通常、図書館においては、読書のための空間がきわめて重要になる。ここでは、この地域特有の強い自然光を、中庭を取り巻く列柱空間、吹抜け空間における高窓採光、光のフィルターの役割を果たす壁などによって、巧みに調節しながら、読書空間に魅力的・快適な自然光を取り入れることも大きな主題となった。

外観を一見しただけでも、スパニッシュ・ミッション様式の現代的翻案が意図されていることは明らかであろう。

また、外観に変化をもたらしている屋根および小塔の下では、当然ながら内部空間の天井高さが高くなるので、高窓から光を取り入れることが可能となるのである。

b. 軸線構成の分析

さらに丹念に平面構成を分析してみることにしよう。

まず、図書館全体が、西洋の修道院を思わせるような中庭型の平面に基づいて構成されていることは先述したとおりであるが、この中庭の四辺それぞれに面して、四つの施設内容が配置されていることがわかる。具体的には、中庭東側に大人用図書館、南側に子ども用図書館、西側に庭園内ガゼボを主とした突出部、北側に講堂という具合である。そして、この配置の構成は、中庭の中心で交わる2本の軸線X、Yによって大きく秩序立てられている（図1-4）。

この全体を秩序立てる交差軸線に加えて、さらに平面各部を秩序立てるための副次的な軸線が導入されていることがわかる。図1-5において、軸線aは、大人用図書館から北東側の前庭までを秩序立てており、軸線bは、子ども用図書館を、軸線cは池を備えた小中庭を、軸線dは講堂から北東側の前庭を、それぞれ秩序立てる。さらに、軸線eは、南側からのメイン・アプローチからエン

1 軸線　121

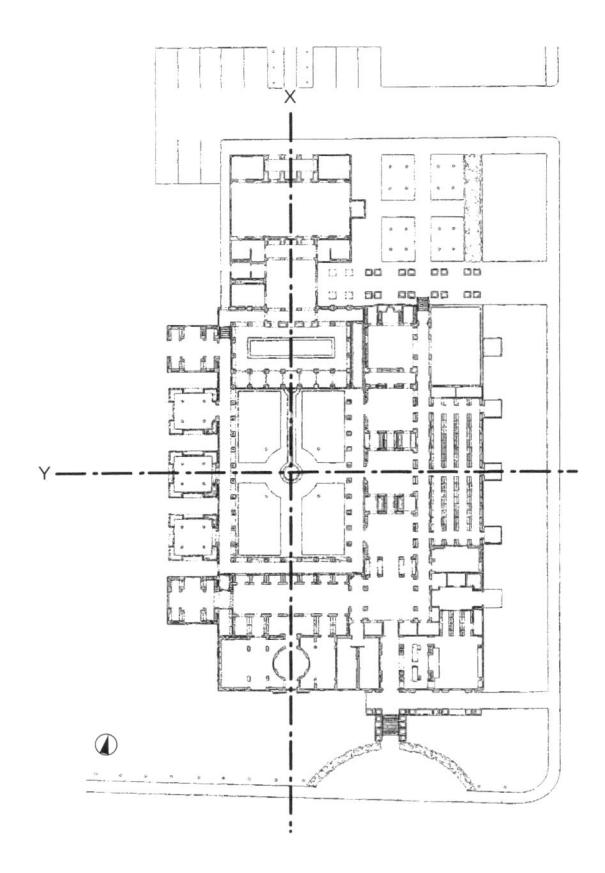

図1-4 サン・ファン・カピストラーノ図書館軸線分析図①

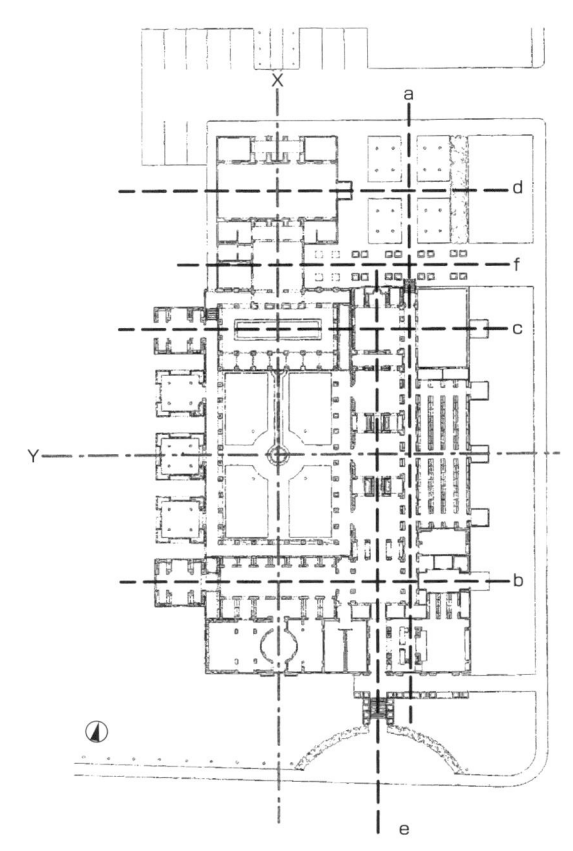

図1-5 サン・ファン・カピストラーノ図書館軸線分析図②

トランスホールを経て、大人用の図書館の閲覧室群へと至る空間を秩序立て、軸線fは北東側から講堂のホワイエへとアプローチする空間を形成する。

　このように、この図書館の構成においては、全体を大きく秩序立てる軸線から、それに基づきつつ局所を秩序立てる軸線に至るまで、それぞれの役割をもった軸線群が用いられていることがわかる。全体の中心である中庭中央は、4本の糸杉の木によって強調され、さらに、池を備えた小中庭から流れ出る水の流れが、中庭の中心に泉を形成する（図1-6）。言うまでもなく、この水の流れと泉は主要な軸線上に設けられている。

　内部では、こうした軸線に基づく平面構成と密接な関係をもって、空間デザインがなされる。たとえば、中庭のほぼ中央を通る箇所で切った短手の断面（図1-7）を見てみよう。中庭中央に見える象徴的な塔は、軸線X上において、講堂ホワイエの内部空間への高窓採光をもたらし、軸線e上の閲覧室および軸線a上の動線空間には、断面図からもわかるとおり、異なった内部空間デザインがなされているのである。重要なことは、軸線を用いた構成は、

単に平面構成を整えるということのみならず、空間デザイン全体に密接にかかわっているということである。

2. グレイヴスとポストモダニズム

　ここで、設計者であるマイケル・グレイヴス（1934年生まれ）の現代建築における位置づけについてふれておく必要があるだろう。グレイヴスは、1970年前後には、ル・コルビュジエの初期の住宅の影響を受けた作品をつくり、同様の傾向をもったアメリカ東部の建築家5人で、「ニューヨーク・ファイブ」展を催すが、1970年代後半から、歴史的建築モチーフの引用や伝統的な建築構成手法の採用などを行いはじめ、いわゆるポストモダニズムの主導的建築家となった。ポストモダニズムとは、広い意味では、モダニズムが金属をガラスで包まれた抽象的な箱型建築に陥り、表現力を失ってしまった事態を修正していく広範囲の運動を意味する。そのなかでも、とりわけ、歴史的建築モチーフの引用や伝統的な建築構成手法の採用など、建築の歴史からインスピレーションを得つつ、より象徴性をもった建築表現を探るという動向が強まり、そ

れが狭義のポストモダニズム、あるいはより正確には、ポストモダン・ヒストリシズム（歴史主義）と呼ばれている。グレイヴスは、この狭義のポストモダニズムの主導的建築家として、1970年代末から80年代にかけては、世界の現代建築の最先端をリードしたのである。グレイヴスが、ポストモダニズムという方向を明らかにした著名な作品としては、アメリカのオレゴン州の州都ポートランドに建てられたポートランド・ビル（1982、図1-8）がある。ここでは、外観においては1920年に流行したアールデコと呼ばれる、装飾性を残したモダンスタイルを引用し、平面構成においては、軸線や左右対称性に基づく伝統的な構成を採用している（図1-9）。グレイヴスは、その後、サン・ファン・カピストラーノ図書館を含む数多くの作品を、世界各地に残したが、グレイヴスの作品がほとんどポストモダニズムの代名詞のような存在にまでなっていったため、1980年代末ごろから、ポストモダニズムの通俗化が見られるようになるとともに、グレイヴスの作品もまた表現力を失っていくのである。

しかしながら、グレイヴスに代表されるようなポストモダニズムの考え方、つまり建築の歴史に学びつつ今日の建築を刷新するという姿勢は、単なる流行として片づけられてしまうべきではない。というのも、建築の歴史は、多かれ少なかれ、過去の建築に学びつつ新たな建築をつくるという姿勢によって、発展してきたのであり、ポストモダニズムはそうした姿勢を取り戻すという作業であったと考えられるからである。要は、建築の歴史に見られる知恵や工夫を見失うことなく、かつ単に伝統的建築のリヴァイヴァルに終わることのない創造のあり方を探ることこそが重要なのであろう。この意味では、伝統的建築モチーフの引用は、伝統的建築のリヴァイヴァルに陥る危険性を孕んでいるということもできるが、軸線構成のような構成手法を踏襲しつつ、それをさらに発展させるという姿勢は、現代建築のさらなる展開にとって、さまざまな可能性を秘めていると言うことができるだろう。そこに、現代建築に対するポストモダニズムの真の貢献があったと考えうる。

3. 軸線と左右対称

さて、ここでは、軸線およびそれに基づく左右対称を、より広い視点から考えてみることにしよう。建築の歴史において、こうした構成は古代よりきわめて重要な役割を果たしてきた。換言するならば、平面および立面を、可能な限り、軸線を用いて対称形にまとめ上げることが建築構成そのものであったと言えるほどである。これほど、

図1-6　サン・ファン・カピストラーノ図書館中庭／主要な軸線X、Yが交わる中心に泉が置かれ、4本の糸杉が泉を囲む

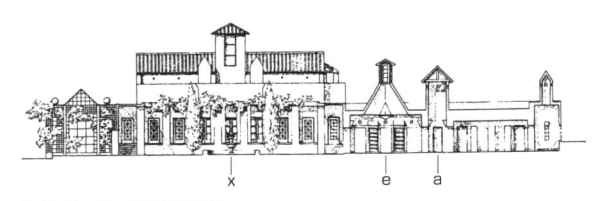

図1-7　同・図書館断面図

図1-8　ポートランド・ビル外観／M.グレイヴス、1982年

こうした構成が重要視された理由は、それが単に形を整えるという見かけのうえでの役割を超えて、冒頭のル・コルビュジエの言葉に見られたように、建築を「秩序立てる」力を有しているからにほかならない。そうであるならば、軸線や左右対称を、単に見かけの形の問題としてではなく、建築を「秩序立てる」方法として用いるためには、どのような点に留意しなければならないのだろうか。

まず第一に、ル・コルビュジエも強調しているように、軸線の目的を正確に見定めることである。その軸線が人をどこからどこへ導くものであるのか、軸線が建築の何を秩序立てる役割を果たすものであるのか、あるいは、複数の軸線が存在する場合、どれがもっとも強い軸線で、どれが副次的な軸線であるのかを、明確に把握して軸線を設定しなければならない。

次に、軸線は左右対称構成を誘発するが、この対称構成となりうる建築要素が何であるかを、慎重に判断することが重要であろう。建築の諸要素あるいは諸室に関し、対応関係あるいは序列やヒエラルキーに配慮したうえで、対称に置かれることがふさわしいものを見つけるという作業が必要になる。もう少し踏み込んで言うならば、それらが対称構成を求めているか、欲しているかを判断しなければならない。もし、対称構成が自然であると判断できない場合には、形式的な見かけだけの対称を避けるためにも、対称構成を避けるべきかもしれない。一方、自然な対応関係が見い出される場合には、要素の重要度や序列に配慮しつつ、きわめて自然に対称構成が形成されることになろう。

さらに、自然に対称構成が成立する範囲が、建築全体に及ぶ場合もあるし、逆に局所にとどまる場合もあるわけで、したがって、そうした範囲がどこまでであるかを判断しなければならない。つまり、全体的対称構成がふさわしいか、局所的対称構成がふさわしいかを十分に検討する必要があるということである。建築の施設内容が複雑になると、全体的対称構成は不自然だが、局所的には対称構成となるべき要素が多々存在するという状況がしばしばあり得る。この見極めも、きわめて重要であろう。

こうした視点から、再びサン・ファン・カピストラーノ図書館の軸線および対称構成を思い返してみよう。軸線X、Yは、中心的な役割を果たす中庭と四つの施設内容を、建築全体のレベルで関係づける役割を果たす軸線であった。とはいうものの、軸線X、Yに対して、施設全体が完全に左右対称に構成されているのではない。この意味では、完全な全体的対称構成を行うことは、施設内容に十分な配慮を払うならば、必ずしも自然な構成ではないという判断がなされたのであり、その結果、軸線X、Yは施設全体を緩く秩序立てる軸線として用いられることになったのである。

一方、軸線aからfは、局所的な対称構成を生み出す軸線である。それらは、軸線X、Yと密接に関係をもちながら、つまりル・コルビュジエの言葉を借りるならば、軸線の秩序と序列を生み出しながら、局所に秩序をもたらす。これらの局所的な軸線にそっては、局所的左右対称が形成されるが、ここで注目すべきは、決して左右対称が無理強いされているのではないということである。

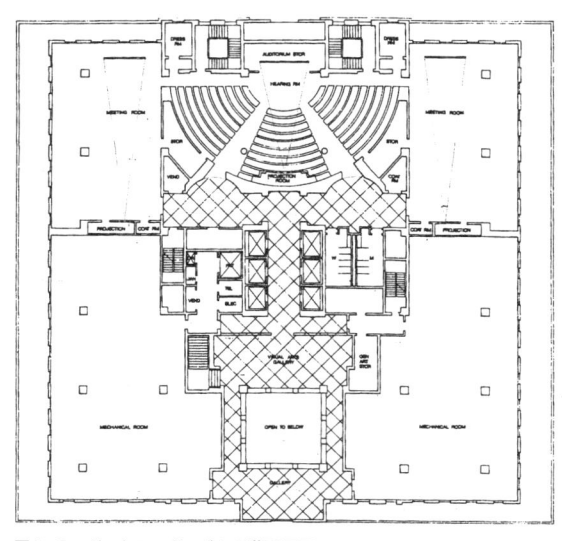

図1-9 ポートランド・ビル2階平面図

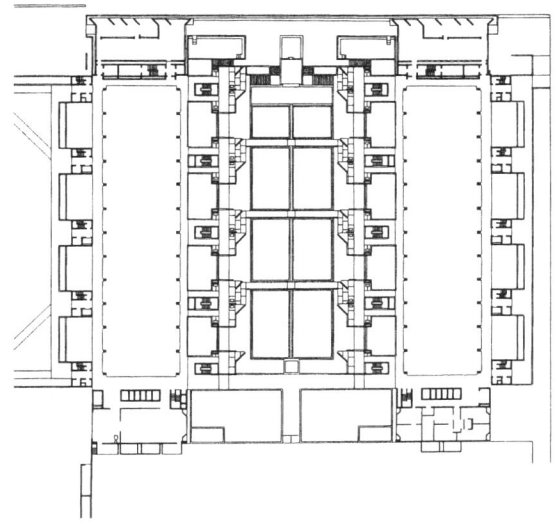

図1-10 ソーク生物学研究所1階平面図

図1-11 ソーク生物学研究所中庭／L.カーン、1965年。中央の水の流れが、太平洋(手前)へと向かう軸線を強調する

図1-12 アルシュ外観／J.O.vonシュプレッケルセン、1989年。門型の建築が、パリの重要な都市軸線を強調する

たとえば、軸線aにそっては、平面的にはほぼ左右対称が前提とされてはいるが、閲覧室と書庫は部屋の重要度あるいは性格という点からは厳密な対称とはなり得ないのであり、それゆえ、断面に関して先述したように、それぞれの部屋の雰囲気にふさわしい空間がつくられている。つまり、平面的にはほぼ左右対称であっても、空間的には異なった扱いがなされているのである。このように、軸線や対称形といっても、それはきわめて単純かつ堅固な構成原理なのではなく、さまざまな建築的工夫を柔軟に許容しながら、構成を秩序立てるものなのである。

最後に、軸線や対称形を用いた、現代建築におけるほかの代表例にふれておくことにしよう。ルイス・カーン設計のソーク生物学研究所(1965、図1-10、1-11)は、南カリフォルニアの太平洋を見渡す崖の上に立つ研究所であるが、ここでは太平洋に向かう中庭を中心に施設全体が完全に左右対称の形に配置されている。中庭には太平洋へと向かう軸線を祝福するかのように、軸線上に細い水の流れが設けられている。パリ郊外の副都心デファンスに立つヨハン・オットー・フォン・シュプレッケルセン設計のアルシュ(1989、図1-12)は、パリ中心部のルーブル宮殿からシャンゼリゼ、エトワールの凱旋門を経てデファンスにまで延びる都市軸上に建てられた巨大な門型の建築であり、足元の大階段広場も都市の軸線を受け止める役割を果たしている。ここでは、門型の建築の中に仕組まれた軽快な建築要素および鋭く尖ったエッジが、巨大な門型の圧倒的な力を巧みに和らげている。

1) ル・コルビュジエ、吉阪隆正訳『建築をめざして』鹿島出版会、1967年、p.146

1 軸線　125

2
ヴォリューム
モラー邸
・
六反田千恵

1. 設計者アドルフ・ロース

　アドルフ・ロース(1870～1933)は、ウィーン近郊の小都市ブルノ(現チェコ共和国)に生まれ、主としてウィーン周辺で活動した建築家である。『装飾と罪悪』(1908)を発表し、装飾を否定する近代建築の理論的先駆者として名高い。しかし一方で、実践面では、シンメトリー構成の優位や古典的建築言語の引用・装飾的なテクスチャーの処理など、19世紀末的な要素を色濃く残し、近代建築の一歩手前で立ち止まった建築家として評価されている。

2. ロースのキャリアとモラー邸

　ロースのキャリアは4期に大きく分けることができる。

第1期(1900～1918年ごろ)：活発に批評活動を展開しつつ、ウィーン市内の店舗・住宅の内装を主として手がける。建築家としての模索期。

第2期(1919～1924年ごろ)：住宅設計の仕事が増え、ウィーン市集合住宅建設局のチーフ・アーキテクトとして契約(1921年以降)していた。自ら「建築における革命的思考」と呼んだ「ラウム・プラン」(raum plan)の実験・合理的な建設方法の提案などアヴァンギャルドな活動と、古典的建築言語からのマニエリスティックな引用が同居する。矛盾に満ちながらもっとも活動的な時期。

第3期(1925～1930年ごろ)：パリへの移住とウィーン帰還直後の数年間。「ラウム・プラン」をはじめ、ロース独自の設計方法が完成され円熟を迎える時期。

第4期(1930～1933年ごろ)：チェコスロバキア共和国内での仕事が多くなり、共同設計者にスケッチを渡すようにしていた最晩年の時期。やや硬直化する。

　モラー邸(1928)は、ロースのキャリアが成熟と洗練の頂点に到達した第3期の最終段階に含まれる作品のひとつで、パリ滞在中に設計がはじめられ、帰国とほぼ同時期に竣工している。

3. ヴォリューム／ヴォリューム構成

　「ヴォリューム(volume：体積・量)」は、建築物の全体像を大まかにとらえるために用いられる概念である。

図2-1　モラー邸北側ファサード／A.ロース、1928年。モラー邸はウィーン郊外の丘陵地に立つ、地下1階・地上4階の住宅である。このファサードは道路に面している。ほぼ正方形に近い外形と黄金比長方形に近い正面をもつ突出部、厳格なシンメトリーに従って配置された開口部をもつ

図2-2　モラー邸南側／厳格な幾何学的秩序に従う北面に対し、プライベートな庭に面した南面はリラックスした表情を見せている。しかし、注意深く見れば、2階部分の床の高低差が巧みに隠され、左列の階段を中心とした五つの開口部群と、右列のテラスを中心とした二つの開口部群がそれぞれにシンメトリカルなまとまりをもって構成されていることがわかる

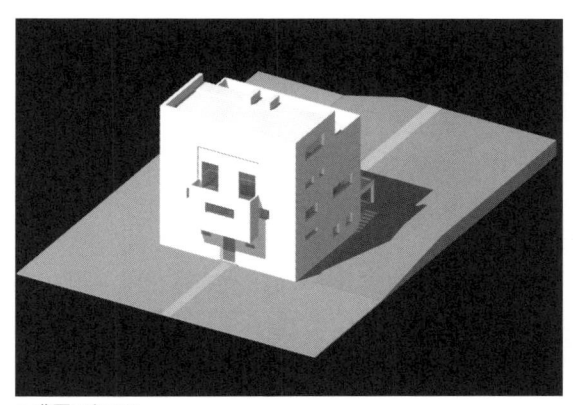

a. 北西アクソメ

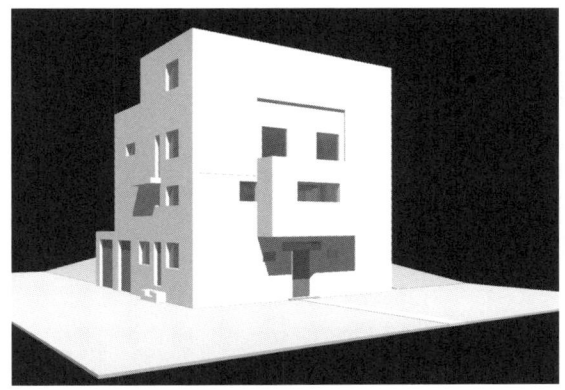

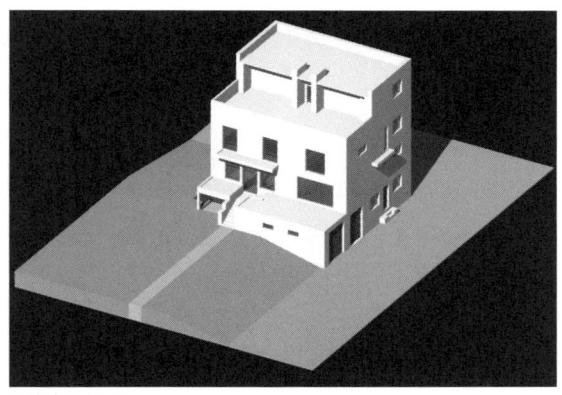

b. 南東アクソメ

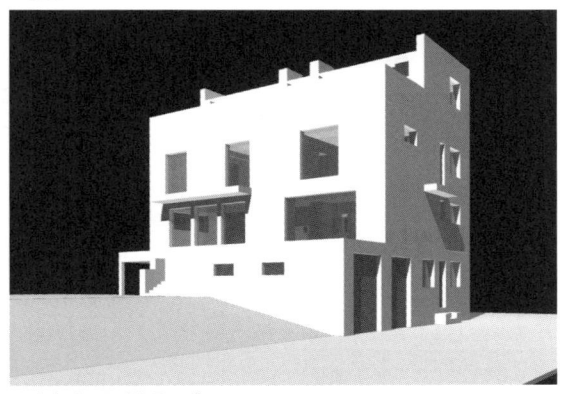

c. 北東パースペクティブ

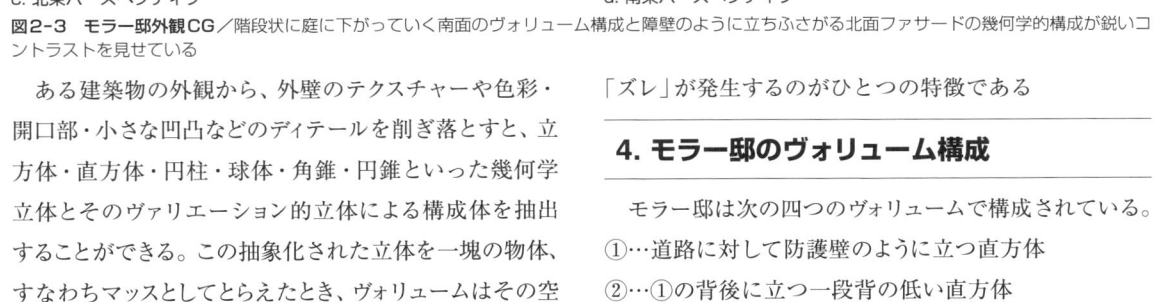

d. 南東パースペクティブ

図2-3 モラー邸外観CG／階段状に庭に下がっていく南面のヴォリューム構成と障壁のように立ちふさがる北面ファサードの幾何学的構成が鋭いコントラストを見せている

ある建築物の外観から、外壁のテクスチャーや色彩・開口部・小さな凹凸などのディテールを削ぎ落とすと、立方体・直方体・円柱・球体・角錐・円錐といった幾何学立体とそのヴァリエーション的立体による構成体を抽出することができる。この抽象化された立体を一塊の物体、すなわちマッスとしてとらえたとき、ヴォリュームはその空間的なまとまりそのものと量を示し、各々のマッスの関係はヴォリューム構成としてとらえられる。

「ヴォリューム／ヴォリューム構成」は、建築物が外部環境に与えるインパクトや、その建築物自体の全体と各部分の立体的なプロポーションをチェックするために用いる。「ヴォリュームが大きい／小さい」「街並に対して威圧的な／ちょうどよいヴォリューム(感)」「単純／複雑なヴォリューム構成」といった使い方をする。

「ヴォリューム／ヴォリューム構成」と表裏一体の関係にあるのが「空間／空間構成」である。空間は、壁・床・天井・柱などの建築的要素で分節された領域のことである。いわば外に現れる形態と内部の領域構成だが、このモラー邸に限らず、ロースの住宅では、両者にしばしば「ズレ」が発生するのがひとつの特徴である

4. モラー邸のヴォリューム構成

モラー邸は次の四つのヴォリュームで構成されている。
①…道路に対して防護壁のように立つ直方体
②…①の背後に立つ一段背の低い直方体
③…庭と②をつなぐ台のような直方体
④…①の北側中央に突出している小さな直方体

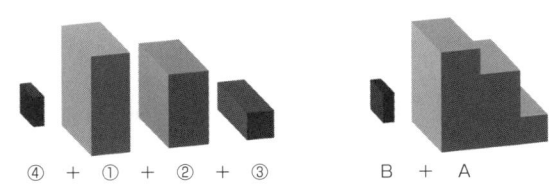

④ ＋ ① ＋ ② ＋ ③   B ＋ A

このうち、①②③は、南側の庭に向かって段々に低くなっていく連続的な構成をなし、見方によっては、大きな直方体が階段状に削り取られた、ひとまとまりのヴォリュームAとして把握することもできる。

しかし、④はコンパクトではあっても、①②③からなる連続的なヴォリュームAとは融和しない、異質なヴォリュ

ームBとなっている。モラー邸のヴォリューム構成は、基本ヴォリュームA＋突出部ヴォリュームBからなる、といってもよい。

ロースは、この特異点ともいえる突出部のヴォリューム④＝Bと、Aの北面にあたるメインファサードのプロポーションを決定するのに、細心の注意を払っている。

設計段階の平面図（図2-4）と竣工後の写真（図2-1）を比較すると、中2階の談話コーナーの平面が左右に各々約1m拡大されている（図2-6参照）。さらに、設計時の断面図（図2-5）にある4階の北面の窓がなくなり、屋根部分には1mほどの腰壁が追加されている。

これらの設計変更を読み替えると、ヴォリュームBの北面を水平方向に拡大して黄金比長方形として、その存在感を強調すること、ヴォリュームAの北面、つまり道路からのアプローチに対応するメインファサードを垂直方向に拡大して正方形とすること、の2点が意図されていたと解釈できる。

中2階談話コーナーの拡張部分が、せいぜい収納か踊り場の延長としてしか活用されていないこと、4階屋根上に昇り降りするための階段は設置されていないことから、これらの変更が平面上の納まりや機能性から必然的に要求されたものではなく、純粋にメインファサードとヴォリームBのプロポーション操作として行われたと推測できるのである。

5. ラウム・プランについて

ラウム・プランについては、ロース自身が「住宅の部屋割りを従来のように、各階ごとに平面で考えるのではなく、3次元の空間、立体において考える……。部屋割りを3次元の空間中において考える！哲学者のイマヌエル・カント以前においては、人間は、まだこのように立体的にものを考えることはできなかった。だから建築家は仕方なく、便所の天井高を大広間のそれと同じように馬鹿高くしてきたのだ」[1)]と語っている。

ドイツ語"raum"は、いわゆる「部屋」をニュートラルに示す"zimmer"に対して、英語でいう"space"と"room"の両方にかかるニュアンスを含む。ロースは、各々の部屋を単なる"zimmer"ではなく、"raum"としてとらえていた。それぞれの部屋・空間領域"raum"は、使用形態によって固有の性格を与えられ、その性格に従ってそれぞれの水平・垂直方向のプロポーションが決定され、配列されるべきだと考えていた。その意味では、"raum plan"とはロース独自の機能主義的設計方法であった。

"raum plan"を直訳すれば"空間計画"という曖昧な日本語になってしまうが、ロースにおける"raum"は、一般的な「空間」であると同時に、強度のある完結性をもった「部屋」でもある。あえて意訳をすれば、「3次元空間における部屋割り計画」とでもいえるだろうか。

6. モラー邸の空間構成

モラー邸は、①地下1階および1階を中心に配置された使用人室や洗濯室・機械室・ガレージなどのサービス領域、②エントランスホールからのアプローチを含む、音楽室と食堂および談話コーナーなどホールでつながれた、主に2階部分を占めるパブリックな領域、③3階・4階に配置された寝室やアトリエなどのプライベートな領域、と機能的にゾーニングされている（図2-6）。このうち領域②は、住宅の外部と内部、つまり街路の社会的領域から寝室などのプライベートな領域のあいだを、いわば空間の濃度調整をしながら接続する役割を果たしている。

一方、主動線は1階エントランスホールから左右に折れ曲がった階段（図2-7）を経て、2階のホールに至る。このホール空間は、さらに上階に続く階段へとつながって

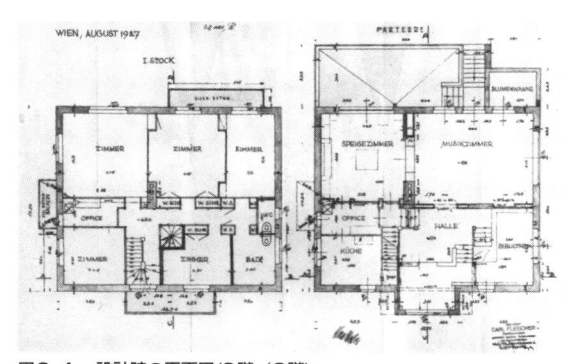

図2-4　設計時の平面図（2階／3階）

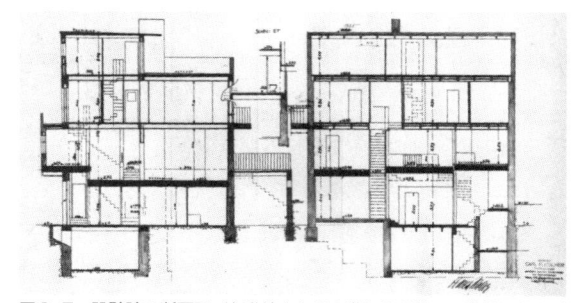

図2-5　設計時の断面図／主動線となる1階から2階への階段は蹴上げ170mmで計画されており、床の高低差も170mmの整数倍で決定されている

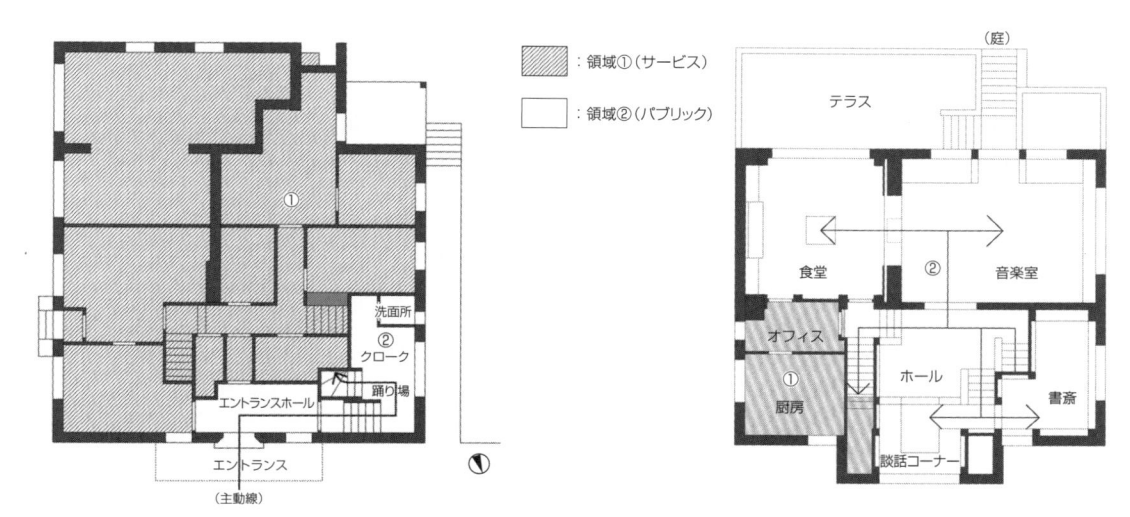

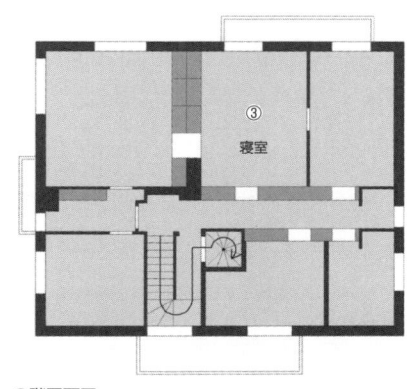

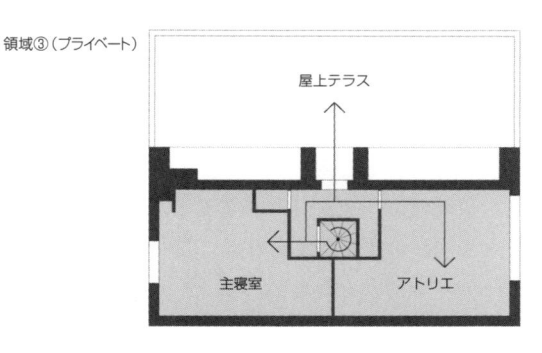

図2-6 竣工当時想定復元平面図／図2-4、2-5と図2-1の北側ファサード写真を比べると、2階中央の談話コーナーの突出部の幅が左右に約1m拡大されているのがわかる。また、4階屋根回りに1m弱ほど(煙突と同じ高さまで)の腰壁がまわされている

いく踊り場的な機能をもつと同時に、音楽室の前室的な存在となっている。このホールから3階の寝室へと上る階段は、音楽室の前に設けられたホールと談話コーナー(図2-8)の周囲を回り込むようにつけられている。3階と4階をつなぐ階段はひとりがやっとすり抜けられるような螺旋階段になっている(図2-6c、d)。

また、領域②に含まれる各"raum"は、それぞれに固有の天井高さをもつ。断面図から推測すると、約3m30cmのエントランスホール、踊り場は約2m50cm、ホールと音楽室が3m30cm、食堂は約2m60cm、談話コーナー約2m35cm、書斎は約2m20cmとなっている。

これら②に含まれる各"raum"のうち、音楽室と食堂は、厳格なシンメトリーに則った家具の配置と開口部の配置によって、それぞれに強い空間的な完結性を与えられている(図2-9、2-10)。折れ曲がる主動線と変化する床高さのために、ある地点からはせいぜい隣の"raum"までしか見ることができず、"raum"全部の関係を一望できないようになっている。

領域②に含まれる"raum"群は、その中心に置かれたホールによって媒介されているが、談話コーナーはこのホールと強い空間的な連続性をもちながら、ホールを見下ろす特権的な位置を占める。談話コーナーのソファーに腰掛ける者は、主動線からわずかに身を外しつつ、領域②を通過するすべての移動を把握することができる。付け加えるならば、ここからは、街路からエントランスにアプローチしてくる外部の動きも、庭側から音楽室に上がってくる階段の上がり口も見通すことができる。それは領域②と領域③の境界地点に置かれており、「社会的空間と私的空間のあいだにある監視席」[2]となっている。

モラー邸の空間構成の結節点はこのホールであり、そこに設けられた談話コーナー＝監視席が、この空間全体を支配する特異点となっているのである。

7. モラー邸のヴォリューム構成と空間構成

モラー邸のヴォリューム構成と空間構成のあいだには、ある「ギャップ」が仕掛けられている。エントランスから幾度も折れ曲がるようにして上がっていく主動線・フロアレベルと天井高の異なる複数の"raum"の綿密な構成・各々の"raum"のもつ空間的な濃度差、といった空間構成の特色は、街路に対峙する北面ファサードの構成やヴォリューム構成には現れてこない。モラー邸の外部から内部を予測することは不可能である。

ロース自身の言葉「住宅は外部に対して語る必要はない。その代わり、あらゆる豊かさは内部においてはっきり語られねばならない」3)（傍点筆者）という以上に、北面ファサードは、強固な幾何学的構成の背後に内部を隠蔽する仮面として頑なに沈黙しているというべきである。

そして唯一、ヴォリューム構成と空間構成が一致する特異点である「ヴォリュームB＝談話コーナー、すなわち監視席」だけが、外部と内部の出合うポイントであり、この沈黙の仮面の「目」（孔）として機能している。

ロースが内部の空間構成を率直に表現するファサード・ヴォリューム構成を放棄し、メインファサードを沈黙の仮面として意識的に演出するようになったのは、アヴァンギャルドの聖地パリへの移住とトリスタン・ツァラ邸（1927）以降であり、精神的に変調をきたしたロースが亡くなるまでこの手法は保持されるのである。

8. 失われた近代建築家

ロースに見られるプレモダン的特色の多くは、19世紀末から20世紀初頭の過渡期を生きた建築家に共通である。しかし、内面と外面に引き裂かれた近代人の危機的精神構造と自己相似形であるような、内部と外部の「分裂」とその支配機構は、ロース固有の特色である。

ロースの生きた過渡期には、その後の近代建築運動の中で勝ち残ってきた「健康な近代」以外の、さまざまな「近代」が現れ、存在していた。アドルフ・ロースとは、主流になることなく失われていったオルタナティヴな「近代」の一面を鋭く体現した建築家であったように思われる。しかし、それは本当に失われたのだろうか？

1）アドルフ・ロース、伊藤哲夫訳「ヨーゼフ・ファイリッヒを偲ぶ」、『アドルフ・ロース』鹿島出版会（SD選書165）、1980年
2）ビアトリス・コロミーナ、松畑強訳『マスメディアとしての近代建築』 鹿島出版会、1996年
3）アドルフ・ロース、伊藤哲夫訳『装飾と罪悪』中央公論美術出版、1985年

図2-7　エントランスホールから上がってくる階段室

図2-8　談話コーナーと書斎入り口を見る

図2-9　音楽室より食堂を見る

図2-10　食堂より音楽室を見る

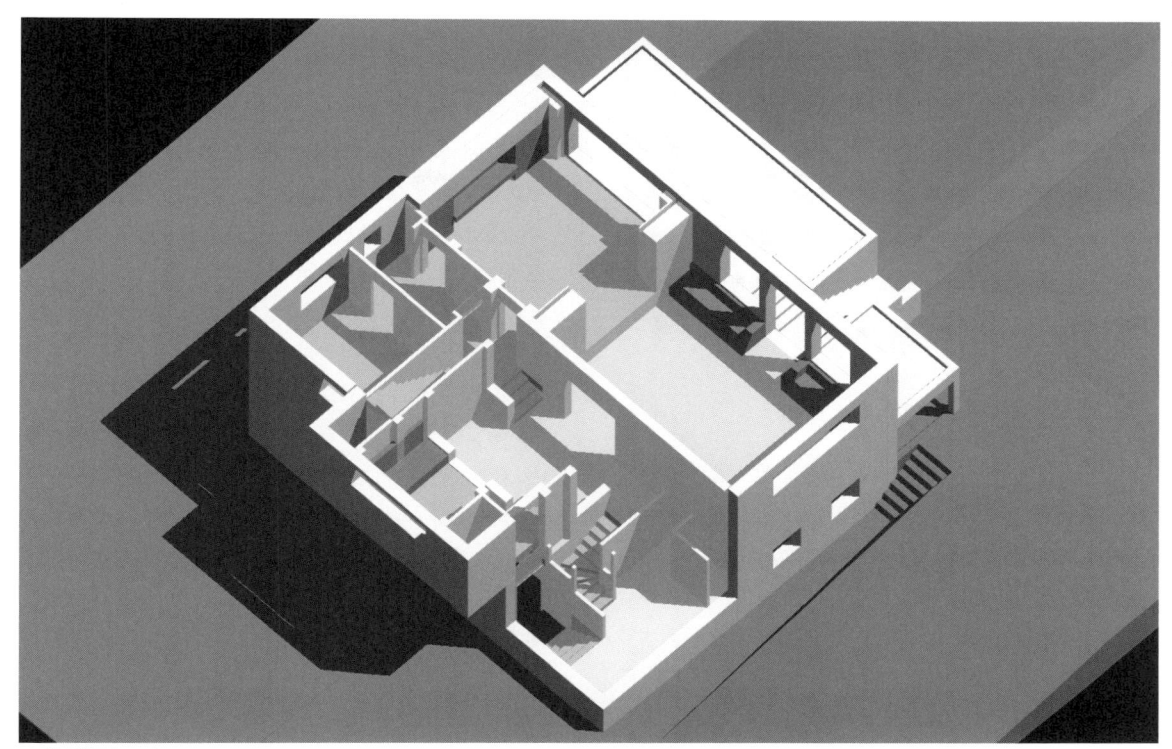

a. 北西側アクソメ

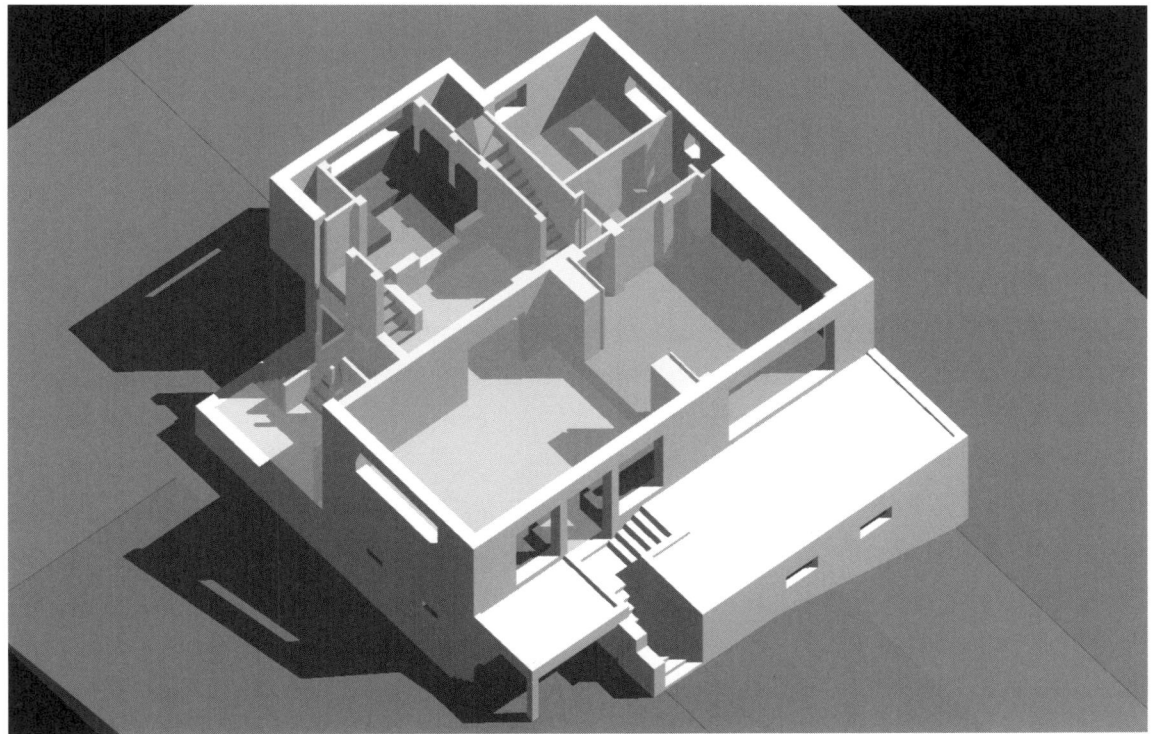

b. 南西側アクソメ

図2-11　2階アクソメ図／主動線が左右に折れ曲がりながら音楽室前のホールへと上がってくる様子が見える。このホールと音楽室はこの住宅の中でもっとも社交的な空間となっている。ホールの脇に取り付けられている談話コーナーは、1階からホールへの上がり口、ホールから3階への上がり口、書斎への上がり口、音楽室の入り口と南の庭から音楽室に上がってくる階段上がり口、および道路側からエントランスに延びてくるアプローチなど、この住宅の主動線をすべて監視できる特権的なポジションに配置されている

2　ヴォリューム

3 コンポジション
シュローダー邸
吉村靖孝

1. コンポジションの誕生

a. 構図、またはコンポジション

「面」に「点」をひとつ記入してみる(図3-1a)。これがコンポジション発生の条件である。点が加わった瞬間すでに、この「面」には構図、すなわちコンポジションが生成している。仮にその点が「面」の中央であったなら、このコンポジションは安定しているということができる(図3-1b)。上下、左右にそれぞれ均等な余白をもち、視線をむやみに四隅へと誘導せず、「運動」の可能性に関する鑑賞者の想像力を抑制している。それに引き換え、加えた点が「面」の片隅に寄った場合には、やおら視線の移動が喚起されはじめるのがわかるだろう(図3-1c)。縦横に走るメロディ、あるいは緊張と弛緩のリズムを予感させる動的なコンポジションの発生状態である。

さて、「コンポジション」生成のメカニズムを知るために、まず「面」という「領域」を想定することからエクササイズをはじめたことになるが、本来、コンポジションの特性はこの「領域」のなかにいつまでもとどまっていてくれるような穏やかなものではない。想像してほしい。図3-1の「面」は、この見開きのどの当たりに位置しているか、この本は机の上のどこに位置しているのか、あるいはその机は部屋のどこに? 部屋は? 家は? そうやって私たちの意識が「要素」と「背景」を取り結んだ瞬間、そこにはすでにコンポジションが生成している。画布の外郭ととらえたはずの「面」は、すぐさま上位の関係性のなかへと吸収されていくのである。

b. 構成、またはコンポジション

コンポジションの訳語として当てられる日本語には、前出の「構図」のほかにも「構成」や「組成」などが考えられる。これらの日本語を斟酌すると、組み立てて成し遂げるということであり、前節の「面」、すなわち「領域」との関係がさして重要でないようにも読める。どういうことか。その意味するところを明確にするため、ここで「面のない状態」、あるいは「無視できるほど限りなく大きい面」を想像してみる。そこには位置を特定するためのパラメータが何もなく、したがって、「構図」として像を結ぶための手がかりがない。ここに点をひとつ配置しただけでは、コンポジションは成立しないのである(図3-2a)。しかしそれでも、ここに二つめの点を書き入れた瞬間、二点のあいだの距離と方向によって、ある一定の組織ができ上がる。水平に配置された二点、垂直に配置された二点、あるいは斜めに置かれた場合のいずれもが、それぞれ異なる効果を伴って視界に飛び込んでくる(図3-2b)。「面」はないけれども、確かにこれは「コンポジション」の一様態なのである。

c. はじまりのコンポジション

コンポジションが、こうしていとも簡単に生成してしまう

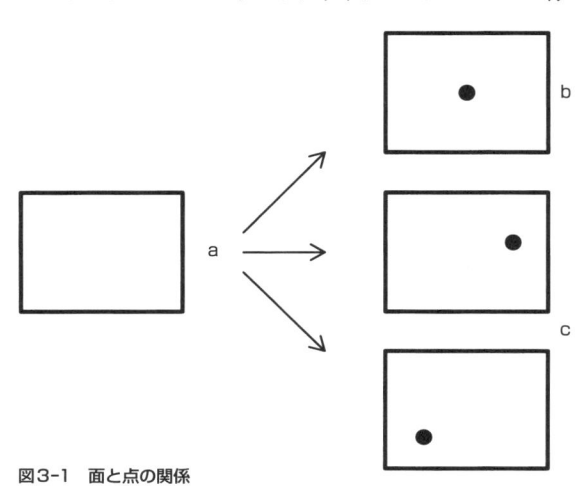

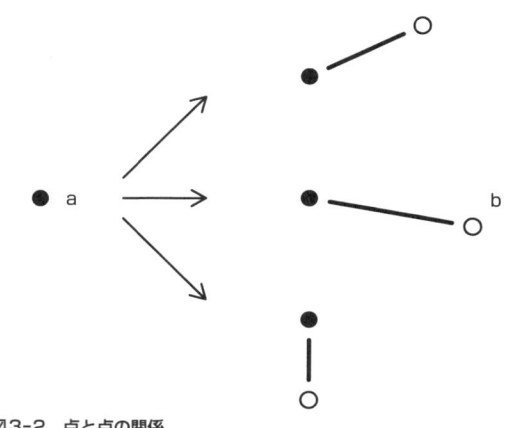

図3-1 面と点の関係

図3-2 点と点の関係

以上、まずは、初源を探ることの無謀さを知らなければならない。「コンポジション」が、デザインの理論や技術として成立するはるか以前から、コンポジションそのものはすでに存在していたのであって、洞窟のフレスコでも、アクロポリスの神殿でも、それを制作する過程でコンポジションが意識されていたかすら問題にはならない。たとえそれが非常に微小な一点であっても、現実の世界には必ず何かしら位置を特定することのできる背景があり、つまり、ありとあらゆるものがコンポジションの文脈に接続する可能性を有していると言って差し支えないのである。

しかしその一方で、今日われわれが「コンポジション」と口にするとき目に浮かぶ像は、どれも似かよった特徴を備えていて、むしろ様式といってもいいほど固く約束事に塗り込められている。特にデ・ステイル[1]と呼ばれるオランダの芸術運動は、コンポジションの解釈と、それを形態に落とし込む際の作法を決定的なものにしたといえるだろう。

2. コンポジションの作家

a. コンポジションのモンドリアン

よく知られたデ・ステイルの画家ピート・モンドリアン[2]の「赤と黄と青のあるコンポジション」(1921、図3-3)を参照してみよう。白を基調としたキャンバスは黒い線分で分割されており、そのいくつかのプロットはまるで今、絵の具のチューブからひねり出されたばかりであるかのような賑やかな色彩で満たされている。白い部分は階調にわずかな違いがあり、それが画面に奥行きを与えている。ここに描かれたものはもはや風景[3]や人物、静物といった主題とは具体的なつながりを失っており、代わりに「画面分割」と「彩色」のコンビネーションが「コンポジション」を生み出している。分割は非対称に断行され、不均質に配置された原色の区画が視線を強く引き付けて、画面にある種の緊張感をもたらしている。この上を走査する鑑賞者の視線は、静的で退屈な確認作業を止め、埋め込まれた軌跡をゆっくりなぞりはじめることだろう。

むろん、この絵がたとえ人物や静物を描いていたとしても、そこにコンポジションを読み取ることはできたはずである。しかし、ここで試みられたのは、より純粋で効果的な「コンポジション」の抽出であり、それゆえ画面上の諸要素はすべからく「面」や「線分」にまで還元されているのだ。あるいはこうも言えよう。キャンバスに筆を落と

図3-3 赤と黄と青のあるコンポジション

図3-4 シュローダー邸／G.T.リートフェルト、1924年

した瞬間立ち現れてしまう「コンポジション」は、抽象化の末にも消し去ることのできない根源的な構造としてキャンバスの上にとどまったのだ、と。

b. コンポジションのリートフェルト

このモンドリアンの絵画としばしば対照されるのが、ヘリット・トーマス・リートフェルトの「シュローダー邸」(1924)[4]である(図3-4)。デ・ステイルの建築的到達点と目されるこの小住宅は、ユトレヒト郊外の閑静な住宅街にあって、思いのほか慎ましやかに佇んでいる。竣工当時、南面に広がっていた牧草地は消え去り、現在では目前を高速道路が横切っていて、この表情豊かな外観には幾分窮屈な前庭が残されるのみである。そこにあるすべての要素が面と線のリズムのなかに溶け込んでいて、「建築」が家具に至るまで小気味よく分節されているようでもあるし、あるいはもはや建築大の「家具」のかたまりのようでもある。もと

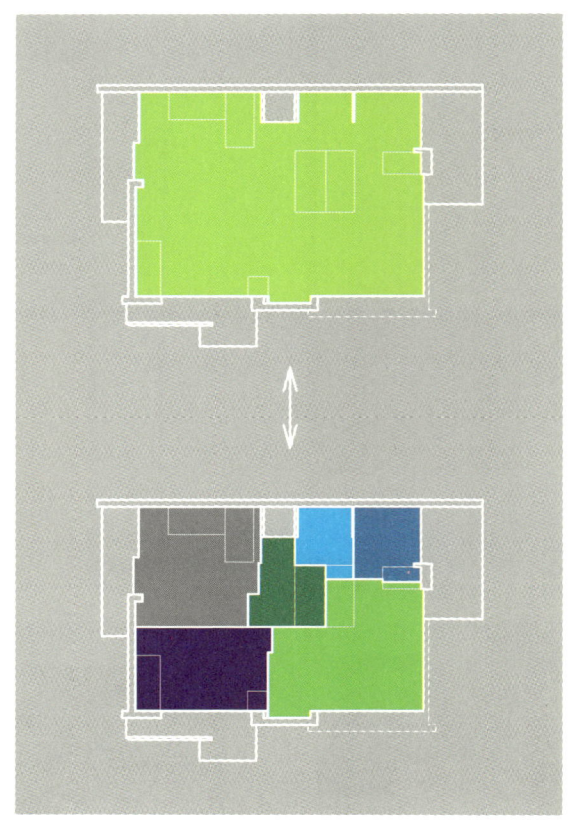

図3-5 シュローダー邸2階平面図

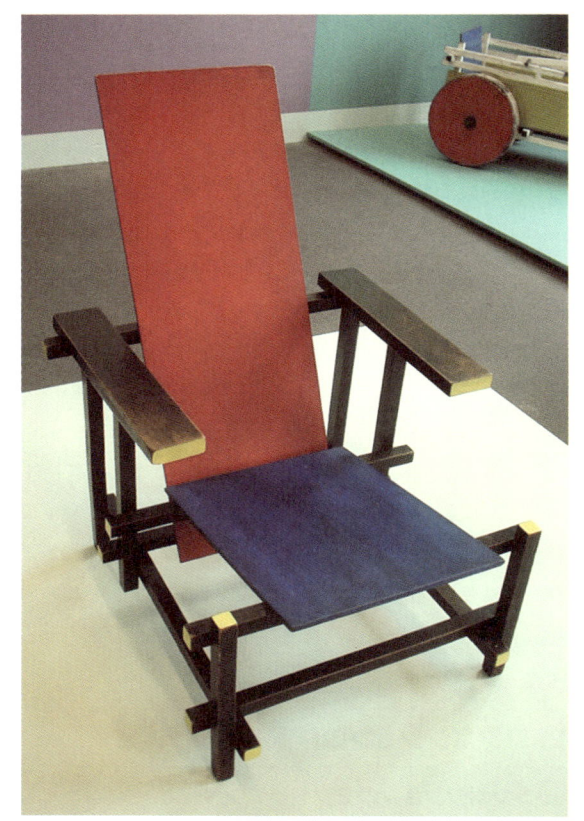

図3-6 レッド・ブルーチェア

もと家具職人であったリートフェルトにとって、最初の建築作品となったこの住宅が「家具的」な身軽さを手放していないのは、単なる偶然ではあるまい。リートフェルトのこの文字どおり「軽やかな」転身を支えたのが「シュローダー邸」の施主トゥルース・シュレーダー・シュローダーである。彼女は弁護士の夫を亡くした未亡人で、彼女自身もインテリアデザイナーであった。

建物は間口10m、奥行き7.7m、高さ6mの2階建てで、1階は小部屋に区分けられ、2階が大きな一室となっている。ただしこの2階も、必要に応じて小さく区分けることが可能で、シュローダー夫人、息子と娘たちの寝室となる各個室もパーティションによって一時的につくり出される（図3-5）。子供たちとなるべく多くの時間を共有したいというシュローダー夫人の希望が、この一室の計画に十全に映し込まれたといえるだろう。以後この一家は、生活の大部分を2階で送ることになるのだが、間仕切りの移動と、さまざまな形をした窓から差し込む太陽の光が、この部屋に変化をもたらしつづけた。そうしてこの家は、絶え間なくコンポジションを生成する機械のような性質さえ帯びたのである。

しかし、こうして短期的な要求の変化に呼応する可動間仕切りだけが、この家のフレキシビリティではない。1階の諸室にそれぞれ直接外部へ出られるドアが設けられるなど、諸処の工夫を凝らし、長期的な変転にも柔軟に対応できるよう注意深く設計されていることを見逃してはならない。実際、1階は1932年までリートフェルトのスタジオとして使われ、子どもたちが家を出た後には、テナントが入り、また2階は友人に貸し出されたり、保育園となった時期もある。そして現在では、ユトレヒト・セントラル・ミュージアムの管理のもと、「作品」として見学者を受け入れているのだが、これももちろん用途変遷の歴史に付け加えられるべきだろう。まるでさまざまな物体が、かろうじてつなぎ止められているかのようなこの家の軽快な印象は、こういった変幻自在のプランニングと深いかかわりをもっていると考えられる。デ・ステイルの文脈とも接続する「コンポジション」が、建物に躍動感を与える表現方法として、プランニングの柔軟性と互いを補完し強化し合っているといえるだろう。建築家リートフェルトが、「コンポジション」をどのように設計手法として消化したのか、ここで順に検証してみたい。

3. コンポジションの方法

a. 色のコンポジション

外観を決定的なものにしている赤、青、黄の3色はデ・ステイルの作家たちが好んで使用した色である。これは神秘主義的数学者シェーンメーカーによる3原色の定義に依拠しているが、そもそもデ・ステイルの幾何学的なジェスチャーは、この数学者にその出自から深く関係している。初期には無色であったリートフェルトの名作「レッド・ブルーチェア」(図3-6)も、彼がデ・ステイル運動と接触したのち赤、青、黄に塗られ、名前も改められた。

この3原色、赤、青、黄は、「シュローダー邸」では線分の効果を担うものとしてデザインされ、ファサードに適切なアクセントを与えている。一方で面的な扱いをされた壁や床、手すり、パラペットなどにはそれぞれ濃さの違うグレーが割り振られている。リートフェルトは、明暗の差で光の反射をコントロールし、特定の面を後退させたり逆に浮き上がらせたりして立体感を強調したのである。このような色彩計画がもたらす視覚的効果について検証するため、建物をまるごと脱色したようなモンタージュを作成してみた(図3-7ab)。色のないシュローダー邸は平坦で、平凡ですらあり、モノトーンの階調差がいかに遠近の効果を高めていたのか確認できるだろう。この手法は、モンドリアンが「赤と黄と青のあるコンポジション」で用いたものと同じで、平面図上で判読可能な凹凸をはるかにしのぐ立体感を実現している。

b. エレメントのコンポジション

接点での作法も重要である。要素と要素が交わる各点において、一方を延長するなどして、ことごとく端部の一致が避けられている(図3-8)。この操作によって各要素がまるで独立した面、独立した線分であるかのようにていねいに分解されてゆく。またそれらの要素は、力学的に作用し合う正常な関係を放棄しているかのごとく互いに少しずつ芯をはずして接合されている。つまり、柱や壁が、本来それがあるべき位置にないのである。この住宅の独特の浮遊感は、こうした細かな操作の集積によってもたらされているといえる。これらのズレを相殺するよう写真に手を加えてみれば、その効果は明白である(図3-9ab)。このコラージュの下敷きにしたのは、実はこの建物の設計初期の模型である(図3-10)。隣家の側壁に張り付くような「シュローダー邸」は、この時点では、ヴォリュームこそほぼ同じであるが、ただの鈍重な塊でしかなく、現在のものとはまだ似て非なるものであった。

また、この初期の模型にはなかったもので、竣工に向けてスケールアップしていくうち、次第に姿を現すのが、雨樋や手すり、建具のレールといった「建築家」がなるべく視線から遠ざけておきたいディテールである。しかしリートフェルトは、これらの要素をむしろ強かに歓迎し

a. モンタージュ前

b. モンタージュ後
図3-7 シュローダー邸視覚的効果の検証

図3-8 シュローダー邸における接点の作法

a. コラージュ前

b. コラージュ後
図3-9 シュローダー邸における接点の検証

図3-10 シュローダー邸設計初期の模型

た。極限まで薄く細くしてみたり、あるいは上から覆い隠したりするのではなく、逆にコンポジションを際立たせる要素として巧妙に取り込んだのである。容赦なく建築に混入してくる実務的な要素への対処の仕方として、これはいまだ示唆に富んだ方法ではないだろうか。

c. 3次元のコンポジション

この住宅は、周囲の景観との非連続性ゆえ独立住宅であるかのような印象を与えているが、実は開口部のない側壁1枚を隣家と共有している。面と線が水平垂直を問わず展開するこの建築にとって、この背後の壁はとりわけ重要な意味をもっているような気がしてならない。すなわちそれは、交換可能な座標を象徴する第二の地平である。そしてこの場合には、まさしくキャンバスとなって「コンポジション」を切り取るのである。先ほどの初期模型にもすでに、リートフェルトのそういった認識の片鱗を見てとることができるだろう。この交換可能性は、たとえば図3-11のようなコラージュによって証明することができる。図3-11aは南東面の写真から背景を取り去ったもの、図3-11bはそれを反時計回りに90度回転したものである。双方に同じ人物を描き込んでみたが、その違和感のなさは目を疑いたくなるほどではなかろうか。

d. アシンメトリーのコンポジション

この建物は徹底してアシンメトリー[5]たらんとしている。シンメトリカルな構図が安定や確実さ、永続性を表象するのに対し、アシンメトリーは不安定で不確定、仮設的な印象をもたらす。最初に述べたように、「コンポジション」本来の意味をひもとけば、当然シンメトリーも視野に入れるべきなのであるが、「コンポジション」を利用する際に期待する「効果」は、こちらの「アシンメトリー＝非対称」によって生み出される躍動感のほうであることが多い。特に20世紀前半の美術ではその傾向が強く、後の抽象表現主義やミニマリズムからはそのことが批判の対象とさえなった。「シュローダー邸」も非対称の「コンポジション」を採用し、それをこの建物の「軽さ」を暗示するためのツールとして利用している。ここでは、通りから奥の側の半分を中央で線対称になるように反転してシンメトリーの「シュローダー邸」を作成してみた（図3-12ab）。斜めから見た構図を選んだこともあり、権威的というほどの圧迫感はないが、しかし外観に充ちていた躍動感は完全に消失しているのが確認できるだろう。

4. コンポジションの行方

これらの分析からわかるとおり「シュローダー邸」には、「コンポジション」を際立たせるための造形言語が駆使されている。その手法は、同時代の美術や建築、家具デザインの動向と連動しており、また逆に大きな影響も与えたのだが、リートフェルト自身はこの作品以後同じ作風での再生産を嫌った。そのため、「シュローダー邸」は彼の

作品のなかでも、また建築史を見渡してみてもひと際異彩を放つ住宅作品となった。

ところで、最後に「コンポジションの善し悪し」という言い回しについてふれておきたい。地域や時代によって基準が大きくぶれるので、どちらかといえば感覚的な問題に属し、今ではいささか説得力に欠ける評価軸になってしまった。しかしその一方で、1章で述べたようにコンポジションの発生は不可避であり、当世でも多くの建築家にとって言外に潜ませた個性の競いどころであることもまた疑いようのない事実である。この文脈で使われる場合の「コンポジション」は得手不得手を計る基準としての、いわば「読むコンポジション」であるが、ならば「シュローダー邸」のような設計手法としての「コンポジション」は、「使うコンポジション」と呼ぶことができるだろう。

本項ではリートフェルトの「シュローダー邸」を題材に、「コンポジション」を「使う」ための方法を学んだ。その

a. コラージュ前

b. コラージュ後
図3-12　シュローダー邸アシンメトリーの検証

「使い方」は、リートフェルトがデ・ステイルの作家たちとともに築いた様式（デ・ステイルとはオランダ語で様式を意味している）と不可分で、決して汎用性が高くはないが、この作品が「コンポジション」を「手法」として切り出したことの価値は依然大きい。ここでの分析が、再び「コンポジション」の戦略的な利用を考えはじめるための一助となればと思う。

a. 背景を取り去ったもの

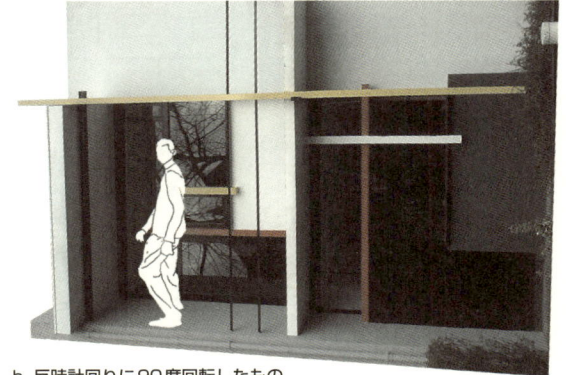

b. 反時計回りに90度回転したもの
図3-11　シュローダー邸 交換性の検証

1) 20世紀初頭オランダのレイデンで創刊された美術雑誌の誌名であり、また同時に、画家や建築家を巻き込み、この雑誌と併走した芸術活動を指している。新造形主義のモンドリアン、エレメンタリズムを提唱したテオ・ファン・ドゥースブルフがよく知られている。
2) ピート・モンドリアン（1872〜1944）。オランダ、アメルスフォールト生まれ。デ・ステイルを主導した美術作家。『赤と黄と青のあるコンポジション』(1921)、『ブロードウェイ・ブギウギ』(1943)などの作品がある。
3) モンドリアンの画面分割については、オランダのランドスケープとのつながりを指摘されることもある。
4) 「シュレーダー邸」という呼称が使われることも多いが、それは施主であるトゥルース・シュローダーの旧姓に由来している。トゥルースは夫の死後、リートフェルトとの共同生活中もシュローダーの名で活動している。
5) 非対称。シンメトリーは対称を意味する。

3　コンポジション

4
ユニヴァーサル・スペース
クラウン・ホール

槻橋 修

1. 二つの普遍性

　ミース・ファン・デル・ローエの建築を特徴づける空間概念＜ユニヴァーサル・スペース＞（普遍的空間）には大別して二つの使用法がある。一つは平面計画において、用途に関する限定を排除することで、いかなる使用にも対応できる空間を指す＜ユニヴァーサル＞。もう一つはミース・ファン・デル・ローエが生涯追求し、アメリカの工業技術の援護を受けて到達した＜普遍性＞である。一方が正しく、他方が誤っているというわけではなく、相矛盾するというのでもない。ミース自身、建築空間に双方の性質を求めていたのは事実であり、それゆえに彼自身の言葉でないにもかかわらず、半世紀にわたって＜ミースのユニヴァーサル・スペース＞という言い方が繰り返し用いられてきたのである。

図4-1　ファンズワース邸のエントランス部分／ミース・ファン・デル・ローエ、1950年

2. 自由壁と構造システム

　前者の使用法における＜ユニヴァーサル＞、不特定の用途に供することができるという空間の属性は、「無柱空間」あるいはその起源としての「自由壁」というミースが追求した建築空間のしつらえを、当時主流であった機能主義的な観点からとらえる過程で定着したものであると考えられる。ミースによる「無柱空間」が初めて作品において定式化されたのは、渡米後初の作品である「ファンズワース邸」（1950）である（図4-1）。間口23.4m、奥行き8.5mの長方形のスラブが床および屋根として平行に配置され、居住空間はこの2枚のスラブのあいだにレイアウトされている。これらのスラブを固定するための支持体として8本のH形鋼の柱が平面の外部から、スラブを挟み込むかたちで溶接されている。すなわち、この建築を形づくる構造体としての柱のグリッドは、空間として定義されたスラブ上の長方形の領域とはまったく異なる系において取り扱われ、スラブ上には、そこでの生活に供する機能室や設備、家具が、構造体とは独立にレイアウトされているだけである（図4-2）。

　ドイツ時代の代表作である「バルセロナ・パヴィリオン」（1929）の構成と比較すると、両世界大戦の混乱期を挟んで、ミースの建築における連続性と差異をそれぞれはっきりと見て取ることができる。「バルセロナ・パヴィリオン」では、内部活動を誘導する自由壁と、クロームメッキが施され周囲を映し込むことで存在感を変質させた十字柱のグ

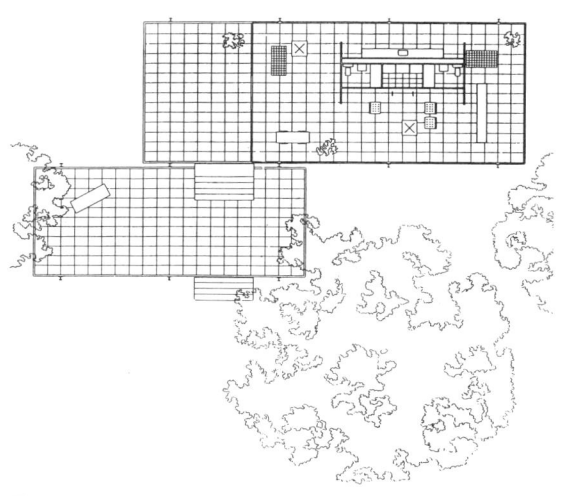

図4-2　ファンズワース邸平面図

リッドとが混成系をなして白く平滑なスラブの下に混在していた（図4-3）。フランツ・シュルツによるミース伝で語られているように、「フリードリッヒ街のオフィスビル案」(1921)、「鉄筋コンクリート・オフィスビル案」(1923)などの計画案によって、ミースがアヴァンギャルドとしてのキャリアを開始した当初から、内部空間での活動の変化と構造体とのあいだの関係の断絶に意識的であった[1]。したがって、構造システムと内部での活動とがまったく異なる系における出来事であることは、「バルセロナ・パヴィリオン」の時点で、すでにミースの設計思想として十分定着していたことは想像に難くない。床に貼られたトラバーチンのグリッドと十字柱のグリッドの分割数の違いにこうした系の多重性が表れているといえるだろう（図4-4）。

構造システムは力学的な条件に支配され、内部での活動は内部にいる組織の条件によって、一方的に決められる。建築はつねにこの互いに断絶する系をひとつの構築物の中に同時に存在させてきた。構築物が構築物であるためになくてはならい構造体が、内部空間における活動に対して何らかの制約を与えることなど、建築において至極当然な条件であったし、それゆえにその制約が活動の障害とならぬよう、内部空間での活動を機能的に振り分ける作業として平面計画は建築設計の中心的な課題となったのである。ドイツ時代のミースはこうした断絶をその場のテクニックによって一時的に整合性をとる設計をせず、むしろその断絶をそのまま平面上に持ち込む方法を好んだ。「バルセロナ・パヴィリオン」と並んで評される「トゥーゲントハット邸」においても、やはり床面と天井面のあいだに生じた空間には、柱と壁とが互いに見知らぬ素振りで配されるのであった。

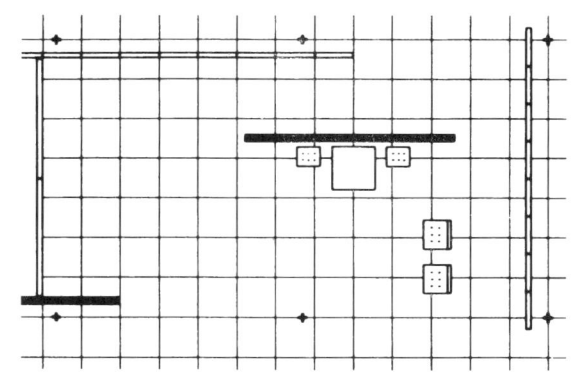

図4-4　バルセロナ・パヴィリオン平面図／屋内部分

3. 無柱空間の条件

ミースのドイツ時代とアメリカ時代については、大きな転換点としてさまざまに語られているが、決定的な差異は「バルセロナ・パヴィリオン」と「ファンズワース邸」との比較において見い出される＜構造システムと「自由壁」のスラブ上での同時存在＞＜構造システムのスラブ上からの撤退＞においてもっとも鮮明になる。すなわち、平面計画の対象となる領域からH形鋼の柱が追い出され、スラブ上には「自由壁」と家具だけが残されたということである。「無柱空間」の誕生である。もちろんこのとき、外に出た柱は、スラブを側面から挟み込むことで構造体として成立する必要があり、単室空間である「ファンズワース

図4-3　バルセロナ・パヴィリオン／ミース・ファン・デル・ローエ、1929年。奥のカーテンに隠れているのは光壁で、2枚のすりガラスのあいだにトップライトからの光が差し込む

図4-5　クラウン・ホール／ミース・ファン・デル・ローエ、1956年

図4-6　クラウン・ホールのユニヴァーサル・スペース

邸」として見れば、柱頭部に不合理な荷重分布が生じているのは明らかである。

しかし、そうまでして柱をスラブの外に追い出そうとした意志の背後には、「ファンズワース邸」を単位としたより大きな建築空間への展開が意図されていたであろうことは、その後の「レイクショア・ドライブ860／880」にはじまり、爆発的に巨大化していくミースの設計活動を視野に入れれば、そのパイロット案としての位置づけは不可能ではない。「無柱空間」はこうして実現されたが、同時期に計画された「50×50住宅案」(1951)は「バルセロナ・パヴィリオン」とはかけ離れた印象があり、接地型であることや正方形平面であること、また構造システムがさらに洗練されたことなどから、「ファンズワース邸」で定式化された建築空間を、アメリカの産業にむけて大量生産しやすいかたちでモデル化した住宅案であったといえる。「室内はフレキシビリティのために開放されている」というミースの言葉どおり、おそらく第一の意味での＜ユニヴァーサル・スペース＞にもっとも相応しい住宅であった[2]。しかしこの計画案を最後に、ミースの設計活動は個人住宅から公共建築へとシフトし、巨大化していく。シュルツによれば「ユニヴァーサル・スペースというコンセプトを世間に広げなければ」ならなかったからだと言われている。

しかしミースにとって「ユニヴァーサル・スペース」という概念は、ル・コルビュジエが「近代建築の5要素」と言い、自らの作品のプロパガンダをしたのとは事情が違う。ミースを取り巻く人々によってミースの建築空間を「ユニヴァーサル・スペース」と呼ぶのを聞いたことがあったにせよ、「レス・イズ・モア」「神は細部に宿る」といったミースに帰せられる有名な格言と同様に、「ユニヴァーサル・スペース」という言葉をミース自身が掲げていたわけではない。「50×50住宅案」における「フレキシビリティ」のために開放された空間は、確かに空間が＜ユニヴァーサル＞であることを十分に満たすかもしれない。しかしミースほど、建築に対して厳格な美学をもった作家が言う言葉としての「フレキシビリティ」を、私たちはミースがめざした空間の第一の属性として、真正直に受け止めてよいものだろうか。

4. ユニヴァーサル／フレキシブル

「ファンズワース邸」から27年、ミースの死後8年が過ぎ、近代建築への反動としてポストモダンという言葉が時代のキーワードとして飛び交う最中の1977年、パリの中心部に巨大な文化施設ポンピドー・センターが出現する。ジャン・プルーヴェが若きレンゾ・ピアノとリチャード・ロジャースを国際コンペにより選出し、大きな話題を呼んだプロジェクトであった。話題の中心は主に建物のファサード全面に鋼管トラスや設備ダクト、エスカレータなどが露出されたことによる巨大な工場のような外観に集中し、ポストモダンの文脈の中で「ハイテック・スタイル」という様式化の動きが起こったほどであったが、装置類をすべて露出させるという構成は、内部に長さ166m×幅60mという巨大な無柱空間を確保し、展覧会やイベントなどにフレキシブルに対応できる施設とするという合理的なコンセプトを伴っていた。「フレキシブル」という意味では構造体のみを外部に出した「ファンズワース邸」よりもさらに徹底していたといえる。ミースが主題としていたオフィスビルに比べ、現代美術館、ギャラリー、図書館、イベントスペースなどを備えた多目的な文化施設であった「ポンピドー・センター」においては、内部での活動の変

化はもはや建築の変化の速度とは比較不能なほど速くなり、ほとんど変化しつづけることが日常であるような施設である。それゆえ「ポンピドー・センター」における「無柱空間」は、用途を限定しないという意味では、ミースの空間よりも遙かに「ユニヴァーサル」であったと言わねばなるまい。

一方、個人住宅から大規模な公共建築へ活動領域をシフトしたミースにとって、「ユニヴァーサル・スペース」を体現する代表的な作品をあげるなら、ミース自身がキャンパス全体をデザインしたイリノイ工科大に立つ「クラウン・ホール」(1956)があげられるだろう(図4-5)。ミースが教鞭を執る建築学科の製図室が67m×37mの無柱のワンルームに納められており、ホールの天井高は5mを超えるものであった。「ファンズワース邸」と同じく外周部にそって規則正しく配されたH形鋼の柱が、スラブを吊り下げる成の高い大梁を支える。広々とした内部空間では、巨大な屋根スラブは上空5mの高さに浮かんでいる。四周の巨大なガラス窓から見えるキャンパスの木々の緑がスラブを縁取り、スラブを非物質的な面へと変容させる。構造フレームやガラスの皮膜においては物質の本性を突き止めんとするがごとくに、厳格に詳細を割り出し、断面形状を決定したりするのとはまったく対照的に、天井面においては可能な限り非物質的でヴァーチャルな属性を引き出そうとする(図4-6、4-7)。この傾向は「バルセロナ・パヴィリオン」やそれに先立つインスタレーション「ガラスの部屋」(1927)のころから続いていて、ミースの建築のなかでひとつの伝統のようになっている。大理

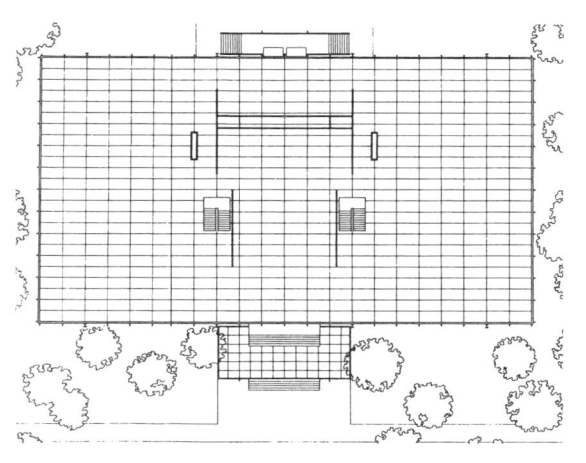

図4-7 クラウン・ホール平面図

石やガラス、金属などで構成される垂直な面(=自由壁)や構造体と、白くハレーションを起こす天井面とは、厳格さにおいては同等のエネルギーが注がれているかもしれないが、その向かう方向は正反対であり、ここにミースが作品のなかに挿入する構成上の境界線がはっきりと見て取れるだろう。

5.「ユニヴァーサル」よりも「ユニヴァーサル」な

アルバート・カーン設計の「マーチン弾薬工場」の内観写真の上にコラージュされた「コンサートホール案」(1942)は、こうしたミース的構成に加え、アメリカ時代におけるミースの変容を予言する作品といえるだろう(図4-8)。アメリカのテクノロジーをまざまざと見せつけるような広大な鉄骨トラスによる無柱空間に、湾曲した大理石の自由壁がホール空間を区切り、それを覆うように大きな白い

図4-8 コンサートホール案フォトコラージュ／ミース・ファン・デル・ローエ、1942年。構造体と自由壁との完全な分離状態を暗示している

4 ユニヴァーサル・スペース 141

天井スラブがトラスから吊られて浮かんでいる。放物線を描く自由壁には、薄いとはいえ壁の厚みが表現されているが、天井スラブではそうした物質的な厚みすら捨象されており、まったくの空白として描かれている。カーンの工場はあらかじめ「無柱空間」であり、大スパンの実現によって最大限の「フレキシビリティ」を備えている。その意味では、「ポンピドー・センター」がもつ「ユニヴァーサル」空間はカーンの工場における「ユニヴァーサル」を受け継いでいるということも言えるだろう。ピアノ、ロジャーズのその後の展開を見ても、ミースというよりも、むしろテクノロジーの現場で創出されるユニヴァーサリティと親和性が高いことは明らかである。

しかし1920年代当初より盛んに「フレキシビリティ」を口にしてきたミースがカーンの工場を塗りつぶすように描き入れた空白を前にして、私たちはこうした「無限のフレキシビリティ」としての「ユニヴァーサル」とは別の方向性をミースが提示していることを無視することはできない。

図4-9　建設中のレイクショアドライブ860/880／ミース・ファン・デル・ローエ、1951年

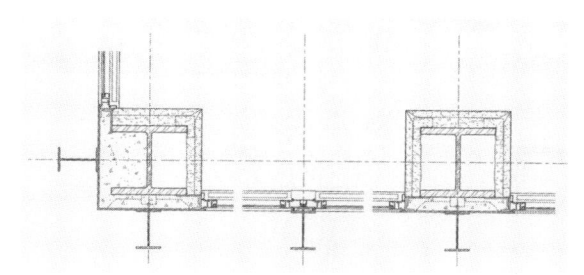

図4-10　レイクショアドライブ860/880のディテール

ミースの建築空間を私たちが「ユニヴァーサル」と呼ぶ以上、「ユニヴァーサル」よりも「ユニヴァーサル」な空間性をとらえる必要が出てくるということだ。

6. 時代の形態

原広司は「均質空間論」(1980)においてミースの「ユニヴァーサル・スペース」=「均質空間」が近代建築の到達点であり、限界であると唱えた。原の「均質空間」批判において着目すべきは、単に空間の均質性を批判するのでなく、建築化された空間概念としてのミース建築を「均質空間」と呼んでいた点である。それゆえ、原が「均質空間」のシンボルとしてあげるのは「ファンズワース邸」や「クラウン・ホール」ではなく、ミースがアヴァンギャルドとしてのキャリアを開始した最初のプロジェクト「フリードリッヒ街のオフィスビル案」(1921)である。立方体格子や合理的な工法、鉛直移動のエレベータ、人工的な気候調節など、20世紀に世界中のあらゆる都市に複製されていった超高層建築のプロトタイプの条件を満たしつつ、物質的な均質性と意味上の均質性を同時に満たす建築のモデルとして、ミースのガラスのスカイスクレーパーを現代都市のモデルと位置づける。それゆえ、ドイツ時代のミースによって「フリードリッヒ街のオフィスビル案」のスケッチが描かれ、アメリカ時代のミースによってそれらが実現されたことで、「近代は終わった」とするのが原の理論である。

ミースが鉄とガラスのスカイスクレーパーとして初めて実現させた作品はオフィスビルではなく集合住宅であった。「レイクショア・ドライブ860/880」(1951)は互いに直角に立つ地上26階建ての2本のタワーで構成される(図4-9～4-11)。構造体である鉄骨柱は耐火被覆の要求を満たすため、一度コンクリートで被覆され、のちに表面を鉄板で覆っている。さらに外周部の柱に構造的な意味をもたないI形鋼のマリオンが溶接されており、垂直性の強調や古典的オーダーを意識した装飾であると評されることが多い。しかしこの貼り付けられたI形鋼にこそ、もう一つの普遍性に至る秘密が隠されている。

そもそも「フリードリッヒ街のオフィスビル案」がガラスのカーテンウォールを皮膜としてまとうようになったのはなぜか。ブルーノ・タウト編集の雑誌『G』へ寄せたコメントがある。

「新しい形態は、新しい課題の真の性質、本質から由来するほうがはるかによい。これらの建物の構造原理は、

図4-11 レイクショアドライブ860/880（左）とエスプラネード900（右）

われわれが外壁に非耐力ガラスを使うことで明確になる。ガラスの使用によって道が開ける」[3]

ミースは、建設途中の建物が大胆な構造躯体をあらわにするものの、外壁が取り付けられて完成してしまうと、そうした圧倒的な迫力が消え失せてしまうことを批判し、構造体が見えるようなガラスの皮膜を考案したのであった。しかし実際スタディを開始すると、意外にもガラスの皮膜には反射の働きが大きいことが判明し、ミースは反射と透過といった光学的効果と建物の形態の関係の追求に取りつかれたのであった。

現に二つのガラスのスカイスクレーパーにおいては構造はグリッドとしてはほとんど考慮されておらず、映像的な要素として扱われていた。ミースにとってスカイスクレーパーのあるべき姿は、カーテンウォールが取り付けられた完成形ではなく、構造躯体があらわになった状態であった。物質性を備えた部材が秩序立って組み合わせられ、大きな躯体と空間を実現するというのは、「ファンズワース邸」や「クラウン・ホール」において構造体が平面の外部に出てきたことにも対応する。無柱空間の実現と構造躯体の露出による新しい形態の表現は、ミースにとってひとつの建築が生み出す二つの意味だったのである。それは「コンサートホール案」のコラージュにも端的に表れている。その意味では、現実のスカイスクレーパーは低層の建物に比べて、厄介なものであったに違いない。たとえ透明なガラス・カーテンウォールを用いたとしても、建物はその巨大さゆえに表層部が内部空間の組成と乖離してしまう。レム・コールハースが理論化した「建築的ロボトミー」化である[4]。ミースはこうした傾向に対し、建物が建設時にもっていた構造上の一体感を表層部分において再現した。それがI形鋼のマリオンである。ガラスのスカイスクレーパーから「レイクショア・ドライブ」へのルートは、奇しくも「バルセロナ・パヴィリオン」から「ファンズワース邸」へのルートに見事に重なっているといえるだろう。ミースは時代が要請する新しい形態を求めていた。それが必ずしも機能的合理性に従うものではなく、「時代の意志」といったミース自身の哲学的、美学的コンセプトに帰する「普遍性」であったとして、相対化されていいだろう。[5] ただし、私たちは人間ミースが建築によってつくり上げた「普遍性」の概念の厚みに向き合う覚悟を決めなければならない。

1) F.シュルツ、澤村明訳『評伝 ミース・ファン・デル・ローエ』鹿島出版会、1987年、p109。ミースが鉄筋コンクリート・オフィスビル案に取り組んでいたフーゴ・ヘリングに対し、次のように語ったという。「君、空間を存分に大きくしろよ」「中を自由に歩き回れるようにさ、しかも一定の方向にじゃなく！ それとも、連中がどう使うか、すっかり解っているのかい？ 人々が我々の望むように使ってくれるかどうか、全然解らんじゃないか。機能なんてそう明快でもなければ一定でもないよ。そんなものは建物より早く変わるさ」
2) 前掲書、p261。
3) 前掲書、p100。
4) R.コールハース『錯乱のニューヨーク』（ちくま文庫）筑摩書房1999年、p168。
5) F.シュルツ『評伝 ミース・ファン・デル・ローエ』p93。

5
ワンルーム
ガラスの家
小川晋一

1. 近代の発見としてのワンルーム

　私たちが日常に体験する建築、特に住宅は一般的に、リビングルームや寝室など、その室の使われ方を示す名前がつけられたいくつかの部屋の集合としてつくられる場合が多い。しかし、今世紀初頭からの近代建築運動は、それらのいくつかの機能をワンルームに集約し、その各機能の連続性を重視する空間構成を生んできた。また、さらに内部空間の連続性は内部空間と外部空間の一体化にむかって発展しはじめる。つまり、それまで煉瓦や石積みであった壁や柱は、鉄骨造の細い柱やガラスの皮膜にとって代わることで、外部空間が内部に取り込まれ、また外部空間に内部が溢れ出すような流動的な空間が発明された。このガラスのワンルームという空間形式は、今世紀のモダニズムのテーマであった「機能と形態との関係」「コンクリート、ガラス、スチールという新素材による空間」について、革新的な提案を行ったものとなり、今世紀を代表する空間形式として認識されるようになった。ここでは特に、そのワンルームの代表例として、フィリップ・ジョンソンによって設計された「ガラスの家」を紹介する（図5-1～5-4）。

2. ワンルームの系譜

　このフィリップ・ジョンソンの「ガラスの家」について語る際に、避けては通れないもう一つのワンルームの住宅がある。ミース・ファン・デル・ローエの「ファンズワース邸」である。ドイツ人建築家であるミースは祖国ナチスの迫害を逃れてアメリカに渡ってきた。そのミースを建築におけるモダニズムの推進者としてアメリカ人に紹介したのが、フィリップ・ジョンソンであった。また、彼は一時期ミースのオフィスで働き、ミースの弟子といえる立場でもあった。ジョンソンの「ガラスの家」はミースの「ファンズワース邸」の1年前、1949年に建設されているが、ジョンソンは1947年にニューヨーク近代美術館でのミース展で発表された「ファンズワース邸」の計画案を見ている。ミ

図5-1　ガラスの家外観／P.ジョンソン、1949年。基礎とバスルームである円筒形のコアはレンガ、ほかはスチールとガラスでつくられている

ースによってデザインされた家具が置かれていることからもわかるとおり、明らかに「ガラスの家」は「ファンズワース邸」を意識してつくられたものであり、ジョンソン自身もいくつかの論文のなかでこのことを認めている。緑多い豊かな自然の中に置かれた無装飾のガラスの箱、水平に外部に向かって広がる内部空間、細い鉄骨の柱による構造など、いくつかの共通点が見られる。ヨーロッパからはじまったモダンデザインがアメリカを経由して世界中に広がっていくこの時期に相次いで発表されたこの二つの住宅に共通するこれらの要素は、そのまま近代建築の輝かしい成果のひとつ、ガラスのワンルームの構成要素として認識されるようになった。

3. スタイルとしてのワンルーム

　ジョンソンの「ガラスの家」は、ミースの「ファンズワース邸」との多くの共通点を指摘される一方で、相違点も見られる。地面から軽やかに浮遊するいくつかのスラブで構成される「ファンズワース邸」に対して、「ガラスの家」では、しっかりとガラスの箱が地面に置かれている。また、ミースは内部空間を完全な空虚にするために柱をガラスの外側に出し、8本のH形鋼に直接スラブを溶接するという独特のディテールで処理しているのに対して、ジョンソンは室内にある柱でスラブを持ち上げる、より一般的な方法をとっている。全体の構造の中でのコアの役割や位置づけも、二つの住宅では大きく異なる。「ファンズワース邸」では、8本の柱とそれによって持ち上げられたスラブの二つの要素を強調するために、コアは屋根スラブとの縁が切られた表現をしており、さらに、木で仕上げられることで、空間に置かれたひとつの家具に近い位置づけがされている。そこではコアは水平部材のスラブ、垂直部材の柱に対して、二次的な要素として扱われている。「ガラスの家」のコアはレンガでしっかりと仕上げられ、屋根スラブを突き抜けることで、この建物全体の中での構造上の役割が明快に表現されている。

　これらの二つの住宅に見られる相違点は、2人の建築家の建築に対する理念の違いにあると考えられる。ミースはH形鋼によって持ち上げられた複数のスラブのあいだに広がる完全に空虚なスペースをイメージし、その純粋な空間構成を全体構成からディテールに至るまで執拗に追求した。一方、ジョンソンはこのワンルームの空間を建築スタイルの変遷のなかのひとつと見て、歴史的な側面から思考していた。その違いは、これらの個々の住宅作品のなかよりもむしろ、この住宅の設計以降2人の建築家がそれぞれ辿った道程に明らかに現れている。ミースは「ファンズワース邸」が完成した翌年の1951年に、この住宅のコンセプトを立体的に積層した集合住宅「レイクシ

図5-2　ガラスの家内部／円筒形のコア、家具、オブジェによって、リビング、ダイニング、プライベートの領域に分割されている

図5-3　ガラスの家配置図／緑豊かな広大な敷地の中にあるジョンソン自邸。敷地内には、彼の設計したさまざまなスタイル、様式の建築が点在している

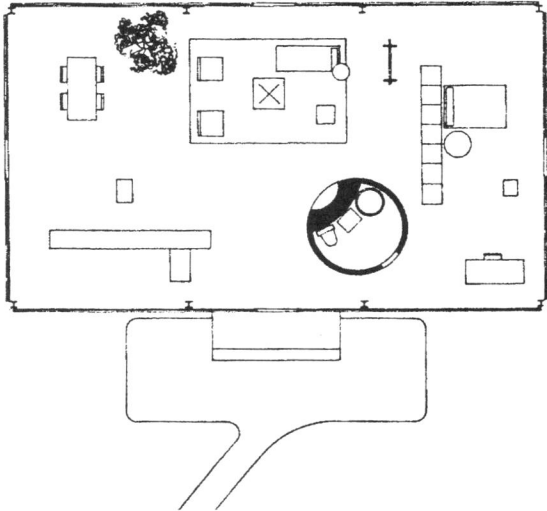

図5-4　ガラスの家平面図

ョアドライブ・アパートメント」を完成させた。1956年には、ユニヴァーサル・スペースの完成型ともいえる「クラウン・ホール」を建設する。これは、柱を室内からガラスの壁の外へ出して無柱の自由な平面を得る前述の手法をさらに発展させ、屋根を大トラス梁によって吊り下げることで、大スパンの均質な空間をつくったものである。1958年にニューヨークに建設された「シーグラム・ビル」では同様の手法がオフィス空間をはじめとするいかなるビルディングタイプにも適応可能なことを証明し、この高層建築はこれ以降世界中を席巻するスカイスクレーパーのプロトタイプとなった。晩年には母国ドイツのベルリンに新国立美術館を設計し、生涯を通じて「ファンズワース邸」で試みた空間構成を発展させてきた。このユニヴァーサル・スペースの

もとを辿れば、ドイツ時代の未完のプロジェクト、1919年のフリードリッヒ街のオフィスビル案や1922年のガラスのスカイスクレーパー案にまで遡るのであり、ミースは自身のキャリアのすべてをかけてひとつの建築イメージを追求してきたといえる。「ファンズワース邸」はその建築イメージのもっとも純化された、その後の発展の原点に位置する建築作品であった(図5-5)。

一方、フィリップ・ジョンソンのその後の道程は、実はこの建物の敷地内に集約されている。「ガラスの家」はフィリップ・ジョンソンの自邸であり、コネチカット州ニューキャナンの緑豊かな広大な敷地の中に置かれている。この敷地の中には「ガラスの家」建設の翌1950年に木の構造体をレンガで仕上げた「ゲストハウス」が建設され、それ以降も、円形平面が地下に埋め込まれた「絵画ギャラリー」(1965)、階段状の床とストライプの光を落とす斜めのトップライトで構成された「彫刻ギャラリー」(1970)、ブロックの構造体を内外とも白のスタッコで仕上げた「スタジオ」(1980)、フランク・ゲーリー風に金網でつくられた「ゴーストハウス」(1984)、ディコンストラクション風の「ゲストハウス」(1995)などが次々に建設された。フィリップ・ジョンソンは「ガラスの家」以降、さまざまなスタイル、形式の建築を建設してきたが、それらの変遷の過程を示すように、それぞれのスタイルを象徴する小規模の建築を自身の緑豊かな敷地の中に点在させるようにつくりつづけてきた。つまり、この敷地内に一番はじめに建設された「ガラスの家」は、フィリップ・ジョンソンのその後の建築スタイルの変遷の出発点として建設されたのである。

ミースによって、モダニズムの理念をもっとも純粋に実現する建築空間として発明されたガラスのワンルームというコンセプトは、フィリップ・ジョンソンによって、その後さまざまに変化する建築スタイルのひとつとしてほかのスタイルと同列に並べられた。ミースにとって近代建築の起源でありスタート地点であったガラスの家は、同時にジョンソンにとって、ポストモダンに移行する直前の近代建築の最終地点であり、この2人の建築家の相反するベクトルの交差点にガラスのワンルームというコンセプトが存在した。

4. コーヒーテーブルから森へ

フィリップ・ジョンソンの多くの著作のなかからこの「ガラスの家」に関する興味深いテキストを見い出すことがで

きる。「それはコーヒーテーブルからはじまった。それは第一番めのユニットであり、決して変えられないものである」という一文からはじまるテキストである。このフィリップ・ジョンソンのテキストによると、ガラスの家は、まず空間の起源であるとされるガラス製のコーヒーテーブルからはじまる。次に白いラグによって縁取られた第一のリビングルームが生じ、さらにさまざまな家具や暖炉などに規定される次のリビングルームが現れ、それを包むものとしてガラスの家が存在する。さらに、そのガラスの家は芝生の上に置かれ、木々によって規定された空間の中にあり、最終的に深い森の中に拡散していく。つまり「ガラスの家」は幾重にも重ねられた入れ子の空間の中にあって、その一要素にすぎない。家具、建築、ランドスケープ、自然などが等価に扱われることで、空間に無限の広がりが与えられている。つまり、フィリップ・ジョンソンにとってこの建築は、白いラグの上に置かれたコーヒーテーブルと同様に芝生の上に置かれたガラスのエンベロープにすぎなかった。

しかし、同時に広大な自然の中のほんの小さなガラスのエンベロープにすぎない建築が、内部にあるさまざまな家具やいくつかの空間や外部の芝生の空間、そして木々の向こうの大自然までを、ひとつの全体像として統合し、空間の内部に引き込んでいる。柱をガラス面の外に出し、大梁で屋根を吊ってまで内部空間の無に固執したミースと比べると、ジョンソンがコンセプトとしてこの住宅に期待したものは、この意味でさらに大きいものであったともいえる。

この内部空間の家具から外部の自然、あるいは都市への階層化は、近代建築がその目標として打ち立てたコンセプトに合致することが興味深い。近代以前の建築には明確な外部と内部の境界があり、その光を受ける外部はファサードによって装飾され、暗い内部空間には窓という装置で、外部から光が導かれていた。近代建築はこの外部と内部、あるいは、都市、建築、家具などの既存のヒエラルキーを解体し、緩やかな全体性を獲得することを目標とした一連の運動であったともいえる。それはワルター・グロピウスがバウハウスの最終目標として掲げた、すべてのデザインや芸術活動を統合するものとしての建築というアイデアを見てもよくわかる。フィリップ・ジョンソンがガラスの家に込める期待として述べた、家具から外部の自然環境に至るまでの階層化、あるいは統合化は、このような建築の近代性と深くかかわっていた。ガラスのワンルームは近代建築が目標として掲げた理想の空間でもあったといえる。

図5-5　ファンズワース邸外観／ミース・ファン・デル・ローエ、1950年。建物は外部に取り付けられた8本の柱によって地上から持ち上げられ、内部は唯一ガラスの壁によってプロテクトされる

図5-6 バックス・スタール邸 (CASE STUDY HOUSE #22) 外観／P.コーニッグ、1960年。低コストかつ実験的な近代住宅のプロトタイプ開発をめざしたケース・スタディ・ハウス全36作品のひとつ

5. ワンルームの世界への拡散

　フィリップ・ジョンソンの「ガラスの家」以降、ワンルームという形式はさまざまな建築家によって、多くの建築作品に使われてきた。アメリカ西海岸ではこの「ガラスの家」建設とほぼ同時期にケース・スタディ・ハウスと呼ばれる一連の実験住宅の建設が開始されている。40軒近くの作品を提案、あるいは実際に建設し、1960年代後半まで継続されたこの一連の活動のなかで、鉄骨造によるガラスのワンルームという手法が大きな役割を担っていた。数の上では必ずしも主流を占める手法といえるわけではないが、クレイグ・エルウッドのケース・スタディ・ハウス#16や17、あるいはピエール・コーニッグの#21、22

図5-7 ボルドーの家外観／R.コールハース＋OMA、1998年。三つのフロアをもつ住宅。上下のフロアに挟まれた空間は半分がガラスのワンルーム、半分が外部のリビング

など、ケース・スタディ・ハウスの代名詞となった作品ではいずれも、鉄骨の細い柱、梁と大きなガラスの開口部が鮮烈な印象を与えていた（図5-6）。

　北欧デンマークでもこの時期、ケアホルム夫妻とグンログッソンが各々大きなガラスの開口部をもったワンルーム形式に近い自邸をつくっている。また、日本でも丹下健三の自邸が建設され、清家清、広瀬鎌二、増沢絢などが小規模の住宅をワンルームの手法を導入することで豊かな生活空間に変換する試みを行っていた。それぞれの国の経済的な状況や住文化の違いはあったが、この時期、世界各国の建築家は第2次世界大戦後の新しい世界の生活像を模索していた。その新しい理想の生活像のひとつとして、近代建築運動の成果であるワンルームという手法が用いられ、さまざまな状況に対応した空間がつくられてきた。日本の場合、戦後、経済的に困難な状況にあったために、鉄骨造でつくられたものは非常にまれであったが、大きな開口部をもち外部との連続性が重視されていた。ワンルームという形式と日本古来の和室の続き間の類似性から、襖や障子などの可動の間仕切りで機能的に分割されたワンルームという独自の形式を生み出した。欧米ではフィックスであったガラスのスクリーンが、日本的な引き戸に変換されたことも、国際様式と呼ばれる近

図5-8　イソベスタジオ&レジデンス外観／小川晋一、1995年。閉じられたコンクリートのボックスカルバートの空間の上に、開かれたガラスのワンルームが積み重ねられている

代的な空間と地域の住文化の関係を考えるうえで興味深い事実である。多くの機能が緩やかに連続することで、ひとつの部屋が多目的に使用される。また、庭と一体化された内部空間をもつことで、最小限の生活スペースが広々と感じられる。このような住宅形式は、少ない資材、限られた予算で豊かな生活空間をつくり出す有効な手法として、重要な提案であった。

フィリップ・ジョンソンの「ガラスの家」によって近代建築思想の理想として提案された空間は、世界各国の地域性に基づいた住文化や経済状況によって、さまざまなバリエーションを生み出し、生活環境の変革に重要な役割を示してきたのである。

6. ワンルームの現在

フィリップ・ジョンソンが主導的な役割を果たしたポストモダンやディコンストラクションなどのさまざまなスタイルが現れては消えていく現在でも、ワンルームの空間は依然としてさまざまな建築家によって建設されつづけ、その役割がさまざまな側面から検証されている。

レム・コールハースは二つの住宅を一体に接続させた作品、オランダの家のなかで、地中に隠された住宅に対する、もう一つの地上の家として、ガラスのワンルームの空間をつくっている。さらに、三つの空間の性質の異なる住宅を縦に積層し、それら相互を巨大なエレベータで接続した住宅、ボルドーの家でもガラスのワンルームを挿入している(図5-7)。ガラスのワンルームは1層めと3層めの比較的閉じられた空間のあいだに、眼下の街を眺める半屋外的な空間としてつくられた。コールハースによるガラスのワンルームはほかの閉じられた空間とは対比的に、モダンスタイルのひとつの形として相対的に用いられている。日本でも葉祥栄が、センターコアのみによってキャンティレバーの屋根スラブを支える住宅や、同様にキャンティレバーのスラブを崖から海に突き出した住宅などを設計している。それは構造的な面からワンルームのコンセプトを先鋭化させる試みのようにも思われる。私自身もイソベスタジオ&レジデンスという作品のなかでガラスのワンルームを用いた。そこでは、周辺環境の緑豊かな自然と人間の生活空間の関係が、閉じられたボックスカルバートの空間と開かれたガラスのワンルームの空間を相対化することによって考えられている(図5-8)。

周辺の環境や建築に必要とされるプログラムがさまざまに流動的に変化する現在にあって、ガラスのワンルームの空間の融通性、許容力はさらに有効でありつづけ、建築家たちによって提案されつづけると思われる。

6
家具で場所をつくる
家具の家

坂　茂

　ものに二つ以上の機能をもたせることをつねに考えている。たとえば、家具についても同様のことがいえる。通常、家具に求める機能は、収納の機能とせいぜいパーティションの機能くらいであろう。しかし、そこに三つめの機能として、構造という機能をもたせてみてはどうだろうか。家具に建物自体の構造を担わせるのである。案外、新しい発見があるかもしれない。家具を構造の一部にする考え方は、建築を考えるうえで、ごく自然な考え方ではあるが、建築を問い直すうえで重要な構成要素である。

1. 構造としての家具

　1995年の阪神・淡路大震災で、多くの人命を失うことと なった。その原因のひとつに、クローゼットやタンスなどの家具の倒壊、それに伴う人々への危害に加え、避難路をふさいだことがある。つまり、頑丈な家具はそれだけでも凶器になりうる危険性をはらんでいる。しかし、こうした家具の潜在的な強度を、逆に住宅の主体構造として生かせないものだろうかというのが、この「家具の家」(1995)での考え方のひとつであった。この考え方のきっかけとなったのは、1991年に紙管のトラス構造で設計した「詩人の書庫」(図6-1、6-2)であった。

　このプロジェクトは、100mm φの紙管トラスで門型の柱と梁を2層分の高さで構成し、そのあいだの外壁部分に本棚を入れるというもので、本箱自体に外壁と断熱材を付加し、本箱の縦枠を床からのキャンティレバーとして鉛直荷重と横力を負担させるように設計した。紙管のポストテンションの構造を生かすために、壁を立てないで、壁の代わりに本棚を隙間に埋め込み、自立するキャンティレバーの構造として採用したのである。本棚は工場で組み立てて現場に搬入し、床根太に固定。紙管トラスの架構と本棚は縁を切り、本棚には自重や本などの鉛直荷重を負担させただけで、屋根の荷重は紙管トラスに負担させている。

　「詩人の書庫」ではもともと、紙管のトラスがテーマであったが、本棚が外壁の機能を兼ね、工場組み立てや現場取り付けといった施工面やコスト面のメリットに加えて、

図6-1　詩人の書庫／坂茂、1991年。紙管トラスから独立した構造体の本棚

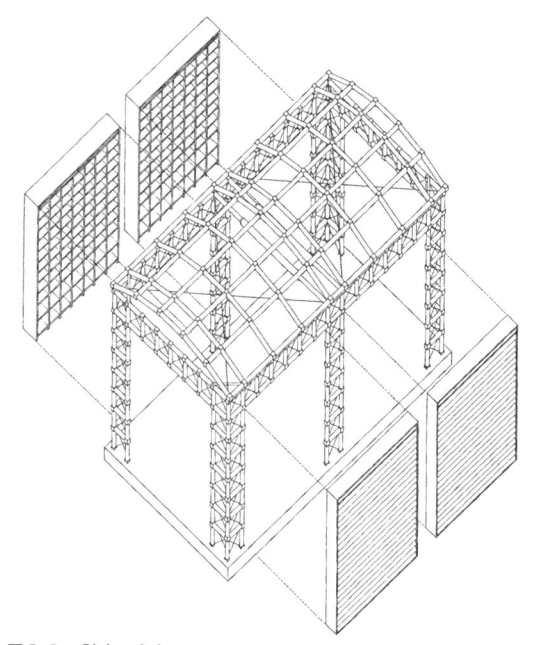

図6-2　詩人の書庫アクソメ

図6-3　**家具の家**／坂茂、1995年。家具の高さは2,400mm、仕上げはOSB（Oriented Strand Board）、床はPタイル

本棚自体が自立するだけでなく、建物全体の構造、つまり鉛直荷重も横力も負担できるという潜在力があることを認識させてくれた。つまり、紙管の構造がなくても、本棚の上に屋根をのせれば、建築として成り立つことを思い知らされたわけである。

　この考え方をもとに成立したのが、「家具の家」（図6-3）である。このプロジェクトでは、旭川の家具会社、西脇工創の協力を得て、旧通産省系の「産業高度化資金」のプログラムによる助成金を使用し、北海道林産試験場において家具強度の基礎実験を行った。「家具の家」のシステムは、フルハイトの工場生産された「家具」（クロゼット、本棚、キッチンなど）に構造的、空間構成的な役割を併せ持たせている。そのことで、完全に管理されコントロールされた工場環境の中で組み立てから塗装までをもすませることができ、高いクオリティを得ることができた。また、家具に躯体の機能をもたせることにより、余分な材料と手間が減り、現場工期が短縮され、総工費は大幅に軽減されるというメリットがある。

2. 家具で家をつくる

　「家具の家」で使用したユニットの寸法は、高さ240cm、幅90cm、奥行きに関しては本棚ユニットが45cm、それ以外は70cmの2種類である。それらを間取りと構造（鉛直力と横力）を考慮して配置する。工場で完成したユニットである「家具」の輸送は、従来の工事のように多種多様な材料を頻繁に搬入し、残った材料を搬出するのに比較しても非常に手軽である。また、単体ユニットで重さ約80kgであるため、ひとりの人間の力で動かすことができ、さらに配置も固定も、2面（2方向）を固定しないと自立しない従来のパネル工法と違って、少ない人数で施工することができる。施工の手順は、基礎の上にコンパネでフラットにした床を敷いて「家具」を配置し、まず「家具」と床をラグスクリューで固定、次に隣接する「家具」どうしをラグスクリューで固定する。ここまでの作業は半日程度で完了する。そして、プレカットした梁（TJI-木質I型複合梁を使用）を「家具」の上にのせて釘で止め、その上に構造用合板を敷き、水平剛性を確保する。ここまでが合計2日間ほどで終了である（図6-4）。

　このシステムは、基本的には枠組み壁構法に則った構法なので、2階建て以上でも可能である。従来の枠組み壁構法との大きな違いは、壁に厚みがあるところである。「詩人の書庫」での本棚は、幅のある縦材を床根太と固定することにより、長辺短辺両方向の横力を負担するように設計したが、「家具の家」の場合、「家具」背板（長辺方向）のみをカウントし、側板（短辺方向）は余力として計算には入れなかったため、耐震性にも非常に優れている。

　「家具の家No.2」（1996）は、このシステムの商品化を念頭においた、一般的な都市住宅のコンテクストにおける、

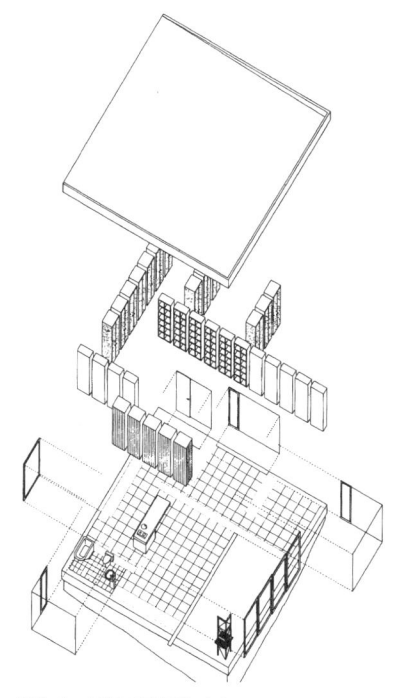

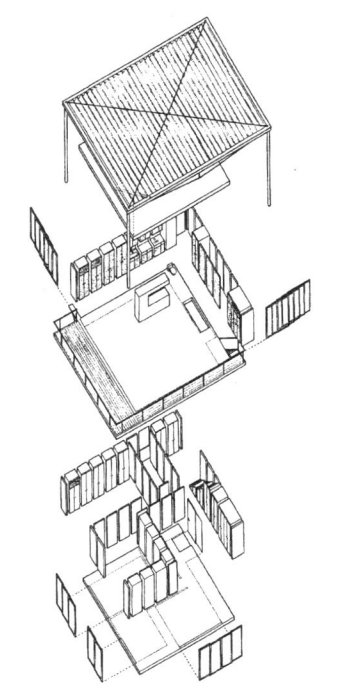

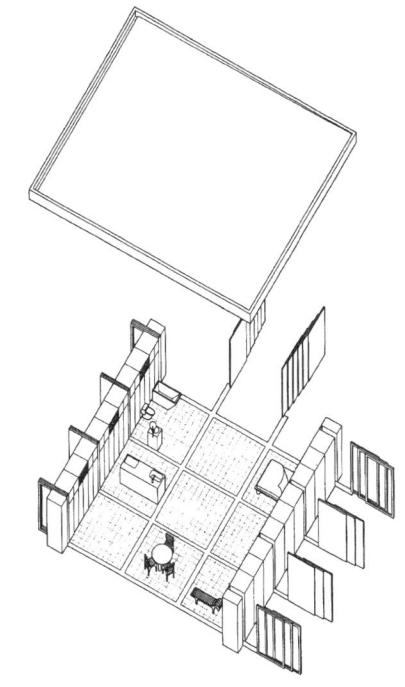

図6-4　家具の家アクソメ　　　図6-5　家具の家No.3アクソメ　　　図6-6　9スクウェア・グリッドの家アクソメ

延べ床面積35坪、家族4人のローコスト住宅である。ここでは「家具」ユニットに、単体の「壁」ユニットを加えることによって、タイトな条件下でも空間的配置のフレキシビリティを可能にしている。また、プランのヴァリエーションも大きく広がった。

　また「家具の家No.3」(1998)では建て方をいっそう単純化するため、1列の連続した壁ではせん断に効く部分が両端だけであることを考慮し、両端の壁のみをラグスクリューの代わりにホールダウン金物で土台や梁と緊結し、あいだの壁のラグスクリューを省略することを試みた (図6-5)。また断熱性を高めるため、工場製作の利点を生かして、家具内部の間柱のあいだに発泡ウレタンの注入を行った。ここでは、家具ユニットをL字型に並べて2面をすべて開口部とし、陸屋根への直射日光をさえぎるため、2層の家具構造の上に独立した折板屋根を架けてダブルルーフとした。

　これらの「家具の家」の考え方は、基本的にこれまで「紙の建築」で実践している「弱い材料を弱いなりに使った構造」の延長上にあるといえる。

3. スチール家具で家をつくる

　ミース・ファン・デル・ローエのバルセロナ・パヴィリオンを見るとわかるように、十字の柱がつねに壁のそばに立っている。柱の意味と壁の意味が非常に曖昧である。柱が本当に鉛直荷重を支えているのかいないのか非常に曖昧なのである。そこで、改めて構造的な視点に立って柱や壁の意味をとらえ直し、クリアに定義づけすることを試みたのが、「家具の家」のプロジェクトである。この試みは、ミースのいう水平面、垂直面、線材、ヴォリュームといった形態の完璧なアーティキュレートに対する、逆の行為であるといえる。

　そうした意味で、形態から構造までのアーティキュレートをさらに進めたのが、「9スクウェア・グリッドの家」(1997)である。ここでは、これまで開発してきた工場製作の家具を、木製フレームではなく、スチール材で構成することにした (図6-6、6-7)。

　スチール材は、各大手鉄鋼メーカーが導入したアメリカのシステム「スチールハウス」の部材を、メーカーの協力のもとで使用した。本来「スチールハウス」の構法は、単なる2×4材より安価だが、システムをそのまま導入するにはいくつかの問題点がある。まず施工面の問題がある。そのシステムに熟練した施工者が必要であること。次に敷地の狭い日本の現場では、スチール材を現場加工すると騒音により近隣の迷惑となるため、部材はすべて工場でカットしなければならない。また、材がスチールゆえに木よりも結露しやすい。そして結材がとても軽い

ため、プランによっては、扉を強く閉めると壁が揺れる可能性もある。

しかし、このスチール材を「家具の家」の工法に利用すると、今まで家具の長手背面壁のみを構造にカウントしていたが、スチール自体に強度があるため側面壁もカウントすることができる。さらに家具自体を軽量化でき、上記の「スチールハウス」のさまざまな問題点を解決することができる。まず「家具の家」では施工現場での組み立てが簡単で大工の必要がないうえ、家具自体を工場製作するため騒音の心配もない。そして、これまで試みてきたように、断熱用発泡ウレタンの充填が家具製作時にでき、部材の結露を防ぐことができる。また、家具自体厚みがあるので、扉を閉めても揺れる心配がない。このプロジェクトでは、10.35mの2列の家具壁間のスパンも、「スチールハウス」の梁部材［−300×50×20×1.6をダブルで使って大きなスパンがとれ、しかも集成材やTJIよりも軽々と人の手で建て方を行うことができた。

空間としては、これまでの「家具の家」でも試みてきた「ユニヴァーサル・フロア」の考え方を用いて、住宅の中のすべての要素、キッチン、バス・トイレ、家具、ベッドなどがひとつのユニヴァーサルな平面に散在している。しかも、ミースのように不動のコアや家具（実際は動かせるが、家具のデザインや配置は完全に計算され、移動できない）によって、一見流動的な空間の中に見えない壁をつくるようなことはせず、全体の10.35m×10.35mの正方形の空間は、9スクウェア・グリッドを引き戸によって分割している。引き戸は、季節や機会に応じてさまざまな分割が可能で、さらに南・北面のガラス引き戸を開放すれば、内外の空間は物理的にも連続してゆく。

ミースのユニヴァーサル・スペースは一見したところ、空間が流動的にしかもフレキシブルに見えるが、実はその背後には完全に古典的なフロアプランが隠されている。ファンズワース邸にしたところで、壁と壁のあいだに従来の壁がないだけであって、固定された家具の配置によって、目に見えない壁があるのと同じくらい空間のヒエラルキーがはっきりと形成されている。こうした考えを取り払うのが「ユニヴァーサル・フロア」の考え方である。

現在、フランス・ブルゴーニュ地方で小さな博物館を建設中だが、ここでは東急ハンズなどで市販されているL字型アングルの棚のシステムを構造体として使用している。展示の棚、事務所の本棚、間仕切りなど、システム自体をL字型アングルで構成し、構造体としての家具に透明性という機能を加えている。「家具の家」の考え方の発展型として新たな可能性を模索している。

図6-7　9スクウェア・グリッドの家／坂茂、1997年。壁面にはエアコン、冷蔵庫、洗濯機なども収納されている

7
立方体格子
群馬県立近代美術館
長田直之

「仮設は建築する前に設けられ、建物ができ上がると取り払われる足場である。足場は作業する人になくてはならない。ただ作業する人は足場を建物だと思ってはならない」[1] (ゲーテ)

1. グリッドの特性

建築における近代主義の根底にあるのは、デカルトのつくり出したxyz座標空間である(図7-1)。縦・横・高さの等しい立方体が連続する、どの場所も同質で、無限に延長することのできる格子空間。そして、その空間を一定のところで切り取ればそれが建築であるという初歩的なロジック。

視覚モデルとしてのデカルト的遠近法空間は、主体と客体を分離し、主体の超越化、客体の受動化によって、形而上学的思考や経験主義、資本主義の論理と一緒に近代の空間を規定してきた。

デカルト的遠近法における主体(見る者)の位置は、視覚のピラミッドの頂点を占める超越的・普遍的なもの(同じ場所を占めれば、いかなる者にとっても同一なもの)としても、あるいは偶発的なもの(だれが何をどのように見たかという、もっぱら個別的なもの)としても考えることができる。

しかしそこでは、われわれが「世界の肉」(メルロ・ポンティ)に埋め込まれていることなどまるで無視されているかのようだ。脱身体化された視覚。窓枠を通して眺めるだけの世界。

スヴェトラーナ・アルパースは『描写の芸術——17世紀のオランダ絵画』[2]のなかで、近代視覚芸術の背後に存在するグリッドの真の先例が、ルネッサンスの遠近法のグリッドではないことを示し、さらに、17世紀のオランダ美術に見られるグリッド(マッピング)こそが、モダニズムのグリッドへの中継地点であることを示した。遠近法のグリッド——描かれた世界のなかにその組織の仮枠として描かれたもの——が、現実とその表象(絵画空間)との相互関係であるのに対して、モダニズムのグリッドが写像するのは、グリッドが投影される表面そのものであり、対象との相互関係を切断し、現実の世界から知覚のスクリーンを分離する。一方、地図製作のグリッドは、遠近法のように外的現実を複製しようとするのではなく、外的現実を記号の秩序に変形しようとする。自己言及的な外的現実から

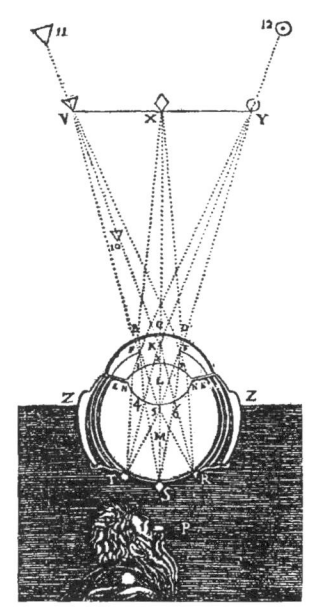

図7-1　デカルトの透視図

図7-2　デルフト眺望／J.フェルメール、1660年

図7-3 群馬県立近代美術館外観／磯崎新、1974年。ドローイングに描かれた建築と実在する建築。この二つはどのように統合されるのだろうか

まったく切断された20世紀のグリッドへの経路として、17世紀のオランダ絵画のグリッドの存在は、同じグリッドという構造が果たす異なる機能の断面を示している（図7-2）。

2. 規範と違反

ネオ・プラトニズムを思考原理としたルネッサンスにおいて、立方体や球体は、あらゆる可視空間を律する絶対的な基準であった。その後、ネオ・プラトニズムが歴史のなかに姿を現すたびに、立方体はヨーロッパの空間思考の原型として繰り返し登場する。

立方体は、たった一つのパラメータの決定によって、すべてが完結する。つねに単位のままであり、プロポーションや比例関係といった、あらゆる恣意性や調整概念の入り込む余地があらかじめ排除された形式である。

磯崎新は、この立方体を〈第一原質〉として近代建築を克服する自らの方法論の中心に位置づけた。

近代以降、それまで特定の場所でしか鑑賞されることのなかった美術作品に、可動性が与えられた。絵画は額縁により、彫刻は台座によって、その可動性を獲得する。作品は収集や展示のために移動できなければならず、美術館は移動するあらゆる美術作品の一時的な展示・保管空間であり、どんな美術作品をも受容できる器であることが求められる。

空洞としての美術館。磯崎は、「群馬県立近代美術館」（1974、以下「群馬」）を構造主義言語論からの影響を受けながら、建築を言語のアナロジーとして表現する。

ミニマリズムの美術作品のように、高い抽象度をもったこの建築は、建築家自身によって、純粋形態や輻輳、補助構造など、建築の構成手法が、形態論、修辞論、意味論、それぞれのレベルに準じて語られている。

ここに遠近法によって描かれた一枚のドローイングがある（図7-3）。一辺12m、18個の立方体が庭園の芝生の上に転がっている。立方体のフレームからは、背後に広がる森までも透視することができる。

立方体の配置は、平滑な直交座標に従うほど単純ではない。2列に並行した立方体のあいだには空隙が存在している。断面方向では奥の1列が一辺の2分の1の高さだけ持ち上げられている。さらに、主体構造の外側に22.5度の角度で配置された二つの立方体からなる翼棟の存在は、プライマリーな立方体の配置や、デカルト座標から不整合な布置を示している。

交互に繰り返し現れる規範と違反。立方体表面のア

7 立方体格子　155

ルミパネルの分割や、梁・柱などの断面形状にまで立方体の分割は構造的合理性を超えて徹底される。一方で、補助構造と呼ばれるさまざまなオブジェクトが、規範としての立方体フレームの中に無造作に挿入され、立方体という形態に使用言語・単語を限定しながらも、その単語の配列から生じる複数の意味が混成した空間が発生している。

グリッドは、「配列されたオブジェクトを統合しながらも、各々は一個のオブジェクトとして自律させる」構成システムであると、レム・コールハースはマンハッタンの都市分析を通して指摘した。グリッドは、構成要素がなんであっても（なんでもあり）、それ自身による空間の統合・分割（なんにもなし）であること自体には変わりなく、自由競争の抑制と放任を同時に可能にする構造として潜在する。構成要素は、固有の場所をもたない、代替可能なものである。

このようなグリッドの特性は、まさに無限定空間に代表される近代建築の特徴——無限要素の交換可能性——と符合する。

プロセスプランニング論による「大分県立中央図書館」（1966）の蔵書収容力が限界に達したために、新たに計画された「豊の国情報ライブラリー」（1995、以下「豊の国」）は、図書館と文書館と郷土資料館などから構成されている。

「百柱の間」と命名された主閲覧室は、7.5mの立方体が9列×9列、81グリッド、100本の柱をもつ、ひとまとまりの空間である（図7-4）。伸展する列柱の上部には、規則的に天窓が設けられている。

この閲覧室は中性的な連続立方体格子空間に、ブリッジやカウンター、書架、机、端末機などの内容（機能）は、あらかじめ決められた場所はなく、オブジェクトとオブジェクトの配列により生じる機能の交換可能性を前提とした計画である。

基本単位の自動運動。1対1の比例しか出現しない立方体の均質空間、連続性だけが見えて分節が生まれない平滑な空間は、内容（機能）と形式（表現）の一致というエシックを転倒して、形式（表現）が内容（機能）を生成させる。

それは、フィリッポ・ブルネレスキがサント・スピリト教会で、浄財獲得のために半円形の平面をもつニッチを、ただひたすら増幅させた態度や、同じフィレンツェの建築家スーパー・スタジオが「コンティニュアス・モニュメント」で示した、均質空間への臨界点へと到達しようとする態度と重なっている（図7-5、7-6）。オートマティックな形式の運動を許容する強度。

図7-4　豊の国情報ライブラリーの「百柱の間」／磯崎新、1995年

図7-5　コンティニュアス・モニュメント／スーパー・スタジオ、1969年

　磯崎は、立方体をはじめとして、先行する歴史的な建築の言語を自らの建築に引用し、使用する。一見実体を欠いた抽象的な操作や、規則的な形式であればあるほど、結果的にそこに出現するのは、抽象化や一般化することのできない空間の「固有性」である。

3. 皮膜と骨体

　人体は繰り返し建築のメタファーとして語られてきた。たとえば、レオナルド・ダ・ヴィンチの描いた、円と正方形に内接する人体像が象徴するのは、プラトン的な宇宙の中心を可視化された人体像が占めていることの比喩であり、背後にはプラトンの提出した基本形態（プラトン立体）と数的秩序が、絶対的な美の基準として支配する空間が存在している。

　建築の基本的な構成は、ほぼこの100年間、コンクリートか鉄骨によるフレーム（枠組み）、グリッド（格子）、もしくはスケルトン（骨組み）であった。

　近代に誕生したオフィスビルをはじめとして近代建築は、「骨と皮」の建築であり、構造体としての骨（立体フレーム）と、皮膜としての外壁（カーテンウォール）によって、なかば自動的に空間は獲得される。立方体格子は、そのような空間を支える「骨組み」と考えられた。「骨」と「皮」。この二つの要素の整合性こそが、建築の精度を決定する。

　ところで、磯崎は「群馬」の構造と皮膜の関係について

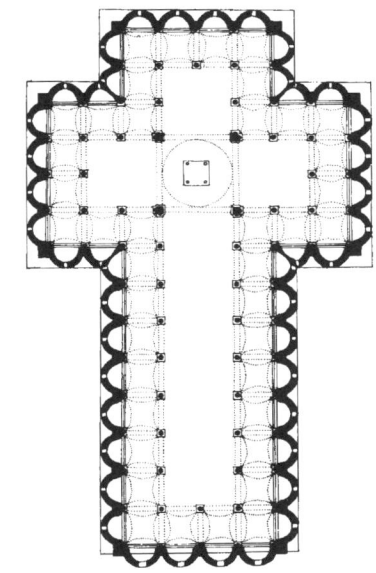

図7-6　サント・スピリト教会平面図／F.ブルネレスキ、1482年

興味深い解説を残している。

　「皮膜と骨体はこの建築においては、敢えて整合化されていない。可能なかぎり骨体は皮膜されている。しかしそれは大まかないいかたで、必要な範囲だけが被覆されているにすぎない。それも無理におさめつくすことをやらずに、部分的にほころびさせている。着物の裏地がすそのあたりでちらりと見えるといった比喩でもいい、骨体はそういう処理によって、背後においやられて、暗示的なものに転化する」[3]

図7-8 マネに基づく「草上の昼食」のための習作／P. ピカソ、1962年

ドローイングによって示された最初のイメージ——原っぱに立方体が転がっている——の立方体フレーム（骨体）が、結果的には「暗示的なものに転化」している。確かに、「群馬」において立方体格子の連続するような空間を直接経験をすることのできる場所など存在していない。どのような場所にいても、さまざまな補助構造や空隙が現れ、重層する複数の意味の背後へと立方体は後退する。立方体格子は、取り払われた足場のように、でき上がった建築でのさまざまな経験の後に要請される仮設足場なのである。

次のように考えてみることはできないだろうか。「群馬」において磯崎は、透明な論理によって支配された世界の純粋な言語＜立方体＞を使用しながら、その言語が誕生した空間の内側の表現——数的秩序の視覚的翻訳としての幾何学的均質空間——にはとどまらず、不透明で不均質な空間、肉の量塊へと跳躍する。それは、現代が忘れ去ったはずの「骨」と「皮」のあいだに充填された「肉」への関心であったと。それは確かに、「なら百年会館」をはじめとする磯崎の作品に特徴的な肉感的ヴォリュームによって示される（図7-7）。

ここで、もっとも早く純粋な抽象世界の入り口に立ちながら、それ以上は進まなかったキュビスムの画家たち、ピカソやブラックを思い浮かべてもよい（図7-8）。あるいは立方体＝機械に示されるように、プラトン的な透明な空間への偏愛を告白した建築家ル・コルビュジエを思い出すこともできる。

彼らが立ち止まった場所、そこから先は、理性と透明な論理から形成される避けがたく均質な空間である。空間とものとのアマルガムな状態。それはプラトンが排除したはずの肉体そのものの中へもう一度没入することである。そこでは空間は、均質で透明な抽象概念ではなく、まさに「肉」のようにヴォリュームをもった「物質」として存在している。

4. 空間における仮設

建築をめぐる言説において、「空間」という概念がこれほど一般的で慣用になったのは、それほど昔のことでは

図7-7 なら百年会館／磯崎新、1998年。挿入された立方体格子と外殻、そのどちらにも量塊を感じ取ることができる

図7-9 トゥーゲントハット邸／ミース・ファン・デル・ローエ、1930年

ない。空間概念の受容には、それに先行する空間へのイメージ——無限に連続する均質性をもつ空間——がすでに用意されはじめていたことと無関係ではない。そして現在、立方体格子は、もっとも汎用にして慣習的に使用されている空間構成のシステムである。それは、建築の言語を構成する方法であると同時に、われわれの思考に知らず知らずのうちに、設定されてしまった空間モデルなのだ。

建築を考えるとき、空間を抽象的なものとして扱うことはできない。自覚的であるかどうかにかかわらず、空間は、物質性を伴う。

たとえば彫刻家が、これからつくろうとする彫刻を構想するとき、形態だけを個別に考えることはできない。どのような素材によって、その形ができているのか、どのような過程でそれはつくられるのかという、物質に固有の属性——その物質の柔らかさや強度、可塑性や透明性など——のイメージも同時につくられなければならない。それは、現実に存在している素材のイメージではない。思考する物質としての具体性である。

逆に考えれば、そのような具体性を忘却した材料からつくられた空間には、必要不可欠なはずの何か——空間の物質性（非物質性）——が欠如する。

無限定空間を徹底的に実践したミース・ファン・デル・ローエの建築に充溢している空間は、ただの均質空間ではなく、ミースに固有の「物質性」から生成する空間ではなかったのか（図7-9）。

建築様式の歴史は、その時代や地域が仮定した「空間」の素材性と関連していると考えることができる

空間という材料をどのように扱うか。立方体格子をめぐるさまざまな試みや、歴史的な事実をふまえて、そこで問われているのは、どのような空間の質＝物質性をつくることができるかということかもしれない。そのような問題意識は、空間の質が最初から与件として与えられているという確信によって、ルネッサンスやモダニズムの草創期よりも貧困になってしまってはいないだろうか。

少なくとも建築は、抽象的な図式やダイヤグラムを現実の空間に表象するための足場ではない。

1）ゲーテ、高橋健二訳『ゲーテ格言集』(新潮文庫）新潮社、1952年
2）S.アルパース、幸福輝訳『描写の芸術——17世紀のオランダ絵画』ありな書房、1993年
3）"GA ARCHITECT 6 ARATA ISOZAKI 1959-1978" A.D.A. EDITA Tokyo, 1991

8
単位の増殖
セントラル・ベヒーア
●
中村研一

「建築は小さな都市であり、都市は大きな建築である」。ルネサンスの建築家レオン・バッティスタ・アルベルティの語ったこの言葉は、「都市」とはスケールの小さな単位である「建築」の集合体である、というわれわれの一般的な概念を見直す契機を与えてくれる。どこまでが都市でどこまでが建築なのか、もちろん明確な定義は存在しないということに改めて気づかざるを得ないからだ。

20世紀前半に展開した近代建築は、それまでの街区や街並みは考慮せず土地をいったん白紙に戻し、「機能主義」や「インターナショナルスタイル」といった名のもとにスーパーブロック(単一の大きな建物)によってまったく新しい都市をつくり出そうとしてきた。冒頭のアルベルティの言葉を裏返せば、それはいわば都市全体を建築的にコントロールしようとしているという意味で、都市を建築化する試みであったといってよいだろう。しかし、そうしてでき上がった都市に魅力が乏しいことは、日本でも戦後誕生したニュータウンを考えてみれば容易に想像できる。都市本来の魅力はどこにいってしまったのだろうか。

都市に対してまったく異なるアプローチが模索された。そのひとつが、スーパーブロックとは正反対に、比較的小さな単位を自己組織的に集合させていくという手法である。それは建築そのものをひとつの都市に変貌させてしまう方法論だと言い換えてもよい。小さな単位には住宅的なヒューマン・スケールの居心地のよさが当然期待されている。

オランダの建築家ヘルマン・ヘルツベルハーがオランダ東部の街アペルドルンに設計した保険会社セントラル・ベヒーアのオフィス(1972)は、そうした単位への分割を極限にまで展開させた作品である。このように分割さ

図8-1 セントラル・ベヒーア外観／H.ヘルツベルハー、1972年。9m角の正方形ユニットがそのまま外観に表現され、ユニットの隙間はトップライトとして内部に光を拡散させる

れた単位の反復はどのような空間を生み出したのか。どのような経緯で生まれてきたアイデアなのか。そしてこの方法論がどのような可能性をもち、また同時にどのような限界をもつのだろうか。セントラル・ベヒーアをひとつの例として考えてみたい（図8-1、8-2）。

1. セントラル・ベヒーアの空間構成

　従業員1,000人のためのオフィスというプログラムを提示されたヘルツベルハーは、会社内部の現状の組織構成や将来の変化のパターンを詳細に検討した結果、3mのモジュールを導き出した。平面形は、その3mのモジュールを3倍した9m角の正方形をユニット（単位）として構成されている。構造体はもちろん、設備のダクト、配管配線、照明器具の配列に至るまで、建物のあらゆる部分がこのモジュールにのせられている（図8-9）。それぞれ隣接するユニットは3m幅の隙間を隔てて並べられているのだが、この隙間は3層分にわたって吹き抜けており、その上部をトップライトにすることによって各ユニットに自然光を拡散させている。ユニットは各辺の中央でブリッジによって結ばれており、二つの直交する軸線上の動線に呼応している。ユニットの床は、各辺を三等分した位置に立てられた合計8本の柱によって支持されており、その柱の位置がユニットの中の通路スペースと執務スペースとをはっきりと分節（アーティキュレート）している。しかし、同時にこの3m幅の通路スペースにパーティションや家具を配置することによって、より人数の多いチームや打合せコーナーなどにも用いることができるように工夫されている。通路スペースに余裕をもたせることによって、ユニットのフレキシビリティを確保しているのである（図8-3、8-8）。

　こうしたユニットの集合体は、建物全体の中央で直交する十字形の動線部分によって全部で四つのグループに分けられており、建物へのエントランス、受付けコーナー、カフェ、エスカレータやエレベータといったパブリックな要素が軸線にそって配置されている。しかし、こうしたパブリック空間の挿入によっても、全体のユニットのシステムにはほとんど変更は加えられていない。よりプライベートな執務空間においては、隣接するユニットの隙間にも床がつくられ、3m幅のジョイント部分が動線となっているのに対して、パブリックスペースはジョイント部分を吹抜けにして、必要な場所だけをブリッジでつなぐという構成をとっているからである。したがって、平面図

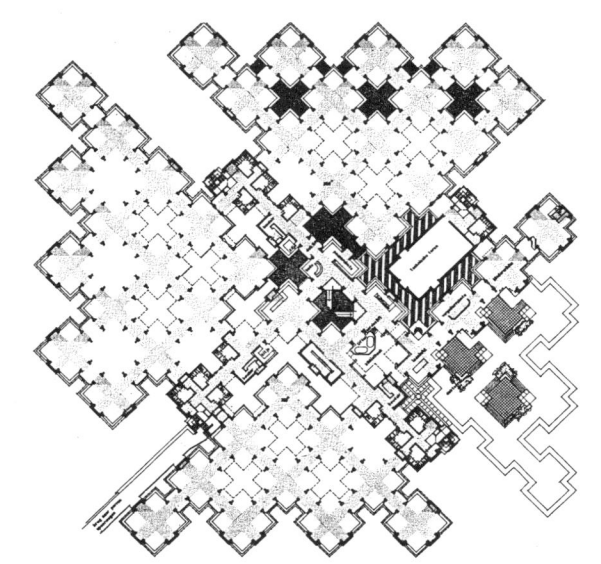

図8-2　セントラル・ベヒーア2階平面図

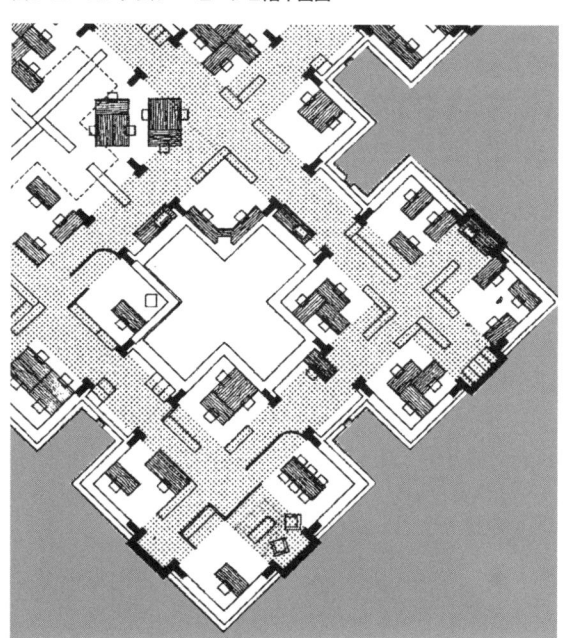

図8-3　オフィス基準階平面図

を一瞥しても全体は均一なパターンとしか読み取ることができないが、実際にこの空間に身を置くと、3層吹抜けの縦長のプロポーションをもちトップライトからの自然光によって照らされたパブリックスペースによって、自分のいる場所をはっきりと認識できて、プランで見るような迷路的な感覚はほとんどない。むしろ、パブリックスペースと執務空間の距離がきわめて近いために、全体の空間は連続したものと認識され透明感があるし、ユニットの反復が遠近法的な効果を生んで、実際には奥の執務スペースはパーティションによって仕切られていて見えて

8　単位の増殖　**161**

図8-4 吹抜けから見たオフィス・スペース

図8-5 吹抜けの通路に面したラウンジ

いないにもかかわらず、現実の距離よりも奥行き感を強く感じることができる。

このような空間に身を置くと、建物はひとつの保険会社の本社ビルであるにもかかわらず、林立する柱や吹抜けによって空間が分節されているために、いくつかの別々の会社の集まりのように見え、住宅的なスケールのユニットが繰り返されているために威圧感はまったくない。3mしかない幅の通路もトップライトからの光で明るく、圧迫感も感じられない。そこでは、ひとつの部署から別の部署へと動き回る人、コーナーのラウンジスペースでくつろぐ人、カフェでお茶を飲みながら打合せする人、そうしたさまざまな情景が重なり合って見えてきて、飽きることがない（図8-4～8-6）。これは街の中を散歩している感覚とほとんど変わらないもので、誰もがそこでリラックスすることができる。こうした雰囲気は、パブリックスペースに隣接したユニットが打合せコーナーやラウンジとして用いられて、パブリックとプライベートの中間領域を巧妙に演出していることによる。ヘルツベルハー自身が述べているように、これはもはや建築のプランニングではなく「都市計画」[1]なのである。

単位を反復するという構成は、構造材を工場製作としてプレファブ化することによって、工期を短縮し建設コストを下げることができるというメリットももたらす。セントラル・ベヒーアにおいても、柱、梁、床スラブのほとんどがプレファブ化され、現場で組み立てられている（図8-7）。一般的な仕上げはいっさいなく、間仕切りもコンクリートブロックやガラスブロックをそのまま化粧積みとすることによって構造材がすべて露出され、建物の建設プロセスがそのまま表現されている。

打放しコンクリートやコンクリートブロックによるグレー一色のインテリアは完全に背景に徹しており、パブリック部分には管理組合が彫刻などのアート作品を展示し、ラウンジ的なスペースには従業員が自発的に鉢植えの観葉植物を置いたり、ファブリックやポスターを壁にかけたりして、それがまた住宅的な雰囲気づくりに貢献している。そこで活動する人々が快適なのは、建築家によって決定された環境によるものではなく、そこにいる人々の自発的行動によるのであって、建築家はそのためのフレームをつくればよい、現実にそこで生活する人々が建築の中でもっとも重要な役割を果たしている、とヘルツベルハーは考えていた。

2. セントラル・ベヒーアの生まれた背景

a. フォーラム・グループ

単位の増殖というアイデアは、1960年代にオランダの雑誌フォーラムを中心に集まった建築家たち（いわゆるフォーラム・グループ）から生まれたものである。ヘルツベルハー自身もそのメンバーのひとりであった。それまでのCIAMの「アテネ憲章」を軸に展開していた近代建築、そして特に戦後のハウジングを批判し、人間性と社会性

の復権をめざしたフォーラム・グループの活動は、同時にスタートしたチームX(テン)とともに世界中に大きな影響を与えることになった。

　フォーラム・グループは、当時クロード・レヴィ＝ストロースを中心としてフランスに展開していた人類学研究から大きな影響を受けており、雑誌フォーラムにはアフリカのドゴン（図8-11）などのさまざまな集落が紹介された。これはヨーロッパに近代以前からある高貴なる蛮人(ノーブル・サベッジ)という概念にも深く結び付いた問題なのだが、それまで単なる未開の地と思われていた集落の研究が進むにつれ、見かけは粗末な材料でできた集落がいわゆる先進国の文化とまったく変わらない、時にはより洗練された構造をもっていることが明らかになってきていた。こうした研究成果が、建築や人類学の分野にとどまらず哲学まで含めた大きな文化的規範(パラダイム)の転換点になっていたのである。フォーラム・グ

ループが人間の住む街というとき、その言葉の背後には明らかにそうした集落のイメージが見え隠れしている。

　フォーラム・グループの建築へのアプローチは、中心メンバーのひとりアルド・ヴァン・アイクがアムステルダムに設計した子どもの家（孤児院、1960）にはっきりと示されている（図8-12、8-13）。さまざまな年代の孤児を年齢別にグルーピングしたクラスターの配置、細かな単位に分割された屋根架構（まるでサハラの集落だ！）、プレファブ化された構造体、雁行配置による内部と外部の曖昧な関係、各クラスターをゆるやかに結び付ける「街路」のような内部通路、街灯のような照明器具。セントラル・ベヒーアに見られる空間の原型はすべてここに揃っているといっても過言ではない。冒頭のアルベルティの言葉をなぞるかのように、ヴァン・アイク自身「都市を大きな家と考えることができるのと同じ意味で、この孤児院は小さな都

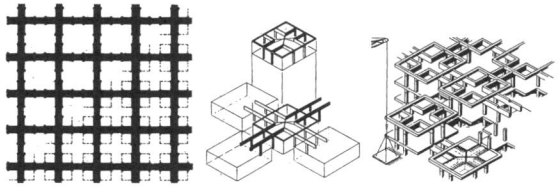

図8-7　工法のダイヤグラム／梁・床スラブがプレファブ化されている

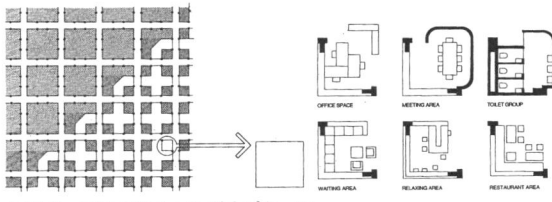

図8-8　オフィスのレイアウトパターン

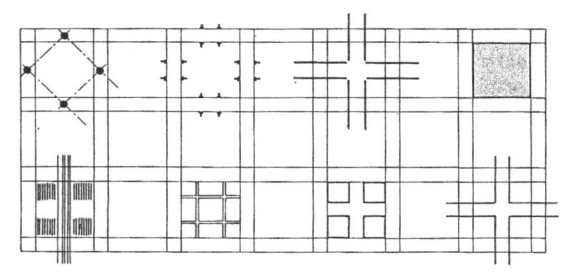

空間・構造・設備のすべての要素が3mをモジュールとしたダブルグリッドのシステムにのせられている。上の列（左から）：a.1階パーキングの柱　b.基準階の柱　c.梁　d.床スラブ　下の列：e.設備の配管・配線　f.天井（照明器具）のレイアウト　g.四つに分割された執務スペース　h.通路のパターン

図8-9　空間・構造・設備のダイヤグラム

図8-6　吹抜けごしに向かい合うオフィス

図8-10　キャンティレバーによるコーナーの開放的な表情

8　単位の増殖　163

市として計画した」2)と述べている。ヘルツベルハーのセントラル・ベヒーアはヴァン・アイクの子どもの家を塔状のユニットとして3次元に展開し、吹抜けも含めた断面構成の豊かさによって都市的クオリティを高めたものだと考えてよいだろう。

図8-11　マリ共和国のドゴンの集落

図8-12　子どもの家外観／A.ヴァン・アイク、1960年

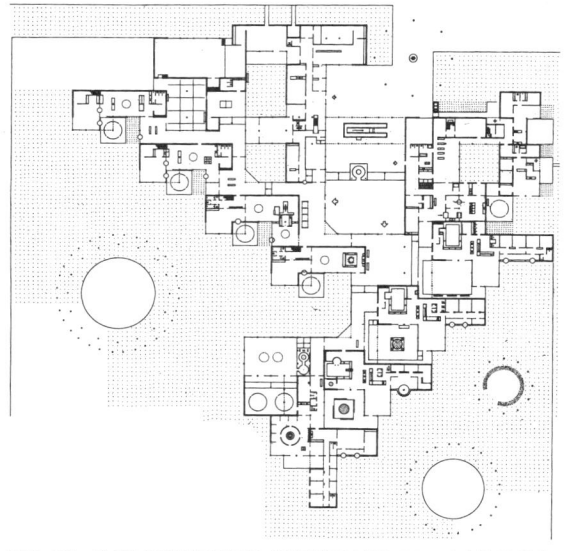

図8-13　子どもの家1階平面図／雁行配置されたユニットが生み出す都市的空間

b. 架構形式と空間の認識

ある単位を想定したときにその単位がどのような架構形式によって支持されているのかは、空間の認識レベルにおいて非常に大きな差異を発生させる。その空間の分節の度合いが、柱・梁の架構形式によってほぼ自動的に決定されるからである。セントラル・ベヒーアの架構形式の大きな特徴は正方形平面の各辺の中央に立てられたプレキャストの柱・梁から床スラブがキャンティレバーで支持されており、すべてのコーナーに柱がないということである。四角形の各コーナーに柱が立っている様子を想像してみれば、柱を辺の中央に移してコーナーを開放することがいかに重要な意味をもつか理解できるだろう。この形式によって、それぞれの単位を明確に意識しながら同時にすべてが連続した一体の空間として認識しやすくなっていると考えてよい。

この架構形式、そして柱や梁のディテールの処理などは明らかに同じオランダでモダニズムを代表する建築家、ヨハネス・ドイカーの代表作、オープン・エア・スクール(1928)を範としていると考えてよいだろう(図8-14)。柱や梁といった構造体を仕上げ材料で隠すのではなく、建物の建設プロセスと力の流れをそのまま表現する重要なデザイン要素として寸法を厳密にスタディし、美しいプロポーションを生み出している。

c. 形態の分節：単位という図式の可能性

セントラル・ベヒーアとしばしば類縁関係を指摘される作品が、ルイス・カーンの設計によるリチャーズ医学研究所(1961)である(図8-15)。確かにダブルグリッド上のプランニング、架構システムなど共通点は驚くほど多いが、その空間の分節化のモチーフはまったく異なっている。セントラル・ベヒーアが内部の執務空間のモジュールからシステムが決定され、階段室や設備はそのシステムに完全に組み込まれているのに対して、医学研究所では、柱や空調ダクト、階段室、エレベータといった垂直要素をすべて外部に露出させる手法によって形態が分節化されている。カーン独特の用語による「サービスする空間」(階段室や設備ダクトスペース)が「サービスされる空間」(研究室本体)から切り離され、垂直のタワー状の形態として強い表現を与えられている。セントラル・ベヒーアでは単位と単位の隙間に都市的空間の質が与えられ、全体のなかで「図」と「地」が反転するような効果が与えられていたが、リチャーズ医学研究所では、プログラムがより高

図8-14 オープン・エア・スクール外観と基準階平面図／J.ドイカー、1928年

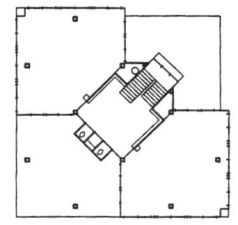

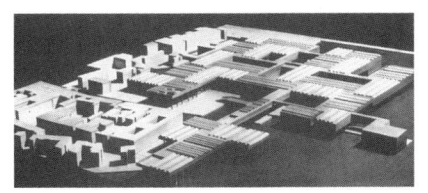

図8-16 ヴェニス病院計画模型と平面図／ル・コルビュジエ、1965年

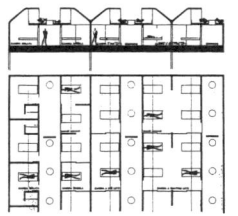

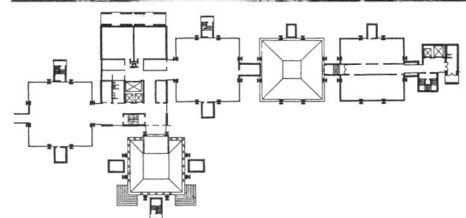

図8-15 リチャーズ医学研究所外観と平面図／L.カーン、1961年

層化した建物を要求していたこともあり、外観上の図像性が表現の大きな部分を占めている。この二つの作品の対比は、同じ図式から生み出された建築がまったく異なる意味を持ちうるという可能性を強く示唆している。

3. 単一のシステムを反復するという表現の限界

これまで見てきたように、セントラル・ベヒーアの内部空間の豊かさには、だれもが共感できるであろう。しかし、その外観に関しては否定的な評価のほうが多い。もちろん、大規模な建築を小さな単位に分解することによって、たとえば住宅地に隣接していたとしてもスケール感を連続させることができるといった説明は可能であるが、現実にでき上がったジグラッド状の外観が都市に対して十分に配慮した結果であるとは思えない。内部はきわめて都市的であるのに対し、外観は内部空間の構成をそのまま表現したものでしかない。それまでの近代建築のオブジェ性に対する批判として現れた手法が、実はもうひとつのオブジェ・タイプをつくっただけだ、という皮肉な見方もできるだろう。

ヴァン・アイクが子どもの家をいくつかの単位に分割したとき、その単位にはひとつの「家族」という意味が込められていたが、そうした精神が等閑に付されると「分割」という手法そのものが目的化してしまう危険がつねにつきまとう。レム・コールハースが指摘したように、ヒューマンスケールの単位の反復という手法があまりに教条主義的に扱われた結果生まれる建物は「それが孤児院であろうと、学生寮、集合住宅、事務所、牢獄、デパート、コンサートホールであろうと、すべての建物が同じに見える」[3]といった建築タイプの深刻な危機を招く可能性すらある。

単一のシステムでつくられた建築の表現力の強さは認めなくてはならないが、建築が単一のシステムでつくられなくてはならない、というルールはどこにもない。批評家アラン・コフーンがその一例としてあげた、ル・コルビュジエの未完のプロジェクト、ヴェニスの病院計画（1965）を見てみよう[4]（図8-16）。病室の単位を反復することによって内部空間の秩序を生み出す手法はよく似ているが、その外観はヴェニスの都市空間に呼応して分節され、内部とはまったく異なるアプローチによってスタディされている。もちろん病院と事務所という機能の違いはあるので単純な比較はできないが、ル・コルビュジエの病院計画は外部に現れる形態というものが内部空間の構成と同じ重要性をもつことを示唆しているし、そうした問題意識をもつことができるのであれば、その問題の解決はもちろん不可能であるはずがない。

唯一絶対の手法は存在しない。われわれはいつでも手法の原理に立ち返って、その可能性と限界を見極める必要がある。

1) ヘルマン・ヘルツベルハー、森島清太訳『都市と建築のパブリックスペース ヘルツベルハーの建築講義録』鹿島出版会、1995年、p.78
2) English Translation : Wim J. van Heuvel "Structuralism in Dutch Architecture" Uitgeverij 010 Publishers, 1992, p.16
Original : Aldo Van Eyck "De milde raderen van de reciproditeit - Kindertehuis in Amsterdam" Forum 1961 no 6/7 pp.195-235
3) "S, M, L, XL, O.M.A. Rem Koolhaas and Bruce Mau" The Monacelli Press, 1995, pp.285-287
4) Alan Colquhoun "Essays in Architectural Criticism : Modern Architecture and Historical Change, Oppositions Books" the MIT Press, 1985, pp.104-109

9
ダイヤグラム
再春館製薬女子寮ほか

小野田泰明

1. 道具としてのダイヤグラム、概念としてのダイヤグラム

建築にとってのダイヤグラムは、発話されない本質を運ぶものであり、独創やイデオロギーなどから切り離されている。そうした本質はランダム・侵入的・客観的であり、物理的・構成的・空間的・技術的といった類の線形論理構造を経由するものではない。抽象機械としてのダイヤグラムをこのように仮想組織体としてあらわしたジル・ドゥルーズの論述は、建築の領域を大いに刺激することとなった。[1]

それでは具体的にこのダイヤグラムは建築デザインと、どのような関係にあるのだろうか。ウィトルウィウスの三要素、用・強・美から話をはじめると、「用」を建築化するにあたって、多くの建築家は要求される機能を書き下ろすことからはじめるだろう。機能ダイヤグラム(バブルダイヤグラム)と呼称されるこうした図化作業は、そのままでは取り扱うのに厄介なクライアントやユーザーの錯綜する要求を縮減し、建築家に空間構成の取っかかりを与える。同様に「強」に関してもダイヤグラム化の作業は必要とされる。複雑な力学的・技術的条件のモデル化／抽象化は、設計者の操作可能性を向上させる。困難な過程を克服しつつ、機能ダイヤグラムは平面の空間図式へ、構造ダイヤグラムは断面の図式へと変換され、逐次建築化されていく。

では、残された「美」に対してはどうだろうか。思索を進めるとすぐに、ダイヤグラム化が適応しにくいことに気づくだろう。だからといって「ダイヤグラムは抽象化の技術にすぎず、崇高な美の概念を扱うには不十分」というのはあまりにおそまつな結論だ。ダイヤグラムは、むしろ20世紀末以降の哲学のなかにおける刺激的なタームのひとつであり、同時代の建築理論にも大きな影響を与えているのだから。

文頭でB.ベルケルとC.ボスが指摘したように、建築理論におけるダイヤグラムの概念は、それに先行するドゥルーズに負うところが大きい。S.アレンはドゥルーズを例に引きながら、ダイヤグラムの特徴を構成内容の「解釈」と

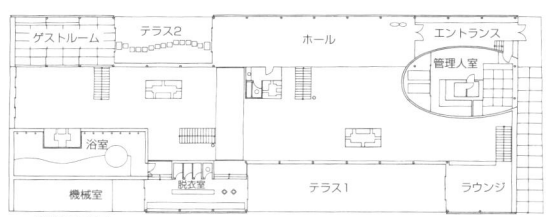

a. 2階平面図

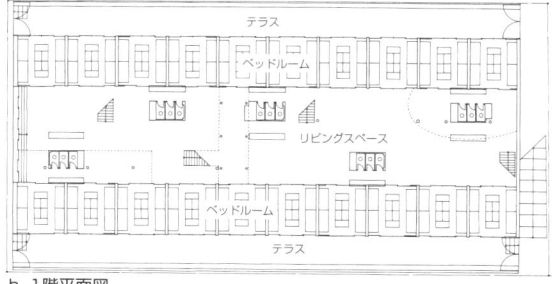

b. 1階平面図
図9-1　再春館製薬女子寮平面図

図9-2　再春館製薬女子寮リビングスペース／妹島和世、1991年。共用空間としてのリビングスペースから寝室群とその上のラウンジを望む。写真は竣工当初の状態である

してではなく、命題の本質によって「操作」されるべきもの、フォームではなくファンクションによって決定されるものと述べている。このように「解釈」に依存しない性質がダイヤグラムを美に馴染み難くしているのだ。

また、ダイヤグラムは文字による世界の解読（decode）の記述ではない。エージェントの置き換え（transposition）とその布置にまで自らを抽象化することで、紋切り型の類型学を乗り越える力を手に入れているのだ。ドゥルーズ本人はそうしたダイヤグラムに次のような可能性を見ている[2]。「既成の世界を再現するように機能することはなく、新しいタイプの現実、新しい心理のモデルをつくり出す。単純な抽象モデルではない、可能態としての地図の層のようなもの」[3]。

このようにダイヤグラムは、建築に新しい可能性をもたらす素養に満ちている。しかも、多くの建築家がその設計プロセスのなかでダイヤグラムを実際に道具として用いている。にもかかわらず、われわれが実体験のなかで「新しいリアリティ」を感じるような建築に出合うことがきわめて少ないのはなぜだろうか。この二つのダイヤグラムはどう違うのだろうか。それに関して、伊東豊雄は次のような興味深い視点を示している。

さまざまな機能的諸条件を空間に置き換えるべく描かれたダイヤグラムから、実態としての建築に到達するまでには複雑な手続きを必要とする。プランニングという慣習的な手法によって空間図式は建築的な記号へと変換されるし、イメージという個人の表現意図に頼って立体的な空間化が企てられる。このプロセスにおいてどれほど「建築」という社会制度によってがんじがらめにされた既成概念に捕らわれつづけるだろう。[4]

「建築」を成立たらしめてきた既存の手続きやシステムが、ダイヤグラム／建築が本来有している可能性をかえって制約しているというこの論旨は、彼がダイヤグラム・アーキテクチュアという呼称を与えている建築を見ることでより明快になってくる。

2. ダイヤグラム・アーキテクチュア 1／再春館製薬女子寮

彼女は建築が備えるべき機能条件をいったん空間のダイヤグラムに置き換えると、直ちにその図式をそのまま実態として立ち上げてしまう。だから彼女の建築にはプランニングという慣習的プロセスはほとんど存在しない。…（中略）…建築のディテールもあくまでダイヤグラムをそのままダイヤグラムとして保存す

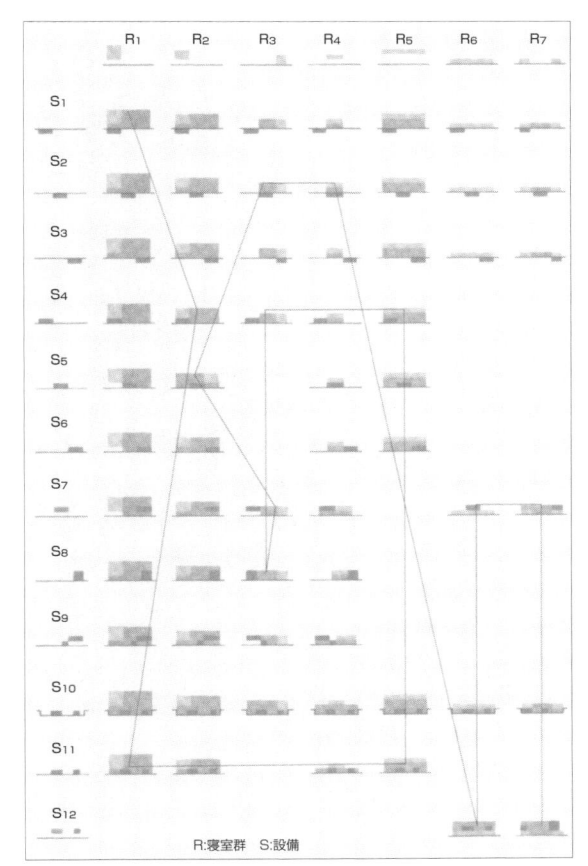

図9-3 プログラム解析図

るための収まりにすぎない。…（中略）…われわれは彼女の生み出した空間の中で全く新しい空間と身体の関係を結ぶことになる。[4]

伊東にダイヤグラム・アーキテクチュアとして取り上げられた妹島和世による再春館製薬女子寮は、80名の新入女子社員が研修期間の1年間共同生活を送る場としてつくられた建築である（図9-1）。

就寝空間は部屋というよりセルと呼んだほうがふさわしいほどに切り詰められており、抽象化された空間群は、これらに無防備に接続されている共用空間によって束ねられている。この共有空間は、間仕切りがない2層吹抜けの矩形で、テーブル、キッチンのほか、便所までが島状に配置された場所である（図9-2）。外部からここにアクセスするには、ゆるやかなスロープで上階のエントランスフロアにいったん入った後、共有空間の全体を視野に収めつつ階段で降りて入る。妹島はこの建築の設計にあたって、ダイヤグラムを使った組み合わせの可能性のパターンをアノニマスに生成し、それらをシミュレートした末に最終案の配置に辿り着いたことを告白しているが（図9-3）[5]、巧

図9-4　再春館製薬女子寮個室入り口／入り口に立てかけられている銃が意味するものは……

妙な構成の効果もあって、中に降り立つと確かに不思議な感じに襲われる。

　現在この女子寮は、関連会社の男子寮として使用されている。建設当初、若い女の子たちが思い思いにさまざまなアクティビティを展開したであろう共用空間であるが、残念ながら、ヴァンダリズムの侵食を受けつつある。こうした変化は、使用者の性差、共有価値の後退（女子寮のときには新しい世界像を連想させる社訓が存在していた）、物理的環境の変質（素材の劣化により初期の抽象性は減衰している）などの影響なのであろう。想像するにそうした素養のあったところに、ちょっとしたハプニング（ゴミ出しのルールとか）が起こり、それがきっかけで共有空間の環境の質が下がったのではないだろうか。それを見て環境維持に努力するメンバーが減少し、そのことがさらなる環境の質の低下を招き、努力するメンバーがさらに減少するという「共有地のジレンマ」の作動を許してしまったのであろう。

　こうした、共用空間の環境低下は、連結されている各自のセルにも深い影を落としている。当初、友好的であったであろう両者の関係は、現在では、緊張を含んだものとなってしまっている（図9-4）。

　このようにダイヤグラム建築は、従来の建築という枠組みが拘束していた自由を解き放つ代わりに、悪魔もそこに放ってしまう。ダイヤグラムによる鮮やかな空間配置はその中に投入されるプログラムの束と相互依存の関係にあるのだが、プログラムという要素は建築家の思いとは別に実に不安定だ（この場合は親会社の経営上の適切な判断に基づく男子寮への転換）。

　妹島のダイヤグラムによって導き出された開放的な配置は、既存のビルディングタイプがもつ力に頼らない潔い構成であるが、裏返せば変化や人々の慣習行動（ハビトゥス）に対して無防備であることでもある。こうした無防備さを建築家の社会性の欠如として批判することはたやすい。しかし、僕たちの暮らす社会の変動は、こうした保守的な正義感で乗りきれるほど容易でないこともまた事実だろう。先のS.アレンはこうも述べている。

ダイヤグラム建築は、批評や正当化を要求する社会的リアリティの側にあるものではない。傷ついた社会に建築を位置づけることを許容することと同義なのだ。そしてそれは、シニカルにではなく楽観主義が起こりうる環境ではじめて可能となる。[6]

3. ダイヤグラム・アーキテクチャ　2／はこだて未来大学

　ダイヤグラムは、空間の特徴を情報圧縮することから、建築コンセプトの表現としても重宝されている。図9-5は、ある建築家が集合住宅を説明する際に用いたダイヤグラムである。従来コモンやリビングを介して最奥に位置していたはずの個室がもっとも外側で外部と直結しているこの図式は、社会的にも大きな反響を巻き起こした。もうひとつの例として、これを描いた山本理顕による教育施設、公立はこだて未来大学を取り上げたい。

　図9-6は、未来大学の途中経過を示したものであるが、時間の経過を示す矢印の向きはどちらが正しいだろうか。凡庸に考えるとBのほうが建築の錬度が上がっているように思われるが、実際はAである。これは、予算の調整による規模変更の結果であるが、建築家の抽象化への強い志向とも無関係ではないだろう。抽象化は、壁の配列にとどまらず内装や家具のデザインにまで通底しており、構造・工法上でもプレキャストコンクリートの大々的な使用というかたちで表明されている（山本はインフラオートマティズムという言葉を用いている）（図9-7）。

　山本がここで提出したダイヤグラムは、廊下で連結された教室や教官室群の新しい組み合わせではない。「ス

タジオ」と呼ばれる階段状にステップした開放的なデッキとそれに直接接続される教官室群のコンビネーションである。そしてこの構成には、この大学の革新的な教育プログラムを保証する場として、特別な意味が与えられている。

　開学前からこの計画に参画してきた教育学者・認知科学者の美馬のゆりは、「これまでの大学教育には様々な『仕切り』が存在する。一方的に話される講義、ほかの講義とのつながりのわからないカリキュラム構成、社会とのつながりのわからない講義内容、不透明な教員の活動などである」[7]と評したうえで、「プロジェクト型学習」を中心とする、教科・学生・教官の仕切りを取り払ったシステムへの変換を宣言している。横断的テーマについて個々がさまざまに連携を繰り返し活動を展開する「プロジェクト型学習」のスムーズな展開には、集団⇔個人の活動の流動性と視認性が保障されるこうした空間が求められていたのだ。間仕切りがないだけではなく、階段状の巨大な吹抜けであるために、相互の行為のみならず、全体の出来事の展開も視認しやすくなっている。そのため、相互作用のきっかけがつかみやすく、通りあわせた教官の乱入など、ハプニングの余地も確保されている。そして、スタジオに配置されたすべての机がネットワークにつながっていることが、茫漠とした空間内でアトランダムに行為が発生することを助けている。

　こうしたダイヤグラムと実行為の蜜月は、いくつかの特殊な条件で成立していることは忘れてはならない。学生たちを集団的創造性を発揮できる環境下で明確に動機づけるソフトウェア（カリキュラム）が存在することや、彼らに教師の趣旨を理解し、ネットを使いこなすための基礎的能力（リテラシー能力）が備わっていることなどである

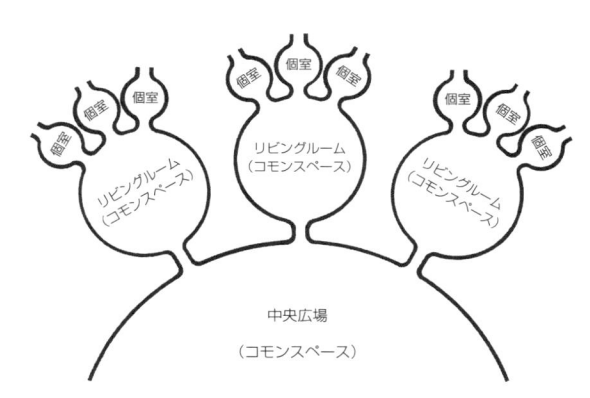

図9-5　熊本県営保田窪第一団地のためのダイヤグラム／山本理顕、1991年

る。学校というビルディングタイプが、そうした状況を社会から切り取り、安定させる枠組みとして働いているのだ。

　病院などと並んでもっとも古い起源をもつビルディングタイプである学校は、教官・カリキュラム・学生・制度・教室などの枠組みに支えられた強いシステムである。もちろん、そのことがもたらすプログラムの硬直化の問題とそれに対抗する試行の緊張関係はあるのだが、全体としてプログラムがしっかりしていることには変わりない。ダイヤグラム建築にとってプログラムが運命共同体であることはすでに述べたが、はこだてのケースではプログラムが維持される可能性はきわめて高いといえる。

　この建築のもう一つの特徴は、エントランスから延びる廊下を拡張した共用空間である。特別教室群が両側に並ぶこの空間は、隔壁がすべて透明なガラスで中が見通せることから、一般の人たちに大学の活動を見せる「ショッピングモール」に見立てられている。

　先のようなスタジオ空間で活気あふれる教育活動を展開しつづけるのは、教官側にとっては厳しい環境でもある。このショッピングモールによる社会への開かれ方に

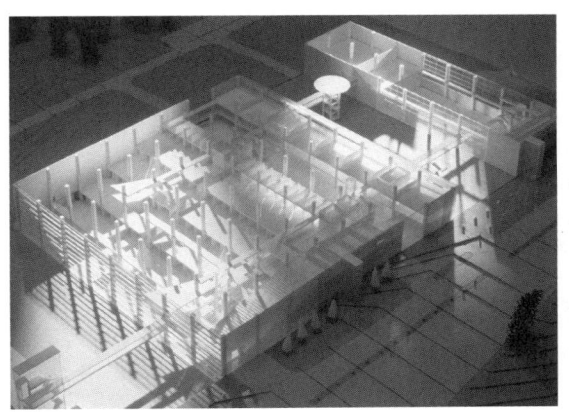

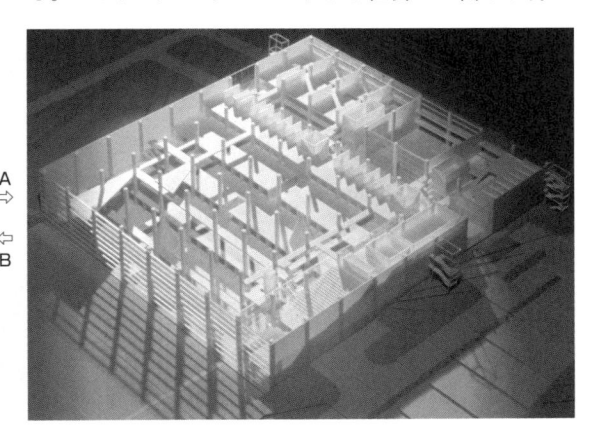

図9-6　はこだて未来大学の検討案

は、教官側のモチベーションを維持する役割が期待されており、先のスタジオと相補的な関係にある。

4. アクティビティを発生させるディバイス

空間と行為の研究に長年かかわってきたA.ラポートは、人間の行動を見るには次の二つの系統があると述べている[8]。

Activity System（AS）；活動の流れの構造化

Behavior Setting（BS）；その中で定期的に行われる行動パターンと空間の対応

これまで紹介したダイヤグラムは、主に前者の系を建築家が自分なりに解釈したものといえる。しかし、山本のケースようにプログラムの支援によって、ユーザーの行動が十分に期待できる状態はむしろまれなケースであり、実際に行為が起こるかどうかは建築家の職能の外にあることが多い。

社会学者T.パーソンズは、人間行動の基層に、文化的次元（Cultural）、社会的次元（Social）、個性的次元（Personality）、有機的次元（Organismic）の四つのサブシステムを見ているが[9]、前二者はプログラムの主体をなすもので、先の妹島の寮では、この二者がユーザーの気ままな行為、三番めの個性次元の挑戦を受けているのだ。建築家や運営者がワークショップを各地で展開しているのは、この次元に影響力を与えるという意味で連動した動きでもある。しかし、利用者が特定できる場合には有用であっても、不特定多数が利用する公共施設では、この方法には困難が伴う。そこで、残った四番めの層が浮上する。人間の認知の部分に訴え、行動を誘発させようとする動きであり、先のラポートによるBehavior Settingの系に該当する。

しかし、ここで気をつけたいのは、ダイヤグラムの操作可能範囲の拡張性が、行為の操作可能性にまで拡大解釈されてしまう傾向である。そもそも双方向的な概念で、行為の発生確率を示すにすぎないBehavior Settingに対して、安定性が求められる「建築の機能」を期待することには矛盾がある。また、空間研究者の見解のなかには、分節化された場が多く用意されている空間のほうが子どもたちの探求行動を触発するので認識力や社会的

図9-7　はこだて未来大学スタジオ内部／山本理顕、2000年。多彩なプロジェクト型の教育が展開される空間

発達が進む[10]とか多層な環境のセッティングが人間の環境にとって好ましい[11]といった、本章で示した抽象度の高い空間デザインとBehavior Settingの相性の悪さを指摘する声も多い。

ダイヤグラムは建築家にとっては未来を変える意思の表明であり、彼らの示す抽象性を保持した空間配置から新しい世界の一端を見ることも可能かもしれない。しかし、そうした抽象性への志向が大きな落とし穴を含んでいることを忘れてはならない。

もっとも、それは抽象的空間の断罪ではない。先のラポポートが下に指摘するように、さまざまな可能性が存在する。彼がここで指摘する「集団」こそ、近未来のわれわれ自身のことを指しているのかもしれない。

豊かで生き生きした、そして複雑な形態は一般に人々に好まれるが、ただし複雑さのレベルが低いことを求めるような文化的変化を経験している集団もあるかもしれない。[8]

5. ダイヤグラムからコンセプトへ

このようにダイヤグラムをその基本的な意義にまで遡って考えてみると、ダイヤグラム建築と呼ぶべき対象がダイヤグラムを通してつくられたり、ダイヤグラム風な表現であったりする必要がないことが了解できる。むしろ、ダイヤグラムのように振る舞い、多様な行為を包含・接続する間主観的なフィールドとしてとらえるべきなのかもしれない。けれども、いったん表現の道具としてのダイヤグラムの強力な力を覚えてしまった設計者にとって、ダイヤグラムの直截的表現から建築を遠ざけることは意外に難しい。S.クウィンターは次のように述べている。

ダイヤグラムは、われわれに歴史的成就をプログラムする力を与えてくれる反面、プログラムをその場でバラバラにする力を持っている。歌であると同時にハンマーのようなものなのだ。結局ダイヤグラムは、単なる意思の機能にすぎず、真実の表現ではない。[12]

では、設計者が、ダイヤグラムに歌わせるにはどのような戦略が可能なのだろう。伊東豊雄によるせんだいメディアテーク（図9-8）では、ダイヤグラムからコンセプトへという方法がとられている[13]。この建築は7枚のプレートという外面的なダイヤグラムをもっているものの、各平面上での設定はきわめてルーズに行われており、ダイヤグラムに則って設計されたというより、よりメタレベルの

図9-8　せんだいメディアテーク／伊東豊雄、2000年

コンセプトに照らし合わせながら逐次構成されていったという性質をもっている。それは、新しい施設型を試みたこのプロジェクトにとって、協働する多様なメンバー間で理念を共有し、かつ将来的な進化のための自由度を担保するための必然でもあった。そのことは、実際の空間において暴力的なダイヤグラムの表現が遠ざけられ、ユーザーの細かな動きに意識の向けられた、やさしい空気の質・面の手触り・光の質が実現していることにつながっている。ダイヤグラムは見えない与件を操作可能にする設計者にとって重要な道具だが、デザインの出口ではないのである。

1) B. Berkel & C. Bos "Diagrams-Interactive Instruments in Operation" In Diagram Work, Any Magazine 23, Cambridge, The MIT Press, 1998
2) むろん、ドゥルーズや多くの建築批評家の意味するところは深遠であり、建築の概念を再考するうえでも刺激に富んでいるので、各自学習されることをお薦めする。
3) ドゥルーズ、宇野邦一訳『フーコー』河出書房新社、1987年
4) 伊東豊雄「ダイヤグラム・アーキテクチュア」『透層する建築』青土社、2000年
5) 妹島和世「バランスから生まれる均質（伊東豊雄との対談）」建築文化1991年11月号
6) S. Allen "Diagrams Matter" In Diagram Work, Any Magazine 23, Cambridge, The MIT Press, 1998
7) 美馬のゆり「コンヴィヴィアルな活動の場を目指して」新建築2000年9月号
8) A. Rapoport "The Importance and Nature of Environmental Perception" In Human Aspects of Urban Form, New York, Pergamon, 1977
9) T. Parsons "Societies" Englewood Cliffs, N. J.: Prentice-Hall, 1966
10) G. Moore "Knowing about Environmental Knowing", Environment and Behavior 11, No.1, 1979
11) C. Alexander et al. "A Pattern Language" New York, Oxford University Press, 1977
12) S. Kwinter "The Genealogy of Models: The Hammer and the Song" In Diagram Work, Any Magazine 23, Cambridge, The MIT Press, 1998
13) 小野田泰明「コミュニケーション可能性としての建築へ」新建築2001年3月号

IV
形態の生成手法

1
参加と複合
メメ・ファシスト
遠藤剛生

　ルシアン・クロールの建築と、それらが集まってつくる街は世界でも類を見ない特異なものである。彼の計画手法は、住民参加を前提にしている。しかし、クロールの一連のプロジェクトを概観すると、住民の意見のみならずプロジェクトにかかわるあらゆる要素を等しく評価し、それらの総体として建築や都市を考えている。

　まず、大地や、森や林、花や緑といった自然、個人の生活と社会、技術や、工業製品に代表される現代社会のテクノロジーなどを重ね、計画が進められている。このようなクロールの形態の生成手法を理解するためには、まずルシアン・クロールの作品を年代を追ってプロジェクトごとに整理し、そこからクロールの考え方を浮かび上がらせることが大切である。しかし、いずれにしても多様な要素の複合体として現れてくるクロールの複雑な建築と都市が、何をめざしているかを解説するのがここでの主な目的である。

1. クロールを支える空間のキーワード

a. カオスの都市とルシアン・クロールの都市

　日本の都市のみならず、モダニズム運動以後に生まれた世界の建築と都市はつねに内向きで、プロジェクトの敷地境界線の内側で自己完結している。本来個々のプロジェクトは、計画される都市の個性を高め全体の中の部分としての役割があるはずである。しかし、内向きの計画手法は個々の都市の個性にも、歴史にも、計画される個々の場所の特性にもかかわらず、建築家個人の考え方だけが表面に現れている。たとえば、日本ではカーテンウォールのビルディングの隣に瓦屋根の寺院が建てられ、その隣には煉瓦タイルの外壁の建物が並んでいる。このような新旧のアンバランスは、日本のみならず世界の新市街の一般的な姿である。このような境界線をもった計画が並ぶ街並みに対して、クロールが計画するプロジェクトは、まず第一に敷地境界線を消し、周辺の環境の一つ一つの要素と応答し全体がまとめられている。その考え方は時間的にも、空間的にも連続性をもつ、外にむかって開かれた計画の

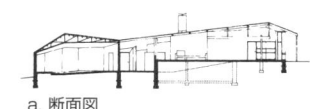

a. 断面図

b. 西側より正面を見る

c. 地階平面図 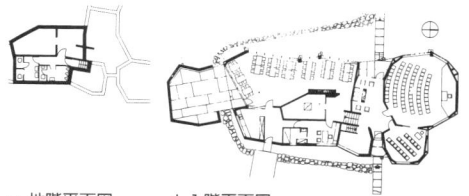　　d. 1階平面図

図1-1　エキュメニク・センター／L.クロール、1963年。シャヴトーニュ

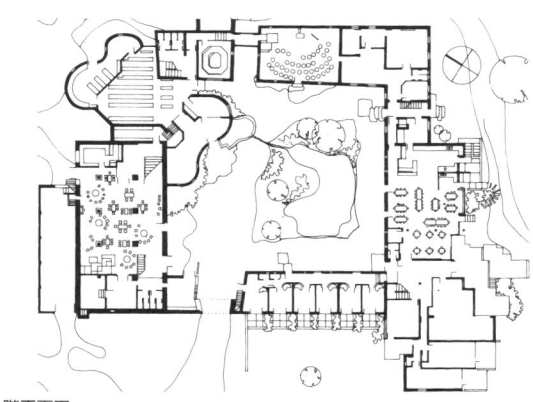

a. 1階平面図

b. 中庭よりホールを見る 　　c. ホール

図1-2　聖ドミニック宗派修道院／L.クロール、1975年。フロワモン

手法である。この手法は都市は生き、育ちつづけ、変化しつづける存在であるという考え方に立っていることを表している。具体的なプロジェクトの一つ一つの要素を見ると、そのことが鮮明に見えてくる。たとえば、自然とのかかわりでいうならば、20m以上にも育ったクヌギの森の緑を残したパリ郊外のマルヌ・ラ・ヴァレ。周辺集落との連続性を大切にし、丘の斜面を活用し、集落景観との応答性を大切にし、空間の構造を同質のものにまとめて戸建て住宅群をつくったセルジ・ポントワース。それらのことがもっとも総合的に顕著に表れているのが、メメ・ファシストプロジェクトである。荒れ果てた工事現場のような風景さえも、場所の刷り込まれた歴史として大切にし、かかわるすべての要素と応答している。彼の建築を支える中心には、有機的な自然の秩序があり、機能主義者たちが多用した、繰り返しの機械的な形態や空間を罪だとまで言いきっている。

次に社会とのかかわりについては、都市は市民がつくったもの、育てたものとの思いが中心を占め、決して都市計画家や建築家がお仕着せで与えるものだという思いがない。それゆえに住宅づくり、環境づくりも顔の見える一人一人の市民が参加し、一人一人の思いを汲んでひとつの環境にまとめようと考えている。しかし、彼は決して市民や住民の一人一人の思いが満たされることを最終目標としているのではなく、そこから生まれる環境が美的構成原理から生まれた秩序のある、開かれたものになることを望んでいる。クロールにはアプリオリに空間をイメージし、自分の思う方向に誘導しようという思いはなく、人と人、ものとものの互相浸透から生まれる無階層、一回性のプロジェクトが計画地ごとに生まれてくる。また、この手法ゆえに個々のプロジェクトに、個別性と多様性のあるネオヴァナキュラーな空間が立ち現れてくる。その手がかりとして、場所の自然とそこで生活する人々の参加という手法は不可欠になる。このような環境形成の手法から現れてくるクロールの空間を言葉で表すなら、次のようなものになる。

・否定としての機能主義
・地域に根ざすヴァナキュラーとネオヴァナキュラー
・個々の要素に応答する一回性
・ヒエラルキカルな方法を否定する無階層性
・人やもの、時間や空間が連続する浸透性
・やさしさや安らぎを生む個別性とその集合としての多様性
・機械的秩序を否定する有機的秩序
・ものに命を与え生きつづける野性
・規格化、工業製品が表す時代性
・生活空間の本質である転用性

a. アクソメ

b. 立面図

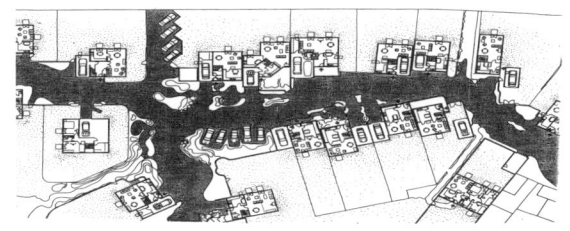

c. 集落的空間構造をもつ計画の部分配置図

図1-3　ヴィーネ・ブランシュ集合住宅／L.クロール、1977〜79年。セルジ・ポントワース

a. 独自性をもつ住戸が集まってつくり出す全体の風景

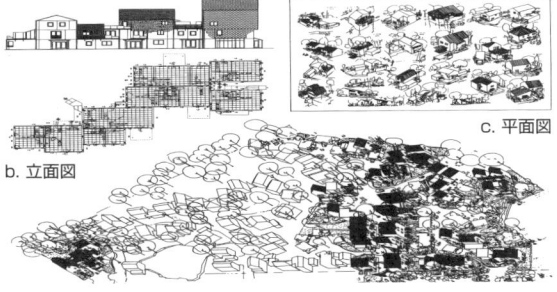

b. 立面図

c. 平面図

d. アクソメ

図1-4　エムランヴィル集合住宅／L.クロール、1980年。マルヌ・ラ・ヴァレ

・時間が風景をつくる

2. ルシアン・クロールの建築

　ルーヴァン・カソリック大学医学部学生寄宿舎(メメ・ファシスト)はクロールの代表作である。地下鉄アルマ駅とレストランその他の大学施設が、もっともクロールの考え方や手法を表現している。しかし、初期の作品の一つ一つで重要な試みがなされており、それらの集大成としてメメ・ファシストがあるが、それら一連の作品の成長のプロセスはクロール自身の人間的、創造的アプローチの軌跡を追うことでもある。

a. エキュメニク・センター

　森は太い幹から伸びた糸のように細い枝が幾重にも重なって、柔らかい帯を空との境界につくり出す。その森のスカイラインに対し、細心の注意を払い応答する建築がある。平面はクロールの思いのままに直線を組み合わせ、円形に近い多角形の諸室が連続し、内部に居ながらにして、外の自然と一体感の得られる空間が生まれている。

　断面は緩やかに変化する大地のうねりに合わせ、床のレベルを決め、その床のレベルと天井の高さの関係から、スカイラインの変化が生まれている。壁は荒く積まれた煉瓦と、様相の異なる窓の形によって壁面全体が構成されている。内部は外部に積まれた煉瓦がそのまま内壁になり、時の流れを感じる仕上げになっている。天井には素朴な板が張られている。比較的規模の小さい建築だが、自然に同化しようとする姿勢がこの建築の総体から見えてくる(図1-1)。

b. 聖ドミニック宗派修道院

　フロワモンのこの修道院は古い農場を改造し、新築部分を加えて全体がまとめられている。

　この計画のテーマは、農場が建てられてから今日まで、ここを使用していた人々の生活と、新しく修道院として生まれ変わった建築の豊かに流れていく時間や、至福を感じる空間の連続性をつくり出すことである。

　平面は長方形の農場の建物を一辺に生かし、新たな計画と合わせ、ほぼ正方形の囲み庭をもつ構成になっている。古い農場と直線的な新しい建物が出合うコーナー部分に、曲線を用い、農場の柔らかさ、やさしさと、新しい建物の堅さを和らげ、新旧の連続性を生み出そうと考えているようにうかがえる。屋根の一部を剥ぎ取って天窓を設けているが、その天窓の形態はエキュメニク・センターの外壁の窓や、サンジェルマン小学校やシネの小学校等の教室の屋根などにも、画一的なイメージを排除するための形態として用いられている。農場に増築された平家部分は、新しい建築の気恥ずかしさを中和するため、わざと粗野なブロックを積んでいる。南側の居住

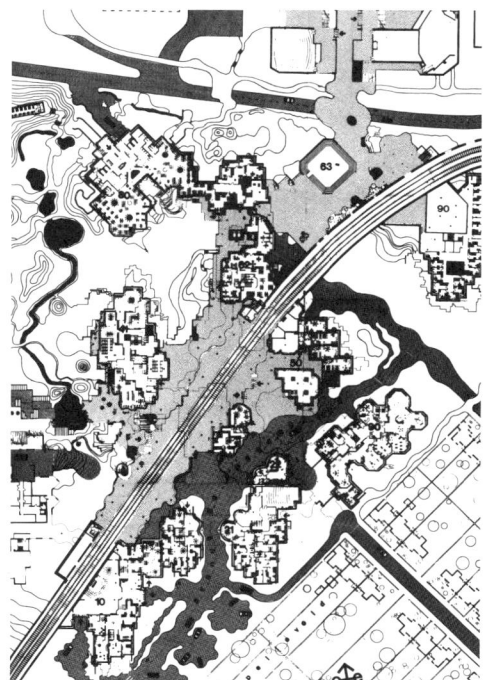

図1-5　ルーヴァン・カソリック大学施設棟全体配置図

図1-6　地下鉄アルマ駅上部のランドスケープ／L.クロール、1979～82年。周辺地域の等高線になじんでいる

部分は地面の等高線に合わせ、平面を揺るがせ、断面を段状に構成し、あたかも新しい建築が大地から生えてきたかのごとき形態になっている。この建築に対する考え方は、その後計画されるメメ・ファシストとのつながりを強く感じさせる作品である。

また、表面的には形態や素材などにこだわらないクロールだが、それでも建築家クロールの深層心理がちらちら見える重要な作品である（図1-2）。

c. セルジ・ポントワースの集合住宅

この計画は150戸の戸建て集合住宅の計画（1976〜85）である。敷地はなだらかな丘陵地に計画されているが、全体配置は周辺集落の空間構造と連続し、広場や折れ曲がった道路は生き生きとした生活を構成すべく、注意深く計画されている。住戸の間口や奥行き、マスの大きさなどに変化を加え、その配置も、住戸と住戸のあいだに生まれる空間の構成からその位置が決められたとさえ思われる、多様さと変化のある構成になっている。駐車場も4、5台まとめてオープンスペースに構成するものや、住戸内に設けるなど多様である。このコンペ実施案は、当初から肉屋、ガソリンスタンドなどを計画し、生活の利便さとアクティビティの多様さを意図している。

個々の住戸計画では、43戸の居住者たちと48回にも及ぶ会合をもち、一人一人の要望を受け、一戸一戸ていねいに計画が進められ、クロールが罪だと主張する段階構成と機械的配置を避け、新旧の集落が渾然一体になる計画が生まれている。

しかし、クロールは建築の竣工をもって、完成などとは考えず、生活がはじまり居住者自らの手で、計画地内の多様な建築形態に学び、好みに合わせ増築し、変わっていくことを望んでいる（図1-3）。

d. マルヌ・ラ・ヴァレの集合住宅

計画地には大きな樹木があり、それらの緑を生かし全体計画が進められている。この計画では全体110戸のうち、30戸の戸建て住宅が建設されている（1979〜86）。この30戸の住民参加による一つ一つ異なった住戸を、工場生産された規格パネルを下層に使い、ややもすると均質化しそうなランドスケープを上層階に木製パネルやスレートを使い、個々のプランや断面の違い、外壁の吹付け素材を変えたり、傾斜屋根やフラット屋根などを併用し、さながら林の中の公園都市のような住宅地が生まれている。

この計画の特徴はモデュールを用い、パネルを工業化し、全体の秩序を形成しているが、それを表に現さず、限りなく変化する古い集落のような路地や大木を囲む広場など、かつてどこかの村で見かけたような住宅地のランドスケープをつくり出している（図1-4）。

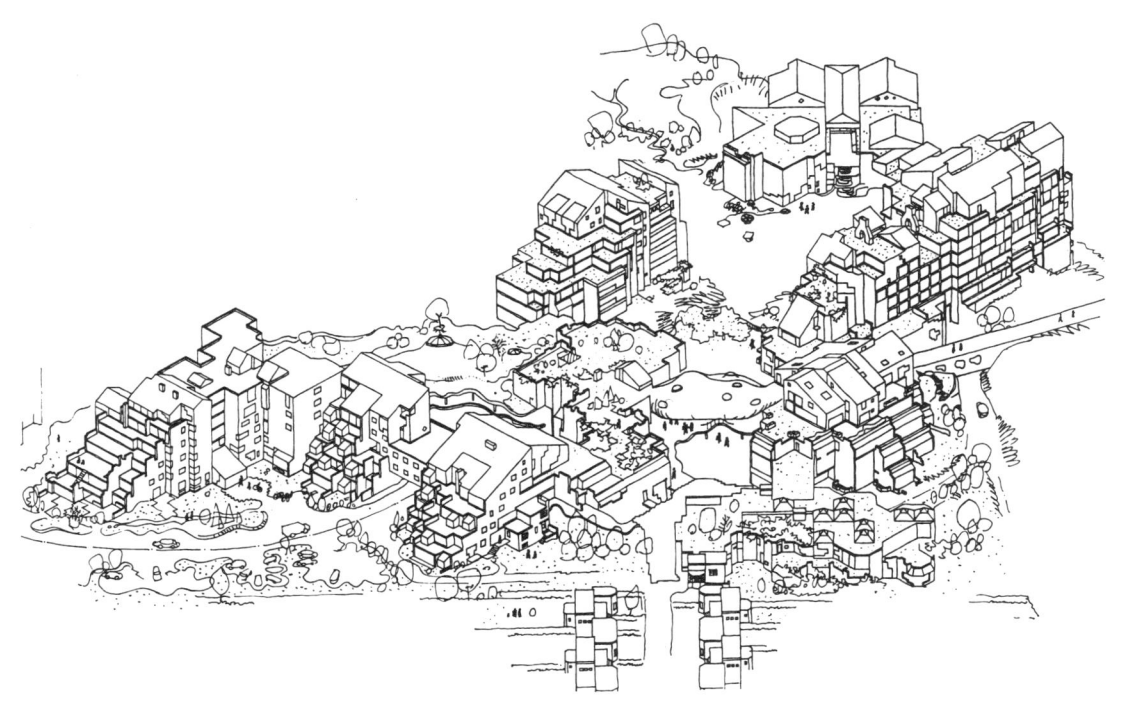

図1-7 ルーヴァン・カソリック大学の施設棟および地下鉄駅舎上部の広場などが一体になったアイソメ

3. メメ・ファシスト

a. 住民参加の手法

　1968年、パリで起こった学生運動は、連日日本でも報道された、いわゆる5月革命である。

　ベルギーのウォルウェ、ルーヴァン・カソリック大学でも、1969年医学部学生寮の計画で、学生一人一人の思いを反映した寮を求め、学生たちは大学側に対して活発な働きかけを行った。大学側はその要望を受け、しぶしぶルシアン・クロールを起用した。

　クロールは学生たちや社会学者なども加え、研究会を重ね、専門外の人たちとイメージを共有し、共通の言葉でひとつのテーマを語り合えるまで互いに学習を重ね、計画はスタートした。

　クロールは単身者用の寮室や、6人から8人程度のグループの寮室、結婚している学生の寮室など、種々の生活様式の異なる学生たち、個々の生活の場に対する意見をプランに反映した。クロールは、住まいに対して決して独善的な押し付けや、自分の作風を色濃く反映するといった態度はとらず、多くの異なった意見をもった学生一人一人の生活が、そのまま平面や、断面、立面などに現れることに力を注いでいる。

　施設全体のランドスケープはクロールに委ねられる部分だが、周辺の地形や、土質、緑や、草花、雑草に至るまで、そのあるがままの構成要素を計画条件に加えている。同様に周辺の建築や道路などの空間構造も読み、既存の街と新しい施設群の関係性を図り、全体をまとめている(図1-5)。

　計画地は等高線がカーブを描く、小高い丘や斜面があり、その地形を地下鉄上部のオープンスペースとなじませている(図1-6)。また、メメ・ファシスト棟、レストラン棟、エコール、エキュメニク・センターなど、医学部の諸施設もマスの大きさや、スカイラインの変化にも注意を払っている(図1-7)。とりわけ各施設の壁と地盤が接する部分には細心の注意を払い、一つ一つていねいにデザインしている。

　メメ・ファシスト棟の居住部分のある階の平面は、学生たち個々の意見を統合した結果、不整形になり、構造は自由な個室配置ができる無梁版的な構造を採用している(図1-8)。寮室の共用部分は、クラスターごとに学生たちの要望を受け、便所、シャワー、洗面室などを中心に、キッチンユニット、ダイニングテーブルと談話コーナーがコンパクトに配置され、クラスターごとに異なる空間を生み出している(図1-9)。

　外部空間は階ごとに異なる平面、個室ごとの生活の違いが立面に現れ、ひとりの建築家からは決して生まれな

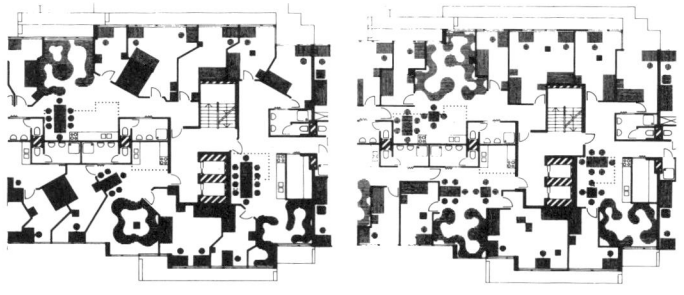

図1-9　寮室の共用部分／コンパクトにまとめられた便所、浴室などと、クラスターごとに個性の異なるダイニングルーム、談話室などを計画している

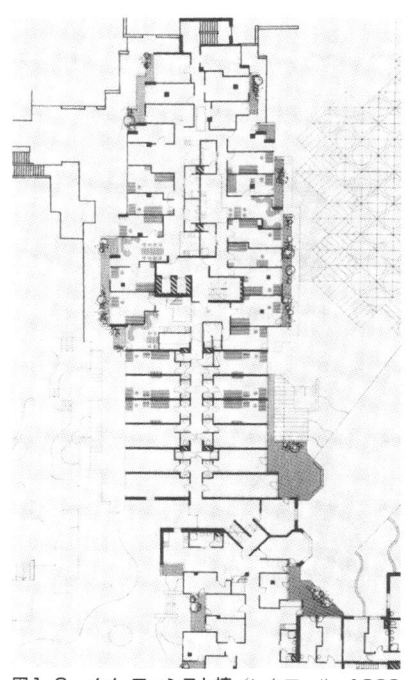

図1-8　メメ・ファシスト棟／L.クロール、1969〜74年。多様な個室が不整形な平面図をつくる

図1-10　平面上でのモデュール／あらかじめ用意されたモデュールによって個室や家具を配置している

い形態が、この手法から生まれている。しかし、一見ばらばらに何の秩序もないように見える計画も、平面上でクロールの仕掛けたモジュールが、個室の壁や出入り口の位置などを秩序立て、立面ではいくつかのタイプの窓や、壁のユニットを提案し、それらを一人一人の希望によって選び、無秩序になる手法のなかにアプリオリにルールが隠されている（図1-10）。

屋根は、片流れ、切妻、フラットなど多様だが、クロールのデザインで多用されるトップライトも現れている。外壁はスレート、煉瓦、木材、コンクリート打放しなどが用いられ、これらに加えてアルミサッシュやスチールの手すりなども加わり、なおそのうえに素材の色や質感も加わっている。

グランドレベルのアプローチブリッジや、外部階段はスチールパイプを使い、仮設建築物的な表情が建築に野性味を加えている。この橋と本体建築群などによって醸し出す雰囲気は、様式建築の重さや固さから開放され、やさしくみずみずしい、ここにしか生まれない一回性の建築の魅力を生み出している。このメメ・ファシスト棟同様、レストラン、エコール、エキュメニク・センターや、有機的形態の地下鉄、駅舎などが、各々境界線を消し、まさに部分と全体が一体になった開かれた都市をつくっている（図1-11）。

4. 参加と複合

ルシアン・クロールの建築と都市に対する進化のプロセスを見ると、キーワードで示したヴァナキュラー、一回性、無階層性、浸透性、多様性、野性、時代性などが基本的価値としてまずある。その価値観をもとに、具体的な形に表す方法として、主に外部空間では複合という手法を用い、内部空間では参加という手法が有効に働いている。

一連の作品のなかでも、特にメメ・ファシストにその関係がよく表れている。しかし、メメ・ファシストに至る作品一つ一つのなかで、複合させるべき要素が時代を追ってその数を増している。それらを誤解を恐れずまとめるなら、次のようになるだろう。

まず外部空間は、既存の「自然」と、その自然とともに生きてきた人々の「生活」、建築や広場、橋などといった「空間」など新旧の要素を計画に「参加」させ、「複合」し、互いの要素が浸透し連続性が生まれている。

次に内部空間では、生活者一人一人の意見を住民「参加」という形式を用いて、人と人の意見が「複合」し、かつての空間よりより多様な空間を生んでいる。

クロールは一貫して、住まい手の意見、自然、もの、時間や空間を注意深く観察し、人間の構築した秩序より高次の自然の秩序に同化することをめざしている。

図1-11　メメ・ファシスト棟全景／多様な内部の空間的要素が現れている

2
反復
二つの塔
阿部仁史

1. 二つの給水塔

ここに二つの建物の写真を示す（図2-1、2-2）。

二つとも、高い位置に設けた貯水槽から高低差で生じる水圧を利用して水を送る装置、給水塔である。

給水塔は古代ローマ時代より古今東西に見られ、橋や門、道路と並んで都市に欠かせざるべき構築物であり、その機能は一貫して単純である。しかし、立ち上がるその形は、橋や道路と異なり、単にヴァリエーションと呼ぶにはあまりに多種多様であり、各々が必然である以上に、ある種の表現をまとっているように見える。その点が、ほかのインフラストラクチャーと違って、給水塔が建築に分類される最大の理由であり、単純な機能と、そこから抽出されるさまざまな表現のあいだにある道筋は、「形と機能」という近代のテーマに、魅力的な示唆を投げかけている。

写真に戻る。

同年代にポルトガルと日本につくられたこの二つの給水塔は、非常に対照的な印象を与える。

ポルトガル南部、アヴァロンにある大学構内に構築された、アルヴァロ・シザによる給水塔は、とてもシンプルな構成からなる。上部に備えられた四角い貯水槽、水を送るための細い管、そして水を落とし込む太い管。あたかも、これ以上削ぎ落とすことは不可能であるかのように屹立する単純な構成は、そのまま形において強い表現を獲得している。

一方、もう一つの給水塔は、螺旋に回転する細い部材が織り糸のように編み込まれてできた形をしていて、前者のソリッドな印象とは対象的に、輪郭線があいまいな印象を受ける。そこでは、何かひとつの形が強く存在するのではなく、内部と外部、ある区間と区間のなかを走り抜けるいくつかの運動の繰り返しが、線の集合体となって集積している。

図2-1　アヴェイロ大学の給水塔／A.シザ、1989年。シザが再開発を手がけるアヴェイロ大学構内に立つ

図2-2　宮城県総合運動公園高架水槽／針生承一建築研究所＋阿部仁史アトリエ、1994年。地震力を分散する構造体を、ステンレスメッシュの被膜が覆う。高さ27.6m

ある種の反復が、後者にある形を与えているのである。

単純なゆえに外在化されやすい機能が、形に翻訳される過程。

そのひとつとして「反復」という概念を追いつつ、建築の表現について考えてみたい。

2. 部分の反復

形態をつくり出すためのルールとして「反復」が用いられてきた例がある。

このとき、建築はある一定の単位からなる「部分」と、それらの集合である「全体」との関係性から語られてきた。

a. 反復＝並列

アルド・ヴァン・アイクの「子どもの家」(アムステルダム、1960、図2-3)は、極小ユニットをグリッドにそって配置するという、きわめて単純なルールからなる孤児院である。斜めにずらして配置された中庭を核に、そのまわりを取り囲むように置かれたユニット群は、ひとつのまとまりとなって反復され、孤児院全体の建物を構成する。反復されるのは個々のユニットだけでなく、この、中庭を中心とした大きなまとまりの構成そのものでもある。ここで入れ子状に繰り返される反復は、単純化され、分節された極小単位を結び付ける建築の「構造」そのものを浮かび上がらせるための手法となっている。

構造主義と呼ばれたヴァン・アイクらは、その呼び名からも明らかなように、60年代に思想界を席巻した構造主義を支柱としている[1]。あらゆる言語に共通の「構造」を見い出そうとしたソシュール、社会システムへの適応を試みたレヴィ・ストロースらに倣い、ヴァン・アイクは、建築の形態のなかに普遍的に存在する「構造」を追求した。それを可視化し、実像としてあぶり出すための手段が、形の繰り返し、つまり反復であったといえる。

モシェ・サフディの設計した一連の「ハビタ」と呼ばれる集合住宅も、このような構造主義的な反復を自らに課すことで生まれた造型である(図2-4)。

たとえば、ハビタ67は荷重支持ができるプレキャスト・コンクリート製のキュービクル・ユニットをモジュールとして、これを積み上げて12階建てにしたものである。ヴァン・アイクがモジュールの配置に幾何学を用いたのに対し、ハビタ67では意図的にアドホックな集合の仕方が選ばれた。

b. 反復＝再生

「歴史の新陳代謝を、自然に受け入れるのではなく、積

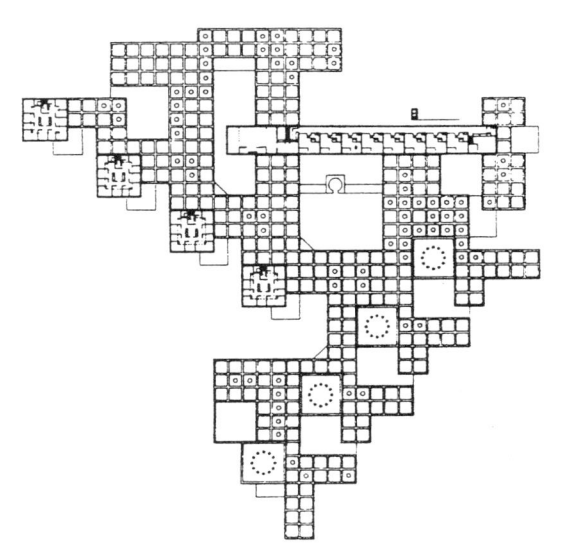

図2-3 子どもの家／A.ヴァン・アイク、1960年

図2-4 ハビタ67／M.サフディ、1967年

極的に促進させる」ことを理想に掲げたメタボリズムと呼ばれる建築運動は、建築を構造などの骨格と、置換可能な「代謝」するユニットに分け、新陳代謝しつづける建築という概念を提示した。

ここで「代謝」と呼ばれている現象は、読み替えれば、反復による自己の再生であるといえる。絶え間なく繰り返される血脈のように、建築の内部に再生を宿命づけることで、最終形態をもたない建築という概念が生まれた。つまり、完成時を頂点として、廃墟へと1次元的な時間の流れを受け入れるしかなかった建築に、時間とともに変化する形態を与えたのだ。山梨文化会館(丹下健三、1966)は、メタボリズム建築が、形態の生成に時間を取り込んでいった様をよく示している(図2-5)。

形の反復からなる建築の、幾何学的な構成とそこから生じる視覚的な美しさは、プランだけでなく、そこから立

図2-5　山梨文化会館／丹下健三、1966年

図2-6　ノイシュバンシュタイン城

ち上がる空間全体に繰り返しという動作が生み出すリズムと運動性、緊張感を与えている。また、小さな基本の単位を反復して空間を占めていくという単純なルールは、そこに図と地の関係として立ち上がってくる内部と外部のあり方を、曖昧で、流動的なものとする作用をもっている。

これら、ある一定の形の単位を、反復させることで建築全体の構造や形態をつくり出そうとする立場は、一見形態に注視しているようでいて、実はその奥深くに潜む、部分と部分、あるいは部分と全体との関係性に注目をしているという共通点をもっている。それは、自然発生的な集落に憧れさえ抱かざるを得ない近代における、都市のあり方を模索する建築だともいえる。

3. イメージの反復

今日の世界に流通する建築のとらえ方が、いかに写真や言説などのイメージに偏重し、実在する建物から乖離しているかは、ビアトリス・コロミーナの指摘で明らかになった[2]。

しかし一方で、雑誌やテレビなどのマスメディアを通してイメージがひとり歩きしてしまうという、近代における建築の逃れ得ない性質を逆手にとって、反復されつづける形態もある。

a. 反復＝複製？

ディズニー映画が1920年代から繰り返し世界に発信している商品「シンデレラ」(これはもはや「サンドリヨン」に基づくグリム童話ではない)のクライマックスは、シンデレラ城というドイツ・ロマン主義のノイシュバンシュタイン城によく似た城が舞台であるが、このシンデレラ城は、目下全世界に12個あるといわれている(図2-6)。フロリダのディズニーワールドをはじめとして、日本、ヨーロッパなどの各国に輸出されたディズニーの運営するテーマパークのシンボルとして、アニメーションの「シンデレラ」に登場する同じ形のシンデレラ城が、ディズニーランドの数だけ、世界中に複製されたのである。ベッヒャーのタイポグラフィーとほぼ正反対のベクトルをもつこの構築物は、当初建築という範疇からは疎外され、批評の俎上にのることを拒まれつづけてきたようにも見える。

なぜなら、これらのシンデレラ城は、人々の記憶のなかに刷り込まれているアニメーションのイメージの単なる追憶であり、「機能」が与えられていないと考えられたからである。

さらに、そのイメージの反復作用の対象が、テーマパークやショッピングセンターなど、いわゆるサブカルチャーの分野にとどまっていたことも、黙殺の正当な理由とさ

れてきた面もあったに違いない。

しかし、人々があらかじめ抱いているこのような既存のイメージをなぞり、予定調和のうえに成り立つ快感のために、建物が利用されるのは、さほど新しいことでも、例外的なことでもない。

19世紀が終わろうとしたころ、パリで盛んに建てられたパノラマ館と呼ばれる建物[3]は、内部に円形の大空間をもち、そこには、エジプトやヴェネツィアなど、世界各地のいわゆる観光地がハリボテのセットによって再現されていた。今日も、大空間の内部に既視感のある都市の風景を再現したテーマパークは枚挙に暇がない。

1980年代に表れたポストモダニズムという建築潮流も、古今東西の建築的なイメージを外観にまとうことで、建築の伝統とその形態の成り立ちを批判する立場を表明してきた。批評をその存在意義の中心に据えていたという点で、ラディカルかつ前衛的だと認められたこれらの建築群も、今日の、資本によって推進されるグローバリゼーションという静かな侵略の砦の前では、あまりにも無邪気でお気楽な営みに見える。

b. 反復＝戦略

今や建築的な表現は、ひとつのシンボルとなって、新たなマーケットを開拓するときの砦の様相さえ見せている。

色とりどりのコンビニエンスストアやハンバーガーショップの概観は、世界各地、どのような敷地においても共通の形態を貫き通すことで、人々がすでに抱いているブランドイメージに訴え、繰り返し視覚に現れることで、さらにそのブランドイメージを強化する役割を担う。

既視感と予定調和に支えられた消費構造のなかに組み込まれた建物群。これらは、今日の社会において無視するにはあまりにも膨大な体積を占め、大きな役割を得ている。

4. 基点の反復

これまで取り上げた反復は、建築の側に起こる現象であった。

ここでは、建築を受体験する人間の感覚、つまり基点としての感覚に、その対象を移してみたい。

a. 反復＝身体

このような反復の概念を建築に最初に持ち込んだ例として、ラ・トゥーレットの修道院（ル・コルビュジエ、1959）をあげたい。この山奥の修道院を覆うガラスのファサードには、コルビュジエの弟子で音楽家であったイアニス・クセナキス（ギリシア、1922～2001）の音楽理論が関与している（図2-7）。クセナキスは音楽を物理的音響現象として数学的にとらえる立場に立ち、そのグリッサンドと呼ばれる音の分節方法に基づいて、ラ・トゥーレットのガラス面を割り付けていった。ここで注目されるのは、この建築形態が、音楽という時間軸を伴う現象を取り入れることで、時間の経過のなかで反復して体験されるモチーフとして造形されたことである。このガラスのファサードの前で、人はその分節のリズムに対して感覚期間を小刻みに反復させながら、時間の流れのなかで、建築を体験することになる。

この建築的な反復が特異なのは、建築がそれを受容する人間の感覚という支点に立って構築されているという点である。人間の身体に深くかかわる体験としてとらえられた建築は、物としての建物だけでは完結しない。受容体としての身体を、建築と相互補完するものとしてつねに必要としているのである。

b. 反復＝コピペ

ある部分を繰り返す、というほどの意味ならば、日本の伝統工法における「木割」の制度や、アメリカ開拓時代に

図2-7　ラ・トゥーレットの修道院／ル・コルビュジエ、1959年。上野の国立西洋美術館と同時期に建てられた、コルビュジエ晩年の代表作

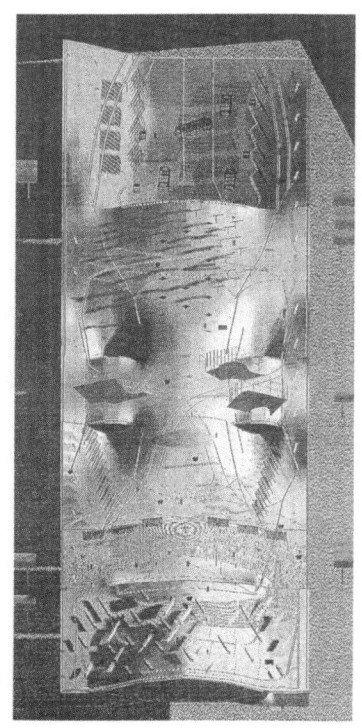

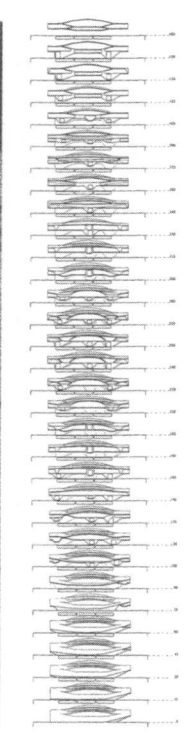

図2-8 横浜港国際客船ターミナルコンペ1等案／foa、1995年

発達した2×4構法など、モジュールの統一と並行してさまざまな試みがあった。しかし、初期の近代建築が得意としたグリッドによる繰り返しを表現の手段とした空間や、コスト減を主眼においたさまざまなモジュールの統一といった運動と、コンピュータによる反復複製による空間とは、本質的な相違点があるように思える。

設計製図の大半が製図板からコンピュータに移行した今日、コピー＆ペーストというコンピュータ最大の機能が、反復という概念の新しい側面を照射した。

反復複製。

オリジナルと複製のヒエラルキーを完全に無意味なものにしてしまったこの技術は、今日の製図術には欠かせない手法となっている。しかし、反復複製が多用される一方では、完全に反復される建築などあり得ない、という現実がある。建築を、それを体験する受容器としての人間の感覚と体験の集合体であると考えるならば、一元的な時間の流れのなかで、100％重なる体験はあり得ない。

そのことは、繰り返される建築の各部分においても言えるし、異なる場所でモチーフが再現されるうえでも、それらが厳密な意味での反復ではないことは明白だろう。

フランスの現象学者ジル・ドゥルーズは、このことを指して「反復は差異そのものである」と表現している[4]。一見同じことの繰り返しに見える現象こそが、ある一定のリズムをもって反復される運動によってあぶり出される差異を明らかにする。

c. 反復＝連続

アレハンドロ・ザエラ＝ポロ＋ファッシド・ムサヴィの設計した「横浜港国際客船ターミナルコンペ1等案」は、まさにこのような反復を前提として計画された建築である。広大な

図2-9 横浜港大さん橋国際客船ターミナル／foa、2002年。反復を前提として計画された建築

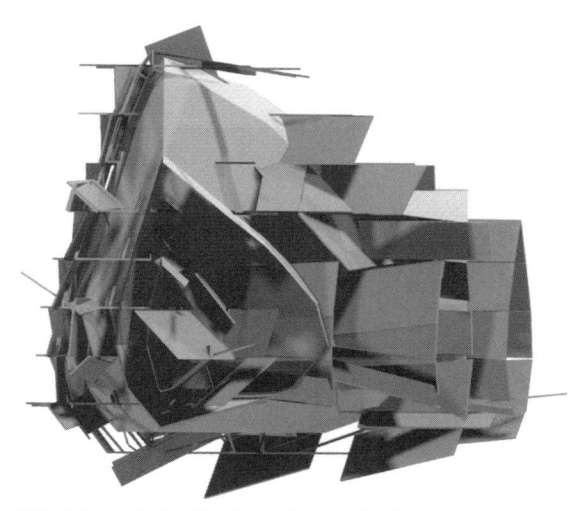

図2-10　トランス・アーキテクチャー・プロジェクト／M.ノバック、1997年

ひと続きの面が、ゆるやかにうねり、隆起するその計画案は、外部と内部、床と天井、壁と空間というような建築の基本概念に挑戦しているようにも見える（図2-8、2-9）。

コンペティションで彼らの案が採用されたとき、建築界に与えたインパクトは、その造形的な斬新さよりも、むしろ、流れ行く体験の集合体として建築をとらえた彼らの考え方が、表現として力を持ち得たからではないだろうか。

ここで反復されるのは、建築ではなく、それを受容する人間の感覚、あるいはむしろ基点の側であるといえよう。

グレッグ・リン、マーコス・ノバックらのサイバー世代と呼ばれる建築家たちは、この「基点」を反復させるためにコンピュータを頻繁に用いている。乱数によって与えられるわずかな差異が、反復され軌跡として与えられていくごとに、空間を捕捉し、歪ませ、既出のいかなる空間も持ち得なかった建築体験が立ち現れてくる（図2-10）。それは外壁に囲まれた形をもはやもつことのない、つねに移動する基点の集合体なのである。

5. 反復という手法

いくつかの角度から、反復という建築手法を取り上げた。
繰り返しは対象を分節化し、比較させ、自身のなかに時系列を生む。

反復されることによって建築は、耐えざる自己批判と運動の最中に投じられる。

反復という手法が、建築を形づくるなかでたびたび用いられるとすれば、それは繰り返すこと自体の意味や効果からではなく、このような建築のフレームを揺さぶる作用を、期待されてのことではないだろうか。

ここで、再び最初に掲げた二つの給水塔を見比べてほしい（図2-1、2-2）。

もしも、この二つの給水塔について建築のあり方が違って感じられるとすれば、それは手法の違いに由来するものであり、どの手法を選び取るのかということこそが、建築家の命題であると考えたい（図2-11、2-12）。

1) シザは、この給水塔の形態をスタディするにあたり、後ろ脚を跳ね上げた馬の姿にインスピレーションを得ているという。
2) ビアトリス・コロミーナ、松畑強訳『マスメディアとしての近代建築』鹿島出版会、1996年
3) 伊藤俊治『ジオラマ論』（ちくま学芸文庫）筑摩書房、1996年
4) ジル・ドゥルーズ、財津理訳『差異と反復』河出書房新社、1992年

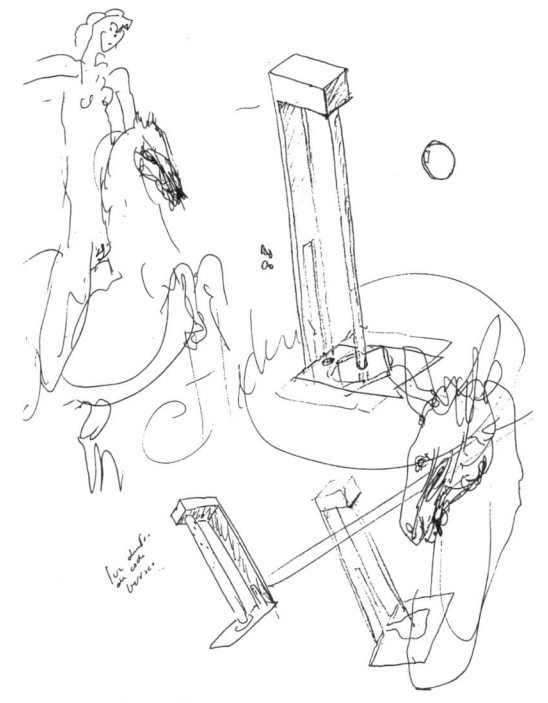

図2-11　アヴェイロ大学の給水塔のためのスケッチ

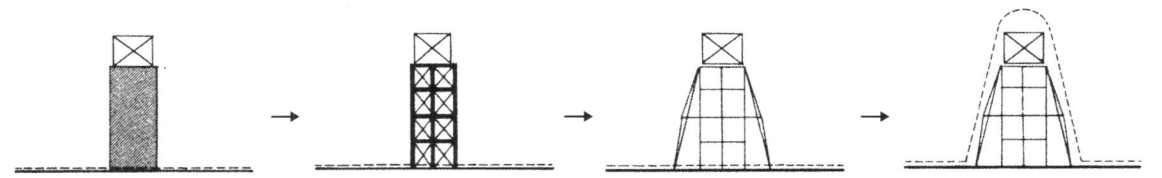

図2-12　宮城県総合運動公園高架水槽ダイヤグラム

3 露出
ポンピドー・センター
北山 恒

　1960年代初頭から70年代前半にかけて、ロンドンから奇妙な不定期刊のテレグラムが発送されていた。"ARCHIGRAM"と名づけられたこの薄手の雑誌はアメリカの大衆漫画のようでもあり、当時、世界中を熱狂させたロンドン発のポップミュージックのLPジャケットのようでもあった。

　この「アーキグラム」[1]とは、それぞれが大学で教鞭をとるフリーランスの建築家6人がボランタリーに集まったグループで、各自の建築的アイデアを同人誌のように投稿し、それを掲載するアンダーグラウンド誌のような体裁であった。アーキグラムは、その活動時期がビートルズとほぼ重なっていたこともあって、小気味よいポップミュージックのようなメッセージを発信していた。

　アーキグラムの提案するものは、テクノロジカルなユートピアと、サイエンスフィクションの世界が結合したイメージが支配する。たとえば、「ウォーキング・シティ」と題するプロジェクトは、居住ユニットがプラグイン(電球をソケットにねじ込むように取り付ける)された巨大な構築物であり、それ自体が都市である。その巨大な機械の塊のような都市がマンハッタンを背景に群れをなして動いているというドローイングである。それは実現不可能な楽天的なアイデアのようにも見えた。

1. アーキグラムがめざしたこと

　アーキグラムの提示するものは、その徹底した馬鹿らしさゆえに、建築に付随する権威的象徴をあざ笑っているように見えてくる。建築とは絶えず権力側や力をもつ側をクライアント(依頼主)とし、その見えない力や制度を具現化する装置として機能していた。20世紀の初頭に像を明確にしてきた建築におけるモダニズム運動は、19世紀までの建築が強い力の側(王権や宗教権力)に立っていたのを人間の側へスタンスを変える革命であった。しかし、そのモダニズム運動も1960年ころには次第に新たな力の構図(社会的権威や商業主義)に回収されていくことが明らかとなる。アーキグラムのドローイングによる一連のメッセージは、そんな建築の行く末をもう一度強力に初期設定し直す作業であったように思える。それは建築を漫画のようなポップカルチャーのなかに置くことで、大衆のもとに戻す作業である。建築を建てることは莫大な資金を必要とするため、力の側をあざ笑うようなアーキグラムのプロジェクトは実現化する見込みのない作業となる。それゆえ、この建築家のグループは何ひとつ実体としての建築を残すことはなく、ただ紙の上のドローイングだけがメッセージとして残っている。

　ただ一度だけ、1970年に行われた実施コンペでアーキグラムは1等をとり、彼らのアイデアが実現する可能性があった。この「モンテカルロ」のコンペは巨大なイベン

図3-1 「ウォーキング・シティ」のドローイング／アーキグラム、1964年。テクノロジカルなユートピアとサイエンスフィクションの世界が結合したイメージ

図3-3 「モンテカルロ」のドローイング／アーキグラム、1970年。建築は消去される

トホールの計画で、アーキグラムの回答はその巨大な施設をすべて盛り土のなかに埋めてしまい、外からは小高い公園となった小山にしか見えないというものであった。これはクライアント側の都合で実現しないわけだが、この提案では建物らしい立面はなく、建築はその姿を消されてしまったかのように見える。このプロジェクトを機にこのアーキグラムの活動はほぼ終了することになるが、徹底した力の側からの撤退が「建築の消去」に終焉したことは（さらに実現しなかったという事実もそれを強化しているのだが）、このアーキグラムのコンセプトをさらに明瞭なものにしているのであった。

2. ポップカルチャーとしての建築

その直後、1971年にポンピドー・センターのコンペの結果が発表されている。建築家レンゾ・ピアノとリチャード・ロジャース、そしてピーター・ライスを中心とするオヴ・アラップの技術者たちのチームが1等をとる。この1等案のドローイングを見ると、アーキグラムが実現することを放棄して描いていた、と考えられていたアイデアそのものが提案されているように思える。そこには、テクノロジカルなユートピアとサイエンスフィクションの世界が描かれているのだ。プラグインされた設備機器、着脱可能な部品、露出された工場のようなストラクチャー、同様に露出された設備配管、空中を飛ぶエスカレータの透明なチューブ、自由にスペースを閉ざしたり連結できる可変のパーティション、可変の床、またアーキグラムのドローイングに多用されたニューマチックのテントが傾斜した前面の広場に描かれている。そして、何よりも立面が透明であり内部のアクティビティ（人々の活動）はすべて露出される。同時に建築の組み立てや、空間を支える仕組みもすべて露出されている。

図3-2 ビートルズ「イエロー・サブマリン」のLPジャケット／アーキグラムのドローイングと連動している

3 露出 **187**

このチームの年代層はアーキグラムとほぼ同じであり、アーキグラムがベースとしたAAスクール（ロンドンにある建築学校）でピアノもロジャースも教鞭をとっていた。だから、時代のバックグラウンドや建築の精神はアーキグラムと共有されていたことがわかる。レンゾ・ピアノは、彼の作品集のなかの解説で、「美術館という場所は、近年ルネサンス期を迎えた。老いも若きも、住民も観光客も、誰もがピカソを見に、あるいはブランクーシの滑らかな石像の中に詩心を求めて列をなす。しかし、70年代初めにポンピドー・センターが構想されたときには、美術館に足を運ぶ者など誰がいただろうか。美術館は、陰気で埃っぽく抹香くさい場所であり、政治の道具であり、要するにエリートのためにつくられたものと考えられていた」と書いている。

　このことからもこのポンピドー・センターを構想したときには、アーキグラムが主張していたものと同様のコンセプトが色濃く反映されていたことがわかる。それは建築が身にまとっていた権威や、ハイカルチャーに所属することを示すファサード（建築の正面となる立面）を取り払い、誰にでも開かれた大衆の施設とする意図が読み取れるのだ。その建築的回答が、1960年代にアーキグラムが継続して提案していたのと同様に、社会的権威というものに対してそれを無効にするような答えとなっている。アーキグラムのプロジェクトはひとつも実現することはなかったが、このポンピドー・センターでアーキグラムのメンバーではない、ピアノとロジャースによってポップカルチャーとしての建築が実体化されることになる。

3. 匿名性／チームワーク／システム

　アーキグラムは6人の建築家で構成されたチームであったが、アーキグラムの提案するプロジェクトが共通する思想に裏打ちされたものであったために、表出する建築的表現は一貫性をもっていた。そのため実は、プロジェクトはそれぞれ建築家の個人的な作業であっても、全体として見るとアーキグラムは運動体としてしか認識できない。つまり、個々の建築家の自己表現としての建築はその運動体のなかで匿名として見える。同様にこのポンピドー・センターの構想がチームで行われ、さらにその構想を現実のものとする設計も個人ではなくエンジニアを含むチームによって行われているため、この建築では建築家の個人的表現は消去されている。建築のあらゆる部位に関して個人の恣意的な選択は行われず、すべての部位の選択に関するプロセスが説明可能なものとして解決されている。つくり手側がチームであるため、部位の決定のプロセスがチーム内で検討可能となるように開示されているのである。ポンピドー・センターは建築家の個人的な表現は匿名的であり、まるで工場プラントの設計のようにわかりやすく構成のシステムが露出されている。この手続きによって、この建築は物的な透明性ばかりでなく、空間を経験する者に空間の成り立ちに対しての透明性をも感じさせている。

　エンジニアとしてこのプロジェクトに参加したピーター・ライスの自伝でも、個人ではなくチームとしてさまざまな問題を解決していくプロセスが詳細に報告されてい

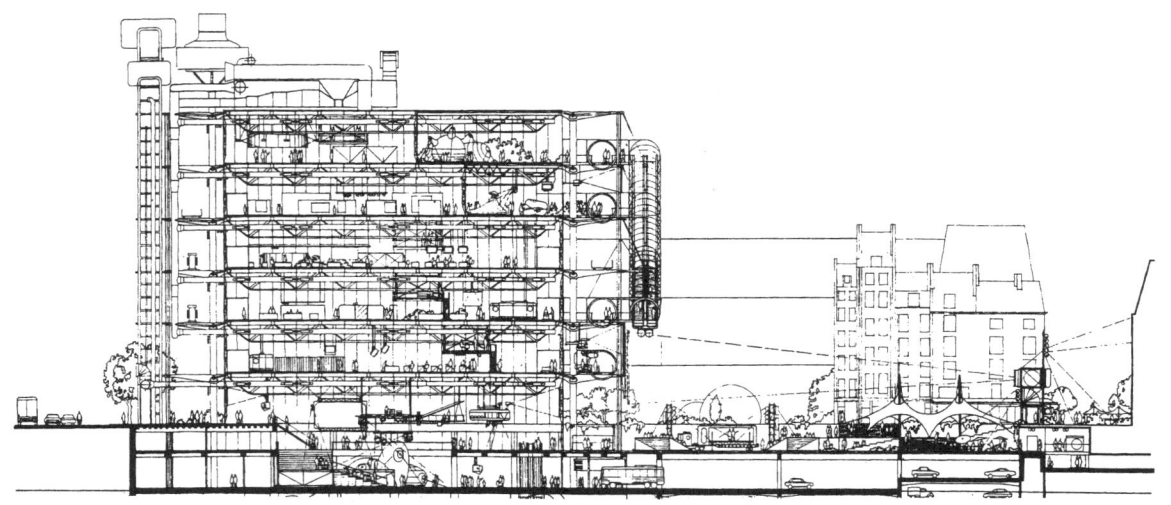

図3-4　ポンピドー・センターのコンペ入選案の図面／R.ピアノ＋R.ロジャース＋オヴ・アラップ、1977年。アーキグラムが実現することを放棄して描いていた、と思われていたアイデアそのものが提案されている

図3-5 ポンピドー・センターの前面広場と内部が露出される透明な立面

る。内部の機能をできるだけ無限定にして使い方の自由度を上げるために、50mという大スパンとなること、内部空間をがらんどうにするために設備と垂直動線のスペースは建物の側面に集められることなどを成立させる構造システムが検討される。そして、この平面上の問題群を一挙に解決する案としてガーブレット方式という橋に用いられる構造システムを採用する。スパン方向の両端にガーブレットと呼ばれる短い突っ張りのキャンティレバーで梁を支えるというものである。この短いキャンティレバーで生まれる隙間が設備や垂直動線のスペースとなる。このソフトウエアとハードウエアの双方の問題を同時に解くアイデアがこの建築全体の構図を決定しているといえる。さらに、さまざまな部位の検討も、技術的問題の解決の積み重ね、あるいは合理的説明のつく解決として検討され、そこには個人的表現は入り込むことがない。このような建築を生み出すプロセスそのものが、建築のあり方を新しい方向に向かわせていた。ポンピドー・センターは鋳鉄で特注としてつくられたガーブレット以外は流通しているありふれた鋼材で組み立てられており、設備配管や設備機器も隠されることなく合理的解決としてあるがままにプラグインされている。このような問題解決のプロセスの結果として、ありふれた部品が集積した巨大な機械の塊のような建築がパリ中心部に出現する。

1977年に開館したポンピドー・センターは、美術、音楽、インダストリアルデザイン、文学のための巨大な文化センターである。その敷地の半分以上が大衆に公開される広場となっており、そこではこの施設には収容されないパントマイム、曲芸、ストリートミュージックなどのストリートカルチャーが展開されている。この広場に面するファサードには透明なチューブのエスカレータが設けられ、透明なガラスごしに内部の活動が明示されている。固い壁をももたないこの建物は、この広場で生起するストリートカルチャーを内部に引き込み建物全体が街路であるような錯覚を与える。内部からも透明なガラスごしに広場の活動がうかがえ、さらにパリの街全体と呼応しているような感覚を与える。この空間を体験する者にとっては意識から建築という実体は消え去り、人々の活動そのものに直接的に反応することになる。この建築は意図されたように、それまでの美術館や博物館などの公的建築が属性としてもっていた権威や力の表現を感じさせることはない。それは、できるだけ内部の使用が自由になるようにつくられた空間構成、その空間構成を利用者

3 露出 **189**

にわかりやすくするための動線の明示、空間の成り立ちをわかりやすく見せるように露出させた構造システム、同様にその空間の環境を支える仕掛けが明示される露出した設備システムなどの建築的操作と、どこにでもある、そして誰にでもわかる安価な素材や部品によって組み立てられているためである。

4. 開かれた社会のヴィジョン

現実の社会は厳然として力の構図が支配し、建築はその力の構図を表象する装置として機能する。建築とは否応なく形態を付随するため、その形態は容易に何らかの表象言語として用いられる。ポンピドー・センターではこの表象が付着するのを拒むように、あらゆる構成要素を露出する。建築の成り立ちを正直に見せることによって形態言語による特定のメッセージが生まれるのを消去しようとする。その結果、建築が従来もっていた言語性は剥奪され、まるで工場や倉庫のように機能を担保するだけの道具のように見えてくる。しかし、ここで重要なのは工場や倉庫が経済活動のなかでの合目的的道具であるのに対し、ポンピドー・センターでは人間の自由であったり、公平な社会といった精神世界を支えるための道具と

して提出されていることである。ここで表象言語を拒否するための露出という作法が、反転して新たな表象言語となるというトートロジーに気づかせる。しかし、この言語性は直接的言語ではなく、最初その露出された構成要素から工場や倉庫に見えるものが、その空間を利用する様態によって再読され、その背後にあるメッセージが読み取れるというものである。建築とは社会的存在であるため時間の経緯のなかで、さらに再読の再読という行為が行われる。

開館から20年経ったポンピドー・センターはリニューアルのために1997年10月閉館し、1999年12月31日に再び開館した。基本的なコンセプトは保持されているのだが、リニューアルされる前は前面の広場から自由に乗れた透明チューブのエスカレータは美術館のチケットを買わないと乗れなくなり、広場との連続性が絶たれたようである。内部の商業施設は強化され、最上階の大衆むけのセルフサービスレストランは高級な星付きのレストランに変わった。1977年に開館した当時、暴力的にも見えた露出された構成要素による建築的表現はすでに認知され、誰にでも開かれた大衆にむけたポップカルチャーとしての建築は、次第にハイカルチャーの施設としての

図3-6　ポンピドー・センターの建築ディテール／露出された排気筒

図3-7　ポンピドー・センターの建築ディテール／露出された透明チューブのエスカレータ

図3-8　ポンピドー・センター改装後の最上階のレストラン

位置を獲得しつつある。

　ポンピドー・センターで見てきたように、建築における「露出」という作法はモダニズム以降の建築の運動に密接に関係している。かつての建築が権力や力を表現する装置として存在していたのに対し、20世紀の建築は社会活動そのものを支える道具としてとらえられてきた。そこでは、使いやすく機能的でわかりやすいことが要求される。建築の形態そのものが機能を明示するものであったり、このポンピドー・センターのように建築の組み立てまでも正直に露出するという表現までもとられることとなる。それは自由で公正な市民社会を表現するものとしての「露出」である。現実の社会が不明瞭であり、隠蔽された部分が厳然としてあるからこそ、開かれた公平なヴィジョンとしての建築的表現が要求されているともいえる。

　現代では「露出」という概念は「透明」という概念に移行しているように思える。「露出」とはその対象とするものがあり、また主体の意志が存在する。しかし「透明」とは現象であり、そこにはものも主体も存在しない。ここでは80年代に台頭してきたデジタルテクノロジーとパーソナルコンピュータの存在を見逃すことはできないだろう。コンピュータの登場によって、人々はものそのものよりも、ものがもたらしてくれる情報やサービスを欲するようになった。一方で、社会、システムやテクノロジーが高度に複雑になりブラックボックス化するなかで、ディスクロージャーという作用、つまり透明性や開示が求められるようになったのかもしれない。

　その象徴的な出来事がアップルコンピュータのi-MACだった。スケルトンのカラフルなパッケージングで登場し

a. i-MAC

b. パワーマックG4キューブ
図3-9　「透明」なパッケージング

たときの驚きは、ブラックボックスであった情報機器の内部が見えるという発見だった。同時にi-MACはそのポップアートのようなデザインが「もの」としての存在感を再確認させるという逆転現象を起こした。しかし、この驚きはすでに消費されている。「露出」を通り越した「透明」さえも、加速する商業主義によってすでに回収期を迎えているのかもしれない。「透明」の行き着く先は、今のところ見えない。

1）アーキグラムという名称は、テレグラム、アエログラムという接尾辞との合成語。メンバーはピーター・クック、デビッド・グリーン、マイケル・ウェブ、ウォーレン・チョーク、ロン・ヘロン、デニス・クロンプトン。

4
断面
エデュカトリウム
●
大野秀敏

　オランダの内陸都市ユトレヒトの郊外にあるユトレヒト大学のキャンパスは、戦後の古典的なモダニズムの考え方で計画されている。広々とした緑地の中に校舎が点在し、建築もほとんどが近代建築のスタイルで、高層と低層が組み合わされている。しかし、このキャンパスにも新しい風が吹き込んでいる。レム・コールハースが設計をしたエデュカトリウム（1994〜97）のほかにもメカノの経済・経営学部（1991〜95）や、ニュートリンクスのミナエルト（1995〜97）など新進のオランダを代表する建築家による建物が次々と建てられ、近代主義の風景が少しずつ変わろうとしている。エデュカトリウムは、キャンパスのほぼ中央に位置する低層で小ぶりの建物である。ゆったりとした配置の中では、比較的込み合った場所であることのほかは、敷地条件に取り立てていうほどの特徴はない。

　この建物のプログラムは、半地下に広い自転車置き場（自転車の普及と自転車用施設の高い整備水準はオランダの特徴のひとつである）、1階に学生食堂、そして2階に二つの講堂、3、4階に講義室が配され、学生生活の拠点的な建物となっている（図4-1）。

1. 2枚のラザニアあるいは斜床の建築

　外観を構成する素材は、写真を見ればわかるとおり、ほとんどがガラスである。全体のシルエットは矩形を主体として単純な形であるが、この建物の模型を上から見ると、まるでラザニア[1]を折り曲げて畳んだようである。

　この建物を側面から見ると、ガラスのあいだに床スラブ[2]の木口だけが表れ、それがひと筆書きのようにつながっている。それを入り口のところから追ってみると、横に寝たUの字型の線、左からコの字型の線、この二つの線が向かい合い、相互に噛み合っていることがわかる。2枚のスラブを折り曲げて組み合わせるという操作が、この建物の基本的な構成原理であり、外観にストレートに表現されている（図4-2）。

　内部空間でもそうなっているか、中に入って見てみよう（図4-3）。まず、斜めの外観の線に対応して建物の中に大きな斜路が現れる。斜路というより、床そのものが斜めに傾いているから斜床というべきかもしれない。建

図4-1　エデュカトリウム全景／R.コールハース＋OMA、1997年。2枚のラザニアを折り曲げて組み合わせたような構成が夜景に浮かび上がる

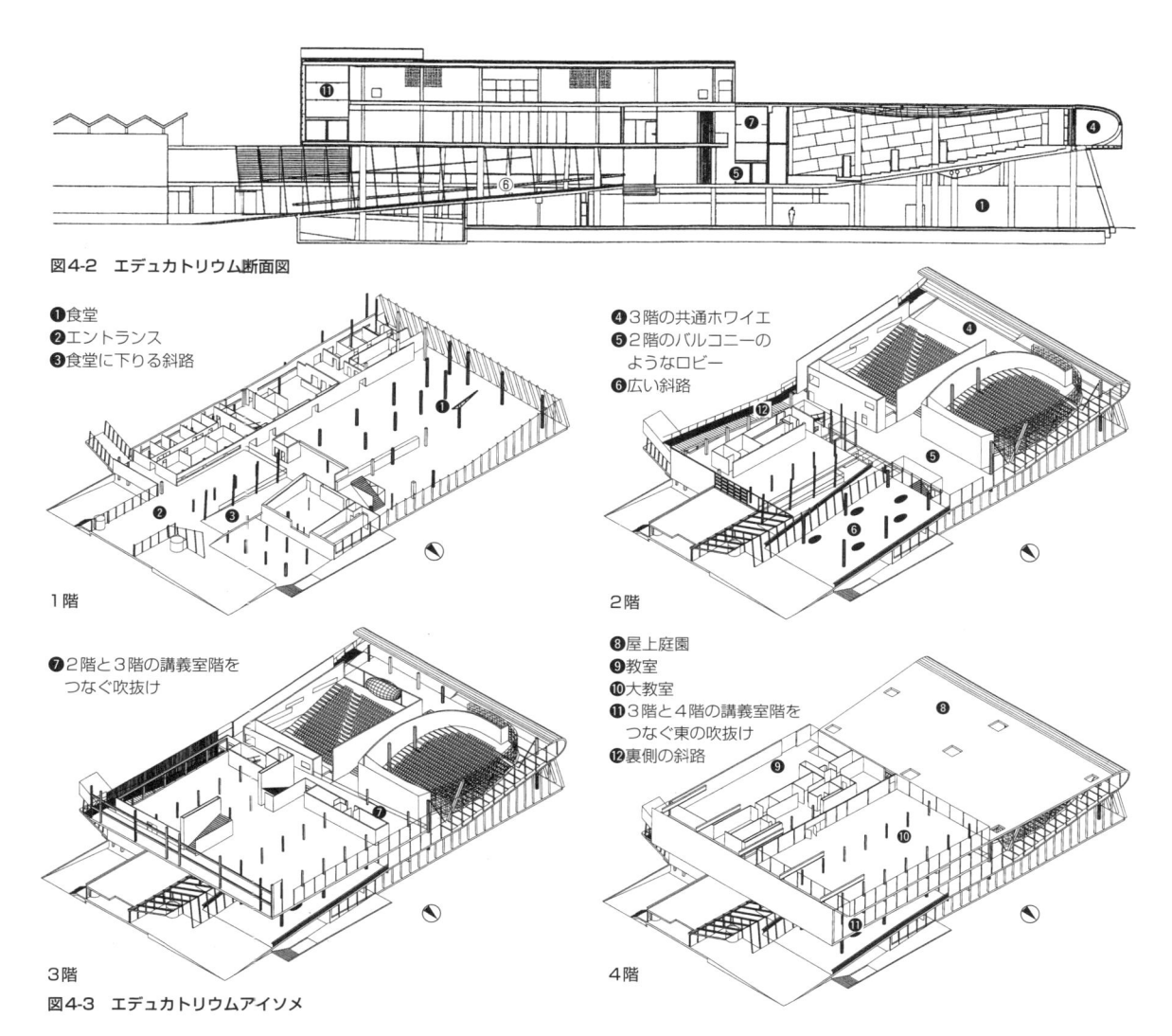

図4-2　エデュカトリウム断面図

❶食堂
❷エントランス
❸食堂に下りる斜路

1階

❹3階の共通ホワイエ
❺2階のバルコニーのようなロビー
❻広い斜路

2階

❼2階と3階の講義室階をつなぐ吹抜け

3階

❽屋上庭園
❾教室
❿大教室
⓫3階と4階の講義室階をつなぐ東の吹抜け
⓬裏側の斜路

4階

図4-3　エデュカトリウムアイソメ

物の主入り口は一番東のほぼ中央にある(❷)。風除室を入ると、西を向く。すると、道路にそって上る広い斜床が目の前に広がる。その幅の7割くらいは外部テラス(❻)であり、残りの3割が内部の廊下状の空間で、2階のレベルにあるバルコニーのようなロビー(❺)に向かっている。このバルコニーと呼んだ広いロビーがこの建物の南北を貫いていて、そこから二つの講堂の高いレベル(3階)にある共通ホワイエ(❹) に向かって計3本の斜路あるいは緩い階段が、上ってゆく。北側の大講堂の壁には視野選択ガラス[3]が使われていて、この斜路と講堂内部の床はひと続きの斜床が仕切られてできていることがわかる。

もう一度入り口まで戻ってみよう。先ほど上った斜路の左側には、緩い下り勾配の斜路がある(❸)。それは講堂の下にある学生食堂(❶)に向かっている。食堂はグランドレベルにあり、西側はガラス貼りで芝生の外構[4]に向かって開いている。実は、知らないうちに、入り口で少し上がっていたので、食堂へのアプローチが下り勾配になり、入り口から食事をする学生たちの賑わいが視野に入るようになっている。このような計算されつくされた構成により、入り口に立った瞬間、いろいろな場面が見え、この建物の3次元的な構成が把握でき、しかも斜床によって滑らかにつながれている。側面に現れた、寝たU型の意味はこういうことだったのである。では、側面に見えた、Uとコの噛み合いは何かというと、上下の階を結び付ける吹抜け空間である(❼)。3階と4階には大きな教室が配されている。ここに到達するには、二つの大講堂の3階のホワイエ[5]から同じレベルで戻ってくるか、そうでなければ2階の「ロビー」(❺)で一番奥まで行き、そこから裏側(南側の構成は北側のUとコの組み合わせでなく、寝たUが向かい合っている)の斜路(⓬)で上るか

の二つの経路選択がある。2階のバルコニーから振り返って見上げると、頭上が吹き抜けて3階の教室のホワイエにつながり、3階の存在が示唆されている。そして一番東の吹抜け(⓫)は、3階の教室と4階の教室の二つのレベルとを結び付ける吹抜けである。これらは吹抜けの常套的な使い方であるが、使い方が的確である。

要約すれば、この「ラザニア」のような2枚の板を絡めることによって、この建物の内部空間は次々と連続して、立体的な視線と気配が交感される場になっているのである。

2. 仕切られた空間から滑らかな空間へ

設計者はどこから「ラザニア」を思い付いたのだろうか。次にそれを考えてみよう。コールハースはこれをひとりで考えたのだろうか。もちろん彼の創造なのだが、そうでないともいえる。そうでないというのは、どんな巨匠といわれる建築家も過去の建築からヒントを得て、それを新しい考え方で発展させているからである。このラザニアの床にも先達がいる。

そのことを理解するために、近代建築の「流動する空間」を思い返してみよう。近代建築の特徴のひとつに、流れる空間、連続する空間といった考え方があることは建築を勉強した人なら誰でも知っていると思う。近代建築の巨匠といわれるライトもミースもコルビュジエもこれに挑戦し、それぞれ独自の回答を見い出した。これは彼らの作品を見ると明らかである。たとえば、フランク・ロイド・ライト[6]の代表作のひとつ、ロビー邸(1907、図4-4)を見てみよう。プランを見ると、ライトは2階に設けられたリビングとダイニングは、大きな長い屋根の下にある細長い空間を、中央の暖炉と階段室の固まりで軽く仕切っただけにしたかったように見える。だからバルコニー側の建具は、暖炉による分割とおかまいなしに連続しているのである。リビングとダイニングはつながっているような、分かれているような、曖昧な関係になっている。時代が下って1954年のウイルソン邸(図4-5)になると、ロビー邸の居間と食堂を含む細長い部屋にあった堅苦しい左右と前後の対称性がなくなり、水回りの矩形の固まりと寝室以外の空間はつながっており、しかもどの部屋も外部に対して半開きで、内部と外部の連続性も図られていることがわかる。

ミース・ファン・デル・ローエ[7]では、内外の連続性がもっと徹底している。内部と外部を仕切るのは欄間も窓枠も桟もない1枚のガラスである。家の中にいても気分はほとんど外部という空間を実現したのである。このことは、ファンズワース邸(1950、図4-6)を見ればたちどころに理解できるだろう。

なぜこういう空間をつくろうとしたか。それは近代以前の欧米の建築の基本的な工法が組積造であり、それから建築空間を解放しようとしたからである。組積造では、部屋と部屋は厚い壁(たいていは煉瓦造)によって仕切られてしまう。これは細い木造の柱と梁を基本とする日本の建築と大きく違うところである[8]。ヨーロッパの伝統的な建物は閉鎖的で、一つ一つの部屋の独立性は高いけれど、ぶつぶつに切れてしまい、部屋と部屋、内部と外部の連続性は少ない。ところが、近代に入ると、まず工場や橋で鉄骨や鉄筋コンクリート造により大きなスパンを細い柱で支える開放的な構造が実現できるようになった。これを見た人々は、それを建築空間に取り入れたいと思うようになる。

近代建築のパイオニアたちは、この新しい工学的技術を味方につけ、それまでの四隅を壁で囲い込んだ部屋とそれをつなぐ廊下という建築の構成を否定して、部屋と部屋とを直につなぎ、さらには、部屋を囲う壁を取り払うことに挑戦したのである。これこそが近代建築家たちの多くが考えた空間の革命であった。「仕切られた空間から滑らかな空間へ」。これが20世紀を支配した空間創造のモチベーションだったのである。

ところで、空間は3次元である。しかし、上にあげた作品では、水平方向の連続性の追求はいろいろ試されているものの、上下階の連続性には無関心であることに気づ

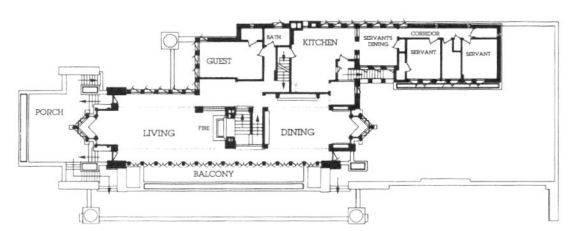

図4-4 ロビー邸2階平面図／F.L.ライト、1907年

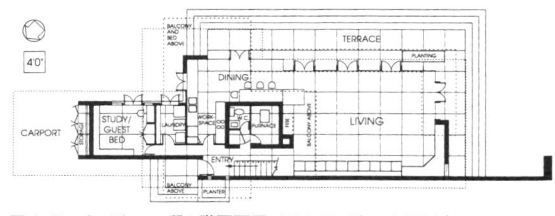

図4-5 ウイルソン邸1階平面図／F.L.ライト、1954年

図4-6 ファンズワース邸内部／ミース・ファン・デル・ローエ、1950年。床も天井も内外同一の扱いを受け、視覚的には区別がない

く。たとえば、ミースは、水平方向には全面ガラスを採用し、内外の床、天井もひと続きにしている。例で見たファンズワース邸（図4-7）は平屋であるから、そもそも上下もないが、ベルリンの新国立美術館（1967）のように2階建ての建物でも、1階と2階とのつながりは床に開けられた階段の小さな穴ひとつだけである。二つの階は別世界として扱っている。ミースは最後までこの方向を貫いた。ライトも戦前はもっぱら、水平方向の展開を追求した。有名な落水荘の外観に見られるように、水平の板を積み重ねた表現を好んだ。帝国ホテル（1923）のロビーや初期のラーキン・ビル（1905）などでも、吹抜けの周りに床が積み重ねられた表現になっており、それらを結ぶ縦動線は隠れている。そのライトが、戦後になると突然、垂直方向の連続性に挑戦するようになる。サンフランシスコのモーリス商会（1948）やニューヨークのグッゲンハイム美術館（1959）に顕著である。特にグッゲンハイム美術館は、展示室全体が螺旋をなす斜床であり、上下運動そのものが建築化されている。

ミースはひとつのことに集中して、それを洗練させた。一方、ライトは新しいことに挑戦しつづけた。

近代建築のもうひとりの巨匠であるル・コルビュジエ[9]はどうであったか。彼は、最初から垂直方向の連続性に大きな関心を抱いていた。初期の代表作であるサヴォア邸（1931）では上下を結ぶ斜路が中心にあり、この建物の背骨になっている（図4-8）。斜路はコルビュジエの建

図4-7 ファンズワース邸外観

図4-8 サヴォア邸の斜路／ル・コルビュジエ、1931年

築の売り物、トレードマークともいえ、さまざまな吹抜け空間や階段などとともに、上下の階を結ぶ仕掛けとして好んだ。しかし、斜路も結局は廊下の一種で、それは線である。面から線に移るときに不連続点ができてしまう。そこで、連続性をもっと発展させしようとすれば、やがて床面そのものの滑らかさの追求に進むはずである。実際

4 断面 **195**

に、コルビュジエは、サヴォア邸と同時期のモスクワのソヴィエト宮のコンペ案(1931)のロビーや後期のプロジェクト「ストラスブールの会議場」(1964、図4-9、4-10)でこのテーマに挑戦している。彼もまた挑戦しつづける建築家であった。ストラスブールでは直方体のマスにむかって幅の広い斜路が上り、それが建物の中間階を貫き、やがて、それは室内のホワイエとなり、勢い余って反対側では直方体からはみ出し、宙で大きく旋回して屋上にまで上ってゆくのである。屋上は、この上ってきた斜路の勢いを受けて傾いている。全体が、地形のようなダイナミックなイメージとなっている。近代建築の礎を築いた巨匠2人が晩年に斜床に行き着いたことは示唆的である。2人において「分節され、構成された建築」が解体しはじめていたのである。

3. コルビュジエの後継者コールハース

コールハースはこの意味で、近代建築の正統な継承者と言ってよい。特に、彼はコルビュジエに大きな関心を示している。

実際、コールハースはこの斜床のテーマに限らず、コルビュジエの作品の変奏曲ともいうべきデザインをいくつか提案してきた。たとえば、パームベイ・シーフロント・ホテルおよび会議場(1990)は、ダイナミックな形状をもつ地形とその上に浮上するマッスというラ・トゥーレットの修道院(1959)の変奏のようだ。パリのタラバ邸は、サヴォア邸とジャンヌレ邸(1924)を彷彿とさせる。彼が国際的な建築家としての評判を確立した、ロッテルダムの美術館であるクンスタル(1987／1992、図4-11〜4-13)でも斜床のテーマを展開している。この美術館は芸術関係の施設の集まる公園の一番端に位置し、広幅員の道路に面している。この道路は、公園より1階分高いところにあるので、建物は二つのレベルに出入り口をもつことになる。コールハースは、この二つのレベルを斜路で結び、これに合わせて一部の床も斜めにしてしまった。斜めの床は、サヴォア邸のように、上下を結ぶ主動線であり、勾配を生かした講堂になっている。地形的ともいえる斜め床が、サヴォア邸とラ・トゥーレットの修道院を連想させながら展開している。

ジュシューの図書館コンペ案(1992)は、クンスタルの直後につくられ、滑らかな床の可能性をとことん追求した大胆な提案である。20世紀は高層建築の時代であるが、高層建築では上下の関係が希薄になりがちである。吹抜けは視線でこれを打ち破る工夫であるが、彼は斜床でこれを打開しようとした。この建物の空間構成を、彼

図4-9 ストラスブールの会議場アイソメ／ル・コルビュジエ、1964年

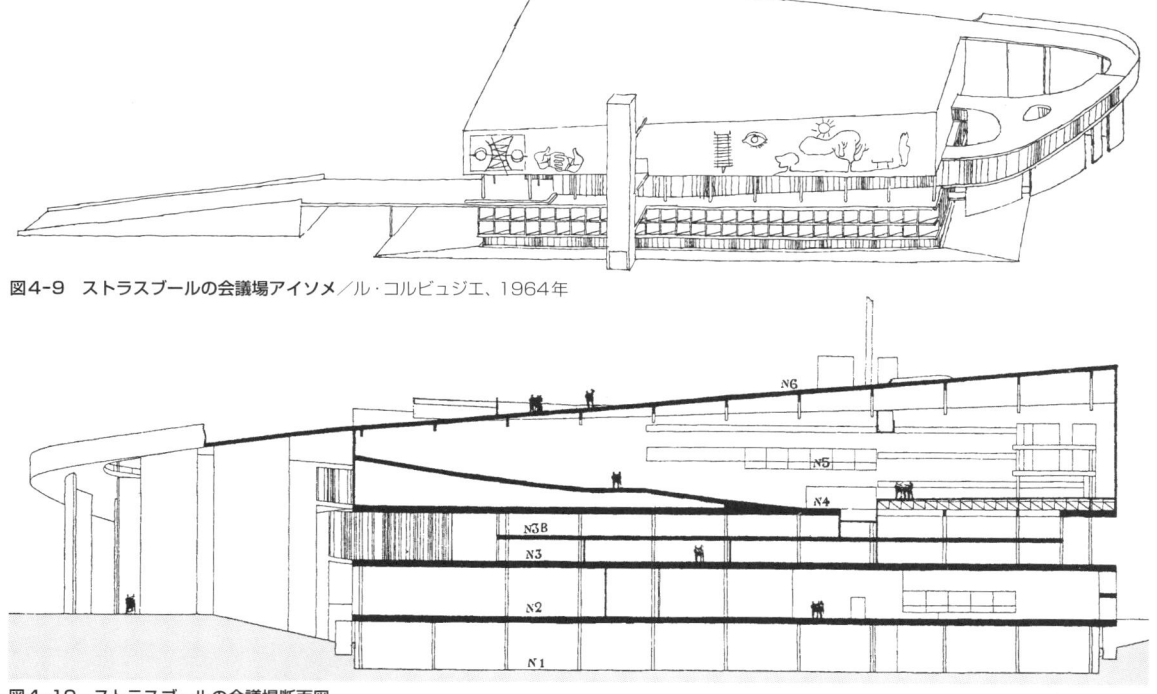

図4-10 ストラスブールの会議場断面図

図4-11　クンスタル断面図／R.コールハース＋OMA、1992年

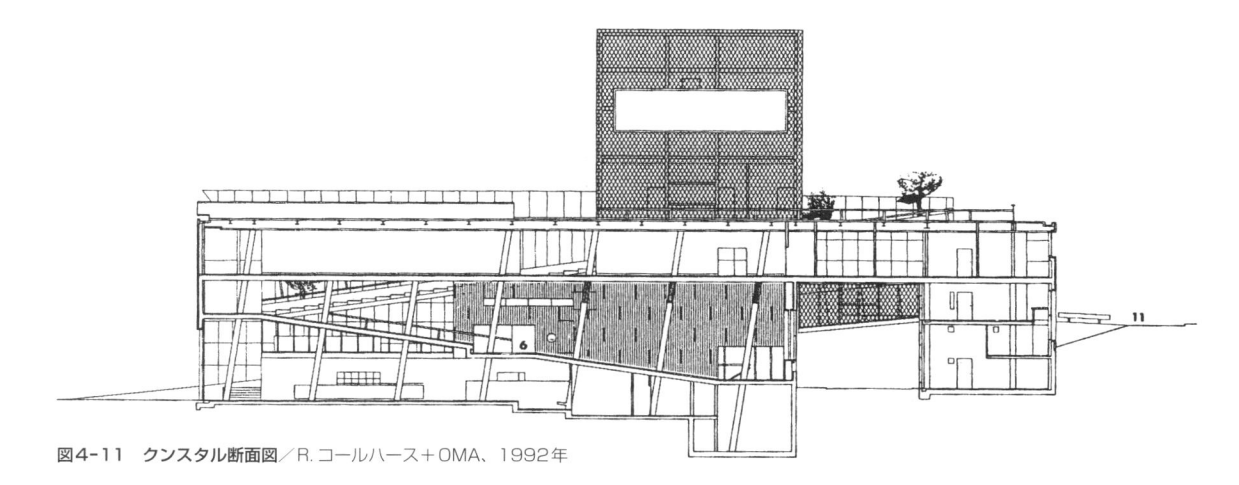

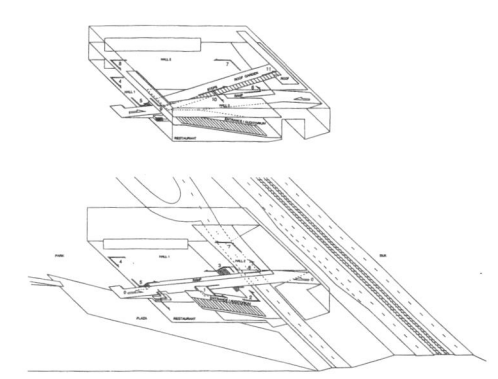

図4-12　クンスタルアイソメ

図4-13　クンスタル模型

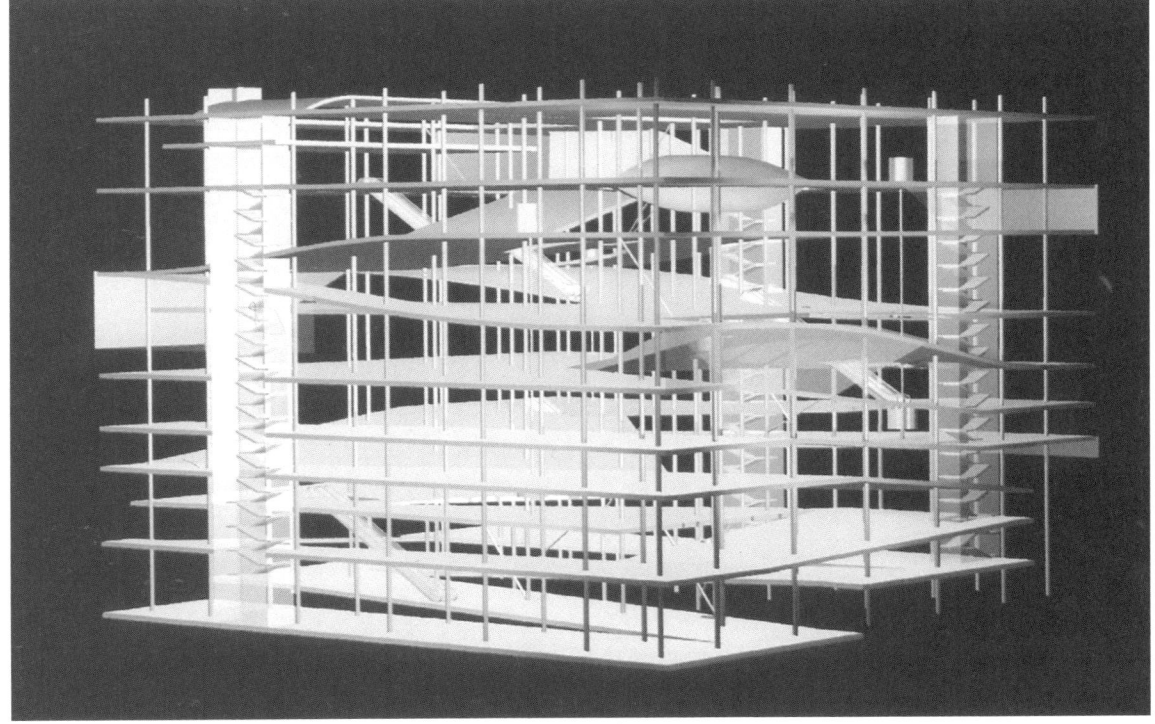

図4-14　ジュシューの図書館コンペ案CG／R.コールハース＋OMA、1992年

4 断面

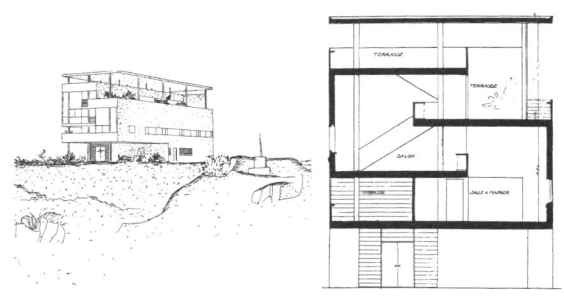

図4-15　カルタゴのヴィラ／ル・コルビュジエ、1928年。二つのコの字型断面による構成

は巧みに説明している（図4-14）。「1枚の矩形の紙に何カ所かハサミで切れ目を入れる。どこかではつながっているリボン状のビラビラができる。それをひねったり、曲げたりする。すると、切る前の1枚の紙ではありえないような裏表が入れ替わったり、思わぬ場所が近接するなどの不思議な関係が表れる」。彼はこのように、自分の設計のコンセプトを説明するのが実にうまい。彼は、「これは建物ではない。3次元のネットワークである」と言っているが、それを見事に説明している。

これはコルビュジエのストラスブールでの試みを引き継ぎ、それを過激に発展させたものといえよう。エデュカトリウムに戻って、コルビュジエとの関係をひとつ指摘しておくと、3階と4階の東の端部に表れているコの字型と寝たUの字の噛み合ったところ（図4-3❼と⓫）は、コルビュジエの初期の作品であるカルタゴのヴィラ（1928、図4-15）に似たアイデアを見つけることができる。二つのコが向かい合い、ずれて噛み合い、噛み合ったところが吹抜けになって上下階を結び付けている。しかも、どこを切っても端と同じ断面が出てくる金太郎飴的なとこ

図4-16　YKK滑川寮の傾斜した廊下／このアイデアは当初、エレベータを設置する代わりに大物は台車で上階に上げられるようにというものであった。したがって本来、すべて斜路でなければならなかったのだが、積雪時に滑る危険があることがわかり、段を設けた

ろも似ている。コールハースがコルビュジエのアイデアを失敬している、というのではない。真に創造的な人間は、過去から多くのものを得て、何をするべきかを考え、それを豊かな未来に結び付けてゆく、ということを強調したいのである。

4. 21世紀の空間へ──斜床の意味

空間を滑らかにつなぐことは、多くの建築家が取り組んできたテーマであり、ルネッサンスにおける集中式のプランにも比肩しうる20世紀の建築の大テーマである。この意味で、斜床は、近代建築の大テーマに対するにひとつの回答であることが明らかになったと思うが、その意味を現代的な文脈でもう少し深めてみよう。

バリアフリーという言葉をよく耳にすると思うが、これは、身障者にとっての障害（バリア）を除去するという意味である。しかし、ある意味で対策的な発想を抜け出ていない。つまり、身障者や老人を特別扱いしているからである。そこで近年は、身体能力にかかわらず誰でも同じように使える空間ということで、ユニヴァーサルデザインという概念が提唱されるようになった。そのためには、取って付けたような斜路が階段の横にあるのではなく、全体が斜路のほうがユニヴァーサルデザインということになる。

車椅子に限らず、キャスターの付いた台車は段差をきらうものである。図書館やスーパーマーケット、病院などの現代的な施設では、台車を動かすことが多く、床が滑らかであることが要求される。できれば平屋で真っ平らというのが、こうした施設関係者の建築に対する要望である。

僕も自分の作品で、斜床を使った。それはコールハースがジュシューの図書館を設計した年（1992）に設計したYKK滑川寮である（図4-16、4-17）。都市の施設がみんな道から直に入れるのだから、寮の個室も共用施設も廊下から直に入れるほうがよいのではと考えた。配置は4棟に分け、中庭を囲む形式をとっている。次に4棟のうち1棟を1階分傾斜させた。つまり斜床を入れた。そうすると中庭に面する各階の廊下は螺旋になり、廊下はすべてがひとつながりになり1本の「道」になる。1階から入った人は廊下を伝って歩けば、中庭の周りをひと回りするごとに1階分上がり、やがて屋上に出るというわけだ。この「道」に面して、各寮室も共用諸室も並んでいる。

ただし、斜床は万能ではない。この寮のように単位が小さい場合や、クンスタルやエデュカトリウムの講義室の

図4-17 YKK滑川寮全景／大野秀敏、1992年。中庭を囲む4辺のうち一辺を占める住居棟を1階分傾けている。これによって、中庭をめぐる廊下は螺旋をなす。1階では建物へのエントランス的性格をもった空間になっている

ように斜床がもともと必要な場合は問題がないが、多くの場合、実際には斜めだと使いにくいことのほうが多い。純粋に使い勝手だけを追求すれば、やはり斜床よりエレベータに軍配は上がるかもしれない。

しかし、斜床を実用性だけで評価してはいけない。それは建築の美学、なかでもアーティキュレーション（分節）にかかわる問題を投げかけているからである。分節は古典的な建築のデザインの基本である。空間やものは明確な要素に分けられ、構成され、プロポーションが問題にされる。すべてが分節からはじまっている。ところが、近代建築は空間の連続性を追求した。これはやがて、分節の否定に至らざるを得ない。斜床は近代建築に残っていた古典性を完全に否定している。コルビュジエもライトも晩年に、その危険水域に入ろうとした。コールハースはジュシューでもっと内部深く侵入した。

しかしコールハースは、斜床で分節を否定したが、フランク・O・ゲーリーのように、不定形でグニャグニャな彫塑的な形態に行っていないことは重要である。なぜか。それは彼がオブジェクトへの道につながることを拒否しているからであろう。コールハースにとっては自由、つまり可能性の拡大こそが最大の関心事のように見える。束縛されず主体的な選択ができることを大切にしている。自由曲線によるオブジェクト[10]は一見自由に見えるが、実は一種類の可能性を提示するだけで、ユーザーや鑑賞者に対して必ずしも開かれていない。それは建築家の自由にすぎない。自由を保証する「場」は、控えめで、当たり前であることが必要である。彼の建物の、意図的に凝らない、やり放しのように見えるディテールや仕上げ材料の選び方、ジャンク的な雰囲気はそういうことの表明であるように見える。

1) イタリアの食材。パスタの一種で平べったい。折り重ねて、トマトソースと一緒に調理する。
2) スラブは英語で、一般的には石・木・金属などの四角く幅の広い厚板のことを指す。建築用語としては、コンクリートや鉄骨の建物の床板のことがひとつの意味で、もう一つは板状の集合住宅を指す。比較的多く使われる用語。
3) 偏向性のフィルムをガラスの表面に貼り付け、特定の入射角方向だけ見えるようにしたガラス。このエデュカトリウムでは、側壁に用いられ、ガラスに正対したときだけ視線が通るので、座席から真横を見ると外の風景が見え、その他は乳白に、ガラス面が光るだけである。
4) 建築の設計では、敷地の中で建物の外部は、庭だろうが、駐車場だろうが、広場だろうが「外構」と呼ぶ。
5) 講堂やホールなどの大きな空間に入る前の前室のこと。もとはフランス語。機能的には開演前の待ちスペース、幕間の休憩スペース、軽い飲食など多様に使われる。人を捌くうえでも必要であり、大きな部屋を狭い廊下に面させると、閉演時に帰るときや災害時に渋滞してしまう。
6) アメリカの建築家（1867～1959）。近代建築の巨匠のひとりといわれ、個人住宅に大きな足跡を残した。水平に延びるスカイラインと、独特の装飾に特徴がある。また自前の教育組織をつくり後進を育てた。東京にも旧帝国ホテルを設計した。主な作品：ウインスロー邸、ロビー邸、落水荘、ブロードエーカーシティー、グッゲンハイム美術館、帝国ホテルなど。
7) ドイツの建築家（1886～1969）。ドイツのバウハウスの校長を務めた後、ナチスから逃れ、アメリカで活躍。シーグラムビルなどの現代の高層オフィスビルの原型をつくった。20世紀の建築への影響は量的にも思想的にも最大。アメリカではIITで教鞭をとり教育にも貢献した。シーグラムビル、ファンズワース邸、ベルリン新国立美術館、IITキャンパスなど。ライトやコルビュジエと違って著作はほとんど残していない。
8) ヨーロッパにも木造建築は多数あるが、組積造の影響を受けたせいか、柱と梁だけの開放的な建築は見かけない。
9) スイス生まれのフランス人建築家（1887～1965）。ライト、ミースと違い都市計画にまで革新的なアイデアを出し、国際現代建築家会議（CIAM）を組織して、20世紀の都市計画と建築デザインに大きな影響を与えた。主な作品に、サヴォア邸、ラ・トゥーレットの修道院、ロンシャン教会、チャンディガール都市計画と官庁、東京西洋近代美術館など。作品集のほかに多くの著作を残した。
10) オブジェクトとは、一般的には、対象とか物体であるが、アートや建築の文脈では、周りから浮き立ちくっきりした輪郭をもっている建築のあり方をさす。したがって、町中の建築は一般的には隣接する住宅と軒を接し、どこからどこまでが1軒か判然としないのでオブジェクト性が低い。周りに広場を控え、すくっと立つ超高層ビルはオブジェクト性が高いということになる。現代の都市景観の混乱の原因は、どの建築もオブジェクトになりたがることに原因がある。

5
パラメータ
関西国際空港ターミナルビルディング
●
池田靖史

　1988年の国際競技設計の実施以来、世界的な注目を集めていた関西国際空港ターミナルで、あのポンピドー・センターの建築家レンゾ・ピアノが率いる技術集団がまずわれわれに提供した印象的な話題は、オープンエアダクトと名づけられた装置によって視覚化された空港内の大空間を吹き抜ける気流であった。アプローチ側から滑走路側へむけて射出される空気の流れを制御するために計算された優美な曲線に、屋根そのものの形状も同調しながら空間の性格を決定づけている様子は、テクノロジーのもつ機能美という近代建築の基本的なテーゼを完璧なまでに実現しているように思える。そして、そこで形態の導出原理として使われたテクノロジーが航空機と同じエアロダイナミクスであることが空港建築のもつ

図5-1　関西国際空港鳥瞰写真／R. ピアノ、1994年。空港は空からの姿が求められるまれな建築だ。だからこそ内部の人間の視点との関係が問われる

べき象徴性としてわかりやすい関連性をもっていることも容易に理解される。これらの解釈はまちがってはいないだろうし、国際設計競技により選定された時点からこの建築が「流れ」の形態を追求したことはそのコンセプトとして明言されている。
　しかしながら、空港建築は航空機と違って飛翔するために空気の力を制御することがその本質的な目的であるとはいえない。建物の内部気流制御や強い海風に対する対応がどんなに重要な技術的条件であっても、人間の交流形式としてこれ以上ないほど現代的な社会モデルとも思われる巨大空港建築を律するほどの合理性に結び付くのかという疑問が当然のように思い浮かぶ。流れの視覚化という命題がこの建築のもう一つの話題の焦点であった、その有機的な全体像とどのように結び付くのかを考えるとき、ピアノらは気流という「見えない」要素を視覚化する方法論に同調させて、ある空間的秩序を追い求めていたのではと思えるのである。
　人工島の上にある関西国際空港には空からそこに着陸するにせよ、滑走路側対岸から連絡橋で海を渡ってくるにせよ、神戸から船で接近するにせよ、まずその一匹の巨大な生物のような全体像を遠望することになる（図5-1）。全長が1.7kmにもなる建造物にこのような強い一体性を与えているのはピアノらがジオメトリー理論と呼んだ形態の生成基準にあることは明白である。南北に伸びるウイングは半径が16.4kmもあるトロイド面によって規定された緩やかにカーブする曲面として空港という空間の絶対的要素である滑走路の広大な水平面と対峙している。一般的な人間的スケールではとうてい把握不能なこの曲率の存在は、滑走路との関係によって鮮やかに際立ち、この建築にとって独立した一体的な自律性が形成されていることを明示している。これがメインターミナルを中心とするシンメトリカルな構成と相まって、誰しもが気づくように巨大な翼を休める航空機の暗喩、空気力学的な形態表現と結び付けて解釈することを容易にしている。しかしながら、この建築がまず航空機に似た形態をとるべきであるとの理念からはじめて、そこに当てはまるような要素結合の形式で全体を規定したとは考えられない。単なる表象的なアナロジーではなく、もっと深い意味での空間と形態を生成するシステム的手法としての流体、つまりシステムとしてのダイナミクスとのかかわりがありそうである。

図5-2 コンペ模型写真／関西国際空港ターミナル・コンペ時点での模型では屋根が分節されている

1. 風をパラメータとした有機的統一

　このような駐機ウイングまでをも含む外観上の一体的全体性の明確な強調は、巨大化する近年の国際空港ターミナル建築としてはむしろまれなデザイン的戦略であるといえるだろう。たとえばノーマン・フォスターが設計したスタンステッド空港などでは、空港に必要なあらゆる環境調整機能を担った傘のような建築要素が整然と並べられている。同一建築的要素の反復的繰り返しによる工業生産的なシステム論への呼応という、近代建築的な理論的基本テーゼへの明快な実現であるが、それはさらなる拡張性への担保でもある。このような同一要素が並べば均質な全体が展開していくのが当然であるし、無限に並べられない以上、そこには均質なシステムが突然とぎれるエッジが存在することになる。要素のあいだを関係づける中枢的システムを設けてこれを制御することはできるが、そのような上位のシステムは、せっかくの要素の自由な増殖を妨げることにつながることが多い。本来システムが還元主義的である限り、中枢的に制御されない要素の集合は単なる集合であり、そのエッジは単なる断絶にならざるを得ないはずなのである。

　ウイングの一体的形態については管制塔からの視野の確保という理由もあるし、人工島という敷地条件の制約から見て拡張性を求める必要がなかったこともその一因ではあるだろう。だがピアノらはコンペから実現に至る過程で、さらにこの一体性を追求しつづけている。いくつかに分割されていたメインターミナルの屋根は、さまざまな変遷があったにしろ、駐機ウイングまで完全に連続する一つの波に収束させられているし、構造体の形式も力学的性状の違いを巧妙に表現しながらも、共通のコードが存在することをはっきり意識できるように変更されている（図5-2）。特に空間の結節点となるべき部分では、要素間の断絶を避けるように入念に取り扱われている。これは要素を機能的に純化し、その関係構築に機械論的

図5-3　関西国際空港オープンエアダクトへの吹き出し口／見えないパラメータによる空間支配を象徴しているかのようだ

5　パラメータ　　**201**

図5-4 関西国際空港地上全景／巨大な曲率がつくり出す強い一体感はなぜか生物的なアナロジーを感じさせる

システム論を求める近代建築の一般的法則に対する確信犯的違反行為である。なぜなら、要素の分解とその必然的結合こそが、その機能の総和としての全体を表現するという近代主義的観点に従えば、このような強い全体性は、全体の構成を上位から決定する中枢制御的な論理が必要になるにもかかわらず、ここでは気流や構造体といった部分を連続させるための下位のシステムが、そのダイナミズムによっていつの間にか全体性を獲得しているかのようにデザインされているからである。

冒頭のオープンエアダクトからして、誰あろうピアノなのだから、そもそも通常のダクトを使って確実に空気を送り届け、その回路のヒエラルキー構造をシステムの忠実な表現として露出させる手法は重々承知のはずである（図5-3）。この建築でダクトが露出されることはあっても、そこには組織の中枢的制御を連想させるような形式を決してとっていない。その代わりピアノらが選んだのは、完全には予測不可能な空気の不確実なふるまいをある程度許容しながらも、集合的な相互作用が保たれるように全体像のほうにフィードバックをかけつづけるオープンな方法論である。これらが示しているように、気流というパラメータを使って自律的な部分と全体の統一的な一体性の間を結び付ける方法論を追い求め、それを「流れ」というシステムのダイナミズムに見い出そうとした点が非常に興味深い。

それでは次に疑問となるのは、数万枚に及ぶチタニウムパネルの群に現れるエアロダイナミックなフォルムはなぜわれわれに有機的統一性のある「生き物」を連想させるのか？ あるいは有機的であるとはいかなることを意味するのか？ という点ではないか（図5-4）。

2. 流れや速度の意味する動的な系

すでにおわかりのようにここで問題にしたいと考えているのは、空間の秩序としてのシステム論である。近代建築は近代科学精神のもとに、空間は組織的秩序——システム性によって支配されていると考えた。パラメータという言葉は、形態や空間をシステム——組織的な体系としてとらえることを意味している。

実は空気の流れと同一視されてこの空間にシステム化されているのは、視界の連続性である。だがそれは、ある一点からすべてが見渡すことができるような視覚性ではない。視界がどこに行っても単調に均質であるという意味でもない。視点の動きに対して不連続な視界の変化を起こさないこと。つまり、人の流動に対して視界という動的なパラメータが作用して自律的にこれが制御されるような状態である。ピアノらの本当の課題は、毎日数万人の人間が滞留し通過していく都市モデルとしての空港

的空間性へ応えることであった。集団的挙動としての人間の動き、流れと速度のシステムの表現ということに関して、巨大空港建築はもっとも現代的で複雑なモデルを示す必要があった（図5-5〜5-7）。

ここでもう一度気流や視覚の流れから形態を生成する方法の意義を確認するには、形態が生成される方法論から恣意性をできるだけ排除して空間を組織的に秩序づけるシステムを構築する方法としては同じであるが、線形的な意味におけるパラメータと非線形的な意味におけるパラメータの違いを理解する必要がある。数学的にはパラメータとは、ある関係性を表す法則の変数のことを表現している。たとえば$y=ax$という関係性を示すとき、xとyの関係はこの式の構造と変数aによって一意的に決定され、片方が決まれば必然的にもう片方が求められる。値は連続的に変化してゆき、基本的な値の変化パターンは方程式の構造で決まっているので、逆に同じ変化パターンをもつ関係性はパラメータの違いだけで演繹的に理解、予測可能である。このような関係性を数学的には「線形的な」関係性と呼び、これを微分、積分で示すことで、世界は単純な秩序のパラメータによるヴァリエーションに還元できるとニュートンは考えた。組織的秩序にはそれを成立させるための単純で絶対的なルールがその背後に存在し、それはいくつかの変化しうる要素・要因の間の関係性として記述可能であり、この全体を中枢的に統括可能なこの関係性の方程式さえ発見してしまえば、あとは操作可能なパラメータをコントロールすることによって、これを実現することが客観的方法論として可能だと考えることは、ニュートン以来の近代的な科学精神をもつわれわれにとって抵抗なく受け入れられる思考である。空間を秩序化することを根元的な目的とする建築行為において、たとえば動線やゾーニングと呼ばれる近代建築の機能的方法論は空間の大きさや数をパラメータとする「配列」の方程式による中枢論的な空間の組織化であり、こうした関係性の構築こそが科学的秩序の実現となりうると考えられた。逆にこれを構築できない状態をカオスとして退けたのである。こうして全体とこれを構成する要素のあいだには線形的な関係性があり、全体は部品の機能の必然的総和であるという機械論的な美学が成立する。

3. 有機的な秩序と時間軸

ところが20世紀に入ってから、こうした近代科学のも

っていた単純な法則で予測可能な静的な世界観が自然現象の不確定性や非線形性からほころびを見せはじめている。典型的な例として、フラクタル構造として知られる無限の入れ子構造、自己相似的構造がこれまでカオス的であると思われていた自然界の構造として複雑な海岸線の形や樹木の形態、雲や波の形にはこれまでとは違うある種の法則があることが理解されてきた。これらの法則

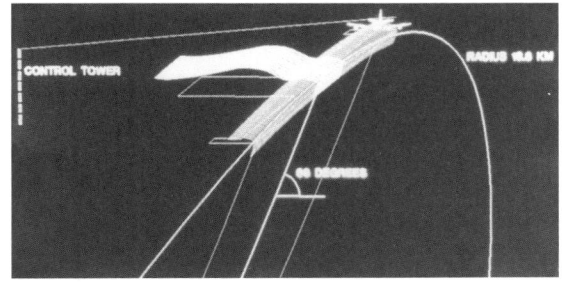

図5-5　ウイング形態のジオメトリー解説図

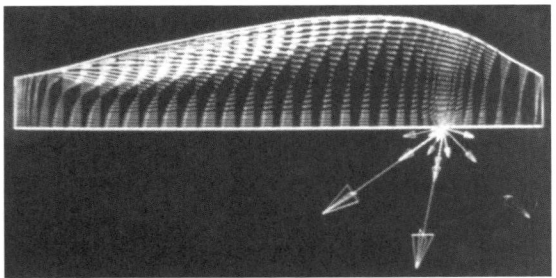

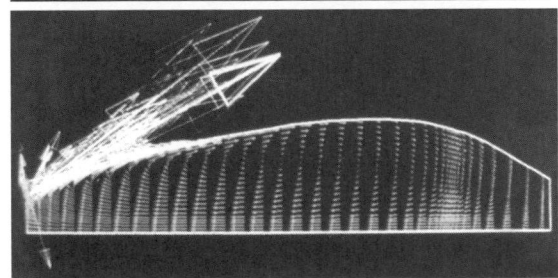

図5-6　エアフロー解説図／オープンエアダクトの気流とアーチの形態の関係を示すシミュレーション

図5-7　関西国際空港ターミナル内部／気流に合わせた形態が搭乗口に至る人と視線の流れと呼応する

に共通の性質として、要素と全体の関係が一意的に決定しないという非線形性がある。

　数学的モデルでは非線形的な世界においては、パラメータのほんの少しの差異が予想もつかないほどのさまざまなヴァリエーションのある全体的なパターンへと展開する。たとえばグノウフキーとミラの写像というストレンジアトラクターを生み出す解のパターンでは、パラメータがほんの少し変わるたびに、ある時には鳥の羽の文様のような、ある時には深海生物のような想像もつかないほどさまざまな形態を生み出してくれる（図5-8）。しかもそれは、パラメータの変化に対して徐々に変化していくのではなく、たくさんの不連続点で突然のように別なパターンになって現れるのである。ここでのパラメータは動的な体系を状態遷移ルール的に制御する漸化式の変数であり、決して単調に全体を決定してしまう中枢的なルールではない。

　それぞれの個体は自律的な要素だが、共通のパラメータをもつことで全体としてのまとまりがあるような集合体形式の可能性を槇文彦は群造形として指摘して、伝統的な集落などにその典型を見ていた。こうした集合的造形が個体要素間の相互作用にあることを、門内輝行は伝統的な街並みの形成を類似と差異の記号的ネットワークと解釈することで指摘している。それぞれの個体は中枢的な制御を受けていない自由度をもった要素なので、厳密にはひとつとして同じものはないし、多様性も保っているが、「よいものをまねしたい」という類似性方向のフィードバックと「他に差をつけたい」という差異性方向のフィードバックが強固に絡み合うことでバランスをとり、それがカオスでも単一的でもない統一性に到達する。しかもその統一自体が適応性のあるダイナミズムをもっているので、決してひとつの固定的な状態になってしまうわけでもない。まさしく脳神経組織や、群れ飛ぶ鳥たちや、生物の遺伝的進化と同じ有機的な適応系としてのシステムなのである。

　街並みの変遷のように時間的な形態の変化を対象とすれば、建築も動的な系としてこれをとらえることができるが、空間認識がある固定的時点をとらえている限り、建築は静止した関係性の世界にとどまらざるを得ない。ところが、もし空間を視点の移動に伴う状態変化という観

図5-8　グノウフキーとミラの写像／ストレンジアトラクターの典型。パラメータの微細な変化が漸化式で多様な姿に展開される

点でとらえ、しかもそれが相互作用関係をもつ視点どうしの群的な関係と考えた途端に、これは非常にダイナミックな典型的ネットワークモデルということになる。そこでもう一度、空間の3次元性とは何かということを考えるとき、通常われわれは当たり前に xyz の空間軸を思い浮かべるが、われわれの網膜上の映像は基本的には2次元投影像であり、両眼の視差による立体視もごく短距離の瞬間的な移動であると見れば、人間の視覚環境認知構造的には空間が3次元的であるという認識は視点の移動によってのみ確保されていることになる。空間軸と時間軸が分離できると考えることはまさしく世界が微分可能で線形的であることを前提とした理解であって、そもそも空間は時間軸あるいは移動軸を含んだ系なのではないか。

　有機的建築を唱えて、自然界の造形を強く意識したフランク・ロイド・ライトが、同時に空間の流動性をもっとも重要視した建築家であったことを想起させる（図5-9）。ピアノらが視界の連続を意識した理由は、それが空港利用者にわかりやすい移動を自然に示唆するからであるが、それは流動を目的とする自律分散的空港利用者たちの次の行動を規定するダイナミックなパラメータであって、同時にその行動が視界の変化を生み出すという自己言及的な相互関係をもつことになる。

4. 複雑系的空間性への期待

　このような強い相互関係をもつ自律した要素の集合が、一定のパラメータのもとに自己組織化を果たす可能性があるようなシステムは、数理モデルでいえば非線形のカオス理論を基礎とする複雑適応系モデルを扱うことになる。サンタフェ研究所に独特な発想にとりつかれた経済学者、物理学者、生命科学者などが次々と集結してこの魅力的なモデルの分野を超える共通性を唱えはじめたのは、コンペが行われたのと同じ1980年代後半であることを考えれば、ピアノらがこうした最新のシステム論の適用をめざしていたかどうかは怪しい。それらしき説明も見当たらない。

　だが、空間の秩序構成原理に「流れ」というダイナミックな概念をもち込んだ時点で、還元主義的な世界が保証していた線形的関係性から脱却せざるを得なくなり、「完結しているようでオープンなシステム」という言い方で部分の総和以上の全体性を追い求めようとしていたことはまちがいない。中枢制御的な方法論が適応能力のある

図5-9　グッゲンハイム美術館内部／F.L. ライト、1959年。ライトはグッゲンハイム美術館で動的な視界と形態の関係を有機的形態に求めた

図5-10　群れ泳ぐ魚／魚の群は粒子間の相互関係のみが動的な群としての全体像をつくり出す自然界の好例

柔軟な成長を難しくすることと、同一要素の繰り返しによるオープンなシステムがもつ、どうしようもない単調さを回避する第三の選択の結果として、気流のように流れを形づくる粒子（空間）に十分な自由度を与えながら、それぞれの粒子の相互関係という局所的パラメータがダイナミズムという集団的挙動としての有機的全体像を自発的に組織化する（図5-10）。そんな世界観へ一歩踏み出そうとしていたのではないだろうか。

　カオス理論がそれを基礎とする複雑適応系によるシステム論へ展開するにつれ、われわれの日常的社会行動、生命活動、神経活動など、世界観を揺るがしつつある。これらの理論はまだ十分に整理されているとは言えないかもしれないが、近代科学的世界観の限界を感じさせるには十分な示唆を示している。関西国際空港においてもそれはまだ、萌芽にすぎないだろう。複雑適応系のようなシステムには、個の多様性と自己組織的統一性の実現というわれわれの期待感がある以上、これからもさまざまに追求されていくテーマになるに違いない。

6
モデリング
ビルバオ・グッゲンハイム美術館

吉松秀樹

1. 建築の形態とは何か?
Architecture and Figure

「建築とは何か」という問いに答えることは、建築を設計する行為そのものであると考えることができる。建築をつくり出すことは、特定の領域に意味を与えることであるからだ。しかし、空間の中から領域を切り取っていく作業は、結果として境界面をつくり出し、その総体として私たちが認識する「形」を生み出していく。「形」を生み出すことが建築の目的であるかどうかは判断が難しいが、建築と形態が切り離せない関係にあることは否めない。建築や都市の論理は、形態をめぐる論説であるといっても過言ではないだろう。建築であるための形態をめぐってさまざまな議論や研究が行われる。それらすべては建築をつくるために存在し、その結果としてつねに形態はつきまとっていくのである。

もっともヴァーチャル・アーキテクチャーと呼ばれるジャンルには、こうした形を取り巻く論理から切り離された議論が存在していることは事実であり、形や境界をもたない建築という概念が今後生育していく可能性はある。しかし、私たちが生物としての人間である限り、現実の建築や都市は境界面としての形態をもちつづけるであろうし、私たちはその境界面を「建築」「都市」、そして「環境」と見なしつづけるだろう。

2. 形態は機能に従う
Form follows Function

「形態は機能に従う」という言葉は、シカゴの建築家ルイス・サリヴァンが19世紀末に発した言葉であるといわれている。サリヴァンは、フランク・ロイド・ライトの師として有名であるが、それ以上にこの言葉によって名を知られている。なぜなら、この言葉は20世紀において近代建築の金科玉条のごとく唱えられてきたからだ。まさしく20世紀は、建築にとって「形態は機能に従う」を軸として回転した世紀であった。そしてそれは、20世紀初頭の近代主義(モダニズム)が、機能主義と合理主義にすり替えられていった歴史でもある。

サリヴァンは、高層ビルのデザインが法の必然によってなされたことを示す言葉として「Form follows Function」といった。モダン思想を先取りした優れた建築家のひとりであったサリヴァンは、自分の考えが理解されないことに苛立っていたのだろう。このエピソードだけ見ると、サリヴァンは機能主義者であるかのように見える。しかし、サリヴァンの言わんとした意味は「形にはそれぞれ意味がある」ということであるようだ。「形はそれが存在する必然性に従ってある」わけであって、決して「形はその機能を表したものである」わけではない。それがサリヴァンの建築の秘密であり、そのモダン思想を受け継いだライト建築の魅力でもある。

だが、その真意に反して、この言葉は「機能主義」と合体され、近代建築と国際様式と機能主義はその差が未分化のまま世界へと広がっていく。と同時に機能と形態は、表裏一体の関係にあるものとして広く認知されることとなった。

図6-1 ゲーリー自邸内部/F.O.ゲーリー、1978年。既存の建築の外側に付け加えられたキッチン

図6-2　ゲーリー自邸外観／さまざまな建築パーツが寄せ集められたバラック風景観

その結果として、モダニズムに対するさまざまな反動が1960年代から世界中で起こってくる。それは装飾や記号、象徴の復権であったり、建築や都市の文脈に対する理論であったり、建築家像に対する議論であったりした。20世紀後半は、モダン（近代）という概念をめぐる反省と修正にほぼ費やされたといってよいだろう。

3. ゲーリー自邸
F.O.Gehry's residence

そうした流れのなかに突如として登場したのがロサンジェルスに立つゲーリー自邸（1978、図6-1、6-2）である。サンタモニカの良好な住宅地の一角に、築60年の住宅が金網や波板といった粗野な、そしてもっともアメリカ的な建材によって緻密なディテールも恣意的な形もなくカバーされていく。その結果としてフランク・O.ゲーリーが獲得した建築は、モダニズムの系譜から見れば異形であり、そのプロセスも特殊であった。なぜなら、この建築には近代的なゴールイメージが存在していないからである。ここではあくまで内的な要因によって外部との境界面と素材が選択されている。ゲーリー自身も室内から建築を考えていったと述べているが、サリヴァン流にいえばこれもまた機能に従った形態であるといえるだろう。

20世紀を代表する多くの建築はモダンを基準におき、それとの距離の測定によって新しい建築たらしめていたと考えられるが、このゲーリー自邸はそういった文脈からポツンとはずれて存在しているように見える。そういった意味ではこの住宅は、作者の意図を超えて建築界に驚きをもって迎えられ、過大に評価されていったと考えられなくもない。事実1991年に「どうして78年の作品がいつまでたっても僕の代表作なんだ」と嘆くゲーリーの姿がある。ゲーリーは、親交のあった多くのアーティストたちと同様の感覚で、ただ単に自宅を改装したにすぎないのかもしれない。もちろん、それ以前のダンツィガー・スタジオ／レジデンス（1965）に代表される、ゲーリー初期のミニマルアートのような建築表現からのブレイクスルーはあったのだろう。だがそれ以上に、アルテ・ポーヴェラに代表される、モダンに対抗する美術の文脈にシンパシーを得ていたことや、トロント出身のゲーリーがロサンジェルスという特殊な地域性により素直になろうとしたことがこの傑作を生んだと考えられる。

いずれにせよこの自邸は、20世紀後半における「建築とは何か」に大きな変革をうながした事件となった。それは、MoMAの「近代建築国際展」（1932）を企画したフィリップ・ジョンソンが晩年影響を受けた建築家としてヴェンチューリとゲーリーをあげ、自邸（Glass House）の庭にはゲーリーに捧げられたフォリーがあることからもその衝撃を知ることができるだろう。

4. 群造形
Collective Form

　一躍建築界の寵児となったゲーリーの建築は、この自邸をもとに急速に変革を遂げていった。その変遷は、20世紀建築における形態の扱い方（モデリング）をトレースする流れでもある。

　ゲーリーは、自邸以降あたかも複数の建築家が設計したかのような造形を試みていく。実は自邸においてもすべての窓を違う建築家がデザインしたようにしたかったと述べている。それは都市のカオスを個人でつくり出そうとする試みであり、群体としての建築風景をつくり出そうとするものでもあった。ゲーリーによって建築の機能はいったん分解され、機能別に異なるヴォリュームと形態を与えられ、そして集合させられる。ここでは建築の設計において培われてきたアーティキュレーション（分節）や繰り返しといった巨大化への対応手法は必要ではない。ブレイクダウンするデザインではなく、集合によってつくり出されるヴォイド（余白）空間こそが重要であったからである。

　このゲーリーの試みは、ロヨラ大学法学部キャンパス（1980～91、図6-3）やサンタモニカのエッジマール・ディベロップメント（1988）などの作品に結実するが、ゲーリーはこの手法を長く続けることなく新しい造形への進歩を選択した。それは、群造形による風景（ミニ・シティー）の創造ではなく、単体でありながら複数の形態が寄せ集められたひとつながりの建築をめざす手法である。

　機能の帰結として建築の形態を扱っていく考え方（プログラム論）と建築を集合体（collective form）とみなす考え方は、対局にある考え方ではなく、同一方向のスケールの違いとして認識されてきた。それは建築と都市の違いであると。しかし、単体建築でありながら建築をひとつのオブジェクトとしてとらえないゲーリーの考え方は、この二つを建築と形態を結ぶ異なるアプローチとして分化させていくこととなる。

5. 裸にされた建築／ヴィトラ社美術館
Stripped Architecture／Vitra Museum

　家具のヴィトラ社のための工場と美術館（1989、図6-4）のデザインにおいて、ゲーリーはあたかも群造形から隙間をなくしたかのような集合体のデザインを試みる。建築からより芸術的なオブジェへ近づいただけだという解釈もたしかに存在する。同世代のアーティストであるフランク・ステラがミニマルな平面作品から立体的な造形作品へ、そしてCGを取り入れた表現へと段階的に進んだのと同様に、ゲーリーもまた、より現代的な手法を美術から取り入れたと考えることもできる。しかし、ここにおいてゲーリーは単体建築におけるヴォリュームの扱い方について、以前とは180度異なるアプローチを選択している。

　群造形時代のゲーリーは、単一の機能に与える形態をごくシンプルなヴォリュームとし、その組み合わせのバランスと素材感でゲーリーらしさをつくっていた。ヴォイド空間を意味で埋めようとしていたからである。彼にとって外部が建築であり形態であった。したがって、建築のモデリングという意味では、機能とヴォリュームの関係はモダンの延長線にあり、建築の解釈が逆転していたといってよい。しかし、ヴィトラ社美術館において、ゲーリーは機能とヴォリュームの関係をいったん切り離し、その後再構成する、もしくはまったく新たな造形を付加する手法を選択している。つまり、機能的な問題解決とモデリングとしての造形を切り離す考え方がここでは初めて行われている。それは建築における「機能」と「皮膜」を切り離す作業であり、領域と意味の関係性が揺さぶられたといってよいだろう。ここにおいて、サリヴァンの「形態は機能に従う」の呪縛から逸脱した建築が初めて出現したと考えることもできるし、むしろ逆に近代以前の建築へと立ち戻ったと考えることもできる。そして初めて、「建築であるために存在する建築」が出現したといってもよい。どちらにせよ、彼自身にとっても自信作であるこのヴィトラ社美術館によって、ゲーリーは形態の扱い方において新しいフェイズへと突入し、建築単体のモデリング

図6-3　ロヨラ大学法学部キャンパス／F.O.ゲーリー、1991年。群造形（ミニ・シティー）によるヴォイド空間の創造

図6-4 ヴィトラ社美術館／F.O.ゲーリー、1989年。機能と皮膜が切り離された集合体としてのモデリング

に正面から立ち向かっていくこととなる。

6. 連続する皮膚／ディズニー・ホール
Continuous Skin／Walt Disney concert hall

　1990年代の後期ゲーリーの造形の特徴は、連続するサーフェイスにある。しかし、それは流れるようなシェイプではない。まるでくっついた団子のような建築群が単一のサーフェイスによって覆われていく。そういった建築を無数の立体スタディのなかからゲーリーは選択していった。

　その選択基準がどこにあるのかはわからない。ゲーリーが時折述べるように造形美としての「魚」や「人体」を建築的に表現するということだけであるのかもしれない。しかし、ここで興味深いのは、群造形としての建築をさまざまな形態の衝突によって表現していたゲーリーが、衝突やそれによって生み出されるヴォイドの魅力より、さまざまな形態が集積した「連続した物体としての建築」の魅力を選択したという事実である。

　ウォルト・ディズニー・コンサートホール（1989〜）やビルバオ・グッゲンハイム美術館（1997）などの巨大なプロジェクトにおいて、それらのスケールをブレイクダウンするデザインを選択していないことからも、その意図的な選択は見てとれる（図6-5）。逆にホールや巨大美術館という分節しにくい大空間を内包するプロジェクトが、ゲ

図6-5 ウォールト・ディズニー・コンサートホール／F.O.ゲーリー、1989年〜。連続する皮膜によって覆われた大空間

ーリーにデザインの方向性を変更させたという経緯はあるだろう。ディズニー・ホールのスタディにおいてさまざまな機能的解決を試みているとき、このような形式強度の高いプログラムに対してゲーリーがどういった形態的解決を与えるのか興味がもたれていた。おそらく、それまでのデザイン手法ではこのスケールに太刀打ちできないだろうと。しかしゲーリーは、機能と皮膜を分離して考えるという優れたジャンプによって巷の杞憂を吹き飛ばし、ディズニー・ホールを彼の後期の代表作のひとつに仕立て上げることに成功した。

　ヴィトラ社美術館で分離された機能と形態の関係は、いわば身体から皮膜を取り去った骸骨のような状態であ

ったが、そこに生物としての皮膚を建築に与えることにゲーリーは成功したといえるだろう。そして、ここで発見された建築と機能をつなぐジャンプをさらに発展させたのがビルバオ・グッゲンハイム美術館である。

7. 破れた皮膜／ビルバオ・グッゲンハイム美術館
Broken Skin／Museo Guggenheim in Bilbao

　突如として舞い降りた宇宙船のごときビルバオ・グッゲンハイム美術館（図6-6、6-7）は、20世紀最後のマスターピースとして評価され、ヨーロッパのひなびた工業都市ビルバオは一躍コルビュジエのサヴォア邸やミースのバルセロナ・パヴィリオンに並ぶ建築巡礼の地となった。この美術館において、ゲーリーはこれまでの形態に関する試みを集大成している。

　そのひとつが、破れた皮膜とでも呼ぶべき新しいジャンプである。ディズニー・ホールにおいて、ゲーリーが獲得した巨大な機能空間をひとつながりの塑形された皮膜で覆う方法は、造形物としての建築を今までの幾何形態の集合体としてではない可能性のひとつとして提示した。しかし、この類いまれな造形も外部のモデリングと内部空間のモデリングの関係は希薄であった。

　ゲーリーの建築が「はりぼて」であると批判されてきたのは、これらの建築の印象が外部モデリングに偏っているように見えることがあげられる。それはゲーリーの建築が建築雑誌において、外部空間の紹介で終わることが多く、室内外の関係性に乏しいことで証明されるだろう。ゲーリーの優れた造形力は外部においては非常に高いサイン性を確保していたが、インテリアに関しては、魚や蛸といったゲーリーらしい記号以外に他の建築家との著しい差は見られない。初期のゲーリーの作品が、外部デザインの寡黙さに比べて、内部空間の豊かさが際立っていたことから比べるとその差は顕著である。

　しかしゲーリーは、内部から発想し外部の形態に到達していた初期建築に回帰するかのように、すばらしく豊かな、そしてゲーリーらしいのびやかさをもった内部空間をビルバオで獲得し、都市スケールにおいても建築スケールにおいても強い記号性をもった外観を確保した。ここにおいてゲーリーは、初めて外観のモデリングと内部空間のモデリングをつなげることに成功したといってよいだろう。

　それは、お互いのモデリングを位相的につなぐことによって実現されている。別々にモデリングされた皮膜はところどころ破れ、連続させられているのだ。必要な内部機能を確保するために設定された室内空間は、外観のモデリングに引きずられて変形を強いられていくが、それが機能プログラムに変形を強いるまでには至らず、そこから先は変形が分離し、お互いが破れていくといったモデリング上の選択が行われているのである。

8. モデリングの未来
Modeling Future

　「形態は機能に従う」という20世紀建築を席巻してきた概念は、ビルバオにおいて初めてその新しい可能性を発見したといえるだろう。それは、内部機能が外観にストレートに現れるという20世紀的工業美としてではなく、近代以前の装飾や彫刻と建築の密実な関係によってつくり出された工芸美としてでもなく、まったく新しい機能と形態の関係性の獲得である。もちろんゲーリーの獲得した手法が普遍的な方法かどうかは議論の余地が残されているが、そのモデリングのベースとなる考え方は、現代的な解釈を行う必要性がある。

　ビルバオにおけるゲーリーの発想をトレースしてみると、彼が彫刻家ではなく正当なアプローチで建築に立ち向かっていることが理解できる。ゲーリーは、自身が述べ

図6-6　ビルバオ・グッゲンハイム美術館内部／F.O.ゲーリー、1997年。内部と外部のモデリングをつなぐ破れた皮膜

図6-7　ビルバオ・グッゲンハイム美術館外観／都市と一体化するチタンで覆われた生物体のようなモデリング

るように文脈を読み込むことに時間をかける建築家であり、都市デザインスケールでの解釈や内部機能プログラムの解析によって、大まかな機能配置が検討されていく。ここまでは機能主義やプログラム論的解決といってよい。ゲーリーはこういった建築の基礎となる構成段階で、機械的にその可能性をつぶしていき、最良の機能プログラムを決定する。ここで彼が、建築のデザインや記号性の確保とこれらの作業を完全に切り離して考えていることが重要である。その後、このヴォリューム化された建築プログラムをベースとしてモデリング作業がスタートする。それはベースヴォリュームにどういった形態を与えるのかという作業であり、内部プログラムとは切り離された変形が純粋に行われていく。都市的なコンテクストや建築家の恣意的なヴォリュームイメージからスケッチが起こされていき、そのヴォリュームに機能を収めていく伝統的な建築家による作業とは異なった、非常に工業的で現代的な設計プロセスをゲーリーは開発したといってよいだろう。

このヴォリュームの変形作業においてコンピュータが活躍をしている。今やコンピュータなしで建築の設計を行っているケースは少ないが、コンピュータを用いた建築らしい「形態」ではなく、「設計プロセス」を開発できている例はたいへん少ない。ゲーリーは、コンピュータの使用によって急激に自分の意思が伝達できるようになったと述べているが、コンピュータをあくまで解析・伝達装置として使いこなそうとしているようだ。モデリングは、彫刻と同様に模型を中心に3次元で行われ、そこで得られた結果はCATIA（フランスの航空機産業で開発されたプログラム）によって、3次元デジタイザーから曲面データとして取り込まれていく。ゲーリーの感性による微妙な変形や付加が、コンピュータによって精密な3次元モデルへと変換していくのである。

この先端技術によって、ゲーリーのモデリングは飛躍的な自由度と再現性を獲得し、その結果として内外部のモデリングをつなげる発見に至った。というより、内部から外部モデリングをのぞけるシステムといってよいかもしれない。

こうしたコンピュータを用いたモデリングの可能性が、どちらかといえば古典的なゲーリーの本質をよりダイレクトに引きずり出していることは興味深い。しかし、今のところそれは先端技術によるイメージ再現精度の問題でしかない。真に新しいモデリング方法が出現するのは、こういった技術的なインフラが私たちの身体感覚を変革し、ソフト（機能）的な変革が建築や社会を変形、ないしは逆転させる時代を待たねばならない。

[図版・写真出典]

I 建築の基本要素

1 床
図1-1　Airbus Industrie
図1-2、1-8、1-10　新建築写真部
図1-3、1-7　新建築1975年10月号
図1-4、1-6　著者撮影
図1-5　"EL croquis 53" EL CROQUIS, 1994
図1-9　多木浩二

2 柱
図2-1、2-11　著者撮影
図2-2　建築文化1998年1月号
図2-3、2-6　建築文化1996年10月号
図2-4、2-9　大橋富夫
図2-5、2-7、2-8　新建築写真部
図2-10　建築文化1994年12月号
図2-12　大川三雄

3 壁
図3-1　初田亨『模倣と創造の空間史』彰国社、1999年
図3-2　建築文化1996年10月号
図3-3、3-4、3-8　著者撮影
図3-5、3-6　Alexandra Tyng "Beginnings : Louis I.Kahn's Philosophy of Architecture" A Wiley-Interscience Publication, 1984
図3-7、3-11　原口秀昭『ルイス・カーンの空間構成』彰国社、
図3-9、3-11～3-13　David B.Brownlee/David G.De Long " Louis I.Kahn : In the Realm of Architecture" RIZZOLI, 1991

4 屋根
図4-1　アテネ国立考古博物館
図4-2　日本建築学会編『西洋建築史図集　三訂版』彰国社、1981年
図4-3　Marc-Antoine Laugier "Essai sur l'Architecture" Paris, 1755
図4-4　Paul Groenendijk, Piet Vollaard "Guide to modern architecture in AMSTERDAM" Rotterdam, 1996
図4-5、4-6、4-8　著者撮影
図4-7　建築文化1996年10月号
図4-9　大橋富夫
図4-10、4-11　伊東豊雄建築設計事務所

5 シェルター
図5-2　平井広行
図5-3　坂茂建築設計
図5-4　建築文化1997年1月号
図5-5、5-6　The Arup Jouranl 2001年2月号
図5-7　Jay Langlois
図5-8　新建築写真部
図5-9、5-10　Ken Kirkwood
図5-11　Architectural Record 2002年1月号

6 窓
図6-1　桐浴邦夫
図6-2　日本建築学会編『近代建築史図集　新訂版』彰国社、1976年
図6-3　W. Boesiger et O. Stonorow " Le Corbusier Oeuvre complete Vol.1 1910-1929" Les Editions d'Architecture Zurich, 1995
図6-5、6-12　Franz Schulze " MIES VAN DER ROHE : A Critical Biography" The University of Chicago Press, 1985
図6-6　建築文化1999年1月号
図6-7、6-11　建築文化1989年7月号
図6-8、6-10　Jan Derwig
図6-13、6-15　新建築写真部
図6-14　平井広行

7 スクリーン
図8-1～8-7　"Maison de verre/pierre chareau " Olivier Cinquable, 2001

8 色
図8-2　小川次郎
図8-3～8-8、8-10　齋藤裕
図8-9　「ジェームズ・タレル展──夢のなかの光はどこから来るのか?」ジェームズ・タレル展実行委員会、1997年

9 表面
図9-1　Richard Weiss
図9-2～9-8　Gerhard Mack "HERZOG & DE MEURON 1989-1991" Birkhäuser Verlag, 1996
図9-9、9-10　Gerhard Mack "HERZOG & DE MEURON 1992-1996" Birkhäuser Verlag, 2000

10 工業製品
図10-4～10-7　Alessandro Mendini
図10-8　Milco Carboni(ed.) "The Work of Ettore Sottsass" Universe Publishing, 1999
図10-9　Memphis
図10-10、10-11　Renny Ramakers & Gijs Bakker "Droog Design Spirit of the Nineties" 010 Publishers, 1998

II 空間言語

1 ピロティ
図1-1　鈴木悠
図1-2　Philippe Ruault
図1-3、1-4、1-7　大橋富夫
図1-5、1-6　村沢文雄

2 ロッジア
図2-1　初田亨『模倣と創造の空間史』彰国社、1999年
図2-2　Emilio Pizzi "BOTTA complete works volume1 1960-1985" Artemis, 1993
図2-3　EL croquis 98, 1999
図2-4　W. Boesiger "Le Corbusier Oeuvre complete Vol.5 1946-1952" Les Editions d'Architecture Zurich, 1995
図2-5　David B.Brownlee/David G.De Long "Louis I. Kahn : In the Realm of Architecture" RIZZOLI, 1991
図2-6　Giacinta Manfredi and Maria Ide Biggi
図2-7　ジョルジョ・デ・キリコ財団
図2-8　http://www.fosterandpartners.com/projects/0344.html
図2-9　Gerhard Mack"HERZOG&DE MEURON 1992-1996" Birkhauser, 2000
図2-10　新建築写真部

3 ヴォイド
図3-1　"EL croquis 65/66 JEAN NOUVEL 1987-1994" EL CROQUIS, 1994
図3-2～3-4　著者撮影
図3-6　"EL croquis 53+79 OMA/REM KOOLHAAS 1987-1998" EL CROQUIS, 1998
図3-7b　"EL croquis78 STEVEN HOLL 1986-1996" EL CROQUIS, 1996
図3-8　著者作成
図3-9～3-11　"REM KOOLHAAS OMA" Princeton Architectural Press, Inc., 1991

4 アトリウム
図4-1、4-3、4-5～4-9　著者撮影
図4-2　a+u1986年6月号臨時増刊号「ヘルムート・ヤーン」エー・アンド・ユー
図4-4　Derek Walker "Great Engineers Academic Edition, London, 1987

5 ブリッジ
図5-1　Bernard Rudofsky "Architecture without Architects" Doubleday & Company, Inc., NewYork, 1964
図5-2　G. Picard "Architecture Universal, Empire romain" Office du

Livre, Fribourg 1966
図5-3、5-7　Adriaan Beukers, Ed van Hinte "Light-ness" 010 Publishers, Rotterdam, 1998
図5-6、5-8　A.Gozak & A.Leonidov "IVAN LEONIDOV" Academy Editions, London, 1988
図5-9　S.Gideon "Space, Time and Architecture" Harvard University Press, 1971(Third Printing)
図5-10　著者撮影
図5-11、5-14〜5-16　J.Guerst, J.Molenaar "Van der VLUGT" Delft University Press, Rotterdam, 1983
図5-12、5-13　矢萩喜従郎
図5-17　J.Guerst, J.Molenaar "KOP VAN ZUID 2" 010 publishers, Rotterdam, 1999
図5-19、5-20　R.koolhaas "S, M, L, XL" 010 Publishers, Rotterdam, 1998

6　空中庭園
図6-1、6-2、6-4、6-6　W.Boesiger et O.Stonorow "Le Corbusier Oeuvres complete Vol.1 1910-1929" Les Editions d'Architecture Zurich, 1995
図6-3、図6-7　Le Corbusier "P recisins sur un etat present de l'architecture et de l'urbanisme" Editions Vincent, Freal & C, 1930
図6-5　陣内秀信
図6-8　著者撮影
図6-9　W.Boesiger "Le Corbusier Oeuvres complete Vol.5 1946-1952" Les Editions d'Architecture Zurich, 1995
図6-10　W.Boesiger "Le Corbusier Oeuvres complete Vol.4 1938-1946" Les Editions d'Architecture Zurich, 1995

7　フォリー
図7-1、7-2　千代章一郎
図7-3〜7-8　Bernard Tshumi "LA CASA VIDE LA VILLETTE" Architectural Association publishing, 1985
図7-9　著者撮影

8　ランドスケープ
図8-1　R.koolhaas "S, M, L, XL" 010 Publishers, Rotterdam, 1998
図8-2　"EL croquis 91" EL CROQUIS, 1998
図8-3、8-4、8-6、8-8　"EL croquis 65/66 JEAN NOUVEL 1987-1994" EL CROQUIS, 1994
図8-5、8-11　Batrice Goulet "JEAN NOUVEL" Editions du Regard, 1994
図8-7　五十嵐太郎
図8-9　Yves Brunier "arc en reve centre d'architecture" Brikhäuser Verlag, 1996
図8-10　山崎一平

Ⅲ　建築の構成

1　軸線
図1-1　カレン・ヴォーゲル・ホイーラー、ピーター・アーネル、テッド・ビックフォード編『マイケル・グレイブス作品集』A.D.A. EDITA TOKYO CO., Ltd.、1982年
図1-2、1-6　Dan Hsu
図1-4、1-5　著者作成
図1-8、1-11、1-12　著者撮影
図1-10　原口英昭『ルイス・カーンの空間構成』彰国社、1998年

2　ヴォリューム
図2-1、2-2、2-4、2-5、2-7〜2-10　Max Risselada(ed.) "Raumplan versus Plan Libre" Delft University Press, 1988
図2-3、2-6、2-11　著者作成。作画の根拠として、以下の書籍に掲載されているデルフト工科大学・ミュンヘン工科大学による現況図を参照した。
・Max Risselada(ed.) "Raumplan versus Plan Libre" Delft University Press, 1988
・Technological University in Munich "ADOLF LOOS 40HOUSES" Verlag Anton Pustet, 1998

3　コンポジション
図3-1、3-2、3-5、3-7、3-9、3-11、3-12、著者作成
図3-3　ハーグ市立美術館
図3-4　矢萩喜従郎
図3-6、3-8、3-10　著者撮影

4　ユニヴァーサル・スペース
図4-1　Philip C. Johnson "MIES VAN DER ROHE" Verlag Gerd Hatje Stuttgart, 1947
図4-3　"Mies van der Rohe EUROPEAN WORKS" Academy Editions, 1986
図4-2、4-4　Peter Carter "MIES VAN DER ROHE AT WORKS" Praeger Publishers, 1947
図4-5　4-7　Werner Blaser "Mies van der Rohe" Birkhäuser Verlag, 1997
図4-6、4-8〜4-11　Phyllis Lambert ed. "Mies in America" In association with the Canadian Centre for Architecture, Montreal, and the Whitney Museum of American Art, New York, 2001

5　ワンルーム
図5-1、5-2　山本泰四郎
図 5-5　Cohen, Jean-Louis "Mies van der Rohe" E&FN SPON, London, 1996
図5-6　"PIERRE KOENIG STEEL & JENKINS" Phaidon Press Rimited, 1998
図5-7　建築文化1999年2月号
図5-8　新建築写真部

6　家具で場所をつくる
図6-1　新建築写真部
図6-3、6-7　平井広行

7　立方体格子
図7-2　Svetlana Alpers "THE ART OF DESCRIBING Dutch Art in the Seventeenth Century" The University of Chicago Press, 1983
図7-3　建築文化1975年
図7-4　中川敦玲
図7-6　初田亨『模倣と創造の建築史』彰国社、1999年
図7-7　新建築写真部
図7-8　ピカソ財団
図7-9　Werner Blaser "Mies van der Rohe" Brikhäuser Verlag, 1997

8　単位の増殖
図8-1、8-3、8-9、8-12、8-13　Wim J. van Heuvel "Structuralism in Dutch Architecture" Uitgeverij 010 Publishers, 1992
図8-2、8-4〜8-8　Herman Hertzberger "LESSONS FOR STUDENTS IN ARCHITECTURE" Uitgeverij 010 Publishers, 1991
図8-10　Alan Colquhoun "Essays in Architectural Criticism: Modern Architecture and Historical Change" Oppositions Books, the MIT Press, 1985
図8-12　Bernard Rudofsky "Architecture without Architects" Doubleday & Company, Inc., 1964
図8-15　W.Boesiger/H.Girsberger "Le Corbusier Oeuvres complete 1910-1965" Les Editions d'Architecture Zurich, 1995

9　ダイヤグラム
図9-1、9-3　建築文化1991年11月号
図9-2、9-7、9-8　大橋富夫
図9-4　著者撮影
図9-5、9-6　山本理顕設計工場

Ⅳ　形態の生成手法

1　参加と複合
図1-1、1-2、1-5、1-7〜1-10　a+u 1979年11月号
図1-3、1-4　SD1988年5月号
図1-6　a+u 1983年3月号
図1-11　小川泰祐

213

2　反復
図2-1、2-11　"6. mostra internazionale di architettura"La Biennale di Venezia, Electa, 1996
図2-2、2-7、2-12　阿部仁史アトリエ
図2-3　P. Groenendijk & Vollaard "Guide to Modern Architecture in the Netherlands" Uitgeverij 010 Publishers, 1987
図2-4　淵上正幸編著『現代建築の交差流 世界の建築家』彰国社、1996年
図2-5　村沢文雄
図2-8　チャールズ・ジェンクス、工藤国雄訳『複雑系の建築言語』彰国社、2000年
図2-9　和木通
図2-10　http://www.inforoute.cgs.fr/nouvel 1/

3　露出
図3-1、3-3　Peter Cook "ARCHIGRAM" STUDIO VISTA, London, 1972
図3-4、3-7　Peter Buchanan "RENZO PIANO BUILDING WORKSHOP Complete Works Vol.3" Phaidon Press Limited, 1997
図3-5　Kenneth Powell "Richard Rogers Complete Works Vol.1" Phaidon Press Limited, 1999
図3-6　二川幸夫
図3-8　AXIS 1998年9-10月号

4　断面
図4-1　Philippe Ruault
図4-2、4-3　建築文化1998年3月号
図4-6　Franz Schulze "MIES VAN DER ROHE, A Critical Biography" The University of Chicago Press, 1985
図4-7　Werner Blaser "Mies van der Rohe" Birkhäuser Verlag, 1997
図4-9、4-10　W. Boesiger "Le Corbusier Oeuvre complete Vol.7 1957-1965" Les Editions d'Architecture Zurich, 1995
図4-11～4-12　"EL croquis OMA/REM KOOLHAAS 1992-1996" EL CROQUIS, 1996
図4-15　W. Boesiger et O. Stonorow "Le Corbusier Oeuvre complete Vol.1 1910-1929" Les Editions d'Architecture Zurich, 1995
図4-16、4-17　北嶋俊治

5　パラメータ
図5-1～5-3、5-6　Peter Buchanan "RENZO PIANO BUILDING WORKSHOP Complete Works Vol.3" Phaidon Press Lmited, 1997
図5-4　大橋富夫
図5-7　北嶋俊治
図5-8、5-9　著者撮影
図5-10　http://diver.ne.jp

6　モデリング
図6-1　二川幸夫
図6-2、6-5　畑拓
図6-3　Michael Moran
図6-4　淵上正幸編著『現代建築の交差流 世界の建築家』彰国社、1996年
図6-6、6-7　Philippe Ruault

[参考文献]
注：著者が本文執筆に参考にしたもの。初学者向けのものも含む。

I 建築の基本要素

1 床
新建築1975年10月号
隈研吾『新・建築入門──思想と歴史』(ちくま新書)筑摩書房、1994年

2 柱
Dennis Sharp "Twentieth-Century Architecture" Trewin Copplestone Publising Ltd, London, 1972
DADID A. HANKS " THE DECORATIVE DESIGN OF FRANK LLOYD WRIGHT" E.P.DUTTON NEW YORK, 1979
二川幸夫企画撮影、磯崎新文『GA1 ジョンソン・ワックス』A.D.A EDITA Tokyo、1970年
日本建築学会編『日本建築史図集 新訂版』彰国社、1980年
日本建築学会編『西洋建築史図集 三訂版』彰国社、1983年
新建築1991年6月号臨時増刊「建築の20世紀Part2」新建築社

3 壁
Alexandra Tyng "Beginnings: Louis I. Kahn's Philosophy of Architeture" A WILEY-INTERSCIENCE PUBLICATION, 1984
Heinz Ronner, Sharad Jhaveri, Alessandro Vasella "LOUIS I. KAHN: COMPLETE WORKS 1935-74" WESTVIEW PRESS, 1977
デヴィッド・B・ブラウンリー、デヴィッド・G・デ・ロング編著、東京大学工学部建築学科香山研究室監訳『ルイス・カーン──建築の世界』デルファイ研究所、1992年
S. ギーディオン、太田実訳『空間・時間・建築 1・2 新版』丸善、1996年
W. Boesiger " Le Corbusier 1929-1934" Les Editions d'Architecture Zurich, 1995

4 屋根
杉本俊多『建築の現代思想』鹿島出版会、1986年
隈研吾『新・建築入門──思想と歴史』(ちくま新書)筑摩書房、1994年
V. M. ランプニャーニ、川向正人訳『現代建築の潮流』鹿島出版会、1985年
原広司『空間〈機能から様相へ〉』岩波書店、1987年
ヴァルター・ベンヤミン、三島憲一、今村仁司ほか訳『パサージュ論 I～V』岩波書店、1993～1995年
伊東豊雄『風の変様体』青土社、1989年

5 シェルター
Oswald W. Grebe " Skidmore, Owings & Merrill : Architecture and Urbanism 1973-1983" Van Nostrand Reinhold Company, 1983

6 窓
W. グロピウス、利光功訳『バウハウス叢書12 デッサウのバウハウス建築』中央公論美術出版、1995年
デニス・シャープ著、大高正人、谷川正己、みなぎしやすお監修、沢田清訳『20世紀の建築』啓学出版、1983年
建築文化1989年7月号
SD 1987年5月号／1997年10月号
伊東俊治『機械美術論』岩波書店、1991年

7 スクリーン
"Maison de verre/pierre chareau" Olivier Cinquable, 2001

8 色
齋藤裕『ルイス・バラガンの建築 改訂版』TOTO出版、1996年
齋藤裕『CASA BARRAGAN』TOTO出版、2002年
『ジェームズ・タレル展──夢のなかの光はどこから来るのか？』ジェームズ・タレル展実行委員会、1997年

9 表面
三井祐介、塚本由晴ほか「建築の外装表現に関する研究」2001年建築学会大会論文梗概集、2001年
SD 1998年2月号

10 工業製品
佐藤和子『アルキミア 終わりなきイタリアデザイン』六耀社、1985年
バルバラ・ラディーチェ、イマーゴ訳『メンフィス ミラノ・ニューデザインのすべて』商店建築社、1984年
Rennny Ramakers & Gijis Bakker "Droog Design Spirit of the Nineties" 010 Publishers, 998

II 空間言語

1 ピロティ
B. ルドフスキー、渡辺武信訳『建築家なしの建築』鹿島出版会、1984年
ル・コルビュジエ、吉阪隆正訳『建築をめざして』鹿島出版会、1967年
伊東豊雄『風の変様体』青土社、1989年
"GA JAPAN15" A. D. A. EDITA Tokyo, 1985

2 ロッジア
ル・コルビュジエ、吉阪隆正訳『建築を目指して』鹿島出版会、1967年
陣内秀信『ヴェネツィア──都市のコンテクストを読む』鹿島出版会、1986年
Bruno Giovannetti / Roberto Martucci, 野口昌夫・石川清共訳『建築ガイド5 フィレンツェ』丸善、1995年
S. コストフ、鈴木博之監訳『建築全史──背景と意味』住まいの図書館出版局、1990年
Emilio Pizzi "BOTTA the complete works 1960-1985" Artemis, 1993

3 ヴォイド
"Steven Holl, The Alphabetical City, PAMPHLET ARCHITECTURE#5" Princeton Architectural Press, 1980
"OMA-Rem Koolhaas Architecture 1970-1990" Princeton Architectural Press, 1991
寺内美紀子、坂本一成、町田敦、小川次郎ほか「外部空間の包含による街路型建築の構成に関する研究(1)、(2)」日本建築学会学術講演梗概集(九州)、1998年

4 アトリウム
建築技術編『アトリウムの計画とデザイン』建築技術、1993年
ヴァルター・ベンヤミン、三島憲一、今村仁司ほか訳『パサージュ論 I～V』岩波書店、1993～1995年
Johann Friedrich Geist "Arcade" The MIT Press, 1985
a+u 1986年6月号臨時増刊号『ヘルムート・ヤーン作品集』エー・アンド・ユー
Henry-Russell Hitchcock "Early Victorian Architecture in Britain" Yale University Press, 1954
Georg Kohlmaier & Barna con Sartory "House of Glass" MIT Press, 1981
Nikolaus Pevsner "A History of Building Types" Princeton University Press, 1976

5 ブリッジ
Adriaan Beukers, Ed van Hinte "Light-ness" 010 publishers, Rotterdam, 1998
"Bridges" Todtri Productions Ltd., New York, 1996
J. Guerst, J. Molenaar " Van der VLUGT" Delft University Press, Rotterdam, 1983

6 空中庭園
ウィリアム・J. R. カーティス、中村研一訳『ル・コルビュジエ──理念と形態』鹿島出版会、1992年
ル・コルビュジエ、井田安弘、芝優子訳『プレシジョン上──新世紀を拓く建築と都市計画』鹿島出版会、1984年
ウルリヒ・コンラッツ編、阿部公正訳『世界建築宣言文集』彰国社、1970年
富永譲『近代建築の空間再読』彰国社、1986年
富永譲『ル・コルビュジエ──幾何学と人間の尺度』丸善、1989年
富永譲監修、ギャラリー・間企画・編集『リアリテ・ル・コルビュジエ』TOTO出版、2002年

7 フォリー
Bernard Tschumi " Architecture and Disjunction: Collected Essays

1975-1990" MIT Press, Cambridge, Mass., 1994
Bernard Tschumi "Event-Cities (Praxis)" MIT Press, Cambridge, Mass., 1994
Bernard Tschumi "Cinegramme Folie : La Parc de la Villette" Princeton Architectural Press, 1987
Bernard Tschumi "La Casa Vide : Folio VII" Architectural Association Press, 1986
Bernard Tschumi "The Manhattan Transcripts : Theoretical Projects" St. Martin's Press, 1981

8 ランドスケープ
"GA DOCUMENT EXTRA 07 Jean Nouvel" A.D.A.EDITA Tokyo, 1996
建築文化2000年11月号
Patrice Goulet "JEAN NOUVEL" EDITIONS DU REGARD, 1994
"Yves Brunier" Brikhäuser Verlag, 1996
landscape network 901*編『ランドスケープ批評宣言』INAX出版、2002年

III 建築の構成

1 軸線
香山寿夫『建築意匠講義』東京大学出版会、1997年
小林克弘『建築構成の手法』彰国社、2000年
ル・コルビュジエ、吉阪隆正訳『建築をめざして』鹿島出版会、1967年

2 ヴォリューム
伊藤哲夫『アドルフ・ロース』鹿島出版会、1980年
アドルフ・ロース、伊藤哲夫訳『装飾と罪悪』中央公論美術出版、1987年
川向正人『アドルフ・ロース』住まいの図書館出版局、1987年
Panayotis Tournikiotis "Adolf Loos" Princeton Architectural Press, 1994 (Original : 1991, Paris)
Roberto Schezen "ADOLF LOOS ARCHITECTURE 1903-1932" THE MONACELLI PRESS, 1996
Heinrich Kulka "Adolf Loos, Das Werk des Architekten" Schroll, 1931
L. Munzu. Gustav "Adolf Loos : Pioneer of modern architecture" Kunstler ; trans. from the German by Harold Meek ; with an introd. by Nikolaus Pevsner ; & an appreciation by Oskar Koko-schka, Thames & Hudson, 1966

3 コンポジション
Marijke Küper, Ida van Zijl "Gerrit Th. Rietveld - The complete works 1888-1964" Centraal Museum, Utrecht, 1992
Bertus Mulder, Ida van Zijl "Rietveld Schröder House" V+K Publishing, 1997
香山壽夫『建築形態の構造——ヘンリー・H・リチャードソンとアメリカ近代建築』東京大学出版会、1988年
パウル・フランクル著、ジェームズ・F・オゴールマン編、香山壽夫監訳・編『建築造形原理の展開』鹿島出版会、1979年
出原栄、吉田武夫、渥美浩章『図の体系——図的思考とその表現』日科技連出版社、1993年

4 ユニヴァーサル・スペース
Peter Carter "Mies van der Rohe at work" Praeger Publishers, 1974
レイナー・バンハム、石原達二・増成隆士訳『第一機械時代の理論とデザイン』鹿島出版会、1976年
フランツ・シュルツ、澤村明訳『評伝 ミース・ファン・デル・ローエ』鹿島出版会、1987年
山本学治、稲葉武司『巨匠ミースの遺産』彰国社、1970年
原広司『空間 機能から様相へ』岩波書店、1987年
田中純『ミース・ファン・デル・ローエの戦場 その時代と建築をめぐって』彰国社、2000年
八束はじめ『ミースという神話 ユニヴァーサル・スペースの起源』彰国社、2001年
レム・コールハース、鈴木圭介訳『錯乱のニューヨーク』(ちくま文庫)筑摩書房、1999年
Terence Riley, Barry Bergdoll "Mies in Berlin" MoMA, 2001
Phyllis Lambert ed. "Mies in America" In association with the Canadian Centre for Architecture, Montreal, and the Whitney Museum of American Art, New York, 2001

5 ワンルーム
a+u1979年6月号臨時増刊「フィリップ・ジョンソン作品集」エー・アンド・ユー

6 家具で場所をつくる
ギャラリー・間企画編集『ギャラリー・間叢書12 坂茂 プロジェクツ・イン・プロセス——ハノーバー万博2000日本館までの歩み』TOTO出版、1999年
建築文化1995年6月号／2000年9月号

7 立方体格子
ロザリンド・クラウス、小西信之訳『オリジナリティと反復』リブロポート、1994年
磯崎新『建築の解体』鹿島出版社、1997年
スヴェトラーナ・アルパース著、幸福輝訳『描写の芸術——17世紀のオランダ絵画』ありな書房、1993年
レオン・バティスタ・アルベルティ、三輪福松訳『絵画論』中央公論美術出版、1992年
岡崎乾二郎『ルネサンス 経験の条件』筑摩書房、2001年

8 単位の増殖
ヘルマン・ヘルツベルハー、森島清太訳『都市と建築のパブリックスペース ヘルツベルハー』鹿島出版社、1995年
W.J.R.カーティス、五島朋子、澤村明、末廣香織共訳『近代建築の系譜 1900年以後』鹿島出版社、1990年
Wessel Reinink "Herman Hertzberger" Uitgeverij 010 Publishers, 1990
Herman Hertzberger "Herman Hertzberger Projects 1990-1995" Uitgeverij 010 Publishers, 1995
Wim J. van Heuvel "Structuralism in Dutch Architecture" Uitgeverij 010 Publishers, 1992
Alan Colquhoun "Essays in Architectural Criticism : Modern Architecture and Historical Change" Oppositions Books, the MIT Press, 1985
Bernard Rudofsky "Architecture without Architects" Doubleday & Company, Inc., 1964
『FH Represent2/Johannes Duiker』アー・ドゥー・エス パブリシング、1997年
John Lobell "BETWEEN SILENCE AND LIGHT Spirit in the Architecture of Louis I. Kahn" Shanbhala, 1985
"S, M, L, XL, O.M.A. Rem Koolhaas and Bruce Mau" The Monacelli Press, 1995
W. Boesiger /H.Girsberger "Le Corbusier 1910-1965" Les Editions d'Architecture Zurich, 1995
W. Boesiger /H. Girsberger "Le Corbusier 1965-1969" Les Editions d'Architecture Zurich, 1995

9 ダイヤグラム
日本建築学会編『人間-環境系のデザイン』彰国社、1997年
ジョン・ラング、高橋鷹志、今井ゆかり訳『建築理論の創造』鹿島出版会、1992年
佐々木正人『アフォーダンス——新しい認知の理論』岩波書店、1994年
ロバート・ソマー、穐山貞登訳『人間の空間』鹿島出版会、1972年
せんだいメディアテークプロジェクトチーム編『せんだいメディアテークコンセプトブック』NTT出版、2000年
建築文化2002年6月号別冊「建築:非線型の出来事 smtからユーロへ」彰国社

IV 形態の生成手法

1 参加と複合
SD1988年5月号
a+u1979年11月号／1983年3月号
都市住宅1981年1月号

2 反復
ビアトリス・コロミーナ、松畑強訳『マスメディアとしての近代建築』鹿島出版会、1996年

伊藤俊治『ジオラマ論』(ちくま学芸文庫)筑摩書房、1996年
ジル・ドゥルーズ、財津理訳『差異と反復』河出書房新社、1992年

3 露出
アーキグラム編、浜田邦裕訳『アーキグラム』鹿島出版会、1999年
レンゾ・ピアノ、石田俊二監修、倉西幹雄ほか訳『レンゾ・ピアノ航海日誌』TOTO出版、1998年
Centre Beaubourg "GA44 Piano+Rogers" A. D. A. EDITA Tokyo, 1977
a+u1989年3月臨時増刊号「RENZO PIANO 1964-1988」エー・アンド・ユー

4 断面
・残念ながら「断面」について、まるまる書いてある参考書などはない。最善の方法は建築家の作品集を見るとき、断面図と写真、できれば実物と見比べるのが最良の方法である。なかでもコルビュジエの作品集は参考になる。
Le Corbusier 全8巻(英語版)、Brikhäuser Verlag, Basel
・網羅的な図集としては以下の本が平面と立面を一緒に載せている。
アンリ・ステアリン、鈴木博之訳『図集　世界の建築　上・下』鹿島出版会、1979年
・建物の一部を下からアクソノメトリックで眺めて、プランと断面を一度に示す図を考案し、それを挿し絵にして建築史を書いたのはオーギュスト・ショワジーである。フランス語の本だが一度図書館ででも眺めてみてはどうか。
August Choisy "Histore de L'Architecture" Gauthier-Villars, Imprimeur-Libraire, Paris, 1892
・この章の「断面」とは少し違って、ディテールに重きを置いた本として次の本がある。これもショワジーと似て、アクソノメトリックで示していて、空間を感じさせる。
E. R.フォード、八木幸二監訳『巨匠たちのディテール　I・II』丸善、1999年

5 パラメータ
チャールズ・ジェンクス、工藤国雄訳『複雑系の建築言語』彰国社、2001年
Peter Buchanan "RENZO PIANO BUILDING WORKSHOP complete works Volume 3" Phaidon Press Limited, 1997

6 モデリング
"GA ARCHITECT10 FRANK O.GEHRY" A. D. A. EDITA Tokyo, 1993
"GA DOCUMENT54 Guggenheim Bilbao Museoa, Frank O. Gehry" A. D. A. EDITA Tokyo, 1998
"EL croquis FRANK O. GEHRY 1991-1995" EL CROQUIS, 1995
Francesco Dal Co/Kurt W. Forester "FRANK O. GEHRY The Complete Works" The Monacelli Press, 2001
Jean-Louis Cohen "FRANK GEHRY ARCHITECT" Guggenheim Museum, 2001

索引

■キーワード＋作品

ア
アーキグラム　186
アーキズーム　63
アーケード　30, 76
アーティキュレーション　199
アイス・キューブ　116
IDSセンター　91
アウフ・デン・ウォルフの信号所　59
赤と黄と青のあるコンポジション　133
アクティビティ　170, 187
アサヒビール吾妻橋ホール　18
アシンメトリー　136
アトリウム　88
アムステルダム株式取引所　90
アラブ世界研究所　40, 42, 112
アルキミア　63
アルシュ　125
アルターナ　102
アントニオ・ガルベス邸　54, 55
アンモン大神殿　19

イ
飯田市小笠原資料館　45
イートン・センター　91
イームズ・ハウス　63
イエロー・サブマリン　187
イソベスタジオ＆レジデンス　149
イリノイ州庁舎　88
色　52
インダストリアル・バナキュラー　62
インフラオートマティズム　168

ウ
ヴァレンタイン　65
ウィークエンドハウス　10
ヴィーネ・ブランシュ集合住宅　175
ウィーン郵便貯金局　41, 90
ヴィトラ社のための工場と美術館　208
ヴィラ　89
ヴィラ型集合住宅　100
ヴィラVPRO　12
ウイルソン邸　194
ヴェニスの病院計画　165
ヴェルヴェデーレ　110
ヴォイド　71, 77, 82, 88, 208
ウォーキング・シティ　186
ウォルト・ディズニー・コンサートホール　209
ヴォリューム　73, 82, 88, 126, 211
牛深ハイヤ橋　93
馬見原橋　93

エ
AAスクール　188
衛星信号所　61
エキュメニク・センター　174
エクアドルの民家　70
エコール・デ・ボザール　23, 120
エスプリ・ヌーヴォー館　101
エッジマール・ディベロップメント　208
エッフェル塔　62
エデュカトリウム　12, 192
エデン・プロジェクト　39
エマの修道院　103
エムランヴィル集合住宅　175
エラスムス橋　98
エレクテイオン　16

オ
大分県立中央図書館　156
オーダー　17
オープンエアダクト　200
オープン・プランニング　24
屋上庭園　71
オスペダーレ・デッリ・インノチェンティ　76
オックスフォード大学博物館　90
オテル　51
オープン・エア・スクール　164
音楽都市　32

カ
カーゴリフター格納庫　36
家具　150
家具の家　151
葛西臨海公園展望広場・レストハウス　84
神奈川県青少年センター・ホール　74
彼女の独身者たちに裸にされた花嫁、さえも　62
カノン・ド・リュミエール　53
壁　22, 49
紙のログハウス　35
紙の難民用緊急シェルター　35
神は細部に宿る　140
ガラスの家　144
ガラスのスカイスクレーパー　49, 146
ガラスの部屋　141
ガラスブロック　46
ガララテーゼ地区の集合住宅　19, 80
カリアティード　16
ガルシェの家　41
カルタゴのヴィラ　198
カルティエ財団　112
カレ・ダール　80
ガレリア　30
ガレリア・ヴィットリオ・エマヌエルII世　90
磵居　19

関
関西国際空港ターミナルビル　200
カンピドリオ広場　89

キ
基壇　11
ギャラリー・ラファイエット　82
キュー・ガーデン　106
旧東京都庁舎　74
清水寺本堂　13
均質空間　142
近代建築の5原則　18, 24, 31
キンベル美術館　31

ク
クァドラ・サン・クリストバル　53, 55
空中街路　100, 104
空中庭園　100
グッゲンハイム美術館　195, 205
グノウフキーとミラの写像　204
熊本アートポリス　93
熊本県営保田窪第一団地　169
雲の階梯　20, 95
クラウン・ホール　141, 146
クリスタル・パレス　62
クリスチャン・サイエンス・チャーチ・センター　19
グリッサンド　183
グリッド　154
クンスタル　99, 196
群馬県立近代美術館　155

ケ
形態は機能に従う　110, 206
ケース・スタディ・ハウス　41, 148
ケーニヒスベルグ計画　98
ゲーリー自邸　207
結晶のいろ　18
建築的ロボトミー　143

コ
高貴なる蛮人　163
古河総合公園―飲食施設　20
50×50住宅案　140
古典建築　17
子どもの家　29, 163, 181
コローニア・グエル教会　20
コンサートホール案　141
コンティニュアス・モニュメント　156
コンテクスト　109
コンポジション　132

サ
サーバント・スペース／サーブド・スペース　23, 25
サービスされる空間　164
サービスする空間　164
再春館製薬女子寮　167
在ベルリンオランダ大使館　99

サヴォア邸　17, 18, 23, 24, 31, 71, 195, 210
サグラダ・ファミリア聖堂　20
サビニ女の略奪　76
ザ・ルーカリー　91
参加　174
サン・カタルドの墓地　19
サンタフェ研究所　205
サンタ・マリア・ノヴェッラ聖堂　22
サント・スピリト教会　156
サン・ファン・カピストラーノ図書館　120
三仏寺投入堂　13

シ
CIAM　47, 162
シーグラム・ビル　91, 146
ジェッダ国際空港ハッジ・ターミナルビル　36
シェルター　10, 29, 34
ジオデシック・ドーム　91
ジオメトリー理論　200
軸線　120
詩人の書庫　150
斜路　12, 192, 195
シュールレアリスム　109
ジュシューの図書館コンペ案　196
シュタイン邸　31
シュレーダー邸　52
シュローダー邸　132
如庵　40
ジョイスの庭　110
植物の劇場　114
食器戸棚のリ・デザイン　64
ショッピングモール　169
ジョンソン・ワックス本社　16, 21
シルバーハット　32
白の家　14
シンデレラ城　182
心柱　19
シンメトリー　136

ス
水晶宮　89, 90
垂直庭園都市　104
水道橋　92
スーパースタジオ　63
スーパー・フラット　66
スーパーブロック　160
スカイスクレーパー　63
スクリーン　46, 48
STATIC　45
スタンステッド空港　36, 201
ストラスブールの会議場　196
住吉の長屋　84
住むための機械　62

セ
聖ドミニク宗派修道院　174, 176
聖フランチェスコ修道院　79
セイント・パンクラス駅　36
せんだいメディアテーク　20, 171
セントラル・ベヒーア　160

ソ
ソヴィエト宮のコンペ案　196
ソウル超高層計画　99
ソーク生物学研究所　25, 26, 79, 124, 125
ソリッド　82

タ
代謝　181
ダイヤグラム　166
太陽・空間・緑　91
ダッチモダニズム　97
谷川さんの住宅　10
タラバ邸　196
ダルザス邸　46
単位の増殖　160
ダンツィガー・スタジオ／レジデンス　207
断面　192

チ
チームX　163
チャッツワースの大温室　90
チャンディガール　91
中央信号所　60, 61
チューブ　90
チューリッヒのパヴィリオン　32
柱廊　76

ツ
つくばセンタービル　17, 18

テ
帝国ホテル　195
ディコンストラクション　107
デ・ステイル　49, 52, 133, 134, 135
鉄筋コンクリート・オフィスビル案　139
デリリアス・ニューヨーク　108
デルフト眺望　154

ト
トゥーゲントハット邸　12, 139, 159
トゥールの会議場　115
東京国際フォーラム　32
東京遊牧少女の包　33
党家村　30
透明　191
ドミナス・ワイナリー　112
ドミノ・システム　10, 18, 23, 31
豊の国情報ライブラリー　19, 156
トリスタン・ツァラ邸　130
トレントン・バス・ハウス　25
ドローグ・デザイン　66

ナ
9スクウェア・グリッドの家　152
中野本町の家　33
ナショナル・ギャラリー　12

なら百年会館　158
ナントの裁判所　81

ニ
新潟市民芸術文化会館　45

ネ
ネオ・プラトニズム　155
ネクサス・ワールド　レム・コールハース棟　84

ノ
ノイシュバンシュタイン城　182

ハ
パーム・コート　91
パームベイ・シーフロント・ホテル　12, 112, 196
ハイアット・ホテル　91
ハイカルチャー　188
ハイテック　63, 89, 140
バウハウス校舎　94
はこだて未来大学　168
パサージュ　30, 90
柱　16
バックス・スタール邸　148
パティオ　57
バナール・デザイン　63
パノラマ館　89, 183
ハビタ　181
バラガン自邸　56
パラッツォ・デル・チネマ　86
パラメータ　200
バルセロナ・パヴィリオン　12, 16, 17, 19, 138, 152, 210
反復　161, 180

ヒ
BCEプレイス　20
ビートルズ　187
ピクチャレスク庭園　106
ひもろぎ　29
百柱の間　19, 156
100個のキャンベル・スープ缶　62
ヒューマニズム建築の源流　22
表層　58
ビルバオ・グッゲンハイム美術館　12, 210
ピロティ　18, 19, 24, 70
ヒンデンブルグ号　93, 94

フ
ファグス靴工場　41
ファンズワース邸　41, 138, 144, 153, 194
ファン・ネレ工場　97
フォード財団ビル　91
フォーラム・グループ　162
フォリー　106
複合　174
複雑適応系モデル　205
富士見カントリークラブハウス　31
フラクタル構造　203

219

フラットルーフ 31
プラトン立体 157
フランシスコ・ギラルディ邸 56, 57
フランス国立図書館閲覧室 90
ブリーズ・ソレイユ 79
フリードリッヒ街のオフィスビル案 139, 142, 146
ブリッジ 92
プリミティブ・ハット 22, 28
ブリンモア大学女子寮 22, 26
プルーストの安楽椅子 64
フレキシビリティ 140
文化宮計画 94
ヘ
ベトン・ブリュット 53
ペリストリウム 89
ベルリンの新国立美術館 195
ホ
法隆寺伽藍建築 17
法隆寺五重塔 19
ポートランド・ビル 123, 124
ポストモダニズム 18, 89, 107, 122, 183
ポストモダニズム宣言 63
ポストモダン 76, 140
ポストモダン・ヒストリシズム 123
ポップカルチャー 186, 187
ポルティコ 77
ボルドーの家 149
香港新国際空港ターミナルビル 36
ポンピドー・センター 42, 140, 186, 187
ボン・マルシェ百貨店 90
マ
マーチン弾薬工場 141
窓 40
マンハッタン・トランスクリプツ 108
ミ
水戸美術館 18
ミナエルト 192
宮城県総合運動公園高架水槽 180
未来派 89
ミレニアム・ドーム 34
ム
ムシャラビアー 43
無柱空間 138
ムラン・セナールの新都市のプロジェクト 86
ムルシアのタウンホール 77
メ
メカノの経済・経営学部 192
メガロン 28
メキシコの他者 53
メタボリズム 181
メッツァードロ 66
メナンドロスの家 89
メメ・ファシスト 174, 176, 178
Melancoly and Mystery of a Street 80

メンフィス 65
モ
モダニズム 42, 144, 186, 206
モデリング 206, 208
モラー邸 126
モンテカルロ 186
ヤ
八代広域消防本部庁舎 72
八代市立博物館・未来の森ミュージアム 20, 33
屋根 28
山梨文化会館 20, 181, 182
ユ
床 10
床欠き型 84
ユニヴァーサル・スペース 10, 31, 138, 146, 153
ユニヴァーサル・フロア 153
ユニット 161
ユニテ・ダビタシオン 71, 72, 79, 100, 103
ヨ
横浜港大さん橋国際客船ターミナル 184
ラ
ラーキン・ビル 91, 195
ラ・ヴィレット公園 106
ラウム・プラン 126, 128
裸形の空間 14
ラ・トゥーレットの修道院 52, 183, 196
ランドスケープ 33, 112, 178
リ
リコラ社の倉庫 81
リゴルネットの住宅 77
リチャーズ医学研究所 164
立方体格子 154
リビングブリッジ 92
リフォーム・クラブ 89
リボン・ウインドー 24, 41
流動する空間 194
ル
ルーヴァン・カソリック大学医学部学生寄宿舎 176
ルクレール将軍広場 116
ル・レデントーレ教会 49
レ
レイクショア・ドライブ860／880 45, 140, 142, 145
レーニン研究所計画 94
レス・イズ・モア 62, 140
レストランNOMAD 33
レッド・ブルーチェア 134, 135
レディメイド 62
ロ
ロシア構成主義 20, 89, 110
露出 180

ロッジア 76
ロッジア・ディ・ランツィ 76
ロトンダ 89
ロビー邸 194
ロヨラ大学法学部キャンパス 208
ロンシャンの教会堂 32
ワ
YKK滑川寮 198
ワンルーム 144

■建築家ほか
ア
アールト, アルヴァ 52
青木淳 93
アルパース, スベトラーナ 154
アルベルティ, レオン・バティスタ 22, 160
安藤忠雄 84, 85
イ
イームズ, チャールズ 41, 63
イームズ, レイ 63
磯崎新 17, 18, 19, 31, 65, 155
伊東豊雄 20, 67, 72, 167, 171
ウ
ヴァーグナー, オットー 41, 42, 90
ヴァン・アイク, アルド 29, 163, 181
ウィトコワ, ルドルフ 22
ウィトルウィウス 18, 22, 166
ヴィニオリ, ラファエル 32
ヴィニョーラ, ジャコモ・バロッツィ・ダ 89
ウォーホル, アンディ 62
梅田正徳 65
エ
エッフェル, ギュスターヴ 90
foa 184
エルウッド, クレイグ 148
オ
小川晋一 149
織田有楽 40
オリコスト, イザベル 116
カ
カーティス, ウイリアム 105
カーン, アルバート 141
カーン, ルイス 22, 25, 31, 79, 125, 164
ガウディ, アントニオ 20
カルトラバ, サンティアゴ 20, 21
カント, イマヌエル 128
キ
ギーディオン, ジークフリート 71
ク
クセナキス, イアニス 183
倉俣史朗 65
グリムショウ, ニコラス 39
グレイヴス, マイケル 65, 120

クロール, ルシアン　174
グロピウス, ワルター　40, 94, 147
　　　　　ケ
ゲーテ　154
ケーニッヒ, P.　41
ゲーリー, フランク・O.　199, 207
　　　　　コ
コーニッグ, ピエール　148
コールハース, レム　67, 84, 86, 97, 99, 108, 112, 143, 149, 156, 165, 192, 196
コフーン, アラン　165
コロミーナ, ビアトリス　182
　　　　　サ
齋藤裕　55
ザエラ＝ポロ, アレハンドロ　184
サフディ, モシェ　181
サリーネン, エーロ　63
サリヴァン, ルイス　206
　　　　　シ
ジードラー, H.E.　91
ジェンクス, チャールズ　63
シザ, アルヴァロ　180
シャロー, ピエール　47
シュプレッケルセン, ヨハン・オットー・フォン　125
ジョイス, ジェイムズ　110
ジョンソン＆バージー　91
ジョンソン, フィリップ　144, 207
　　　　　ス
スーパー・スタジオ　156
スタム, マルト　20, 95, 97
スタルク, フィリップ　18
　　　　　セ
清家清　148
妹島和世　20, 45, 166, 167
　　　　　ソ
SOM　36
ソットサス, エットーレ　65
　　　　　タ
タウト, ブルーノ　142
高崎正治　18
谷口吉生　84
タレル, ジェームズ　56
丹下健三　20, 74, 148, 181, 182
　　　　　チ
チェルニコフ, ヤコブ　111
チオーネ, ベンチ・ディ　76
チュミ, バーナード　108
　　　　　ツ
ツェッペリン　93
津村耕佑　35
　　　　　テ
ディーン＆ウッドワード　90
デカルト　154

デ・キリコ, ジョルジョ　80
デュシャン, マルセル　62
デリダ, ジャック　111
　　　　　ト
ドイカー, ヨハネス　164
ドゥルーズ, ジル　184
トリュフォー, フランソワ　72
　　　　　ニ
西沢立衛　20
　　　　　ヌ
ヌーヴェル, ジャン　40, 42, 81, 82, 112
　　　　　ノ
ノバック, マーコス　185
　　　　　ハ
バーナム＆ルート　91
バウムガルテン, ローター　112, 114
パクストン, ジョセフ　90
長谷川逸子　45
バッカー, ハイス　66
パラーディオ, アンドレア　49, 89
バラガン, ルイス　52
原広司　142
バリー, チャールズ　89
バンハム, レイナー　94
　　　　　ヒ
ピアノ, レンゾ　42, 93, 140, 187, 200
ピラネージ　89
広瀬鎌二　148
　　　　　フ
フーコー, ミシェル　106
フォスター, ノーマン　34, 36, 80, 201
フラー, バックミンスター　91
ブラッツィ, アンドレア　67
フランチェスコ, シモーネ・ディ　76
フランプトン, ケネス　53
ブリュニエ, イヴ　116
ブリンクマン, ヨハネス・アンドレアス　97
ブルーヴェ, ジャン　140
フルーフト, ファン・デル　97
ブルネレスキ, フィリッポ　76, 156
　　　　　ヘ
ペイ, I.M.　19
ベーレンス, ペーター　40
ヘルツォーク＆ド・ムーロン　58, 81, 112
ヘルツベルハー, ヘルマン　160
ベルラーヘ, ヘンドリック・ペトルス　90
ベンヤミン, ワルター　30, 90
　　　　　ホ
ポートマン, ジョン　91
ホール, スティーヴン　85
ボッタ, マリオ　77

ホライン, ハンス　65
堀口捨己　19
ポルザンパルク, クリスチャン・ド　32
ボワロー, L.C.　90
　　　　　マ
マイヤー, ハンネス　98
前川國男　74
増沢絢　148
　　　　　ミ
ミース・ファン・デル・ローエ　16, 17, 19, 31, 41, 45, 49, 62, 91, 138, 144, 152, 159, 194
美馬のゆり　169
ミケランジェロ, ブォナロッティ　89
ミッテラン, フランソワ　107
　　　　　ム
ムサヴィ, ファッシド　184
村上隆　66
　　　　　メ
メンゴーニ, ジュゼッペ　90
メンディーニ, アレッサンドロ　63
　　　　　モ
モネオ, ラファエロ　77
モンドリアン, ピート　133
　　　　　ヤ
山本理顕　168
　　　　　ヨ
葉祥栄　149
　　　　　ラ
ライト, フランク・ロイド　17, 21, 91, 194, 205, 206
ラブルースト, アンリ　90
ラマーカーズ, レニー　66
　　　　　リ
リートフェルト, ヘリット・トーマス　52, 133
リシツキー, エル　20, 95
リン, グレッグ　185
　　　　　ル
ル・コルビュジエ　17, 18, 22, 31, 41, 49, 53, 62, 71, 73, 78, 91, 94, 100, 120, 122, 124, 165, 183, 195, 198
ルドフスキー, バーナード　92
　　　　　レ
レヴィ＝ストロース, クロード　163, 181
レオニドフ, イワン　94
レミ, テヨ　66
　　　　　ロ
ロージエ, マルク・アントワーヌ　22, 28
ロース, アドルフ　31, 126
ローチ, ケヴィン　91
ロートレアモン　109
ロジャース, リチャード　42, 140, 187
ロッシ, アルド　19, 65, 80

221

著者略歴 （*は本巻担当編集委員）

小嶋一浩（こじま かずひろ）*
1958年　大阪府生まれ
1982年　京都大学工学部卒業
1984年　東京大学大学院修士課程修了
1986年　東京大学大学院博士課程在学中にシーラカンス一級建築士事務所を共同創設
1994年　東京理科大学理工学部助教授
2005年　CAt（C+Aトウキョウ）に改組
現　在　CAtパートナー、東京理科大学教授、京都工芸繊維大学客員教授

宮本佳明（みやもと かつひろ）
1961年　兵庫県生まれ
1987年　東京大学大学院工学系研究科建築学専攻修士課程修了
1987年　アトリエ第5建築界設立
2002年　宮本佳明建築設計事務所に改組
現　在　大阪市立大学大学院工学研究科教授
　　　　宮本佳明建築設計事務所主宰
博士（工学）

桂　英昭（かつら ひであき）
1952年　福岡県生まれ
1979年　熊本大学工学部大学院工学研究科建築学専攻修了
1980年　フロリダ大学大学院建築学科留学
現　在　熊本大学工学部建築学科准教授

木下庸子（きのした ようこ）
1956年　東京都生まれ
1977年　スタンフォード大学卒業
1980年　ハーバード大学デザイン学部大学院修了
1981年　内井昭蔵建築設計事務所（～1984年）
現　在　設計組織ADH代表
　　　　工学院大学工学部建築学科教授
　　　　日本大学生産工学部建築工学科非常勤講師

鈴木義弘（すずき よしひろ）
1958年　北海道生まれ
1984年　九州大学大学院工学研究科修士課程建築学専攻修了
1984年　日本電信電話公社建築局（～1992年）
現　在　大分大学工学部福祉環境工学科建築コース准教授
博士（人間環境学）

Mark Dytham（まーく だいさむ）
1964年　イギリス・ノーサンプトンシャー生まれ
1985年　ニューキャッスル大学卒業／芸術学士号取得
1986年　SOM
1988年　ロイヤル・カレッジ・オブ・アート首席修了／芸術学修士号取得
1988年　伊東豊雄建築設計事務所
1991年　クライン ダイサム アーキテクツ設立
1999年　東京理科大学講師（～2003年）
2000年　MBE（Member of the British Empire）名誉大英勲章叙勲
2001年　法政大学講師（～2003年）
2003年　「ぺちゃくちゃないと」設立
2006年　米国カリフォルニア大学バークレー校講師

2009年　「ぺちゃくちゃないと」開催都市世界180都市に拡大

今村雅樹（いまむら まさき）
1953年　長崎県生まれ
1979年　日本大学大学院理工学研究科建築学専攻博士課程前期修了
1989年　今村雅樹＋TSCA設立
1992年　今村雅樹アーキテクツ設立
現　在　日本大学理工学部建築学科教授

土居義岳（どい よしたけ）
1956年　高知県生まれ
1989年　東京大学大学院工学系研究科博士課程建築学専攻満期修了
現　在　九州大学大学院芸術工学研究院教授
博士（工学）

寺内美紀子（てらうち みきこ）
1966年　香川県生まれ
1989年　九州大学工学部建築学科卒業
1994年　東京工業大学大学院理工学研究科博士課程建築学専攻中退
現　在　茨城大学工学部都市システム工学科准教授
博士（工学）

貝島桃代（かいじま ももよ）
1969年　東京都生まれ
1991年　日本女子大学住居学科卒業
1992年　アトリエ・ワン設立
1996年　スイス連邦工科大学奨学生
2000年　東京工業大学大学院博士課程満期退学
現　在　筑波大学大学院人間総合科学研究科講師
　　　　アトリエ・ワン

渡辺妃佐子（わたなべ ひさこ）
1951年　大阪府生まれ
1976年　武蔵野美術大学芸能デザイン学科卒業
1979年　ジ・エアーデザインスタジオを沖健次と共同設立
現　在　ジ・エアーデザインスタジオ

Manuel Tardits（まにゅえる たるでぃっつ）
1959年　フランス・パリ生まれ
1984年　ユニテ・ペタゴシックNo.1卒業
　　　　フランス建築士（D.P.L.G）取得
　　　　エコール・デ・ボザール　彫刻（セザール・アトリエ）
1988年　東京大学博士課程（～1992年）
1992年　セラヴィアソシエイツ設立
1995年　みかんぐみ共同設立
現　在　ICSカレッジ・オブ・アーツ教授
　　　　みかんぐみ

今井公太郎（いまい こうたろう）
1967年　兵庫県生まれ
1990年　京都大学工学部建築学科卒業
1992年　東京大学大学院工学系研究科修士課程修了
現　在　東京大学生産技術研究所講師

小川次郎（おがわ じろう）
1966年　東京都生まれ

1996年　東京工業大学大学院博士課程満期退学
現　在　日本工業大学工学部建築学科准教授
博士（工学）

中鉢朋子（ちゅうばち ともこ）
1970年　兵庫県生まれ
1995年　京都大学工学部建築学科卒業
1997年　東京工業大学大学院修士課程建築学専攻修了
1997年　坂倉建築研究所（～2000年）
2000年　都市デザインシステム（～2005年）
現　在　リビタ

片木　篤（かたぎ あつし）
1954年　大阪府生まれ
1979年　東京大学大学院工学系研究科修士課程修了
現　在　名古屋大学大学院環境学研究科教授
　　　　計画意匠研究所
博士（工学）

石田壽一（いしだ としかず）
1958年　東京都生まれ
　　　　東京大学大学院工学系研究科博士課程建築学専攻満期退学（1995年）
1992年　デルフト工科大学研究員（～1996年）
1996年　九州芸術工科大学環境設計学科助教授
2003年　九州大学大学院芸術工学研究院教授
現　在　東北大学大学院工学研究科都市建築学専攻教授
博士（工学）

富永　譲（とみなが ゆずる）
1943年　奈良県生まれ
1967年　東京大学工学部建築学科卒業
1967年　菊竹清訓建築設計事務所（～1972年）
現　在　法政大学デザイン工学部建築学科教授
　　　　富永譲・フォルムシステム設計研究所主宰

岡河　貢（おかがわ みつぐ）
1953年　広島県生まれ
1986年　東京工業大学大学院博士課程満期退学
1986年　パラディシス・アーキテクツ主宰（～1999年）
現　在　広島大学大学院工学研究科建築設計学准教授

太田浩史（おおた ひろし）
1968年　東京都生まれ
1993年　東京大学工学系研究科大学院修士課程修了
2000年　デザイン・ヌーブ共同設立
2003年　東京大学国際都市再生研究センター特任研究員（～2008年）
現　在　東京大学生産技術研究所講師

小林克弘（こばやし かつひろ）
1955年　福井県生まれ
1985年　東京大学大学院工学系研究科博士課程建築学専攻修了
現　在　首都大学東京大学院都市環境科学研究科教授

デザインスタジオ主宰
博士(工学)

六反田千恵(ろくたんだ ちえ)
1964年　京都府生まれ
1991年　早稲田大学大学院工学研究科建設工学専攻博士前期課程修了
1991年　長谷川逸子・建築計画工房(～1994年)
現　在　関東学院大学非常勤講師

吉村靖孝(よしむら やすたか)
1972年　愛知県生まれ
1995年　早稲田大学理工学部建築学科卒業
1999年　文化庁派遣芸術家在外研修員としてMVRDV在籍(～2001年)
2001年　早稲田大学大学院理工学研究科博士後期課程建設工学専門分野満期退学
現　在　吉村靖孝建築設計事務所代表
　　　　早稲田大学芸術学校、関東学院大学非常勤講師

槻橋　修(つきはし おさむ)
1968年　富山県生まれ
1992年　京都大学工学部建築学科卒業
1999年　東京大学大学院博士課程単位取得退学
1999年　東京大学生産技術研究所助手
2002年　ティーハウス建築設計事務所設立
現　在　東北工業大学工学部建築学科講師
　　　　東北大学、横浜国立大学非常勤講師

小川晋一(おがわ しんいち)
1955年　山口県生まれ
1978年　日本大学芸術学部卒業
1977年　ワシントン州立大学建築学科留学
1984年　文化庁派遣芸術家在外研修員／在ニューヨーク
1986年　小川晋一アトリエ設立
現　在　小川晋一都市建築設計事務所
　　　　近畿大学工学部建築学科教授
　　　　日本大学芸術学部非常勤講師
　　　　エジンバラ芸術大学建築学科客員教授

坂　茂(ばん しげる)
1957年　東京都生まれ
1980年　南カリフォルニア建築大学を経て
1984年　クーパーユニオン卒業
1985年　坂茂建築設計設立
1995年　UNHCRコンサルタント(～2000年)
2001年　慶應義塾大学環境情報学部教授(～2008年)
現　在　坂茂建築設計代表

長田直之(ながた なおゆき)
1968年　愛知県生まれ
1990年　福井大学工学部建築学科卒業
1990年　安藤忠雄建築研究所(～1994年)
1994年　I.C.U.共同設立
2002年　文化庁新進芸術家海外留学制度研修によりフィレンツェ大学留学
現　在　奈良女子大学准教授

中村研一(なかむら けんいち)
1958年　神奈川県生まれ
1983年　東京大学大学院工学系研究科建築学専攻修士課程終了
現　在　中部大学工学部建築学科教授
　　　　中村研一建築研究所代表

小野田泰明(おのだ やすあき)
1963年　石川県生まれ
1986年　東北大学建築学科卒業
1998年　カリフォルニア大学建築都市デザイン学科客員研究員(文部省在外研究員)(～1999年)
現　在　東北大学大学院工学研究科都市建築学専攻教授
博士(工学)

遠藤剛生(えんどう たかお)
1941年　山形県生まれ
1964年　大阪工業大学建築学科卒業
1969年　遠藤剛生建築設計事務所設立
現　在　遠藤剛生建築設計事務所所長
　　　　神戸芸術工科大学デザイン学部環境・建築デザイン学科教授

阿部仁史(あべ ひとし)
1962年　宮城県生まれ
1985年　東北大学工学部建築学科卒業
1989年　SCI-Arc(南カリフォルニア建築大学)M-ARK3課程修了
1992年　阿部仁史アトリエ設立
1993年　東北大学工学研究科建築学専攻博士課程後期修了
現　在　UCLA芸術・建築学部都市・建築学科チェアマン
博士(工学)

北山　恒(きたやま こう)
1950年　香川県生まれ
1976年　横浜国立大学工学部建築学科卒業
1978年　ワークショップ設立(共同主宰)
1980年　横浜国立大学大学院修士課程修了
1995年　architecture WORKSHOP設立主宰
現　在　横浜国立大学大学院Y-GSA教授

大野秀敏(おおの ひでとし)
1949年　岐阜県生まれ
1975年　東京大学大学院工学系研究科修士課程建築学専攻修了
1976年　槇総合計画事務所(～83年)
1984年　アプル総合計画事務所設立(後アプルデザインワークショップに改組)
現　在　東京大学大学院新領域創成科学研究科社会文化環境学専攻教授
博士(工学)

池田靖史(いけだ やすし)
1961年　福岡県生まれ
1987年　東京大学工学系大学院建築学修士課程修了
1987年　槇総合計画事務所
1995年　池田靖史建築計画事務所設立
2003年　IKDSに改称
現　在　慶應義塾大学大学院政策・メディア研究科教授
　　　　IKDS代表
博士(工学)

吉松秀樹(よしまつ ひでき)
1958年　兵庫県生まれ
1982年　東京芸術大学美術学部建築科卒業
1984年　東京大学大学院工学系研究科都市工学専攻修士課程修了
1984年　磯崎新アトリエ(～1987年)
1987年　東京芸術大学美術学部建築科助手
1991年　アーキプロ設立
現　在　東海大学工学部建築学科教授
　　　　アーキプロ代表

ヴィジュアル版建築入門 5　建築の言語
2002年9月10日　第1版　発　行
2009年4月10日　第1版　第2刷

編　者	ヴィジュアル版建築入門編集委員会
発行者	後　藤　　　武
発行所	株式会社　彰　国　社
	160-0002　東京都新宿区坂町25
	電話　03-3359-3231（大代表）
	振替口座　00160-2-173401

著作権者との協定により検印省略

自然科学書協会会員
工学書協会会員

Printed in Japan

© ヴィジュアル版建築入門編集委員会　2002年

ISBN 4-395-22115-7　C 3352

印刷：真興社　製本：ブロケード

http://www.shokokusha.co.jp

本書の内容の一部あるいは全部を、無断で複写（コピー）、複製、および磁気または光記録媒体等への入力を禁止します。許諾については小社あてにご照会ください。